I0358597

www.ingramcontent.com/pod-product-compliance
Lightning Source LLC
Chambersburg PA
CBHW020517080526
44583CB00013B/637

9781739100841

حول توحيد وتطوير اللغة الكردية

الطبعة الثانية

تأريخ النشر 14 فبراير 2026
رقم الإيداع ISBN 978-1-7391008-4-1

تعريب عن الطبعة الإنجليزية من كتاب
On Modifying Kurdish Language by Means of Unification
By Hussein Qutbi

رقم الإيداع للنسخة الإنجليزية (الطبعة الثانية):
ISBN 978-1-7391008-5-8

رقم الإيداع للنسخة الإنجليزية (الطبعة الأولى):
ISBN 9781739100827

متوفر في الولايات المتحدة الأمريكية

حقوق الطبع محفوظة للمؤلف

حسين القطبي

حول توحيد وتطوير اللغة الكردية

الفهرس

المقدمة 9

مقدمة النسخة الإنجليزية الطبعة الأُولى 13

نظرة عامة 17

1.1 التنافر اللهجوي 17

1.2 الحاجة لتطوير وتحديث اللغات 25

نشوء وتطور اللغات 31

2.1 التغيرات الزمانية..................................... 33

2.2 لا إستقرارية اللغة 44

2.3 التداخل اللغوي.. 52

2.4 البنية المنطقية 59

ظهور اللغة الكردية 63

3.1 الجذور 64

3.2 اللغة البهلوية 68

5

3.3 العامية الكردية...	70
3.4 مستقبل اللغة الكردية	79
3.5 تطوير اللغة الكردية	85

اللغة تعني القومية 93

4.1 القومية	96
4.2 اللغة والقومية	101
4.3 التعددية اللغوية	104
4.4 الاعتراف الدستوري	111
4.5 دور الدين	122
4.6 تطور الهويات الفرعية	126

آيديولوجيا اللغة 129

5.1 المرتبة، برسيتج اللغة	132
5.2 التخطيط اللغوي	135
5.3 السياسة اللغوية	140

الفونولوجيا والاورثوغرافيا 153

6.1 الصوتيات والفونولوجيا	155
6.2 نظم الكتابة -الأورثوغرافيا-	160

التنافر اللهجوي 173

7.1 الحواجز اللغوية	175
7.2 نشوء عرقيات فرعية....................................	180

الستراتيجية اللغوية الكردية 191	
8.1 الصراع من أجل الهوية 192	
8.2 الحلول العملية لتوحيد اللغة 198	
8.3 التعدد في اللهجات الرسمية 236	
الثنائية اللهجوية ونظم الكتابة 241	
9.1 التعددية اللهجية 243	
9.2 النظام الإملائي 251	
9.3 كتابة الصوت 265	
9.4 النحو 270	
9.5 الدلالة 274	
ضرورات الوحدة اللغوية 277	
10.1 مجالات التوحيد 279	
10.2 أهمية الوحدة اللغوية 281	
10.3 أمثلة عالمية حول توحيد اللغات 292	
المصادر 305	

المقدمة

اللغة ليست مجرد وسيلة للتواصل الشفوي في الأسواق والبيوت، ولا سلسلة كلمات للتعبير عن مشاعر المودة أوالغضب، فقط؛ بل هي العربة التي تنتقل بواسطتها جميع الأفكار والمعارف الإنسانية من شخص لآخر، ومن جيل للذي يليه منذ أن إخترعها أسلاف البشر، وتطورت بشكل ملفت قبل أكثر من 100 ألف سنة الى اليوم. وكما يقول دانيال بينيت، فإن كل ما حققه الإنسان الى اليوم من إنجازات في مجالات العلوم والفن وتقنية الزراعة والصناعة والفلك، وكل ما درسناه ونُدرّسه فهو يتم من خلال اللغة، ولولاها لما إستطاع الإنسان المعاصر أن يصل الى ما وصل إليه من تحضر.

ولكنها ككيان حي يخضع مثله مثل غيره للظروف المحيطة بنا كالتطور في مجال العلوم والتوسع المديني وإزدياد وتيرة التعقيد في الحياة الاجتماعية. أي إن اللغة أيضاً، بعد نشوئها، بحاجة للتطور واللحاق بالمستجدات من أجل تحسين قدرتها في التعبير عن الأفكار الجديدة. فهي بالنتيجة مثل كل وسيلة إخترعها الإنسان كُتِبَ عليها أن تظل تواكب المتغيرات وأن تطوّر آلياتها مع الزمن من أجل إستيعاب كل جديد، وبدون ذلك تتيبس اللغة وتموت. ولأنها، كردود أفعال، لم، ولن، تستطع اللحاق، في ظل إضطراد التقدم الإنساني، فإنها لم تكن مرآة عاكسة للوقائع، وأمينة على الدوام في تصوير الأحداث أو نقل الأفكار. ولهذا، ربما، إنتقدها الفلاسفة وتحدثوا عنها غالباً كما لو إنهم يصفون كائن لعوب.

يراها فرانسيس بيكون مخادعة تنشر الأوهام في أذهان العامة بسبب عدم قدرتها على ضبط المعاني وعدم إستيعاب التباين في القدرات الذهنية لدى الأفراد (اطراف التخاطب). بل شخصها أحد أكبر فلاسفة القرن العشرين، لودفيغ فيتغنشتاين، على إن محدوديتها وإفتقارها للدقة في التعبير تتسبب في فقدان الفلسفة قدراتها على التركيز وفهم الآراء المتداولة بشكل واف.

وربما لهذا السبب أيضاً وضع الفرنسي رولان بارت فكرته التي أسماها "موت المؤلف"، وما يعنيه ذلك من إن الكاتب، أي كاتب، عندما ينتهي من إنجاز عمله ويقدمه للنشر فإن الأفكار التي صاغها لم تعد ملكه هو، ذلك إن الفكرة ستعاد حياكتها في ذهن القارئ حسب إمكانيات الأخير في الفهم، بالشكل الذي يتماشى مع قدراته الذهنية وقابليته على تصور المعاني والتأثير الحسي الذي تتركه كل كلمة في مخيلته، إذ يختلف وقع المفردة نفسها لدى كل قارئ عن غيره بسبب هلامية الصياغة اللغوية أو إستناداً الى تجاربه الحياتية، وسعة مخيلته التي تميزه عن باقي الأفراد. وبذا فقد تمكن بارت من القول بأن الفكرة التي يتلقاها القارئ هي ليست بالتحديد نفس تلك التي كان قد قدمها المؤلف.

وبالنظر لأن اللغة البشرية لم تصل بعد لدرجة النضج الكامل، وربما لن تصل، بسبب ديمومة التطور العلمي والاجتماعي؛ فهي تحتاج الى تحديث آلياتها أيضاً، بشكل دائم؛ كمراجعة المعاجم وتحسين ضوابط النحو وتدقيق المعاني والدلالات، الخ. وكلما حظيت اللغة بإهتمام أكبر كلما واكبت المستجدات بشكل أدق وإكتسبت أمانة أكبر في نقل الأفكار. ولأن اللغات حول العالم اليوم (معاييرها الفصحى على الاقل) لم تنل نفس درجة الاهتمام والتحديث، فهي تتفاوت بدقتها بشكل يتفوق بعضها على بعض تبعاً للمتابعة والتحديث الذي تلقته عبر القرون الأخيرة. حتى الإنجليزية والفرنسية، ورغم كل هذه القفزات التطورية في علوم الإدراك واللسانيات، ماتزالان في مرحلة تخضعان معها لإجراءات تطوير مستمرة.

وبمقارنة الوضع الذي تمر به اللغة الكردية، في شكلها المعاصر، مع اللغات الأُخرى، فإنها بحاجة أكثر من غيرها الى الرعاية لكونها قد إنزوت في الظل لقرون طويلة ولم تتلقى ما تتطلبه من تحديث الى درجة إنها قد تكون من اللغات القليلة في العالم التي لم تصل لصياغة فصحى موحدة مفهومة بشكل مشترك بين الكتل السكانية الناطقة بلهجاتها. وهنا، لا أجد بداً من التذكير بالرسالة الإنسانية

للغة، فهي، أقصد كل لغة، تحمل حصيلة التجارب الأخلاقية التي أنتجتها الشعوب عبر تأريخها عن طريق الإحتفاظ بتلك القيم بين طيات نصوص تتوارثها الأجيال -على شكل أشعار وأمثال شعبية وقصص وميثولوجيا- تساعد المجتمعات المعاصرة على إستلهام أنماط الحياة المناسبة لها من خلال تجاربها الذاتية، تلك التي تتلائم مع بيئتها وخصوصيات التركيبة الجينية والثقافية، وتغنيها عن إستعارة عناصر ثقافية غريبة تكون قد نشأت في بيئات لا تتوائم مع مميزاتها الاجتماعية. فالشعوب تتفاوت في فهمها للظواهر بحسب البيئة التي عاشتها. لنأخذ على سبيل المثال كيف تختلف الأنماط الاجتماعية في درجة تقييمها لدور المرأة في العائلة، بين الشعوب التي عاشت على ضفاف الأنهار مع تلك التي كانت تقطن الصحاري. في الأولى لعبت المرأة دوراً حيوياً في الاقتصاد الزراعي، وعُبِدت كآلهة من الجنسين، بينما يُنظر لها عند الشعوب الصحراوية على إنها مستهلكة لا منتجة، وإنها نقطة ضعف وعبئ عسكري ومادي على الجماعة القبلية. وتنتقل هذه القيم الاجتماعية بين جيل وآخر عبر النتاجات الأدبية، وأداتها الرئيسية وهي اللغة. وبسبب قدرة اللغة على حفظ النصوص التاريخية، والتجارب الحياتية للشعوب ونقلها عبر الأجيال فإنها تساهم، عملياً، في زرع القيم الموروثة من بيئتها الأصلية، وفي صياغة المزاج العام لدى مجتمعاتنا المعاصرة. أي إنها تفرض نمط التفكير المعاصر وصياغة الرأي العام بدءاً من السياسة ونزولاً الى الأخلاق والسلوكيات اليومية من خلال ذلك الموروث.

ولعل فرضية النسبية اللغوية التي وضعها كل من إدوارد سابير وبنيامين لي وورف توضح، بشكل سلس، تأثير البيئة في صياغة العادات اللغوية، والتأثير المعاكس للغة في رسم ملامح العقل الجمعي لدى الشعوب. حتى إن لكل لغة من اللغات تأثيرها المختلف على الناطقين بها، فهي تصنع، أو تساهم بصناعة، تلك التصورات الشائعة عندنا للحد الذي تتحكم بأدق تفاصيل تصوراتنا نزولاً لتشخيص الإتجاهات والألوان. تستشهد نسبية سابير-وورف بمثال عن شعوب وضعت تسمية واحدة لأكثر من لون واحد، أي إنها تهمل فروقاتهما وكأنهما طيفان من نفس اللون؛ في حين هناك شعوب أُخرى تستعمل مفردتين لِطَيفَين من لون واحد فترفع الطيف الى منزلة اللون، تأثراً بالبيئة. وكمثال آخر، تختلف اللغات في الإشارة الى الأماكن وتحديدها، فمنها ما لا تحتوي على مفردات الإتجاه الثنائي "اليمين واليسار" وإنما تستعيض عنها بالإتجاهات الأربعة "شمال،

جنوب، شرق، وغرب" بتأثير إنفتاح التضاريس البيئية، وكل هذا بالنتيجة يخلق سلوكيات ومفاهيم تختلف بين الناطقين باللغات المختلفة بإختلاف تلك البيئات التي ظهرت فيها.

وطالما يبلغ التأثير اللغوي هذه الدقة في صياغة نمط التفكير الجمعي، فإن قضايا هامة في حياة الشعوب مثل طريقة تعاطيها مع الأحداث السياسية، أهمية التضامن القومي والوطني، والنظرة للأديان، يمكن أن تتأثر بهيكلية اللغة والمعاني والدلالات أيضاً. وهذا ما يلقي الضوء على أهمية متابعة اللغة وتنقيتها وتحديثها مع آخر ما يتوصل اليه التقدم العلمي في مجال اللسانيات وعلم الإجتماع.

وبالنتيجة، بما إن درجة الاهتمام باللغة تنعكس على شكل تبعات أخلاقية، إجتماعية، وسياسية، كما تبين؛ ولو أخذنا بنظر الإعتبار هذه المرحلة الحرجة التي يمر بها العالم بشكل عام، بهذا التداخل اللغوي وتعاظم موجات الهجرة وتطور وسائل التواصل الإعلامي والإجتماعي؛ فإن الضرورة تصبح أكثر إلحاحاً أمام المثقفين الكرد لإعادة التفكير في نظرتهم المتغاضية تجاه اللغة وضرورات تحديثها. ليس من أجل اللغة بحد ذاتها، كوسيلة تواصل بين الافراد، وإنما من أجل حماية التماسك الاجتماعي والسيطرة على تيارات الغزو الثقافي المنفلت، وتوجيه الرأي العام نحو القيم الحضارية الحديثة.

مقدمة النسخة الإنجليزية
الطبعة الأُولى

لم يكن العالم يرى في الكرد، لفترة طويلة من الزمن، سوى انهم مجموعة قبائل متجاورة أكثر منها أمة متماسكة قادرة على بناء وصيانة دولة ذات مؤسسات، يمكن لها أن تُدار وفق السياقات والأنظمة الدولية والعلاقات والتوافقات المتعارف عليها عالمياً. سادت هذه القناعة لدرجة فقدت معها القوى المنتصرة بالحرب العالمية الأولى (الانجليز والفرنسيين) الثقة بفكرة إن الكرد قادرون على اقامة وصيانة إطار سياسي مستقل وموحد يمكن الاعتماد عليه مستقبلاً، كما لم تقتنع بقدرة القادة المحليين آنذاك، قليلي الخبرة في الميدان السياسي، ولا بجدوى دمجهم في مشروع بناء شرق أوسط جديد. المشروع الذي خططت له تلك القوى بعناية من أجل ضمان مصالحهم وسلاسة تنفيذ أجنداتهم واستراتيجياتهم المستقبلية. ولكون التشظي الاجتماعي، المتأثر بإنقسام اللغة كان قد شكل عائقاً أمام نضج الفكر القومي الكردي في تلك الحقبة الزمنية وسبب فعّال في إفتقاره لمشروع سياسي ناجز، فإنه كان أحد أهم أسباب الاخفاقات التي زامنت الحرب العالمية الإولى، وما تلاها، تلك التي تعتبر المرحلة الإنتقالية الأبرز في التاريخ الحديث للشعب الكردي.

الإهم من هذا هو إن التنظيمات الكردية، وكجزء من بحثها الدؤوب عن مخرج لهذه الازمة، إقتصروا بحثهم عن الحلول حصراً وفق الاطر السياسية، ولم يولوا

الاهتمام الكافي للجذور الاجتماعية-اللغوية، أو البحث في التأثيرات السلبية لهذا التشظي الاجتماعي واللغوي الذي يعاني منه المجتمع الكردستاني.

إلاّ إن اللغة، أي لغة، هي إحدى أهم الأواصر التي تربط مكونات الأمة، أي أمة، وتعمل على تماسك الأقاليم الناطقة بها وترسيخ وحدتهم القومية عن طريق توحيد العادات الاجتماعية والمفاهيم السياسية. لهذا، فإن الإهمال الذي عانت منه الكردية، لأسباب دينية وإجتماعية، وعدم إيلائها ذلك الإهتمام الذي تتطلبه، وحرمانها من فرصة التطور المواكب للمتغيرات الإجتماعية قد أعاق نموها بشكل بالغ التأثير. هذا الإهمال هو أحد أهم أسباب عدم إنبثاق فصحى موحدة عابرة للهجات وملتزمة بقواعد لغوية واضحة وقاموس شامل وموحد للمفردات ومعانيها. وكنتيجة لعدم نضج لهجة كردية فصحى موحدة فقد خسر المشروع القومي الكردي أحد أهم وسائله، والميدان الذي يستطيع الفكر من خلال الإنتشار وصياغة الرأي العام فيما يتعلق بالأهداف الستراتيجية القومية العليا.

حتى قرن مضى كان إستخدام هذه اللغة ينحصر غالباً عبر التواصل الشفوي، وكانت كتابتها تُعد من المحرمات الدينية التي فرضها العثمانيون، مما ساهم في ترسيخ إنقسامها وتسارع تطور لهجاتها وتباعدها عن بعضها البعض أكثر وفاقم في إنخفاض مستوى التفاهم المشترك بينها. لهذا لم يتسنى للكردية ان تؤدي دورها التاريخي على الوجه الأكمل المطلوب منها. إلا إن الاحداث التي وقعت على أعتاب القرن العشرين، وبالتحديد وقوع حدثين هامين زلزلا شكل الشرق الاوسط سياسياً وثقافياً وإجتماعياً، سمحت بظهور تغييرات ثورية كان من نتائجها صياغة نظم كتابة للغة الكردية للمرة الاولي، وحصلت من خلالهما على فرصتها التاريخة للتطور ومواكبة التغير الإجتماعي المتسارع، الحدثان هما: الأول إنتصار ثورة إكتوبر وظهور الإتحاد السوفياتي، والثاني هو إحتلال فرنسا وبريطانيا للمنطقة بعد الحرب العالمية الأولى، أي سقوط أكبر إمبراطوريتين فيها، الروسية عام 1917 والعثمانية عام 1924.

ما أعنيه بتشظي المجتمع الكردستاني في تلك الحقبة الزمنية هو الوضع المتمثل أولاً بسيادة الثقافة القبلية، وثانياً بظاهرة التفتت اللهجوي؛ أي الإنقسام الاجتماعي-اللغوي الذي يتجاهله المؤرخون غالباً، ويتناسون خطورة دوره في الخطاب الإعلامي والتعبئة القومية، معزين إخفاقات تلك المرحلة الى عوامل

سياسية صرفة. أي إن الحقيقة الغائبة عن الأذهان هي إن الصعوبات اللغوية كانت سبباً لا يمكن تجاهله في تخلف المشروع القومي الكردي الشامل. والذي كان من شأنه، لو كان ناجزاً في تلك المرحلة أن يلف حوله الأقاليم الكردستانية بشكل شامل، ويعمل على إنضاج مشاعر التضامن المناطقي إسوة بما حدث في الثورة العربية الكبرى، على سبيل المثال.

وبالعودة الى الوراء، الى قرون أبعد، نجد إن معاناة اللغة الكردية القديمة قد بدأت عندما فقدت غطائها الديني. فبمتابعة مسيرتها بصورة أكثر وضوحاً نكتشف إن التراجع اللغوي قد بدأ مع انحسار البهلوية، كأحد مخلفات أفول الديانة الزرادشتية في القرن السابع الميلادي. ذلك الإنحدار الذي قادها من لغة علم ومعارف الى مجرد أجزاء لغوية ناتئة تنموا بعيداً عن بعضها البعض ببطء وإستقلالية. فبعد هدم المعابد وحرق المصاحف والكتب والمخطوطات العلمية والتراجم من السريانية والهندية والاغريقية، وفقدان نظام الكتابة (الاورثوغرافي)، بقيت البهلوية مقتصرة على المحادثات الشفوية وعرضة لعملية الإنحياز الفونيتيكي كالتغيير التدريجي في مخارج الحروف، وفي العادات اللغوية لدى مجموعات الناطقين بها بمعزل عن بعضهم البعض. وبذلك تفاقم التباين بين اللهجات وتحولت من لغة موحدة الى "لهجات إثنية" ثم بمرور الزمن، ومع ازدياد الفوارق الصوتية والسيمانتيكية والعادات والانماط اللغوية الى ضعف التفاهم المتبادل بينها وإنقسمت الى لغات مستقلة، كانت إحداها هي اللغة الكردية الحديثة. والملاحظ هنا، إن الكردية، كما إنشقت من البهلوية، بدأت هي نفسها بإنتاج لكنات ولهجات أخذت تتباين هي الاخرى بمرور الزمن حتى وصلت في واقعها الراهن الى هذه اللهجات (السورانية، الكرمانجية، الكلهرية، الخ.) وكأنها هي الاخرى على أعتاب تطوير لهجات إثنية، بمعزل عن بعضها البعض، على شكل أجنة لغات لم تولد بعد.

اليوم، وكأمر واقع، فإن إفتقار هذه اللغة العريقة لمؤسسة تتمتع بصفة رسمية، على شكل إكاديمية مختصة وفعالة ومخولة برسم الخطط اللغوية، إنما يزيد من صعوبة أي مشروع جاد لتوحيدها ويزيد من معوقات تنفيذه. ويشير في الوقت نفسه الى خلل في تعامل الناطقين بالكردية مع لغتهم وعدم إيلائهم الاهتمام الكاف لمستقبل حضورها ومكانتها في العقود والقرون القادمة على ضوء هذا التنافس

اللغوي الشديد في الشرق الأوسط، حيث تحضى اللغات الأخرى، المجاورة، كالعربية والتركية والفارسية بدعم لا تحظى به اللغة الكردية.

وبعد، فإن هذا الكتاب يتناول ايجابيات وسلبيات توحيد اللغة بدون الاغراق في المنهجيات أو ترجيح قواعد محددة أو إقتراح نظام كتابة معين، إنما يركز على أهمية تطويرها، وضرورة مواكبتها للمتغيرات الاجتماعية والعلمية والسياسية، ودور كل ذلك في رسم ملامح مجتمع كردستاني حديث. فصول الكتاب تتناول أساسيات اللغة، والتأثير المتبادل بينها وبين نمط الحياة الإجتماعية، وكذلك النتائج التي يوفرها مشروع توحيد اللغة الكردية الفصحى ليس على الكردية كلغة، وانما، فضلاً عن ذلك، على وحدة المجتمع الكردي، وبالنتيجة الكرد كقومية. وللتوضيح، فأينما ترد كلمة "كردستان" في هذا الكتاب فهي تشير الى كافة المناطق الجغرافية المتماسكة التي يشكل الناطقون بالكردية، او من ذوي الاصول القومية الكردية، الأغلبية فيها. وأينما ترد كلمة "الكردية" فهي تشير الى مجموع اللكنات واللهجات والتقسيمات اللغوية التي يتم تعريفها على انها بمجموعها تشكل اللغة الكردية، دون تفضيل او إنحياز الى اي منها.

الفصل الأول

نظرة عامة

"حدود عالمي هي نفسها حدود لغتي"

لودفيغ فيتغنشتاين 1922

الكردية هي التسمية التي تطلق على مجموعة من التنوعات اللغوية التي ترتبط ببعضها عن طريق المشاعر والإحساس الجماهيري بضرورة الوحدة القومية أكثر مما تتمثل بوحدة لغوية ذات معايير فصحى عابرة للهجات. وبين هذه الأحاسيس القومية وما يقابلها من التشظي اللغوي يكمن ثمة خلل يتوجب علاجه كونه يترك آثاراً سلبية إجتماعية وسياسية تتفاقم مع مرور الزمن. وبما إن حدود اللغة هي نفسها حدود وعينا، كما يشير فتغنشتاين، فإن إنكماش الكردية الى أنظمة لغوية لهجية صغيرة يقلل، بالضرورة، من المشتركات ويحد من حرية تناقل الأفكار بين الناطقين بلهجاتها.

1.1 التنافر اللهجوي

لا تنفرد الكردية بين لغات العالم في خصوصية تعدد اللهجات وغزارتها، كون إنخفاض مستوى الفهم بين التنوعات اللغوية هو سمة بارزة في العديد من

لغات العالم، بالخصوص واسعة الانتشار على غرار الإيطالية، الألمانية، والعربية. إلا إن ما يميز الكردية عن تلك اللغات هو انها لم تبلغ بعد مرحلة من النضج تجمع معها تلك اللهجات تحت مظلة فصحى موحدة ومعتمدة بشكل رسمي وإنما ماتزال تعيش سمات تلك الفترة التي تُطلق عليها إصطلاح ما **قبل التفصيح** (Pre-standardization phase) وظهور اللهجة الواحدة الشاملة الناجزة. لهذا السبب فإن الكردية اليوم بحاجة الى عملية تأهيل تشمل تطوير النظام الكتابي وصياغة معايير لسانية جديدة واعتماد فصحى موحدة أعلى من المعايير اللهجية، بالإضافة الى تطوير أيديولوجيا لغوية تعيد النظر بالسياسة والتخطيط على أُسس علمية على غرار ما تحظى به اللغات الأُخرى في الشرق الأوسط كالتركية والعربية والعبرية.

وبسبب الحساسية المناطقية واللهجوية، يقتضي الإشارة الى إن الغرض من التطوير لا يعني تغيير شامل في البنية اللغوية، أو فرض نمط معين من التخاطب اليومي، أو ترجيح واحدة من المحكيات على حساب الأُخرى؛ وإنما هو تحديث للمعايير يقتصر على الاستخدامات الأكاديمية والرسمية؛ كتوحيد النحو، الصرف، المعاني، الصوتيات، التداول، والدلالات. والهدف الأول من التطوير هذا إذا تم إنجازه وفق أطر مدروسة بعناية هو الوصول الى نطاق لغوي حديث قادر على استيعاب المتطلبات في المجالات الاكاديمية (رفع مستوى الدقة في تناقل الافكار والمفاهيم). أما الهدف الثاني الذي تنجزه الوحدة اللغوية فهو انضاج الوحدة الاجتماعية-الثقافية نظراً لما تمتلكه اللغة بشكل عام من قدرة على التأثير بالقيم والروابط الاجتماعية، ورفع مستوى الوعي العلمي والثقافي والسياسي بين الناطقين بها.

وعلى ضوء الافتقار لمعجم موحد وضوابط قواعد مشتركة، وللضبابية التي تكتنف تلك الحوارات التي تجري بين الناطقين بلهجات مختلفة، فإن أهمية توحيد الفصحى بالنسبة للهجات الكردية، تشبه الى حد بعيد أهمية حالة الماء بالنسبة للأسماك، كلما كان أكثر صفاءً، كلما استطاعت الأسماك أن تلمح بعضها البعض، وتفهم حركاتها بشكل أدق. وبالمثل فإن تنقية اللغة (الضوابط الاكاديمية) من مخلفات التباين اللهجي تساهم في رفع مستوى التفاهم بين المتخاطبين وتنعكس على شكل حيز عام أوضح وروابط اجتماعية أقوى.

1.1.1 لغة أو مجموعة فرعيات لغوية؟

الغالبية من اللغات الحية في العالم تنحدر من عوائل، وترتبط من خلالها بجذور لغوية مشتركة، بما يشبه تفرعات أغصان الشجرة الواحدة. لذلك نجد تشابهاً بين العديد من اللغات التي تنتمي الى نفس العائلة سواء بالمفردات او الصوتيات، او القواعد النحوية. ولذلك فإن مقدار الشبه بين لغة وأُخرى يجعل، في بعض الأحيان، التفريق بين مفهومي اللغة واللهجة أمراً صعباً ويخضع لوجهات نظر شخصية، وهذا يثير تساؤلاً، هل هذه التفرعات الناتئة على شجرة العائلة اللغوية هي لغات مستقلة أم مجرد لهجات من لغة أشمل. خصوصاً وإن ليس هنالك معيار علمي موحد للتفريق بين التنوعات، بين ما هو لغة وما هو لهجة. أي، وعلى ضوء هذه الضبابية يمكن لأحدهم أن يعتبر تفرع لغوي معين على إنه مجرد لهجة، بينما يراه لغوي آخر -نفس هذا التفرع- على إنه لغة مستقلة بقواعد ومعجم متميز.

ولهذا السبب، وجدنا توجهات -غالباً من غير الناطقين بالكردية- تعتبر اللهجات الرئيسية الاربع (الكرمانجية، السورانية، الزازائية/الگورانية، والجنوبية/اللرية) على إنها لغات منفردة بذاتها. ففي تركيا، على سبيل المثال، يتم التعامل مع الزازائية على أساس إنها لغة مستقلة أكثر منها لهجة من لهجات الكردية. ولم ينحصر هذا الرأي بالتوجهات الرسمية إذ يقدم بعض اللغويين وجهات نظر تتماهى الى حد بعيد مع هذه الرؤيا، مثل رأي الألماني تيري لين تود (Todd, 2008, p. vi) الذي يصنف الزازائية على أساس إنها لغة منفصلة تنتمي الى عائلة اللغات الايرانية الغربية رغم إشارته الى تأكيد الناطقين بها على إنتمائهم القومي الكردي.

غير هذا، فإن التعددية في النظام الكتابي، وإعتماد أكثر من معجم بشكل رسمي، بالإضافة الى تباين الضوابط النحوية يؤدي الى تعميق الفروقات اللسانية بين اللهجات، فاللغة الاكاديمية المستخدمة في إقليم كردستان العراق (الفصحى السورانية) تختلف عن تلك التي تم اعتمادها في منطقة روجافا (الفصحى الكرمانجية)، بحيث تعطي الإنطباع للمتابع البعيد بإن هذه التنوعات هي لغات مستقلة منفصلة أكثر من كونها لهجات من لغة واحدة.

ولعل العامل الأكثر تهديداً لوحدة اللغة الكردية، ومستقبلها، هو تلك التغيرات الطفيفة التي تتراكم بمرور الزمن، في كل لهجة بمعزل عن الأُخرى؛ التي تقود الى إنحرافات فونتيكية ودلالية ونحوية تتعمق أكثر وتفاقم من صعوبة التفاهم المشترك بين الناطقين بها. هذا التباعد لا ينحصر بين اللهجات الأساسية الأربع، وإنما تتسع هذه الهوة اللسانية حتى بين اللهجات الفرعية الصغيرة. فلو تمعنا في سيرورة اللهجة الجنوبية/اللرية لوجدنا هناك استمرارية تباعد تدريجي بطئ بين اللكية، الكلهرية، واللرية. وقد بدأت تشيع مفردات جديدة لها تبعات إجتماعية-إثنية مثل تعبير "الشعب اللكي" خصوصاً بعد بدء البث الإذاعي بما صار يعرف بـ "اللغة اللكية". وبنفس الطريقة تتعامل الحكومة العراقية (ما بعد 2003) مع اللهجة الفيلية على إعتبار ان الفوارق بينها وبين السورانية (السائدة في الإقليم) ترقى لإعتبارها لغات منفصلة. أي إن حالة التشظي الذي تعاني منه الكردية يمكن إستثمارها سياسياً على أساس إنها فروقات إثنية.

هذا التساؤل حول إن كانت الكردية هي لغة واحدة ذات لهجات متباعدة، أم مجموعة لغات متشابهة لم يكن ليتم طرحه لو عمل اللغويون الكرد على توحيد معايير الفصحى بالاساس.

1.1.2 التداعيات السياسية

إن التغاضي عن غياب اللغة المعيارية الموحدة كان، ومايزال، من أبرز العوامل التي تساهم في تشويه الصورة الحقيقية عن الكرد عبر تأريخهم الحديث، حيث لم تظهر الأمة الكردية ككيان موحد ومتميز حتى بدايات القرن العشرين، بل كانت تبدو على شكل أجزاء هشة أو مجموعة قبائل متفرقة داخلياً قابلة للتناحر، أو أرض قابلة للتقسيم على الدول المجاورة. وهذه الصورة النمطية لم تقتصر على النظر من الخارج، بل تغلغلت أيضاً في الشعور الداخلي وكرست الإنتماء للهويات الفرعية على حساب القومية الشاملة. وهكذا لعب الإنقسام اللغوي دوراً في الإنقسام المجتمعي، الذي فاقم بدورة من العزلة بين اللهجات وتشكيك كل لهجة بأصالة اللهجات الأُخرى، ثم الى بدايات تفكك إثني.

ولاحت الفرصة في أوائل القرن العشرين، عندما تقاسمت بريطانيا وفرنسا بقايا التمدد العثماني في الشرق الأوسط وإنتهاء الحظر المفروض على الكتابة الكردية، ولاحت إمكانية ظهور نظام كتابي حديث. ولكن بدلاً من إستغلال الفرصة للحفاظ على الوحدة القومية من خلال صياغة معيار لغوي موحد عابر للهجات، تم وضع المعايير بشكل متسرع، وبدلاً من نظام لغوي واحد، حدث فصل بين اللهجتين الرئيسيتين، الكرمانجية والسورانية، وظهرا بنظامين لغويين مختلفين، مع إهمال اللهجات الأخرى التي إستمرت بالتباعد والإنفتاح على المفردات غير الكردية، المُعارة من اللغات المجاورة.

علمياً فإن التغيرات الديناميكية في اللغات مثل الإنزياح الفونتيكي والدلالي، وكذلك ظهور عادات لغوية جديدة وضمور أخرى، من شأنها أن تساعد على نمو اللهجات بإستقلالية أكبر مما يؤول في حال عدم وجود معايير فصحى موحدة تربط الناطقين باللهجات المحكية الى توسع كل لهجة وتحولها إلى لغة مستقلة، وتبلور للناطقين بها هوية قومية منفصلة. ونظراً للدور الذي تلعبه اللغة في تماسك الهيكل القومي فإن هذا الإنقسام اللغوي يفاقم من تعميق الفجوة بين الأقاليم الكردستانية ويزيد من الشعور بالعزلة بينها مما يخلف حالة من التفكك في الهوية القومية.

أي إن النظرة الواقعية لمستقبل الهوية الكردية يشير الى إنها مرشحة الى الإنشطار الى كيانات لغوية وإثنية أصغر على غرار ما آلت اليه تلك المجموعات السكانية التي كانت تنطق باللاتينية، والسلافية والبهلوية، أي قد يؤدي إلى إنتقال مصطلح "الأكراد" من الجغرافيا الى التاريخ، كجذر لمجموعات عرقية قريبة ثقافياً أو للغات ذات أصول جينية مشتركة.

1.1.3 دراسات سابقة

ورغم إن الكردية حظيت في القرون الأخيرة، بعد طول عزلة، بإهتمام بعض المستشرقين فتناولوها من خلال أبحاث معجمية في الغالب؛ إلا إن الهدف الأساسي من ذلك الاهتمام كان لإستخدامها كنافذة لفهم طبيعة المجتمع الكردستاني وطريقة مخاطبته أكثر منها محاولات تطوير وتأهيل اكاديمي. يبين اللغوي

الأمريكي إرنست ن. مكاروس (McCarus, 1958) إن الأعمال الرائدة في دراسة اللغة الكردية تعود إلى المبشر الإيطالي ب. ماوريتسيو غارزوني P. Maurizio Garzoni (1734-1804)، الذي نشر كتابه " Grammatica e vocabolario della lingua Kurda" في روما عام 1787. ويتألف الكتاب من مخطط نحوي يحتوي على 79 صفحة، بالإضافة إلى 200 صفحة أُخرى مخصصة للمفردات التي كان قد جمعها في مدينة العمادية، صاغ فيها التهجئة وفقاً لقواعد الإملاء الإيطالية.

كذلك نشر عالم اللسانيات الروسي ألكسندر شودزكو Alexander Chodzko (1804-1891) عام 1857 في باريس مخططاً في النحو يتكون من 60 صفحة بعنوان "دراسات في علم اللغة الكردية" مع ترجمة فرنسية ونصاً فارسياً للأمثلة والاستشهادات معتمداً فيه على لهجة السليمانية. كما قام الباحث الروسي بيتر إيفانوفيتش ليرش (Peter Ivanovich Lerch) (من أصل ألماني) بنشر كتابه المكون من جزأين " Forschungen Über Die Kurden Und Die Iranischen Nordchaldäer" بالألمانية بين عامي 1857 و1858؛ إحتوى الأول على نصوص كرمانجية وزازائية جُمعت من أسرى الحرب الأكراد في سمولينسك (روسيا)، بينما تألف الجزء الثاني من مقدمة و30 صفحة من المفردات الكردية مع الترجمة ألالمانية. وفي العام 1880، قدم العالم الألماني الآخر فرديناند يوستي Ferdinand Justi (1837-1907) دراسة مقارنة في علم الأصوات والصرف بعنوان "Kurdische Grammatik".

وإجتذبت الكردية إهتمام البريطانيين أيضاً، حيث نشر الإنجليزي صموئيل أ. ريا (Samuel A. Rhea) كتابه "قواعد ومفردات مختصرة للغة الكردية في منطقة هكاري" عام 1869.

بالإضافة الى تلك النتاجات الرائدة إزداد الإهتمام الغربي بشكل ملحوظ في أوائل القرن العشرين وظهرت أعمال مثل كتاب "لغة الكرد" للسويسري ألبرت سوسين (Albert Socin) عام 1898، وكتاب "دراسات لغوية: اللهجات الكردية" للفرنسي ج. دي مورغان (Jacques de Morgan) عام 1904، و"اللهجة الكردية الموكريانية" من تأليف الألماني أوسكار مان (Oskar

Mann)عام 1906، كما نشر القس البريطاني إي. بي. سوان (Ely Bannister Soane) في العام 1913 كتابه "قواعد الكرمانجية أو اللغة الكردية"، ثم صدر في العام 1926 كتاب "قواعد اللغة الكردية" للفرنسي آب بول بيدار (Abbe Paul Beidar).

1.1.4 محاولات التطوير

على ارض الواقع، لم تنتج تلك الدراسات اللغوية التي قام بها المستشرقون في القرنين الثامن عشر والتاسع عشر أي إجراء عملي جاد لتحديث وتوحيد الكردية، ولم يبدأ التطوير بشكل فعلي إلا في أوائل القرن العشرين حيث ظهرت للمرة الأولى أنظمة كتابة خاصة بالكردية إعتمدت الحروف اللاتينية، والعربية، والسيريلية. ولأن البدايات غالباً ما تكون متسرعة، فقد رافقت تلك الخطوات الريادية بعض النواقص مثل إيلاء الأهمية للصوتيات على حساب مرونة التهجئة (اي التركيز على مطابقة الإملاء للنطق السائد في منطقة محددة على حساب الاختلافات الصوتية بين المناطق) وعدم القدرة على ضم قدر من المفردات المتداولة في اللهجات، غياب (أو إهمال) العديد من الجوانب اللسانية، رغم أهميتها، مثل وحدة المعايير اللغوية وكذلك الدراسات الفيلولوجية والإجتماعية-اللغوية، وأهمية الدور الاجتماعي للغة في بناء أمة موحدة. ولعل أبرز أسباب تلك النواقص هي وعورة الجغرافيا (إستكشاف اللهجات في الأرياف) وصعوبة التواصل بين أجزاء كردستان الأربعة، بالإضافة الى ضيق الجدول الزمني.

العامل الجغرافي: كان لصعوبة التنقل قبل أكثر من قرن دوراً سلبياً في ضيق مساحة الجغرافيا المتاحة في البحوث وجمع المعلومات، ولم يكن من السهل للغوي الكردي السفر في الأرياف، عبر مناطق كردستان الشاسعة من أجل إستطلاع العادات اللغوية وتكوين معجم شامل للمفردات، كما هو متاح اليوم، خصوصا وإن المساحات الناطقة بالكردية كانت خاضعة أما لسلطة عثمانية تُحَّرِم كتابة اللغة الكردية، وفارسية تتعارض ثوابتها الوطنية مع نزعة التعدد اللغوي. لذلك فقد إنحصرت كل محاولة ضمن نطاق جغرافي ضيق، والإعتماد على لهجة

محددة، ولم تتناول تلك الدراسات اللغة الكردية بشكلها الكامل العابر للهجات والعادات اللغوية المتمايزة.

التركيز على الصوتيات: محاولات التطوير وصياغة الأنظمة الكتابية ركزت على التركيبة الصوتية للكلمة اكثر من الإهتمام بالجذر اللغوي واستخلاص الأصل المشترك بين اللهجات، أي إن تهجئة الكلمات إعتمدت على دقة تمثيلها للفظ (ما يعرف بالكتابة الضحلة)، على عكس الطريقة التي تتبعها اللغات المجاورة كالعربية والفارسية والتي لا تراعي اللفظ في اللهجات المحكية (أي إسلوب الكتابة العميقة). ولم تستفد الكردية في هذا المجال من تجربة إحياء اللغة العبرية التي سبقتها بعقود قليلة فقط.

وبوجود المصاعب الجغرافية مع التركيز على التركيبة الصوتية، فقد إعتمدت الفصحى الجديدة على منطقة بعينها وتمثيل طريقتها بالنطق بدقة، متجاهلة العادات اللغوية المختلفة في بقية المناطق الناطقة باللهجات الكردية الأُخرى. هذا يعني إن المعايير اللغوية الجديدة أصبحت تمثل مناطق جغرافية دون غيرها ولم تؤسس لوحدة لغوية شاملة. وهذا النقص تكرر منذ نظام الكتابة اللاتيني في الإتحاد السوفياتي (جمهورية كردستان الحمراء) وفي صياغة الكتابة السورانية، وكذلك في النظام الكرمانجي الذي صاغه جلادت بدرخان؛ فقد إعتمد كل منهم على منطقة جغرافية معينة، وإيلاء الأولوية لعادات النحو الخاص بها، ولتمثيل صوت المفردة حسب النطق السائد فيها.

وتظهر النزعة لتغليب الاصوات على الجذور بوضوح أكثر في النظام السوراني، حيث تم التركيز على تفاصيل الصوت (الفونيم) وتمييز الظلال المختلفة له (الألوفونات) باستخدام حروف أو علامات مميزة، كاستخدام علامات التشكيل للتفريق بين الحروف مثل "ل" (ڵ /ɫ/ و ل /l/)، "ر" (ڕ و ر)، و"ي" (ي /ɪ/ و ێ /ɪə/). وكان لهذه الشفافية في النظام الكتابي (الاورثوغرافي) تأثير سلبي حد من إنتشاره، إذ تمتاز الكردية بتنوع اللفظ أحياناً بين قرية أُخرى، بل وتتغير وفي نفس القرية من زمن وآخر. لهذا فإن النظام الكتابي الشفاف لا يناسب لغة متنوعة باللهجات مثل الكردية، ولو كان قد تم صياغة نظام أكثر عمقاً (تخفيف قيود النطق على الحروف والإستعانة بالحركات بدلاً من حروف العلة القصيرة)

لإكتسب مرونة أكبر في تمثيل الأصوات المختلفة مما كان سيسمح بإستيعاب الفروق اللفظية، وبتواصل وفهم أوسع بين مختلف اللهجات.

ومع دخول القرن الحادي والعشرين، فقد بات من الضروري، في ظل التقدم العلمي والتغيرات الاجتماعية والثقافية والحاجة الى معايير موحدة تمثل الأطياف اللهجية، أن تبدأ اللغة الكردية المرحلة الثانية من التحديث وتلافي الأخطاء التي وقعت قبل قرن، وأن تمتلك مثل بقية اللغات نظام كتابة واحد ومتفق عليه من قبل جميع الناطقين بها.

1.2 الحاجة لتطوير وتحديث اللغات

وكما يقال "دوام الحال من المحال". فإن هذا القول يلخص حقيقة كونية مفادها ان كل شيء في حالة دائمة من التغيير الذي لا يتوقف، بما فيه نشوء وترقي اللغات. وما يطرأ من مستجدات ثقافية وإجتماعية حول العالم -تبعاً للتقلبات البيئية والإقتصادية- يترك أثره في كل الأدوات التي يستخدمها البشر بما فيها اللغة، أي عملية تطور دائم في العادات اللغوية تشمل الصوتيات والنظم القواعدية. هذه التغييرات تستلزم تحديث مستمر لآليات اللغة، وبالأخص النظام الإملائي. لهذا فقد خضعت أكثر اللغات الحية في القرون الأخيرة الى عمليات تطوير شملت التركيبة القواعدية، المعجم والأنظمة الكتابة.

فلو أخذنا الإنجليزية على سبيل المثال، وعلى الرغم من سعة إنتشارها حول العالم، فقد شهدت في القرن الثامن عشر تحديثا شاملاً على يد اللغوي الأمريكي نوح ويبستر (1758-1843)، الذي وضع أساس اللغة الإنجليزية بالمعايير القياسية الأمريكية، وهو ما يعرف بـ (Standard American English)، أو (SAE) إختصاراً، من خلال نشر كتاب التهجئة الأمريكي (*Grammatical Institute of the English Language*) عام 1783.

أما في الصين فقد أدت صعوبة فهم اللهجات/اللغات الصينية المتعددة منذ نهاية حرب الأفيون الأولى في عام 1842 إلى دفع البلاد نحو البحث عن لغة وطنية

مشتركة. لأن التباين اللغوي، حسب جينا آن تام (Tam, Gina 2020, p. 35 Anne) لعب دورًا محوريًا في هزيمة الصين في الحرب المذكورة:

> "كانت الهزيمة تُجبر العديد من النخب على التساؤل عما إذا كانت مشكلتهم أكثر عمقًا - وأن ضعفهم لا يكمن فقط في شيء ملموس مثل البنية التحتية، بل في التركيبة الثقافية للبلاد، والتي كانت اللغة جزءاً أساسياً منها."

أُجريت بعدها (بداية الخمسينات من القرن الماضي) أكبر عملية تأهيل من خلال توحيد اللغة الصينية (إعتماد لهجة بكين)، وتقليص عدد الرموز الخطية، وكذلك صياغة نظام كتابي روماني يعتمد تمثيل الأصوات بالحروف على عكس الخطوط الرمزية التقليدية.

ولأن أهم المشاكل التي عانت منها اللغات في تأريخها هي ضعف الفهم المشترك بين الناطقين بلهجاتها المختلفة. فقد لجأت الى مختلف الحلول من أجل توحيد الفصحى والحد من تنامي العادات اللغوية اللهجوية. تشير أغلب التجارب حول العالم الى إختيار إحدى اللهجات الاكثر إنتشاراً وتأثيراً بالأدب والإقتصاد والسياسة ليتم فرضها من قبل سلطة وطنية قوية. مثال ذلك إختيار التوسكانية للإيطالية، والتاغالوغ للفلبينية، والباريسية للفرنسية. وعدا عن الكردية، لم تبقى سوى لغات قليلة حول العالم تتبنى إزدواجية رسمية مثل الإنجليزية (الأمريكية والبريطانية) واللغة النرويجية باللهجتين بوكمول ونينورسك.

وما يجب الإلتفات له هو إن تطوير اللغة وتأهيلها لا يُعد مهمة لسانية فحسب، وإنما يتعدى ذلك الى كونه ضرورة إجتماعية. فعلاقة اللغة بالمجتمع، أو ما يسمى بالتأثيرات **السوسيولغوية** تساهم في الحفاظ على التجانس المجتمعي وعلى الإطار الثقافي-الاجتماعي، حيث يتعزز الشعور بالإنتماء وإحترام الهوية القومية، للحد الذي لا يمكن بناء بلدان بأنظمة سياسية صلبة بدون هذا التجانس. على العكس من ذلك يؤدي ضعف حضور اللغة الى هبوط قيمتها وإعاقة نموها؛ وبالنتيجة، دفع الكتل السكانية الناطقة الى التأثر بلغات أُخرى مجاورة والخضوع لثقافاتها، وهكذا تصبح هذه المجتمعات عرضة للتفكك وفقدان الإنسجام وضعف الهوية، بما يتفاقم مع إزدياد التداخل الثقافي الخارجي.

وعلى ضوء ما تقدم، تتضح أهمية تحديث اللغة الكردية وضرورة مواكبتها للتطورات الاجتماعية وتوسيع إستخدامها في المجالات الحيوية للحداثة كالنشاطات الأدبية والفنية والرياضية، فضلاً عن إغناء مكتبتها العلمية. لهذا فإن تأسيس إكاديمية لغوية فعالة ومخولة بتوجيه اللغة يُعد أحد أهم البني التحتية التي يفتقدها المجتمع الكردستاني. ولابد أن تترك الوحدة اللغوية الرسمية آثارها الإيجابية في تماسك المجتمع الكردستاني وصلابة هياكله وبالخصوص نظامه السياسي، وأن ينعكس ذلك على شكل تنمية إقتصادية. أي إن بقاء الأمة الكردية في القرون القادمة، الذي سيشهد تنافساً لغوياً حامياً، يعتمد بشكل كبير على قدرتها على تطوير لغة موحدة تشكل الأرضية الصلبة لأمة قوية قادرة على حماية مكانتها بين جيرانها ضمن أجواء النظام العالمي الجديد.

إن الاهتمام باللغة وتطوير آلياتها في التعبير تتأثر بما يطلق عليه آيديولوجيا اللغة، أي نظرة الشعب للغته ودرجة إلتصاقه بها. فهناك اللغات الواطئة القيمة، حيث يسعى الناطقون بها لتعلم لغات أُخرى بدلاً من تطوير لغتهم، مما يتسبب بتضاءل إستخدامها كما حدث مع اللاتينية، السنسكريتية، والإغريقية القديمة. وأُخرى تحظى بقيمة مضاعفة وتتحول الى رموز قومية وأجتماعية ودينية، يسعى الناطقون بها الى نشرها وتسهيل عملية إكتسابها حتى خارج نطاق جغرافيتها كالتركية والعربية. وإذا لم تشهد اللغة تغييرات ملحوظة، مثل الايسلندية فإن ذلك عائد لقلة عدد ناطقيها وندرة تشعباتها (حسب موقع اثنولوغ يبلغ عدد الناطقين بها حول العالم 314 الفاً فقط). غير هذا، فإن الغالبية من اللغات واسعة الإنتشار وغزيرة التنوع اللهجي تم تحديثها، في القرون القليلة الماضية

1.2.1 المرحلة الثانية

لقد ساهمت الخطوات الإيجابية التي اتخذها كل من وهبي وبدرخان في بداية القرن العشرين في تحويل اللغة الكردية من لهجات قبلية شفاهية إلى لغة قادرة على ضبط نظام الإملاء ومهيأة للاستخدام الرسمي والأكاديمي الحديث. ومع ذلك، اصطدمت جهودهما بمصاعب و قيود كثيرة، مثل غياب خطة لغوية متكاملة، ندرة الموارد، والافتقار لسلطة موثوقة لتنفيذ السياسة اللغوية، بالإضافة

إلى التحديات اللوجستية المتعلقة بجمع البيانات من مناطق اللهجات الأُخرى. ولكن، وبالنظر إلى التقدم الهائل الذي طرأ على الأدوات المتاحة اليوم، لم تعد تلك الصعوبات أو القيود عصية على الحل. ولقد حان الوقت، الآن بالتحديد، لبدء فصل جديد في الثورة الثقافية واللغوية الكردية.

إن لغة متنوعة كاللغة الكردية، غزيرة باللهجات والاطياف، ويتحدث بها عشرات الملايين بمستويات متباينة من الإجادة، هي بحاجة الى تبني قواعد نحوية وإملائية مرنة تتناسب مع هذا التنوع والتباعد، وفقر القدرة على التفاهم بين اللهجات المختلفة. بحاجة الى مرونة تسمح بمشاركة أوسع للمتحدثين عبر جغرافيتها في خطاب مفهوم، على عكس الأنظمة الإملائية الصارمة الشفافية المستخدمة اليوم، والتي تفتقر الى الكفاءة والقدرة على استيعاب هذا التنوع اللهجوي. فعلى سبيل المثال، استندت تهجئة السورانية إلى نطق الكلمات العامية في منطقة محدودة (السليمانية)، بتركيز مكثف على مخارج الحروف، على عكس ما كان ينبغي منها أن تأخذ بنظر الاعتبار النطق والقواعد النحوية عبر مناطق أكثر ومساحة أوسع من ذلك بكثير، أي تجنب التركيز على خصوصية الأصوات في منطقة واحدة دون غيرها.

واليوم، ومع ظهور كيانين إداريين كرديين شبه مستقلين، هما حكومة إقليم كردستان والإدارة الذاتية في شمال سوريا، أصبحت إمكانية تنفيذ سياسة لغوية أكثر واقعية من أي وقت مضى في التاريخ. وعلى ضوء الانتشار الواسع لوسائل التواصل الاجتماعي وما توفره من إمكانية لنشر الأشكال والصياغات اللغوية بسرعة وبكفاءة، فإن مواصلة وتطوير ما بدأه رواد الكتابة السورانية والكرمانجية ليس فقط ممكنًا، بل بات أمرًا ملحًا.

مبادرة وهبي-بدرخان يمكن اعتبارها المرحلة الأولى من التحديث اللغوي، الناجح، إلاّ إنها تتطلب كما هو واضح اتخاذ خطوة تكميلية يمكن وصفها بالمرحلة الثانية. ومع التحولات النوعية التي شهدتها السياقات الاجتماعية والسياسية خلال القرن الماضي، أصبحت المرحلة الثانية ضرورية لضمان قدرة اللغة على التكيف مع المتغيرات والاحتياجات المعاصرة.

1.2.2 المعوقات

توحيد الكردية الفصحى يمثل، بلا شك، حلم للأكثرية المطلقة من المثقفين الكرد، ولكن، وعلى الرغم من هذا الإجماع شبه التام، يلاحظ المتابع ثمة توجس عند البعض من المهتمين. فمع النظرة السائدة التي تنظر لفكرة الوحدة اللغوية بحماس وطموح، كمسعى اكاديمي حتمي، يعبر آخرون عن قلقهم بسبب:

- ✓ احتمال اندثار بعض اللهجات المحلية أو سيطرة لهجات معينة على أُخرى.
- ✓ القلق الذي يساور بعض الكتاب بشأن مصير دراساتهم وأعمالهم الأدبية المنشورة في حال التخلي عن الشكل اللغوي الحالي الذي كتبوا فيه نتاجاتهم.
- ✓ سوء الفهم الشائع بأن اللهجة الأكاديمية الرسمية المقترحة تهدف إلى استبدال خطاب التحادث اليومي بشكل لغوي مُصنَّع لا يناسب نمط الحياة الاجتماعية والموروث الثقافي المحلي.
- ✓ الافتقار الى جهة إعلامية متخصصة تتكفل نشر الإيضاحات حول نطاق الوحدة اللغوية، أي إن التعديلات تشمل اللهجة الفصحى المستخدمة في التعليم الرسمي والأغراض الإدارية، صرفاً. ولا تفرض أي شكل خطابي خارج هذا المجال.

ولا شك أن التاريخ المأساوي الذي مر به الشعب الكردي في العصر الحديث قد ألقى بظلاله على العقل الجمعي بشكل زرع الشعور بالخوف واندفاع نحو إيجاد حلول عملية وفورية بدلاً من التخطيط المتأني طويل الأمد. لهذا، فإن المشروع اللغوي لا يحظى بأولوية عالية في الظرف الراهن، حيث يكرس معظم المثقفين جهودهم للقضايا السياسية الآنية أكثر من التفكير في محاولة تطوير إستراتيجيات ثقافية واجتماعية بعيدة المدى تعتبر لدى البعض نوع من الترف الفكري.

تلعب الجبال دوراً فاعلاً في حصر اللغات وإعاقة امتدادها على مساحات واسعة، كما تساهم في تنوع اللهجات وتزيد من تباعدها عن بعض. والسبب هو انها تصعب حركة الكتل السكانية وتساهم بعزلها عن بعض وتقلل من فرص التلاقح اللغوي.

الفصل الثاني

نشوء وتطور اللغات

"يعمل الناس في القرن الحادي والعشرين على تطوير تكنولوجيات جديدة غيرت بالفعل أسس التعلم والتدريس والفنون والعلوم والسياسة والحكومة والأعمال والموسيقى والأدب. والجانب الأكثر إثارة للاهتمام في هذه الابتكارات المثيرة هو أنها أصبحت ممكنة بفضل أداة واحدة، وهي اللغة البشرية."

دانيال ايفيرت 2012

قد يسحرنا ذلك الشدو الشجي للطيور في أوائل الربيع، وقد نخالها تحتفل على طريقتها بمقدم النوروز، إلاّ إن ما نحسبه غناءاً تضج به الأغصان قد لا يكون سوى قذف وشجار، فالطيور تستخدم أصواتها، مثلنا، للتخاطب من أجل إجتذاب شركاء التزاوج، إستدعاء صغارها، تحذير جماعتها من هجوم المفترسات، أو الدفاع عن أعشاشها ضد الدخلاء المتطفلين على أعشاشها.

أي إن تغريد الطيور هذا في جوهره هو وسيلة للتخاطب بين الأفراد أكثر منه احتفالاً بالربيع. وبما إن التخاطب يتطلب وسط مناسب لنقل الأفكار، تلك الأداة التي نطلق عليها "اللغة"، وبما إن طيور الأغصان تتخاطب صوتيا، مثلنا، يبرز السؤال التالي: "هل يمكن إعتبار هذه الأصوات التي تصدرها الطيور لغة؟ مثل لغات البشر؟". الإجابة عن هذا السؤال تسهم في تحديد مفهوم "اللغة"، فإنها إن

كانت مجرد وسيلة للتخاطب فسيمكن إعتبار كل الإيماءات اليديوية وكذلك العلامات المرورية على إنها لغات، بما في ذلك تبدُّل العلامات الضوئية في التقاطعات، وإشارات الانعطاف الى اليمين واليسار عند السياقة. وإذا قارنّا هذه الوسائل البسيطة مع اللغات البشرية المركبة والمعقدة، تلك التي تحتوي على معاجم أكثر وضوحاً، وتبني جملاً من خلال الضوابط القواعدية في النحو والصرف فإن المقارنة تُظهر بأن اللغات ليست كلها بمستوى واحد من الكفاءة والدقة في نقل الأوامر والأفكار. وإذا أدخلنا في المقارنة هذه لغات البرمجة الحوسبية، الفائقة الدقة (تفوق دقة اللغات البشرية) مثل Visual Basic و ++C، فإننا نستنتج بأن اللغات البشرية هي أعقد من مجرد وسائل بدائية للتعبير، كما عند الطيور وفي الإشارات الضوئية؛ ولكنها في الوقت نفسه ليست على درجة من الكفاءة بحيث تستطيع نقل الأوامر والأفكار بالدرجة الفائقة مثل لغات برمجة الحاسوب. أي إن الوسائط اللغوية تتفاوت في درجة كفاءتها، بما فيها اللغات البشرية، وإنها قابلة للتطور ولرفع قدرتها عن طريق توسيع المعاجم وتحديث الضوابط القواعدية.

قد يعبر الإنسان عن ومضات تعبيرية بسيطة من خلال إشارات اليد وتقاسيم الوجه، لكن الأفكار الأكثر تعقيداً تتطلب وسيلة أكثر تفصيلاً. فكلما تشعبت الفكرة المراد طرحها تطلبت عمقاً أكبر للحد الذي تحتاج من خلاله الى ضوابط نحوية والى سعة معجمية كافية. وهكذا كانت اللغات البشرية تتطور عبر التاريخ مع تنوع أفكار الإنسان وتشعبها؛ وتزداد تعقيداً في ملاحقتها للمستجدات في مجالات العلوم وفي الحياة الاجتماعية.

أما عن بدايات ظهور اللغات البشرية الأُولى، فإن علماء الأنثروبولوجيا مازالوا مختلفين حولها. الفرضية الأكثر شيوعًا تشير إلى أن الارهاصات الأولى بدأت بين أسلاف البشر من الرئيسيات قبل وقت طويل من ظهور الإنسان العاقل (الهوموسابيان) ثم تطورت من أنظمة تعرف بـ "ما قبل اللغة"، مثل التعبيرات الصوتية البسيطة، وصولاً الى ما هي عليه الان. خلافاً لذلك، فإن جوانا نيكولاس (Nicholas J., 1998) تخمن بأن نشوء اللغات قد بدأ منذ ما يقرب من 100,000 عام فقط (تتراوح تقديرات ظهور الإنسان العاقل بين 250 الى 300 الف سنة). ثم لعبت العوامل الطبيعية دوراً كبيراً في عزل المجموعات السكانية

عن بعضها البعض، فكانت وعورة التضاريس والخصائص البيئية القاسية عائقاً امام تواصل المتحدثين بلغة معينة، مما أدى بالعادات اللغوية أن تتطور عند كل مجموعة بمعزل عن الأُخرى وتظهر عندها أنماط صوتية فريدة بمرور الزمن، والتمهيد لظهور اللهجات المختلفة عن بعضها، ومن ثم، وبأستمرار العزلة ومواصلة تراكم الإختلافات اللغوية مع الآخرين، على فترة زمنية أطول، تكون تلك اللهجات قد ابتعدت عن مثيلاتها أكثر، وقل مستوى التفاهم معها حتى تبلغ درجة الإنعدام التام فيُعتبر الشكل اللغوي الجديد الذي لا يمكن للناطق به التفاهم مع الاشكال اللغوية الأخرى على إنه **لغة مستقلة**. ويُستخدم معيار الوضوح بالتفاهم المشترك لتحديد ما إذا كانت تلك التنوعات هي لغات منفصلة أو لهجات من لغة واحدة. ولمعرفة تأثير العزلة السكانية في نشوء اللغات وتطورها، فإننا إذا ألقينا نظرة على خارطة اللغات الحية في العالم اليوم، نجد أن تلك اللغات التي تمتد على مساحات جغرافية أوسع تقع غالباً في المناطق ذات الطقس الدافئ والتضاريس المتجانسة حيث يسهل التنقل والإختلاط بين المجاميع السكانية، كما في الصحاري والسهول. في المقابل، يكون التنوع اللغوي أكثر غزارة في الجزر والمناطق الجبلية والثلجية، التي يصعب تواصل الكتل السكانية فيها مع بعض.

2.1 التغيرات الزمانية

لو تتبعنا أي لغة من اللغات الحية السائدة اليوم، والتي سبق لها وأن إستُخدِمَت في التدوين منذ قرون لوجدنا إختلافاً بين اللهجات المحكية والفصحى المستخدمة في الكتابة، إختلافات واضحة في الإملاء والقواعد للحد الذي يصعب معه أحياناً فهم بعض النصوص والأشعار القديمة، كما في الإنجليزية على سبيل المثال. ومرد ذلك هو إن قواعد اللغة وتهجي الكلمات، عندما وُضِعَت في فترة زمنية سابقة كانت تتطابق مع اللهجات المحكية في حينها، مما يكشف عن حقيقة إن العادات اللغوية عند البشر تتطور مع الزمن وتخضع بشكل متواصل للتحولات الصوتية التدريجية، فتختفي فونيمات وتظهر أخرى قريبة منها (الفونيم هو أصغر وحدة صوتية يمكن تمثيلها بالحرف مثل فونيم /m/، /f/، الخ)، وتتبدل الألوفونات (الألوفون هو احد الاطياف الصوتية التي يتشكل منها الفونيم، مثل درجة تفخيم

الصوت "ل" بين ما ينطق في "الله" و "إله"). وهذا التغير التراكمي بالاصوات يُعرف بالإنزياح الصوتي. وبالإضافة إلى الإنزياح الصوتي هذا، تحدث تغييرات في القواعد ومقاطع المفردات وحتى معانيها. هذا يعني إن اللغة -أي لغة- كما هو متعارف عليها اليوم تختلف بشكل ملحوظ عن ما كانت عليه قبل قرون.

يحدث التغيير التدريجي في اللغة لأسباب عدة، منها إن الأفراد يختلفون فيما بينهم بإستخدامهم للغة (بسبب شكل الحنجرة، الأُذن، والقدرة الذهنية على إستخدام وتحليل الإشارات الصوتية، والمعاني)؛ فضلاً عن التأثيرات والتقلبات البيئية والاجتماعية التي تؤدي الى إختفاء عادات لغوية و ظهور أُخرى بديلة. وقد لا يكون التغيير ملحوظاً على مدى عقود قليلة، لكنه يتضح أكثر مع تعاقب الأجيال.

ومن المؤسف أن يصعب ملاحقة التغيرات التي طرأت على اللغة الكردية وذلك لإفتقارها للتدوين وحرمانها من تبني نظام كتابة منذ إنقراض البهلوية وحتى وصول المستشرقين والبعثات التبشيرية المسيحية في القرن السابع عشر.

2.1.1 التغييرات الصوتية

يتباين الأفراد في تركيبتهم الجسمانية، ويمتلك كل شخص جهازًا صوتيًا مميزاً عن الآخرين، بالإضافة الى قشرة سمعية فريدة، مما يؤدي إلى تمايز سواء في النطق أو عند سماع الصوت. يتأثر النطق بالطبقة الصوتية، والتنغيم، والإيقاع، والضغط على المقاطع الصوتية، وكل هذه الخصائص تختلف من فرد لآخر: ويُعرف هذا النمط الفردي من الكلام بالإيديوليكت (Idiolect)، وهي اللهجة الفردية التي تميز بين إنسان عن آخر كإستخدام الشخص لمفردات مفضلة دون غيرها، بالإضافة الى إن سعة إلمامه بالنحو تتأثر بعوامل مثل الوضع الاجتماعي ومستوى التعليم. وبالنتيجة فإن اللكنات الشائعة واللهجات عند كتلة سكانية معينة تتشكل من مجموع هذه الإيديوليكتات الفردية. بالإضافة الى ذلك، فإن تفاوت القشرة السمعية وتباين القدرة على تمييز وتحليل الأصوات بين فرد وآخر يتسبب في إختلاف الصوتيات عند تكرار تلفظها بين الأفراد.

لنتناول النطق بشكل أدق: الفونيم هو أصغر وحدة صوتية في اللغة، ويُعبَّر عنه في الكتابة عادة بحرف من حروف الألفباء، مثلاً الصوت /s/ يعبر عنه كتابياً بـ "س"، "S"، أو"C" أو أي حرف آخر بحسب النظام الكتابي. تصدر الفونيمات في المسالك الصوتية بناءً على تضييق تدفق الهواء في مكان ما من الجهاز الصوتي كاللسان أو الشفتين، أو التجويف الأنفي. على سبيل المثال، يؤدي إغلاق الفم وحصر الهواء في الحلق الى صدور الفونيم /b/، أما تمريره عبر الأنف فيحوله الى /m/؛ كذلك عند نطق الفونيم /l/ (اللام) فإن رفع اللسان باتجاه سقف الفم ينتج اليفون أعلى /ɫ/ كما في كلمة "Mal" (/mɑɫ/، بمعنى "منزل") أو في كلمة "الله" العربية. في المقابل، فإن خفض اللسان ينتج اليفون أخف /l/ كما في كلمة "Mil" (/ˈmɪl/، بمعنى "عنق") وفي كلمة "لا" العربية.

إن شيوع عادات صوتية خاصة بإستخدام اللسان والشفتين يخلق أنماطاً صوتية جديدة مع تعاقب الأجيال، قد تسود داخل المجتمع محدثة تغييرات مستمرة في اللغة. يؤكد رمزي ناجي إستمرارية التغيرات الفونوتيكية (Ramzi Naji et al. 2020)، ويشير:

"الموضوع الذي إستحوذ على الحيز الأكبر في دراسات التغير والاختلاف اللغوي على وجه الخصوص، وفي علوم اللسانيات بشكل عام، هو التغير الصوتي، ويُنظر إليه على أنه عملية تطويرية تتعلق بالصوتيات والفونولوجيا."

الانحياز

إن حبس الهواء أثناء النطق يعقد عملية التنفس كونه يحول دون التخلص من كمية الهواء مع الزفير، مما يولد ضغطا على الرئتين ويسبب ارباك في التنفس خصوصا في حالة ارتفاع الصوت اعلى من الطبيعي. حول هذا: يفترض المتخصصان في علم الصوتيات، الدكتور البولندي مارجين فلودارجزاك (Marcin Włodarczak) والبروفيسور السويدي ماتياس هالدنر (Mattias Heldner) أن التنفس الطبيعي يضمن حصول المتحدثين على كمية كافية من الهواء لإنتاج الكلام دون النزول عن ما يعرف بمستوى الزفير الاسترخائي (Resting Expiratory Level - REL). ويمثل هذا المستوى حجم الهواء

المتبقي في الرئتين والقصبات الهوائية بعد زفير سلبي، بشكل يتعادل فيه الضغط داخل الرئة مع الضغط الجوي الخارجي (Włodarczak & Heldner, 2017).

وتؤدي عملية الحفاظ على مستوى الزفير الاسترخائي في الرئة إلى تعديل العادات النطقية، مما يدفع المتكلم، في حالة النبر الصوتي المرتفع، إلى تليين الفونيمات وتحويرها إلى بدائل أكثر سهولة تتناسب مع نمط الحياة والتضاريس والمتطلبات البيئية.

وعليه، فمن الطبيعي أن تفرض بيئة زاغروس بتضاريسها الجبلية الوعرة، غالباً، تأثيراتها على العادات اللغوية والخيارات الصوتية لدى الناطقين بالكردية. ويُعَد اختلاف التأثيرات البيئية بين منطقة وأخرى أحد أهم الأسباب في تشكيل اللغة الكردية بهذا الغنى من التشعب والتباين اللهجي.

يتأثر الإنحياز الفونيمي بثلاث ظواهر هي: <u>الإدغام</u>، <u>الحذف</u>، و<u>الإقحام</u>. هذه الظواهر الصوتية التي سيأتي شرحها لاحقاً، تقوم بتسهيل عملية نطق الجملة من خلال تبسيط إنتاج الصوت، خاصة عندما يتعلق الأمر بالفونيمات التي تعيق تدفق الهواء، كما هو الحال مع الأصوات الانفجارية مثل /d/، /b/، والصوت الأنفي /m/ عندما لا تقع في بداية الكلمة. وحيث يتيح هذا التعديل مرور الهواء بشكل أسهل عبر الجهاز الصوتي، فإنه يسهّل من رفع الصوت بضغط أقل على الرئتين، وهو ما يناسب البيئات الريفية والجبلية حيث تكون المسافات بين المتحدثين اوسع. نتيجة لذلك، فإن هذه الفونيمات المعدلة قد تساهم بتحوير اللفظ، وبالتالي الكلمات، للحد الذي تختلف فيه تدريجياً عن جذورها المورفولوجية، كما تساعد على بظهور مفردات جديدة خاصة بكل مجموعة سكانية دون سواها.

2.1.2 اللكنات

اضطراد الانحياز الصوتي وتراكمه عبر الزمن، لدى المجموعات السكانية المنعزلة، الى جانب التغيرات في التنغيم وضغط المقاطع الصوتية، يقود تدريجيًا الى إجراء تعديلات في الخصائص الصوتية بما يناسب حاجة الناطقين بتلك اللغة،

أي ظهور أنماط صوتية مميزة داخل كل المجموعة باختلاف عن المجموعات الأخرى. تفرز هذه العملية لَكنة مميزة بمرور الزمن، يتفرد بها المتحدثون في تلك المنطقة، وتصبح سمةً مميزة لجغرافيتهم أو فئتهم الاجتماعية رغم انهم يشتركون مع الجماعات الأُخرى بنفس اللغة.

2.1.2.1 التغيير في الفونيم

تختلف الفونيمات في ما بينها تبعاً للطريقة التي تتم من خلالها إصدار الصوت، فالبعض منها يتطلب جهد أكبر بالنطق. وبما إن البيئة الريفية والجبلية على وجه التحديد تتطلب رفع الصوت في اغلب الأوقات بسبب سعة الأماكن وتباعد المتخاطبين، لذلك فنطق الفونيمات (الصعبة) التي تتطلب حجب تدفق الهواء في المسالك الصوتية يميل إلى التغيير بحيث تسمح بمرور أسهل للهواء وجهد أقل على الرئة إثناء دفع الزفير. وبالنتيجة هذا التكيف الصوتي (إستبدال الفونيم الصعب بآخر أسهل) يساعد على رفع الصوت بأقل ضغط تنفسي. ومن أمثلة هذه الإنزياحات الصوتية هو التغير الذي طرأ على الفونيم /b/ من البهلوية الى /w/ و /v/ في اللهجات الكردية الحديثة.

وتتحكم بالتغير الصوتي ثلاث ظواهر هي:

أ- الإدغام الفونيمي

يلجأ المتحدث (غالباً أثناء النطق السريع) الى إدغام بعض الفونيمات بحيث يختفي فونيم معين ويتحول الى صوت آخر مجاور له. على سبيل، في الجملة "چيت دەوێت؟" ("ماذا تريد؟") /tʃet dəʊeət/' يتغير الفونيم الأخير في الكلمة الأُولى "چيت" وهو /t/ ليتوافق مع الصوت الذي يليه وهو في بداية الكلمة الثانية، "دەوێت" وهو الفونيم /d/، فيتحول نطق "ت" الى "د" ويتغير اللفظ الى " چيد دەوێت " /tʃed dəʊeət/.

ولأن كل من الصوتين /d/ و/t/ من الأصوات الإنفجارية حيث ينتج عن حبس الهواء في الفم ثم إطلاقه، فإنهما يسببان صعوبة في النطق تحدث في تعاقبهما

ظاهرة الإدغام الفونيمي (Phonological Assimilation) بشكل تلقائي، لتسهيل اللفظ والمحافظة على سرعة النطق.

ب- الحذف

يتم التخلي عن فونيم معين، من أجل سلالة اكثر في الكلام، عن طريق حذف وإختفاء أحد الفونيمات في المقطع الصوتي الواحد بشكل تلقائي، وتعرف هذه العملية بـ "Phonemic Ellision". غالبًا تتأثر الأصوات الواقعة في نهاية الكلمة كما في "دەست" /dest/ ("يد") عندما تليها "خوش"، في "دەست خوش" (تفيد معنى الشكر والإطراء على نتيجة عمل معين) فيختفي الفونيم الأخير من الكلمة الاولى /t/ "ت" ليتحول النطق الى "دەس خوش" /desx'uʃ/. وبالإضافة الى نهايات الكلمات، فإن الحذف يمكن أن يحدث ولو بشكل أقل في وسط الكلمة كما في المفردة البهلوية "فروختن" /ferʊ:x'tɪn/ ("البيع") لتصبح "firotin" بالكرمانجية، و"فروشتن" /frɔʃ'tɪn/ في السورانية. وبالإمكان أن تتزامن عمليتي الإدغام والحذف في مقطع صوتي واحد، على سبيل المثال، عندما تلي الكلمة الكردية "هەشت" (ثمانية) مفردة "سەد" ("مائة") فعند نطق العدد 800 "هەشت سەد" /heʃtsed/ ("ثمانمائة") يختفي الصوت الأخير في "هەشت" وهو /t/ "ت" عندما يتبع بالفونيم الأول من الكلمة التالية "سەد" فضلاً عن الإدغام الذي يتحول فيه الصوت /ʃ/ "ش" الى الصوت اللاحق /s/ "س" فيكون النطق فعلياً بهذا الشكل /hes-sed/. أي إن إدغام /s/ قد تزامن مع حذف /t/.

تاريخياً، ساهمت عملية الحذف الفونيمي هذه في تغيير نطق الكثير من المفردات الكردية المعاصرة. فعلى سبيل المثال، تطورت الكلمة البهلوية "باد" ("الريح") الى "با" (بحذف الفونيم /d/) وتحولت اللاحقة البهلوية التي تلصق ظرف مكاني "- گاه" في الكردية الحديثة إلى "- گا"، كما هو الحال في كلمات مثل "دادگا" ("محكمة")، بدلاً من "دادگاه"، وكذلك إستخدم النطق الحديث في مفردات أُخرى مثل "ياريگا" ("ملعب") و"فروشگا" ("متجر").

ج- الإقحام

الإقحام الصوتي (Intrusion) هو ظهور فونيم جديد أثناء النطق لتسهيل الإنتقال من مقطع صوتي الى آخر. على سبيل المثال، لو أخذنا الكلمتين "دارێک" ("شجرة" بصيغة نكرة) و "سەوز" ("خضراء") فإن في تتابع الكلمتين في "شجرة خضراء" يحدث إقحام لفونيم جديد يدخل ما بين الكلمتين وهو /j/ أي صوت "ي". فتكون "دارێکی سەوز" في السورانية، وبنفس الإقحام يكون اللفظ المكون من كلمتي "Darek" و "Kesk" بالكرمانجية هو "Dareki kesk".

السمات النطقية

لعل التنغيم (Prosody) هو أبر ما يشدنا عند سماع لغة أخرى، وهو الإيقاع الذي يتخلل سياق الكلام، أو تتابع أنماط صوتية مختلفة، ويتجلى من خلال إختلاف النطق بين مقطع صوتي وآخر في نفس الجملة؛ مثل درجة إرتفاع الصوت، المدة الزمنية، النبرة، والتوقفات باختلافها بين مقطع وآخر. والتنغيم يميز مابين لهجة أو لَكنة عن أُخرى، بحيث يمكن في الكثير من الأحيان معرفة لغة المتكلمين من خلاله حتى إذا كانت اللغة التي يتحدثونها غير مفهومة لنا. ولا يقتصر دوره على نكهة الكلام فحسب، وإنما يؤثر في تحديد المعنى كذلك، بل إن بعض اللغات، كالصينية مثلاً، تعتمد كثيراً على التنغيم في صياغة المعاني. فعلى سبيل المثال، عندما يكون التركيز على مقطع صوتي معين أكثر من غيره فإنه يفيد معنى الأستفهام، وعندما يكون على مقطع آخر في مكان مختلف من نفس الجملة فإنة يعطي إنطباع التأكيد، الخ.

هذه الخصائص الصوتية والنطَقية تتأثر بالظروف الثقافية والبيئية فتبرز إختلافات واضحة على أساس المناطق الجغرافية، كما تتأثر بالمحيط مثل إرتفاع درجة الضجيج المرافق للكلام، وبأجواء التخاطب إذا كان يتم بشكل رسمي أو كمحادثة حميمية، الخ. وإختلاف التنغيم يُعد عاملاً مؤثراً في ظهور اللكنات وتطورها الى لهجات.

2.1.3 اللهجات

تُعرَّف اللهجة على أنها تنوع لغوي يتميز بنطق فريد وقواعد نحوية ومفردات خاصة بمجموعة سكانية معينة، إلاّ إنها ليست لغة مستقلة بشكل كامل، أي بإمكان الناطقين بها التفاهم شفوياً مع تنوع لغوي آخر مختلف عنها. وتنشأ اللهجات بسبب إنعزال المجموعات السكانية لفترة طويلة عن بعضها البعض مما يساعد على تطور عادات لغوية خاصة بكل منها. وكلما طال أمد العزلة بين هذه المجموعات كلما إتسعت الفروقات اللهجوية حتى تصل درجة من إنخفاض التفاهم الشفوي من الممكن أن يتم معها إعتبارها لغة مستقلة.

لغوياً، فإن معيار التفريق بين ما يمكن تعريفه على إنه **"لهجة"** أو إنه **"لغة مستقلة"** هو **درجة التفاهم المشترك** مع اللهجات أو اللغات الاخرى، ولأن هذه الدرجة تفتقر الى وحدة قياس واضحة ومحددة، فإن التفريق بين الاصطلاحين مازال موضع خلاف بين المهتمين باللسانيات. وكمثال على ذلك فإن هناك من المختصين مَن ينظرون للغة الصينية على أساس إنها مجموعة لهجات متباعدة، بينما يراها آخرون على إنها لغات مستقلة متقاربة. والأمر نفسه ينطبق على على بعض اللهجات (اللغات) الهندية. وبنفس الضبابية يُنظَر الى الأشكال اللغوية في ايران مثل اللرية أوالگيلكية والمازندرانية، ذلك إن الخط الفاصل بينهما ليس واضحًا بشكل قطعي.

يتطرق عالم الاجتماع اللغوي الروسي ماكس واينرايش (Laponce, 2005, p. 13) الى هذا التعقيد بالتشبيه:

> "اللغة هي لهجة تمتلك جيش وقوات بحرية."

وبتعريف آخر لا يختلف كثيراً، يصف اللغوي البريطاني راندولف كويرك الفارق (McArthur, 1998, p. 205) بهذا التعبير:

> "اللغة هي لهجة تمتلك جيش وعلم."

هذا يعني إن بالإمكان إعتبار أي تنوع لغوي ذو مستوى منخفض من التفاهم مع البقية على إنه لهجة، من وجهة نظر معينة، ولغة مستقلة من وجهة نظر

أخرى. وتشكل هذه الضبابية عبئاً على اللغة الكردية، فيجد بعض اللغويون أنفسهم لا يتحرجون من وصف بعض التنوعات في عائلة اللغات الأيرانية الغربية على إنها لغات مستقلة. وعلى هذا الأساس يرى الكرد "اللرية" على سبيل المثال بإنها لهجة من لهجات الكردية، في حين يعتبرها الفرس فارسية، وطرف ثالث يصفها بلغة مستقلة.

2.1.4 اللغات

لعبت الحروب والصراعات، بالإضافة الى التضاريس الجغرافية الوعرة، دوراً كبيراً في عزل المجموعات السكانية البشرية عن بعضها طوال التاريخ. وقد أثَّرت هذه العزلة كثيراً في خضوع كل مجموعة لظروف بيئية مختلفة. إختلاف تلك البيئات كان يسارع من تطور كل مجموعة بشكل منفصل وبمسار مختلف عن المجموعات الأخرى، ويعمل على تراكم عادات خاصة يتم توارثها عبر الأجيال ومنها العادات اللغوية كالنطق والنظم القواعدية.

منذ أن بدأت اللغات كوسائل تعبير بدائية، إستخدمها البشر الأوائل لربط الفرد بالقبيلة، الى اليوم وهي تخضع لمسيرة من التحديث المستمر تتفاوت سرعتها مع وتيرة تطور الجماعة، كحاجة لمواكبة المتغيرات في نمط حياتهم. وهذا التراكم التطوري المنفلت وما يفرزه من عادات لغوية خاصة بكل مجموعة جعل اللغات تزداد تعقيداً بمرور الزمن حتى أخذت عمليات التحديث في القرون الأخيرة برفد اللغات بقواعد نحوية متقدمة وتراكيب لغوية ودلالات أكثر عمقاً. علاوة على ذلك، لم تعد اليوم مجرد وسيلة تخاطب بين الأفراد وإنما تُعتبر ظاهرة تعكس مستوى التقدم الاجتماعي والهوية الثقافية. فلغة القبائل البدائية ماتزال محدودة من ناحية المعجم والصوتيات والقواعد نحوية، بينما أفرزت المجتمعات الأكثر تحضراً قيماً لغوية حديثة أكثر تعقيداً ودقّةً في التعبير. وبسبب هذه العلاقة بين التطور والعادات اللغوية، فقد أخذت اللغات تتباين ليس فقط بين المجموعات السكانية وإنما أصبحت تختص كل طبقة أجتماعية أو فئة دينية متميزة بعاداتها الخاصة، فأصبحت اللغة بهذا الشكل تمثل واجهة إجتماعية أيضاً.

إلاّ إن هذا التشتت الديالكتيكي المرافق للتطور، والذي يولد اللكنات واللهجات ويطورها لتصبح لغات جديدة، هو نفسه الذي يجعل اللغة تشيخ ثم تموت بالانقسام الى لغات وليدة، وهو عبارة عن عملية متواصلة طوال التاريخ البشري لدرجة إنه لا يوجد إحصاء دقيق لعدد اللغات التي ماتت وإنقرضت عبر التاريخ. يُشبَّه الكاتب الاسكتلندي جيلبرت هايت (1906-1978) تطور اللغة بدورة حياة الشجرة فيكتب:

"اللغة هي كائن حي. يمكننا أن نشعر بتغيرها. أجزاء منها تشيخ، فتسقط وتُنسى. بينما تتبرعم فيها أجزاء جديدة، وتنتشر في أوراق، وتصبح فروعًا كبيرة، ثم تأخذ هي الأُخرى بالتكاثر".

ومع موت لغات مثل اللاتينية والسنسكريتية، وإنقراض أُخرى مثل الآرامية والقوطية، يرى اللغويون إن الكثير من اللغات الحية حول العالم اليوم معرضة للخطر، سواء للموت أو الإنقراض، بينها البيلاروسية والشيشانية، على سبيل المثال. هذا يعني إن اللغات التي لا تواكب التطور تكون أكثر عرضة للإنقسام، وبمواجهة ذلك تعمد الدول الى إنشاء إكاديميات لغوية خاصة لتحديثها وتطوير آلياتها. ولإفتقار اللغة الكردية الى هيئة لغوية موحدة لرعايتها فإنها معرضة للإنقسام التدريجي خصوصا وإن كل من السورانية والكرمانجية تتوفر على مقومات التحول الى لغة مستقلة بما تحتويه من معجم خاص ونظم قواعدية مميزة، وإمتداد جغرافي، بالإضافة الى نظام كتابة مختلف تماماً.

2.1.4.1 اللغات المختلطة Pidgin Languages

بالإضافة الى الولادات الطبيعية (تطور اللهجات الى لغات مستقلة)، فهناك ظروف أُخرى تعمل على نشوء اللغات عندما تجد بعض المجموعات السكانية نفسها مضطرة للتواجد في مكان جغرافي مشترك مع مجموعات أُخرى بدون أن تكون بينها لغة مشتركة، مثل المستوطنات الاستعمارية والمناطق التجارية الناشئة بين حدود لغتين. يؤدي التعايش بين الأنواع اللغوية غير المفهومة الى ظهور شكل لغوي جديد يتميز بقواعد نحوية مبسطة ومفردات مختلطة مأخوذة بصورة عشوائية من اللغات التي تختلط في تلك الظروف، ويسمى الشكل اللغوي الجديد

"**اللغة المختلطة**" (Pidgin Language). تظهر اللغات الجديدة هذه بصورة تلقائية كوسيلة مؤقتة للتواصل وكأنها "لغة طوارئ" من دون أن تكون هي اللغة الإم لأي من الأفراد الذين يجيدونها. وكمثال على هذه اللغات، العامية الإنجليزية الأمريكية المنقرضة (AIPE)، التي ظهرت أثناء الاتصال الأول بين الأوروبيين والأمريكيين الأصليين، وكذلك لغة ساتيلا في كينيا وجيباناوا في نيجيريا.

قد تنقرض اللغة المختلطة في النهاية بسبب إنتهاء الظروف التي أدت الى ذلك الإختلاط غير المتجانس وإنتفاء الحاجة لوجودها، أو قد تعيش لفترة طويلة من الزمن بحيث تولد أجيال تتحدثها كلغة ام فيتم إعتبارها لغات دائمية وتسمي تلك اللغات التي تتطور الى لغات ثابتة باسم "اللغات الكريولية" (Creole Language).

الكريولية هي اللغة التي تنشأ كلغة مختلطة في البداية من أجل تلبية حاجات موقتة، لكنها تستمر بشكل دائمي بعد تزايد الناطقين وتحولهم الى الإستيطان، وتحوّلها الى لغة أم ووحيدة للأجيال الجديدة. ومن أمثلة هذه اللغات هي الكريولية الهايتية، والكريولية الأندامانية الهندية في الهند، واللغة النوبية ذات الأساس العربي في أوغندا وكينيا (غير النوبية في مصر والسودان).

2.1.4.2 اللغات الوليدة

ونحن في هذا القرن الذي تنزع فيه الشعوب الى التعرف على ثقافات ولغات بعضها البعض وتقليص عدد المحكيات، قد يكون من المستغرب أن نتصور إن المجتمع البشري مزال خصباً لولادة لغات جديدة. فهناك لغات ولدت حديثاً مثل السبرانتو المصممة سنة 1887 (*)، وأخرى نشأت بشكل طبيعي مثل لغة "لينجالا" في غرب إفريقيا في أوائل القرن العشرين، و"لايت وارلبيري" الأسترالية في ثمانينياته.

---

* 5 of the World's Newest Languages." Grammar.com. STANDS4 LLC, 2024. Web. 10 Feb. 2024 . <https://web.archive.org/web/20250720170204/https://www.grammar.com/5_of_the_world%E2%80%99s_newest_languages>

ولكون اللغات البشرية هي وسائل ديناميكية، أي إنها في حالة تطور مستمر وتواكب التغيرات التي ترافق الظروف الاجتماعية والثقافية والاقتصادية والتكنولوجية فإن من المتوقع ظهور لغات جديدة مستقبلاً. وفي حين يصعب التنبؤ بزمن ولاداتها على وجه الدقة، إلاّ أن هناك العديد من السياقات التي يمكن أن تظهر فيها، خصوصاً وقد إزدادت القفزات الاجتماعية بشكل متسارع وصارت العولمة وسيلة لنقل أنماط لغوية متباينة بين الشعوب، بالإضافة الى تباين وتيرة التحضر بين منطقة وأُخرى حول العالم.

2.2 لا إستقرارية اللغة

وكما إتضح، فإن اللغة ليست شكلاً لسانياً ثابتاً سواء في النطق، لفظ المفردات، أو في النظم القواعدية، وحتى في المعاني، فهي في حالة من التعديل الذاتي المستمر. هذا التطور في بنية اللغة يتضح بشكل اكثر جلاءاً عند مقارنتها في مقطع زمني معين مع نفسها في مقطع اخر، فنجدها تتطور مع الأجيال كصوت ونحو ومعان ووعادات لغوية. وعند مراجعة الأعمال الأدبية التي تم إنتاجها على مدار القرون الماضية، يتضح أن اللغات قد شهدت تحديثات متواصلة كان يغذيها دائماً ذلك التباين في الظروف التاريخية المتعاقبة، مثل التغيرات في الوضع الاقتصادي والاجتماعي وظهور اديان واختفاء اخرى. بالإضافة إلى ذلك، كانت تتأثر على الدوام بالحروب واللهجرات الجماعية، بقوانين المستعمرات، الأنظمة التعليمية، التطور التكنولوجي، الإعلام، وانتشار العقائد الدينية. ونظرًا لأن كل هذه الظروف التاريخية هي عبارة عن عملية دائمة لا تتوقف، فإن الأفكار والمفاهيم تتسع وتزداد تعقيداً، ومن إجل مواكبة هذه التطورات، والقدرة على التعبير عنها بواسطة اللغة، فإنها هي الأُخرى تتوسع وتزداد تعقيداً مع مرور الزمن. أي إن التقدم يدفع اللغات دائماً إلى تحسين أدواتها النحوية والصوتية والصرفية بشكل قسري. ولو أخذنا اللغة الإنجليزية على سبيل المثال، فقد شهدت تغيرات كبيرة خلال القرون الخمسة الماضية، لدرجة أن المتحدثين بها اليوم يجدون صعوبة في فهم مسرحيات شكسبير من دون الإستعانة بتفسير أو "ترجمة" تراعي ذلك التغير. أما لو حاولنا قراءة بعض المخطوطات الإنجليزية القديمة، من قرون أبعد، لوجدناها تكاد تكون لغة غريبة يتطلب فهم نصوصها ترجمة الى

الإنجليزية المعاصرة بما يشبه ترجمة نص من لغة الى أُخرى مختلفة تماماً عنها. لنأخذ على سبيل المثال القصيدة الملحمية **"بيوولف"**، التي كتبت في القرن الثامن تقريبًا، فهي تعد مثالًا واضحًا على درجة تراكم التغيير الذي طرأ على الإنجليزية. التالي هو نموذج من النص الأصلي للملحمة:

"Hwæt. We Gardena in geardagum,

þeodcyninga, þrym gefrunon,

hu ða æþelingas ellen fremedon.

Oft Scyld Scefing sceaþena þreatum,"

ولمقارنته مع الانجليزية الحديثة، نورد الترجمته ادناه:

"LO, praise of the prowess of people-kings.

of spear-armed Danes, in days long sped.

we have heard, and what honor the athelings won!

Oft Scyld the Scefing from squadroned foes." (*)

الترجمة العربية:

"هوذا، مجد شجاعة ملوك الشعب

من الدنماركيين المسلحين بالرماح، في أيامٍ خلت

قد سمعنا به، وبالشرف الذي ناله النبلاء!

ولكثرما إنتصر سايلد سيفينغ على حشود الأعداء."

---

* Translated by Francis B. Gummere

<https://web.archive.org/web/20250720170849/https://www.poetryfoundation.org/poems/50114/beowulf-modern-english-translation >

وشهدت الكردية هي الأُخرى تغييرات جوهرية مشابهة عبر تاريخها. فنلحظ فارق الإنزياح الصوتي بمقارنتها مع النصوص التي كُتِبَت قبل ثلاثة قرون مثلاً. وفقًا لمعجم الكردية-الإيطالية الذي وضعه المبشر المسيحي م. غارزوني في القرن الثامن عشر، فقد سُجِلَت كلمات مثل "Du" /du:/ ("اثنان") و"Sê" /sɪə/ ("ثلاثة") و"Çar" /tʃa:r/ ("أربعة") على النحو التالي: "Duh" /dʊh/ و"Seh" /sɛh/ و"Ciahr" /tʃahr/، بينما ذُكرت الكلمة الأخيرة في اللغة البهلوية في القرن السادس الميلادي، وفقا لعالم الأيرانيات الإنجليزي إدوارد ماكنزي، بصيغتها الأقدم على شكل "čahăr" /tʃahar/. ومفردة "Kevok" (حمامة)، التي سجلها غارزوني على شكل "Kefter"، كانت تنطق في البهلوية بصيغة "kabōtar" و "kabōd" (MacKenzie, 1971, p. 21, 127). والعبارة "Min got" ("أنا قلت") تم تسجيلها عند غارزوني بشكل "Men ghot" (Garzoni M., 1787, p. 17, 37, 213).

تعكس هذه التغيرات قدرة اللغة على التكيف مع المستجدات والتأثر بالظروف عبر الزمن. ولعل متابعة هذه التغيرات الفونتيكية في الكردية توفر إمكانية الوصول الى الجذور المشتركة للمفردات السائدة اليوم، من ما قبل ظهور اللهجات المعاصرة. والبحث (المورفولوجي) عن الجذور المشتركة للمفردات وإستعادة شكلها الأصيل العابر للهجات يعد بمثابة العثور على الكنز اللغوي المفقود فيها، وهو ضرورة لأي مشروع يهدف الى توحيد اللغة الكردية الفصحى.

2.2.1 الموازنة بين الدقة وسهولة الاستخدام

مع تقدم المجتمعات، تزداد الأفكار تعقيدًا، مما يستلزم دقة متزايدة في صياغتها. ولما كانت اللغة هي الوسيلة الأساسية لنقل هذه الأفكار بين المتحدثين، فإنها تستدعي تحديثاً لآلياتها، وتنقيحًا مستمرًا لاستيعاب المفاهيم الناشئة، والقدرة على التعبير عنها بشكل واف. وبينما تتكيف اللهجات المحكية مع هذه التطورات بشكل تلقائي -غالبًا ما تفتقر إلى تنظيم نحوي مهيكل- فإن الأطر اللغوية الرسمية (الفصحى) لا تتطور الاّ بشكل مدروس، مُدخلةً هياكل معجمية موسعة، وأنظمة نحوية دقيقة، وتفسيرات دلالية مُهذبة على يد اختصاصيين لسانيين.

بيد أن هذا التحديث اللغوي يفرز تحديات، ويزيد من صعوبة إتقان اللغة الرسمية، لا سيما بالنسبة للفئات الأقل تعليمًا، ويوسع الفجوة بين الأشكال العامية والمعيارية. وعليه، فإن إقتراح ضوابط لغوية جديدة يتطلب مراعاة التوازن بين الدقة التي توفرها هذه الضوابط في تمثيل الفكرة، من ناحية، وسهولة إستخدامها من ناحية أخرى. فبيئات التخاطب غير الرسمي تعطي الأولوية لسهولة التواصل عن طريق تخفيف القيود اللغوية الصارمة، بينما تفضل الأوساط الأكاديمية الدقة في التعبير من خلال ضوابط نحوية معقدة.

ولتوضيح هذا التوازن، يمكن تشبيه اللغة بمركبة تنقل الأفكار، إذ يمكن صياغة التعبير عن المفاهيم البسيطة بشكلٍ كافٍ من خلال إطار لغوي مبسط يتميز بمعجم مُختصر وقواعد نحوية قليلة، تمامًا كمركبة أصغر حجمًا وأقل تكلفة مخصصة لنقل الحمولات الخفيفة. ولكن على النقيض من ذلك، تتطلب الأفكار المعقدة بنية لغوية أكثر تطورًا تتميز بمعجم واسع ودقيق المعاني، الى جانب نحو تفصيلي -على غرار مركبة أكبر حجمًا- بإمكانها إستيعاب الحمولات الثقيلة.

عندما تتعقد الأفكار فإنها تتطلب معجم ونظام قواعدي اكثر تعقيدا، وهذا ما يشكل عبء إضافي على المتحدث، قد لا يكون عمليا الا في حالات الضرورة. ويؤكد هذا القياس على إن التكيف اللغوي هو عملية مكلفة تتطلب بذل جهود لتطوير الأدوات التعليمية خصوصا في سنين المراحل الأولى. لذلك تنحى اللهجات المحكية الى البساطة قدر الإمكان، دون التقيد بقواعد لغوية صارمة؛ بينما تتطلب الأوساط الاكاديمية تطوير أدوات اللغة، وإنتاج معايير اكثر كفاءة، مع تراكم التحولات الاجتماعية، مثل التقدم العلمي، والتغيرات الثقافية.

وكمثال، ماتزال بعض القبائل الأصلية في غرب أفريقيا وأمريكا الجنوبية تقتصد في الصوتيات بسبب بساطة الحديث وانعدام الحاجة للتعقيد، فقد لاحظ

البروفيسور دانيال إيفرت، الذي درس لغة قبيلة "بيراها" في حوض الامازون، أنها تقتصر على أحد عشر فونيماً فقط (Everett, 2012) -ثلاثة حروف علة وثمانية ساكنةن للذكور، بينما تقتصر الاناث سبعة منها فقط. وعلى الرغم من هذا الاستخدام الصوتي المحدود مقارنة باللغة الإنجليزية، التي تحتوي على أربعة وأربعين فونيماً، فإن نظامهم اللغوي يظل فعالًا ومستقرًا تمامًا نظرًا لنمط حياتهم، الذي لا يستلزم توسعًا لغويًا.

وهكذا، فقد أدى التحول العلمي في القرنين السادس عشر والسابع عشر، والثورة الصناعية التي نتجت عنه في أوروبا الغربية، إلى توسع اللغات بشكل كبير حيث تطلبت المفاهيم الجديدة صياغة اكثر دقة، تطورت إثرها تلك اللغات، بل قادت تداعياتها الى ظهور تغييرات لغوية في مناطق أخرى لاحقا، مثل التحولات الهيكلية في لغات مثل الروسية والتركية والصينية وكذلك الكردية.

2.2.2 قانون الإنتخاب الطبيعي

الحاجة ليست فقط ام الاختراع، وانما هي العامل المؤثر في بقاء بعض العادات والانماط اللغوية، أو زوالها وانقراضها، أي بشكل أوضح: بقاء المفردة، او العادة اللغوية قيد التداول يعتمد على مدى قدرتها على صياغة الفكرة والتعبير عنها بما يلائم الحاجة الاجتماعية لها. لذلك، نجد أنماط تظهر وأُخرى تنقرض بداروينية لغوية مستمرة.

يشير جاكوب مارشاك (Marschak, 1965) إلى هذه الظاهرة بوصفها "إقتصاد اللغة"، حيث تخضع العادات لعملية تحسين مستمرة، تختفي خلالها مجموعة وتحل محلها أُخرى أكثر ملائمة. ويصف عالم اللغة الاجتماعي الألماني فلوريان كولماس (Coulmas, 2020, p. 76) وجهة نظر مارشاك بشأن التطور الديناميكي بوصفه انتقاءً طبيعيًا للسمات اللغوية، فيكتب:

> "ويواصل مارشاك القول إن بعض سمات اللغات لديها فرص أكبر للبقاء على المدى الطويل لأنها تمثل حلاً لمثل هذه المقايضة، في حين تميل سمات أخرى إلى الاختفاء بمرور الوقت."

على ضوء هذه الملاحظة نتبين إن هناك العديد من الكلمات الكردية القديمة، والأنماط قد تكون إندثرت على مدى القرون الماضية. وبما إن اللغة الكردية اليوم في حاجة الى صياغة فصحى عابرة للهجات، فإن إستعادة الشكل المورفولوجي القديم للمفردات يتم عن طريق تتبع جذور كل مفردة منها وصولاً لشكلها في مرحلة ما قبل ظهور الفوارق اللهجية الحديثة. وتعتبر البهلوية أحد أهم الكنوز التي يمكن ان تساهم في توحيد المفردات باشكالها الاصلية. وإذا كانت بعض الأنماط اللغوية المندثرة قابلة للتطوير وإعادة الروح ثم التأهيل بشكل يتلائم مع متطلبات الحياة المعاصرة، كما استلهمت العبرية الحديثة تراثها؛ فإن ذلك يوفر معجم وضوابط قواعدية عابرة للهجات المحكية المعاصرة، ويزيد من الخيارات المطروحة امام اللغويين المهتمين بمشروع الوحدة اللغوية.

2.2.3 متطلبات الحداثة

قديماً، حول الإغريق اللغة المكتوبة من أشكال ضبابية، ورموز مرتبطة بالاديان، إلى هياكل متطورة قادرة على تدوين الأفكار المعقدة بوضوح وبدون الإلتباس في التفاسير. الا إن مرحلة ظهور الأديان شهدت جنوحاً معاكساً نحو صياغات لغوية تقوم على تعويم الدلالات والمعاني وتعدد التفاسير. فبالرغم تراجع العلوم في فترة العصور المظلمة، الا إن اللسانيات قد تكون هي المجال الوحيد بينها الذي لم يتأثر فيها، إذ كانت هناك على الدوام حاجة لتطوير اللغة وتأهيلها لإستيعاب المفاهيم الدينية، ولإعطائها قدرة على تأويل النصوص على شكل تفاسير ومعاني لاهوتية تناسب المرحلة الزمنية. لذلك حصلت اللغات المرتبطة بالأديان، مثل العربية واللاتينية، على فرص تاريخية لتطوير النحو والصرف والمعاجم، وورثت قدرة كبيرة على التلاعب بمعاني النصوص والتفاسير التي تحتمل تناقضات في المعنى.

وعلى النقيض من الأديان، التي تفضل اللغة الضبابية القابلة لتعدد التفاسير، كان التقدم العلمي يحقن اللغات دائما بجرعات بالإتجاه الآخر، نحو تعزيز الدقة بالتعبير وأمانة أكبر في توصيل الأفكار والبيانات، ووضوح في المعاني بشكل لا يقبل التأويل.

ثم دشن إختراع الطابعة في القرن الخامس عشر عهداً جديداً كان من سماته إنتشار عادة القراءة بين عموم الناس ووصول الكتاب الى الجميع بدل من حصره في أيدي الأمراء والكهنة. فبحلول نهاية ذلك القرن، كانت المطابع الاوربية قد أنتجت ما يقدر بنحو خمسة ملايين كتاب في جميع أنحاء القارة لسكانها الذين بلغوا حسب التقديرات ما يربو على 61 مليون شخص (Barzun et al., 2024)، ثم إرتفع العدد إلى 200 مليون كتاب بحلول عام 1600. (*) وكان لهذه الطفرة النوعية تأثير كبير على تطور اللغات البشرية، وتعزيز مكانة المعايير الرسمية على حساب الأنماط العامية، ورفعت أولوية الإملاء والكتابة مقابل الصوتيات والعادات التي تم توارثها في التواصل الشفوي.

وحدث بعد ذلك، ومع التطور الصناعي في القرون اللاحقة، أن ظهرت الى الوجود العديد من المنتجات الجديدة مثل الأدوات الزراعية، السلع، وتزايد عدد المحاصيل ووسائل النقل، بالإضافة الى تطور الطب؛ كل ذلك تطلب إطلاق التسميات الجديدة وتوسيع المعاجم. بالإضافة الى ذلك، تركت التطورات الاجتماعية والثقافية بصماتها على أنماط الحياة الجديدة، مما دفع اللغات الى التكيف وملاحقة المستجدات بإستمرار. لذلك، ومع نهايات القرن التاسع عشر وبدايات القرن العشرين أضطرت العديد من اللغات حول العالم للخضوع لعمليات تحديث نذكر منها على سبيل المثال توحيد الألمانية في عام 1901، تحديث الروسية في عام 1917، تجميع قاموس أكسفورد الإنجليزي في عام 1928، والتبسيط الصيني في عام 1949، بالإضافة الى اللغات التي خضعت لتعديلات وتطوير أنظمة كتابية في الاتحاد السوفييتي وآسيا وأفريقيا.

ولم يكن ذلك كافياً، فمع مطلع القرن الحادي والعشرين، واجهت اللغات موجة جديدة من التحديات لاستيعاب التقدم العلمي المضطرد، مواكبة التغيرات الفونيتيكية، وتسمية جيل جديد من المنتجات الإستهلاكية. غير ذلك أصبحت اللغات عرضة للتأثير الخارجي بسبب موجات الهجرة السكانية المتزايدة وتداعيات التداخل الاجتماعي غير المسبوق. ومن بين الحلول التي تم من خلالها

---

* <https://web.archive.org/web/20250720171640/https://www.statista.com/statistics/1396121/europe-book-production-half-century-region-historical/?___sso_cookie_checker=failed >

استيعاب الظواهر الجديدة هي انتشار الكلمات المختصرة، دمج المفردات، ومختصرات الرسائل النصية على وسائل التواصل الاجتماعي الخ. ويلقي هذا التطور الديناميكي اليوم مهمة ثقيلة على كاهل اللغة الكردية، ويبرز الحاجة لتحديثها إذا أرادت أن تكون قادرة على التكيف والتطور والاستجابة لما تتطلبه المتغيرات المجتمعية والتكنولوجية المعاصرة، في هذا القرن، والقرون التي تليه.

2.2.4 موت اللغات

مثلما تنشأ اللغات في ظروف تاريخية معينة، فإنها تختفي في ظروف أُخرى مغايرة. فهناك أسباب خارجية تتدخل في إنهاء عمر اللغة مثل القمع في فترات الاحتلال الإستيطاني، الصهر والإندماج الثقافي، وحتى تسارع العولمة وزحف اللغات الأكثر إنتشاراً على تلك اللغات القليلة الإنتشار. بالإضافة الى ذلك، هناك أسباب ذاتية أيضاً مثل الإفتقار الى نظام كتابة، إنعدام التدوين، أوالفشل في التفاعل مع المسيرة التطورية.

بعض اللغات تموت بعد أن تتشعب الى لغات وليدة، ومثال ذلك اللاتينية والبهلوية والسلافية، وأُخرى تنقرض مثل العيلامية والسومرية والأكادية. وتعرف بلاد ما بين النهرين وجبال زاغروس بأنها أكبر مقبرة لغات في العالم إذ مر عليها الكثير عبر العصور ولم يتبقى لها أثر بسبب الغزوات والهجرات والإستيعاب الثقافي وتعاقب الأديان.

يشير مصطلح "اللغة الميتة" إلى تلك التي لا تزال حاضرة دون أن تكون لغة أُم لأي مجموعة سكانية، مثل القبطية واللاتينية (تُستخدم اليوم بشكل رمزي في الفاتيكان). أما "اللغة المنقرضة" فهي تلك التي لم تعد منطوقة من قبل أي مجموعة سكانية معاصرة، أو لم تبقى منها لغات وليدة على غرار الاكادية والمصرية القديمة.

لكن موت لغة ما لا يمنع من إمكانية عودتها للحياة من جديد، خصوصاً اللغات الدينية ذات الخزين التأريخي المدون. فقد إستطاعت العبرية الانبعاث من جديد

في أواخر القرن التاسع عشر بجهد اللغوي الروسي إسحاق بيرلمان (1858-1922) بعد أن كانت تعتبر من اللغات الميتة.

وإزدادت وتيرة موت اللغات وانقراضها مع التطور الحديث، ففي القرن العشرين لوحده انقرضت 110 لغة، وفي العقد الأول من القرن الحادي والعشرين، تم إعلان إختفاء 12 أُخرى. (*) ووفقًا لتقارير اليونسكو، هناك ما يقرب من 2500 لغة حول العالم معرضة لخطر الانقراض (†) من بينها 27 في شمال الباكستان لوحدها. (‡)

ونظراً لتفرع اللغة الكردية إلى لهجات مختلفة لا تجمعها فصحى موحدة، وتناقص مستوى التفاهم بينها، بالإضافة الى القمع الممنهج والإفتقار للتدوين فإنها بدون إتخاذ التدابير المناسبة لتوحيد هذه اللهجات بشكل رسمي فإنها تُعَد معرضة أيضاً لخطر التفكك إلى لغات جديدة، على غرار ما آلت إليه السنسكريتية والبهلوية واللاتينية. وهذه الحقيقة تؤكد أهمية البدء بمشروع توحيدها وصيانة تماسكها وتشجيع تعليمها وإستخدامها في هذه المرحلة.

2.3 التداخل اللغوي

في المجتمعات المتعددة الثقافات، حيث تتعايش أكثرمن لغة في خليط سكاني واحد، تبدأ اللغات بالتكيف مع العادات اللغوية المجاورة، بالتأثر بها والتأثير فيها على مستوى الخصوصيات الصوتية، الدلالية، التركيبية، والمعجمية. ويختلف مدى هذا التداخل والتأثير المتبادل تبعاً لعوامل عدة مثل اختلاف القيمة الاعتبارية (Stratum) لكل منها، جدواها الاقتصادية، سعة إنتشارها، بالإضافة الى درجة طلاقة الناطقين بها كلغة ثانية (L2).

---

* Statistics from Zing Languages.
<https://web.archive.org/web/20250720172023/https://zinglanguages.com/how-many-languages-in-the-world/>

† Atlas of the World's Languages in Danger. UNESCO, 2011

‡ Dawn (Pakistani newspaper). 22 February 2011

يوضح أوريل واينرايخ (Weinreich, 1953) تأثر اللغة باللغات الاخرى بأنه إنحراف عن معايير لغة معينة بسبب نفوذ لغة أخرى فيها، كنتيجة للتواصل الطويل الأمد بينهما:

"يشير مصطلح (التداخل) إلى إعادة ترتيب الأنماط نتيجة إدخال عناصر أجنبية إلى المجالات الأكثر تنظيمًا في اللغة، ويشمل ذلك معظم النظام الصوتي، وجزء كبير من الصرف والنحو، وبعض مجالات المعجم مثل مصطلحات القرابة والألوان والطقس."

بالإضافة الى التداخل الطبيعي التلقائي، تتأثر اللغات بعوامل أُخرى لا علاقة لها بالإختلاط السكاني، بينها عمليات الصهر بشكل قسري، فهي تؤدي الى إقحام خصوصيات لغة ما في أخرى وبطريقة ممنهجة، كما يتم فرض التركية في شمال كردستان، والعربية في الجنوب. ويبدو تأثير اللغتين في المحكيات الكردية أكثر وضوحاً في مناطقها الرخوة والجوار اللغوي.

وتساعد القرابة الجينية بتسريع التداخل، بسبب الإشتراك في بنى نحوية وصرفية متشابهة وإرث معجمي تتسلل من خلاله معايير اللغة الأكثر حضوراً الى الأضعف مثلما إستطاعت اللغة العربية ان تفرض خصوصياتها على اللغات السامية وتعريب متحدثيها بالكامل، بينما لم تفلح في فرض التعريب على الناطقين باللغات الإيرانية كالفارسية، الكردية، والبشتونية. وكمثال آخر، يمكن الإشارة الى تأثر اللهجات الكردية في شرق كردستان بالنمط اللغوي الفارسي، لقرابتها الجينية، أكثر من تأثراللهجات بالعربية والتركية.

ومن أبرز علامات التداخل اللغوي هو شيوع ظاهرة الاقتراض اللفظي، والترجمة الحرفية للمصطلحات الحديثة (انظر القسم 2.3.2)، وكذلك التحول اللغوي واستبدال لغة بأُخرى في ظروف تأريخية معينة. ونظراً لأن الإرث الجيني المشترك يساعد على تسريع التأثير وتوحيد الأنماط اللغوية، فإن تأثير اللهجات في اللغة الواحدة، والتداخل بين بعضها يكون أسرع وأسهل من محاولات فرض لغات ثانية؛ سواء كانت تشترك بصلات قرابة جينية او لا.

لذلك فإن عملية توحيد اللغة الكردية الفصحى هي اكثر نجاحاً، وأسهل بكثير من محاولات الصهر الثقافي التي تجابهها الكردية. إي إنها لا تتطلب الجهد الكبير الذي تكلفه محاولات الصهر اللغوي الخارجي مثل التتريك والتعريب، وحتى أيسر من تأثير الفارسية عليها في غرب إيران.

2.3.1 استعارة المفردات

يشكل التقدم البشري عبئاً إضافياً على اللغة، فالاختراعات والاكتشافات العلمية الحديثة والتحولات الاجتماعية تتطلب صياغة مفردات غير موجودة وتحتاج لتوسيع المعجم اللغوي بشكل دوري. فعند ظهور منتج أو مفهوم علمي جديد يتوجب على اللغة ابتكار التسمية المناسبة، دون تأخير، أو اعتماد مفردة جاهزة من لغة أُخرى.

والاقتراض هو ظاهرة قديمة جدًا، تعود الى بدايات تداخل المجتمعات البشرية مع بعضها البعض، ذلك الذي كان يتم عبر التجارة، الهجرة، الحروب، والتبادل الثقافي. كانت الحضارات القديمة الكبرى مثل السومرية، المصرية، والإغريقية تتبادل الكلمات والمفاهيم، رغم بطء وتيرة التبادل الثقافي. الا انها، كظاهرة، تكثفت في القرون الأخيرة بشكل غيرت التركيبة المعجمية لكثير من اللغات المعاصرة. فلو أخذنا الإنجليزية الحديثة كمثال فإن نسبة المفردات ذات الأصل الفرنسي فيها تُقدّر بـ 29%، بالإضافة الى 29% أخرى من أصل لاتيني، في حين لا تصل نسبة المفردات ذات الإصول الجرمانية، بما فيها الإنجليزية القديمة لأكثر من 26%.

ومن أجل سد الثغرات التي ترافق ظهور أنواع جديدة من البضائع وشيوع عادات إجتماعية وافدة، تستقبل الكردية أيضاً، مثل غيرها، كلمات من أُصول متباينة. لنأخذ أحد المنتجات الإستهلاكية (الثلاجة) التي شاع إستخدامها في النصف الثاني من القرن العشرين على سبيل المثال، ولما كان لابد من إستحداث مفردة مناسبة لتسميتها، وبسبب غياب كلمة محلية وجهة إكاديمية مخولة بصياغة المفردات الحديثة، تم إعتماد التسميات القادمة مع الجهاز من مصادره، فأُطلِقَ

عليها في شرق كردستان 'يخچال' كونها كبضاعة دخلت من سوق (المُوَرِّد) الناطق بالفارسية، بينما سُمّيَت في جنوب كردستان "سەلاجە" (تحويرفونيتيكي من 'ثلاجة' العراقية)، وفي روجافا إنتشرت بالتسمية السورية 'براد'، بينما أستُعيرت لها الكلمة التركية "بوزدولابي" 'Buzdolabı' في شمال كردستان. والمثال هذا ينطبق على بقية المنتجات الحديثة كـ 'سيارة'، 'تذكرة'، 'طائرة'، و'مطار' حيث دخلت بأسماء أجنبية أيضاً.

بشكل عام، فإن التقدم المتواصل في التكنولوجيا وتدفق المنتجات الحديثة يجبر المؤسسات الإكاديمية المرتبطة بالتخطيط اللغوي على إبتكار مصطلحات جديدة، إلاَّ إن مع تسارع وتيرة التطور، بات من العسير ملاحقة كل منتج وافد وصار من المقبول تبني مفردات شاعت ودخلت بدون إعتراض في جميع اللغات تقريباً. فكما ظهرت كلمات مثل 'راديو'، 'تلفون'، و'تلفزيون' في حقبة ما، شاعت في حقبة أُخرى 'واي فاي'، 'موبايل'، 'شات'، و'إنترنت'، وما تزال المفردات الجديدة تغزوا اللغات مع نزول كل منتج جديد حول العالم.

لكن اللغات تتفاوت في درجة تقبلها وتسامحها مع تبني مفردات أجنبية في قواميسها لأسباب ثقافية وفونيتيكية، فبعض اللغات تتساهل مع المفرادات الوافدة، مثل الأنجليزية والفارسية، بينما تفضِّل لغات أُخرى صياغة مرادفات محلية بديلة، في محاولة لتوطين المفردة، مثل العربية والتركية.

من جانب، فإن الاقتراض اللفظي والتساهل مع المفردات الأجنبية يساهم في تقريب الثقافات بين الشعوب، ومن جانب آخر فإن شيوع هذه الظاهرة في لغة ما على نطاق واسع يؤدي الى الإعتقاد بضعف هذه اللغة وعدم قدرتها على إنتاج مفرداتها الخاصة، مما يؤدي الى التقليل من قيمتها الإعتبارية (Stratum) مقابل اللغات الأُخرى. لذلك تعمد المجتمعات المحافِظة على توطين المفردات وتجنب الإقتراض قدر الأمكان، بل يتحول ذلك النهج المحافظ الى آيديولوجيا ثقافية أحياناً وتنشط من خلالها الدعوة **للنقاء اللغوي** تحت متطلبات مثل:

- تنامي المشاعر الوطنية في حقبة ما بعد الاستقلال (كما حدث في النرويجية).

- الحاجة إلى لغة رسمية موحدة (مثل الفلبينية).

- التحولات الاجتماعية الكبرى مثل انهيار الإمبراطورية العثمانية (التركية).

- الدوافع الدينية لصيانة النقاء اللغوي (مثل العربية).

- الحفاظ على لغة مهددة بالمحو القسري (مثل الكردية).

سياسة التوطين

إستعارة المفردات الأجنبية لا تعني ضعف اللغة وعدم قدرتها على صياغة مفردات محلية بديلة، وإنما تعتمد على ثقافة المجتمع ودرجة تقبله للتعايش مع عناصر الثقافات الأجنبية، وإنعكاس ذلك على اللغة، أو ما يعرف في علم السوسيو-لغويات بمفهوم آيديولوجيا اللغة (نظرة المجتمع للغته الخاصة ودرجة تعلقه بها). أي إن العامل الأبرز في تقبل أو رفض المفردات المُعارة يخضع لعوامل ثقافية أكثر منه لغوية صرفة، وهي درجة تمسك الغالبية من الناطقين بلغة ما بعاداتهم وتقاليدهم الذي يشكل النقاء اللغوي جزءاً منه.

ففي حين تتسامح السياسة اللغوية في الفارسية مع إستعارة مفردات أجنبية، نرى إتّباع سياسة توطين صارمة في العربية والتركية، وإصرار على ابتكار كلمات مشتقة أو مركبة من مفردات محلية بدلاً من تلك الوافدة. وفي الوقت الذي تشكل المفردات ذات الأصول العربية والفرنسية نسبة عالية من معجم اللغة الفارسية، تعمد الإكاديميات اللغوية في البلدان الناطقة بالعربية والتركية على إشتقاق الكلمات الجديدة من إصولها اللغوية، ولتوضح الفرق بين ليونة الفارسية إزاء التوطين، مقابل صرامة العربية والتركية نأخذ منها على سبيل المثال:

الفارسية	التركية	العربية	الإنجليزية
كميته	Kurul	لجنة	Committee
ماشين	Araba	سيارة	Automobile/Machine
كامپيوتر	Bilgisayar	حاسوب	Computer

إن سياسة التوطين تعتمد بالأساس على وجود مؤسسة لغوية مخولة بوضع الخطط طبقاً لأيديولوجيا اللغة، ومن ثم رفع توصياتها الى الجهات المختصة لتنفيذها. وبالنظر لإفتقار الكردية الى هكذا مؤسسة فعالة، فإنها تخضع للمزاج العام والتوافق حول المفردة بشكل غير مخطط له. وبسبب هذا النقص الإكاديمي فإن جزء من كردستان يتأثر بصورة مباشرة بسياسة الدولة التي تحكم ذلك الجزء، وتتبع معاييرها. وكمقارنة سريعة بين السورانية في المنطقتين الشرقية (إيران) والجنوبية (العراق) يتضح لنا كيف تأثرت الأولى بالسياسة اللغوية الفارسية، المتساهلة مع الإستعارة اللفظية المباشرة، بينما تميل الثانية الى صياغة مفردات أصيلة تأثراً بالسياسة اللغوية العربية. الأولى تقترض المفردات من الفارسية بدون تغيير، مثل 'دانشگاه' (جامعة) و 'فرودگاه" (مطار)، بينما تميل الثانية الى صياغة مفردات محلية مثل 'زانكۆ' بدلاً عن الأولى، و'فڕۆكەخانە' بدلاً الثانية.

وهذا التباين في مستوى التوطين بين الأجزاء الكردستانية يضيف مصدراً آخر للاختلاف اللهجوي، مما يعني إن هناك مهمة أُخرى تواجه مشروع التوحيد وهو توحيد التخطيط والسياسة اللغوية في كل مناطق كردستان من أجل صياغة الفصحى الكردية الموحدة على أساس مشترك. إي إن التوحيد العملي للمعايير الكردية، كلهجة فصحى مشتركة عابرة للهجات المحكية، يتطلب أيضاً توحيد السياسة اللغوية في عموم جغرافيا الكردية.

التغييرات القياسية

لا تقتصر التغيرات اللغوية على الانزياح الصوتي (تغييرات فونيتيكية) وإقتراض المفردات، وإنما تزحف أنواع الكلمات مثل تغيُّر الأسماء الى أفعال، وبالعكس. على سبيل المثال، تتحول العبارة الشائعة "خوا بكه" (توازي "إن شاء الله" في المعنى) في بعض اللهجات المحكية من جملة إسمية إلى فعل "خوابكه" لتدل على الأمل، فيمكن أن تسمع شخص في أربيل يضيف لاحقة ضمير الشخص الأول "م" لتصبح "خوابكەم"، أي تتحول الى فعل بمعنى "أنا أدعو الله". فتسمعه مثلاً يقول:

"خوابكەم خەڵاتەكە بەدەست بهێنم" ([أدعو الله] أن أحصل على الجائزة).

2.3.2 الترجمة الحرفية

تختلف المجتمعات في قدرتها على صياغة مفردات جديدة. فمع ظهور المنتج الإستهلاكي أو المفهوم الجديد الذي يُراد تسميته، يعمد اللغويون الإكاديميون الى البحث في جوهر المنتج وطبيعة عمله لإيجاد ما يناسبه من الجذور اللغوية المتوفرة، هذا يعني إن محاولة صياغة مفردة جديدة، تطابق المعنى، تتطلب جهداً لا ينحصر في مجال اللغة فقط وإنما قد يتطلب معرفة تقنية بالمنتج أو المفهوم المراد تسميته. ولنطلق على هذه الطريقة في الصياغة تسمية **الصياغة الدلالية**. إلاّ إن الآلية الأسهل والأكثر شيوعاً هي الإعتماد على ترجمة حرفية للمفردة الوافدة بغض النظر إذا كانت مناسبة من حيث المعنى أو لا. على سبيل المثال، لتوطين مفردة "المعهد" التي وردت للكردية من اللغة العربية في العراق، تم إبتكار مرادف لها وهو "پەیمانگا". "معهد" هي مفردة مشتقة من الجذر المتعدد المعاني "عهد" الذي يرادف (إعتماد، وعد، عصر) في العربية وفق الوزن الذي يفيد الظرف المكاني "مفعل" فإن تلك الكلمة تعني "مكان العهد" أو "مكان الوعد"؛ لذلك تمت صياغة نظيرها بالكردية من مفردة "پەیمان" (الوعد) متبوعًا باللاحقة المكانية "گا" من أجل محاكاة المعنى الحرفي (مكان العهد). مفردة "پەیمانگا" لم تتم صياغتها بشكل يتطابق مع المعنى الدقيق كمكان للدراسة بقدر ما هي ترجمة حرفية أكثر منها دلالية، ولنطلق على هذه تسمية **الصياغة الحرفية**، غير الدلالية.

وبالنظر الى إختلاف السياسة اللغوية الكردية بإختلاف الحدود فإن توطين "المعهد" بصيغة "پەیمانگا " لم يلقى رواجاً في شرق كردستان حيث يتم إعتماد سياسية لغوية منفتحة مع المفردات المُعارة، فتم الإحتفاظ بصيغتها الفارسية "موسسة" أو "مركز آموزش"، وأُعتِمِدت المفردة ذات الأصل اللاتيني "Enstîtû" على غرار "Enstitü" التركية في شمال كردستان.

مثال آخر: لتوطين المفردة العربية "ملعب" (على وزن "مفعل")، والتي تساوي دمج "لعب" + "مكان" في اللغات اللصقية، فإن المفردة التي أُختيرت لها طبقا للترجمة الحرفية هي "یاریگا" أي بلصق "یاری" (لعب) + "گا" (لاحقة الظرف المكاني). وهكذا يمكن التطرق الى الكثير من المفردات الأخرى التي صيغت بهذه الطريقة مثل وحدة التقسيمات الإدارية "پارێزگا" (محافظة) من "حفظ" + "مكان" وبالمثل "پارێزگار" كمعادل لفظي لكلمة "محافظ".

ونظرًا لإنقسام الجغرافيا الكردية على أكثر من دولة واحدة، وخضوعها لتأثير أكثر من لغة وثقافة، فإنها تأثرت بسياسات لغوية متباينة، وترسم لنفسها مسارات تطوير غير موحدة، وهذا يعني إن الإختلاف في صياغة المفردات الجديدة يولد مزيدًا من التباعد بين اللهجات ويفاقم من صعوبة التفاهم بينها بمرور الزمن. ولو تنبهنا الى هذا التنوع في الموارد والسياسات اللغوية فإننا نستتشف العبء الذي يتراكم على اللغة بمرور الزمن، ويزيد من تعقيد محاولات توحيدها وتحديثها مستقبلاً ويشير الى ضرورة التفكير بإيجاد حلول إكاديمية لمعالجة إقتراض المفردات وصياغتها بشكل موحد، في اقرب وقت.

2.4 البنية المنطقية

آلت تداعيات نظرية التجريبية في العلوم (*) التي قدمها فرانسيس بيكون في أوائل القرن السابع عشر، الى فصل العلم عن الدين، ونتيجة لهذا برزت الحاجة الى ظهور بنية جديدة في اللغة، لغة للعلم، تستبدل الغموض الذي يكتنف الجملة الدينية بالوضوح الذي يميز الوصف العلمي الدقيق. قبل بيكون، كانت التعبيرات اللغوية مرنة، تتم صياغتها بشكل يستوعب التأويلات المتعددة للنصوص، تلك السيولة التي تضمن لها أن تغير المعنى حسب ما يستجد من اكتشافات، أي نص قادر على التكيف مع تجدد المعارف الإنسانية. على عكس ذلك، تتطلب الكتابة العلمية إعتماد الدقة في الوصف للحد من التأويل وتعدد التفاسير وذلك من أجل ضمان وصول الفكرة العلمية بشكل دقيق. هذه القفزة العلمية أضافت عبئاً جديداً على اللغة وفرضت قيوداً أكثر صرامة على القواعد، وتحديداً أدق في معاني المفردات بشكل تتحول فيه الكلمة الى مفهوم ثابت محدد المعاني غير قابل للتأويل. وهذا التحول من الغموض إلى الوضوح إستلزم تطوير هياكل نحوية أكثر تفصيلًا وتوضيحًا للدلالات اللفظية، مما تطلب تبعاً لذلك تطوير الأدوات اللغوية.

---

* نظرية التجريبية، التي وضعها فرنسيس بيكون (1561-1626)، هي نهج فلسفي يؤكد على دور الملاحظات والتجربة الحسية في تشكيل المعرفة، ويرفض كل التفسيرات والمفاهيم الميتافيزيقية، بما في ذلك العقائد الدينية.

لو استطلعنا وجهة نظر الأديان الإبراهيمية بكنه اللغة، لوجدناها ترى اللغات بشكل عام على أنها مجموعة من المفردات المحددة مسبقًا والتي لها مصدر خارجي، وغير قابلة للتطور. فوفقًا للعهد القديم (*) على سبيل المثال، خلق الله اللغات قبل 6 آلاف سنة وتعمد وضع الإختلاف بينها لكي لا يفهم البشر بعضهم البعض. فقد شاء الله أن ينشر الفرقة بين بني الناس بعد أن تطاول بعضهم في بناء برج في بابل يصل الأرض بالسماء بشكل يمكن معه التسلل بطريق غير شرعي الى الجنة. أي إن اللغات البشرية كلها كانت لغة واحدة قبل ذلك التأريخ ثم فجأة ظهرت إختلافاتها. ولا تختلف الرؤيا الإسلامية كثيرا فهي أيضاً ترى إن اللغة موجودة قبل خلق آدم، حيث علمه الله الأسماء كلها -أي اللغة- (†).

ومع إخراج اللغة من سيطرة الدين، وعلمنة مفهوم الفصاحة خلال عصر التنوير، تراجعت الصياغات التأويلية بعد أن تم إنزال قيمتها من السماء الى الأرض على يد الفلاسفة البارزين. إعتبر توماس هوبز أن الحواس ليست أفلاطونية ثابتة عند الجميع، وانما يتم فهم المؤثرات الخارجية بناءً على الإدراك البشري (Creet P. A. R., 1954, p. 11)، الذي يختلف بين فرد وآخر؛ وإن التسميات (الكلمات) تتطور تبعاً لتطور الأحاسيس. كذلك، ووفقًا لجون لوك، فإن الكلمات ليست إلا وسيلة لنقل المعلومات عن محتوى تفكير المتحدث الى المتلقي وليست مفاهيم مفروضة من خارج الكيان البشري. إن أنسنة اللغة هذه قد فتحت المجال للغات غير الدينية، واللهجات المحكية، للتطور أكثر وتنظيم القواعد والقواميس، ثم تأهيلها للتعبير عن الأفكار بدقة أكبر.

ومع حلول القرن العشرين، أدرك فلاسفة آخرون آفاقاً جديدة للغات البشرية، وبيَّن بعضهم بإن أبرز المصاعب التي تواجهها الدراسات الفلسفية المعاصرة هي ضعف اللغة البشرية في التعبير عن الفكر. حيث أكد عالم الرياضيات الألماني جوتلوب فريغه (Frege, 1919, p. 362) أن الفكر يعتمد على اللغة، فإذا كانت هي قاصرة عن إيصال الفكرة بشكل صحيح فهي المسؤولة عن التشوه الفكري. ولذلك سعى الى بلوغ الدقة الكاملة بالتعبير عن طريق أستخدام المفاهيم بدل المفردات والتعامل معها بشكل رياضي وعلى أساس المنطق، يكتب:

---

* Book of Genesis 11:1-9

† Quran 2:31

"كانت العيوب المنطقية في اللغة تقف عائقًا أمام مثل هذه التحقيقات. لقد حاولت التغلب على هذه العقبات من خلال الكتابة بالمفاهيم [أطلق عليها مصطلح begriffsschrift. وبهذه الطريقة، وجدت نفسي أنتقل من الرياضيات إلى المنطق."

أما الفيلسوف النمساوي لودفيغ فيتغنشتاين، فقد نسب المشكلات الفلسفية كلها إلى عجز اللغة عن التعبير المنطقي الدقيق، أو بتعبير أدق، عدم قدرة الانسان على فهم منطق اللغة. (Wittgenstein, 1922) حيث يقول:

"أعتقد أن سبب هذه المشكلات [فهم النص الفلسفي] هو أننا نسيئ فهم منطق لغتنا."

ساهمت جهود كل من فريغه وفيتغنشتاين، إلى جانب الفيلسوف الإنجليزي برتراند راسل، في ظهور فكرة الفلسفة الذرية المنطقية، وهي المدرسة الفكرية التي ترى إن فهم المعنى يتم من خلال تبسيط الجملة الى أصغر الوحدات المنفصلة فيها، تلك المفردات التي لا يمكن تقسيمها، تماماً كما الذرات في المادة، ثم فهم المعنى من خلال المفاهيم التي تمثلها تلك المفردات. أي تحليل الجمل منطقيًا على المستوى الذري لتحقيق الوضوح في الدلالة. فترى هذه المدرسة إن النقاء اللغوي يتطلب إعتبار الجملة خاطئة إذا كانت تحتوي على أي عنصر زائف بغض النظر عن سلامة تركيبها في النحو والإعراب. أوضح راسل (1905) هذا المبدأ من خلال تناوله لهذه الجملة:

"إن ملك فرنسا الحالي أصلع."

ولكون فرنسا في ذلك الوقت لم تكن ملكية، أي لا وجود لملك في فرنسا؛ فإن الجملة تعتبر خاطئة على الرغم من أنها صحيحة من الناحية النحوية. وبالمثل، تعتبر الجملة التالية التي تنفي المعنى الأول، خاطئة أيضًا:

"إن ملك فرنسا الحالي ليس أصلعاً."

إن محاولة تداخل المعنى مع الإعراب هو خطوة نحو تطوير قاعدة شاملة للغة المثالية التي يطمح لها الفلاسفة ويتم فيها دمج الدقة الواقعية في بُنى النحو والدلالات. وهكذا فإن توخي الوضوح والدقة، كما في التحليل المنطقي للجمل يضيف تعقيداً جديداً ويثقل اللغة بعبء آخر. وقد لا تبدو حجة راسل عملية كونها تتجاوز القدرة الوظيفية الراهنة للغة. لكن دمج معنى الجملة في قواعدها، هو ظاهرة موجودة بشكل مبسط ويمكن ملاحظتها في بعض اللغات مثل الإنجليزية والإسبانية وذلك من خلال استخدام ما يعرف بصيغ الأفعال (Verb Moods).

وهي الصيغ التي تعبر عن موقف المتحدث وتصف حالته العاطفية. على سبيل المثال، فإن صيغة (Subjunctive Mood) في الإنجليزية تستكشف الأمنيات والرغبات والأفعال الافتراضية عند المتحدث بإتباع قواعد خاصة بها مختلفة عن الإطار النحوي التقليدي.

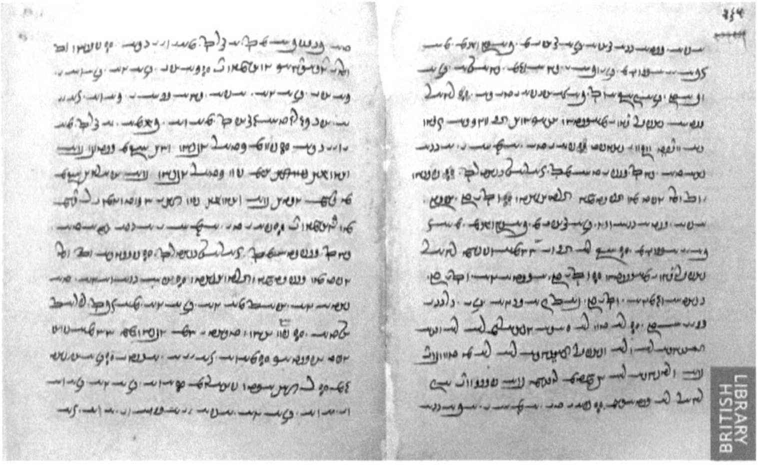

1323 CE Mihraban Kaikhusraw Vendidad in Avestan and Pahlavi
British Library MS Avestan 4, folios 265v-266r: Chapter 19, verses 6-9

نص بهلوي محفوظ في المكتبة البريطانية

الفصل الثالث

ظهور اللغة الكردية

"إذا تحدثت إلى إنسان بلغة يفهمها، فأنت تخاطب عقله. أما إذا تحدثت إليه بلغته الأُم، فإن تخاطب قلبه."

نيلسون مانديلا

نظراً للموقع الجغرافي المتميز الذي تشغله في قلب الشرق الأوسط، كان من المفترض أن تحضى الكردية بأهمية سياسية وثقافية تتناسب مع جغرافيتها وعدد المتحدثين بها. الا انها ومع ذلك، لم تنل الاهتمام الكافي لا من جانب اللغويين الأكاديميين الكرد ولا من الحكومات التي تتقاسم السيطرة على مناطق إنتشارها. فالأبحاث حول بداياتها نشوئها نادرة وتفتقر إلى الدعم اللازم، كما إن الدراسات الفيلولوجية قليلة وتركز في الغالب على الأصول الإثنوغرافية والعرقية للكرد بدلاً من تاريخ تطور اللغة نفسها. ونتيجة لذلك، لا يزال الغموض يكتنف نشأتها ومراحل تطورها وكيفية تشكل اللهجات السائدة اليوم فيها. ولعل الرأي الوحيد الذي لم يعد محل خلاف هو إنتماءها إلى الفرع الهندو-إيراني من عائلة اللغات الهندو-أوروبية (McCarus, 1958). تأكيداً على ذلك، تشير معظم الأدلة المعجمية والصرفية إلى انحدارها من اللغة البهلوية، والتي تعرف لدى المؤرخين غالباً باسم "الفارسية الوسطى" أو "البارسيگ". ولم تبرز وجهات نظر مخالفة، سوى إشارة اللغوي لودفيغ أولسن فوسوم (Fossum, 1919, p. 5) والتي تلمح

إلى الاعتقاد بوجود صلة بعيدة تجمع الكردية بمجموعة اللغات السامية (الكلدانية)، ولم تلق فرضيتهَ الدعم الأكاديمي بسبب التباين بين البنية اللغوية للكردية مع اللغات السامية.

3.1 الجذور

ليس من العسير على أي دراسة مورفولوجية مقارنة للكردية التوصل الى أصلها **الإيراني الغربي**، اللذي يُعتبَر فرعاً مهماً من اللغات **الهندوإيرانية**، والتي هي بدورها جزء من عائلة اللغات **الهندوأوربية**، كما أسلفنا. ولتتبع منشأ هذه العائلة اللغوية، تفيد اخر الفرضيات بأنه يعود الى الاناضول وشمال كردستان ثم أخذت بعد ذلك بالإنتشار الى مناطقها الحالية في أوربا وآسيا بسبب تطور خبرتها في مجال الزراعة، ثم تزايد الهجرات السكانية بإتجاه المناطق الخصبة قبل حوالي تسعة آلاف عام (Bouckaert et al., 2013). تنص هذه الفرضية حسب عالم الآثار كولين رينفرو (Renfrew, 1987, pp. 147–160)، على أن المتحدثين باللغة السابقة لها والتي يطلق عليها "جذر-الهندو-أوروبية" أو ما يعرف علمياً بـ (Proto-Indo-European) سكنوا سهولها خلال العصر الحجري الحديث. إلا إن فرضية **الأصل الأناضولي** لم تلق الدعم الإكاديمي اللازم، ولم تدحض الرأي السائد حينها "**فرضية كورغان**" القائلة بأن الموطن الأصلي لهذه اللغات هو السهوب الواقعة في شرق اوكرانيا. طُرحت فرضية كورغان لأول مرة من قبل أوتو شرادر (1883) ثم غوردون تشايلد (1926)، قبل أن تعيد ماريا غيمبوتاس صياغتها وتطورها بشكل منهجي بدءًا من العام 1956. وتقترح غيمبوتاس بأن متحدثي الهندو-أوروبية الأوائل قطنوا سهول بونتيك، وهي المنطقة الممتدة بين أوكرانيا الحالية وشمال بحر قزوين (Gimbutas, 1974, p. 34). كما تعتقد بأن "جذر-الهندو-أوربية" كانت لغة واحدة منذ أواخر العصر الحجري الحديث وحتى العصر البرونزي المبكر (4500-2500 ق. م.). أدت موجات الهجرة التي نشرت القبائل الآرية في مناطق مختلفة ومعزولة عن بعضها البعض الى ضمور اللغة وإنقسامها الى لغات جديدة مختلفة. تلك المجموعات التي انتقلت للعيش غربًا وشمالًا شكلت عوائل اللغات اللاتينية، الجرمانية، والسلافية؛ بينما

المجموعة الأُخرى التي إتجهت نحو الشرق كونت النواة التي ظهرت منها اللغات الهندو-إيرانية لاحقاً. ويعتقد الكساندر لوبوتسكي (Lubotsky, 2020, p. 6) بأن المجموعة الهندوإيرانية نفسها إنقسمت الى عائلتين رئيسيتين في حوالي الالفية الثانية قبل الميلاد:

"انقسم الفرع الهندو-إيراني إلى الهندي والإيراني بين عامي 2000 و1600 قبل الميلاد، عندما غادرت الأقوام التي ستصبح لاحقاً الهنود شرقاً وعبرت قبائلهم منطقة هندوكوش في طريقهم إلى الهند الحالية."

في تلك الحقبة، توجهت طلائع المتحدثين باللغة الإيرانية الأم نحو ما صار يُعرف بالهضبة الإيرانية، حيث تطورت البهلوية كلغة إدارية للإمبراطوريات التي تشكلت لاحقاً ثم أصبحت اللغة الطقسية للديانة الزرادشتية، وسادت المنطقة حتى غزو القبائل العربية المسلمة في القرن السابع الميلادي.

ويمكن إعتبار ظهور الإسلام وفرض اللغة العربية على المتحدثين بالبهلوية نقطة انعطاف في تأريخها إذ بدأت بالتراجع أمام العربية، ثم الإنقسام الى لغات أصغر مثل الفارسية الحديثة، البشتونية، البلوشية والكردية، إلى جانب لغات أُخرى أقل إنتشاراً. لذلك، فإن تراجع الديانة الزرادشتية وإنهيار الإمبراطورية الساسانية هما من بين أهم أسباب تجريد اللغة البهلوية من مكانتها، كلغة مقدسة أولاً، وكلغة إدارة ثانياً. نجم عن هذا الأنهيار اندفاع بعض القبائل الإيرانية الغربية إلى مزيد من العزلة في التضاريس الزاغروسية الوعرة لمدة تزيد على الألف عام. وكان تزامن التقدم الحضري مع استخدام لغة أجنبية (العربية) كلغة طقسية وإدارية، فضلاً عن إستخدامها في مجالات الأدب والتوثيق، أحد اهم الأسباب التي أعاقت نمو الكردية وحجبتها من مواكبة المستجدات العلمية والحضارية. فوق هذا، ساهمت وعورة التضاريس في تكريس عزلة المجموعات السكانية عن بعضها، وفي إتساع الفجوات اللغوية وظهور اللهجات الكردية المعاصرة وتنوعاتها.

وأدى تراجع الكردية وإفتقارها للرابط الثقافي (عدم إنجاز الفصحى الموحدة) الى تشتيت الروابط بين الكتل السكانية المنعزلة، والى ضمور روح الإنتماء والوعي بالهوية القومية الشاملة، وبروز الهويات الفرعية المتأثرة بالأساس

بالتقسيمات اللغوية. ولم يقتصر وقع ذلك التشتت على الأفراد البسطاء وإنما شمل النخب الأدبية والمؤرخين وصارت اللغة الدينية الجديدة (العربية) هي الخيار الأول أو الوحيد المتاح في التدوين وفي الإسهامات العلمية والأدبية طوال القرون الماضية وحتى مطلع القرن العشرين.

لم تظهر محاولات لتأهيل الكردية كلغة للتدوين سوى بعض المبادرات الشخصية التي لم يكتب لها النجاح، مثل الجهد الذي بذله الشاعر علي ترموخي (*) (القرن السابع عشر) وحاول فيه تنظيم قواعد الكردية من خلال دراسة النحو والصرف العربية والفارسية في كتابه "الصرف الكرمانجي" أو "التصريف الكردي".

---

* نسبة الى قرية "ترموخ"، أو ما يطلق عليها اليوم (Yaylakonak) في محافظة هاكاري، شمال كردستان.

ظهور اللغة الكردية

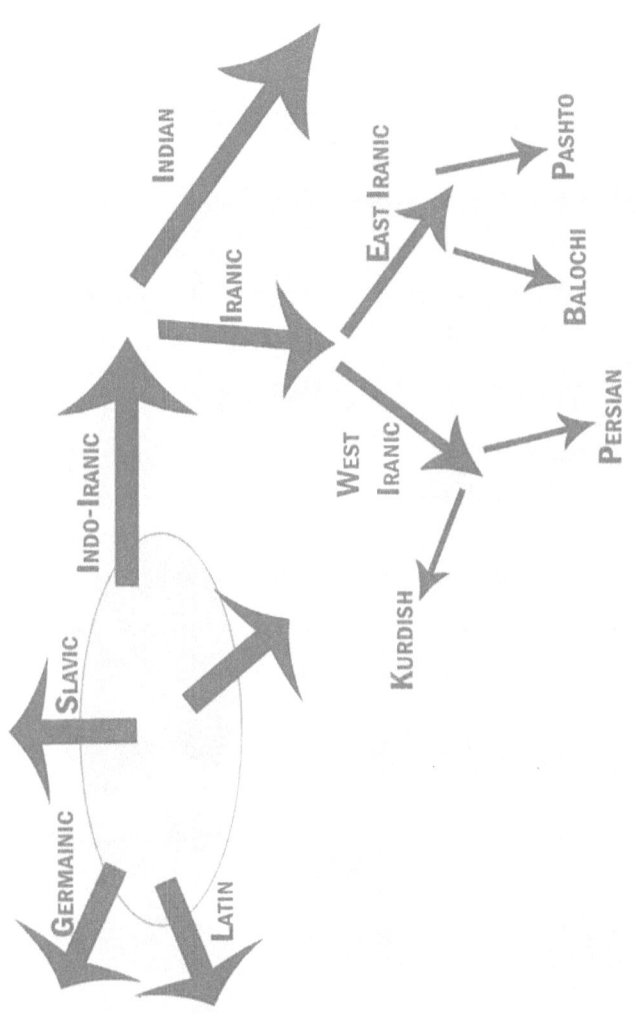

خارطة توضح إتجاهات إنتشار اللغات الهندواوربية من شرق أوكرانيا الى مواطنها الحالية حسب فرضية كورغان.

3.2 اللغة البهلوية

تعد البهلوية، إلى جانبِ اليونانيةِ القديمةِ والآرامية، واحدةً من أغزرِ اللغاتِ إنتاجًا في المجالاتِ العلمية والتوثيقية والفلسفية. وعلاوةً على ذلكَ، فقدْ كانت بمثابة اللغة الطقسية للديانةِ المهيمنةِ في الشرقِ الأوسطِ آنذاك، أيِ الزرادشتية. والجديُر بالذكرِ أنَّ البهلوية اضطلعت بدورِ لغةِ البحثِ العلمي في الجامعات المبكرة في التاريخِ، مثل أكاديميات طيسفون (بغداد) والرُّها (شانلي أورفا، تركيا) وجُندَيْسابور (دزفول، إيران) (Spengler, 1918, p. 63).

تاريخياً، ومنذُ بداياتِ ظهورها وحتى سقوطِ الإمبراطورية الساسانية وأسلمة الهضبة الإيرانيةِ في القرنِ السابعِ الميلادي، عملت البهلوية كقناةٍ لنقلِ المعرفة والعلوم من مناطقَ الشرق كالصينِ والهندِ إلى الغربِ الهيلينيِ والروماني.وقد شمل هذا التراث الفكري نتاجاتٍ أدبية وعلمية وفلسفية. ونتيجة لذلكَ، فقد تسبَّبَ انحسار البهلوية وتدمير جامعاتِها ومعابدِها ومكتباتِها ومجموعاتِها النصية في تراجع المعرفةِ العلمية المتوفرةِ آنذاكَ في حقول متنوعة كعلم الفلك والكيمياء وعلمِ التشريح والأحياء وعلمِ النبات وعلمِ الكون والرياضيات والهندسة والعمارة.

في خضمّ هذا التدهور اللغوي والخطر الوشيك بفقدان هذا الرصيدِ الإنساني القيّمِ، وفّرت الخلافة العباسية بيئة فكرية للعلماء الإيرانيين الذين اضطلعوا بمهم تدوينِ هذهِ العلوم بالعربية. وقدْ تزامن ذلك مع حركة ترجمة واسعة للنصوصِ اليونانية الأساسية. وتبعاً لذلك، فقد كان لعدد منِ العلماء والفلاسفة الذين كانت البهلوية لغتهم الأم، مثلَ ابنِ سينا وأبي بكرِ الرازي والخوارزمي وأبي نصر الفارابي وغيرهم، دور محوري في إعادة تدوينِ المعارف العلمية التي كادت أن تندثر في تلك الحقبة.

لقد مثَّلَ التحول اللغوي من البهلوية إلى العربية، كلغةٍ للدينِ والعلمِ على حدٍّ سواء، حقبة جديدة في تاريخِ الشرق الأوسط. فمعَ صعود لغة الإسلام، التي استمدَّت حضورها من قداستِها الدينية، تخلَّت البهلوية، جنباً إلى جنب معَ الآرامية، عن مكانتها كلغة للخطاب العلمي والديني. وأدَّى ذلك إلى تفككِها إلى

لغاتٍ وليدة مثلِ الكردية والفارسية والبلوشية، وغيرها من لغات إيران الحديثة، في عملية مماثلة لتراجع اللاتينية خلال عصر التنوير في أوروبا وظهور الإيطالية والإسبانية والكتالونية وغيرها من اللغاتِ في المنطقة.

وعلى الرغمِ من احتفاظِ الكردية اليوم بأغلبية مفرداتِها الموروثة منَ البهلوية، إلا أنَّها فقدت نظامَها الكتابيَّ وتراجعتْ إلى وسيلةِ تواصلٍ شفهية بشكل أساسي بعد فرضِ اللغةِ العربية للاستخدام في التوثيق والأغراض الأكاديمية. وقدْ كانَ لغيابِ نظامٍ كتابي مُقنَّن للحفاظ على المعجم اللغوي والإملاء والقواعدِ تأثير كبير في تبلور ظواهر لغوية جديدة، مثل الانزياحات الصوتية، واستبدال الفونيمات، والتغيرات في المورفيمات. وقد أدَّى ذلكَ إلى تسريع انتشار اللهجات وتطورِها إلى لغات مستقلة على مرِّ القرون اللاحقة. علاوة على ذلك، فإن تراجع دورها في الدواوين الادارية والشعائر الدينية والتدوين العلمي، أسهم في ابتعادها عن مواكبة التغيرات الاجتماعية. والاكثر من ذلك، فقد ساهمت وعورة منطقة جبال زاغروس في تكريس العزلة بين المجموعات السكانية وقلة التواصل، مما رسخ الاختلافات اللهجية وقلل من مستوى الفهم المتبادل بينها. ناهيك عن مخلفات الحروب المستمرة، سواء كانت دفاعية ام قبلية، على نمط حياة السكان وكيف منعت انشاء مؤسسات تعليمية قادرة على الحفاظ على لهجة كردية موحدة وشاملة كلغة للدراسة والتدوين.

3.3 العامية الكردية

تتطور اللهجات العامية كوسائل اتصال مرنة، بدون التزام صارم بالضوابط النحوية وبالتعريفات المعجمية الدقيقة، لا سيما ان التخاطب الشفوي يستعين بالإشارات وتعبيرات الوجه ولغة الجسد في إيصال الفكرة. سهولة العامية وتحررها هذا من القيود، بالإضافة الى ارتباط مفرداتها بالذاكرة التصويرية للأفراد (كونها في الغالب النمط اللغوي الاول الذي يتعلمه الفرد في مرحلة الطفولة)، تجعل منها الخيار الامثل للمتحدث. بيد انها، مقارنة بالفصحى المكتوبة، تكون اكثر عرضة للمؤثرات الخارجية، فتخضع للانزياح الصوتي والدلالي، مما يؤدي الى زحف في اصوات المفردات ومعانيها بمرور الزمن؛ وبالنتيجة، بضعف من قدرتها على نقل الافكار في مجالات التدوين والعلوم.

وبالنظر الى غلبة التواصل الشفوي وافتقار الكردية تاريخيا الى لهجة فصحى موحدة، تضبط أصوات المفردات، فقد خسرت هذه اللغة مواقعها التنافسية مقابل اللغات المجاورة في المجالات التي تتطلب دقة بالتعبير. أضف الى ذلك إن خصوصيات البيئة الزاغروسية قد أسهمت في تسريعِ وتيرةِ الانزياحِ الصوتي. ولتوضيحِ ذلك، نتناول الفونيمات التالية على سبيل الايضاح:

/d/: يتطلب نطق هذا الفونيم اغلاق مجرى التنفس عن طريق رفع اللسان والصاقه باللثة العليا. ونظرا لان حبس الهواء داخل الفم يمنع اطالة الصوت، فعند اضطرار المتكلم لخفض اللسان وفتح المجال لعبور الهواء، لتسهيل التنفس، ينزاح الصوت الى فونيم اخر، فيظهر على شكل الياء /j/ في بعض المواقع، مما يغير النطق. كمثال على ذلك نجد المفردة السورانية "لێدان" (/lɪəˈdɑːn/، بمعنى "الضرب") تتحول الى "لێيان" (/lɪəˈjɑːn/).

/b/: يتم إصدار هذا الفونيم عن طريق اغلاق الفم وحبس الهواء في الداخل، على غرار /d/ ولكن باطباق الشفتين هذه المرة. واذا تطلب الحديث ان يكون بصوت مرتفع او ممدود، او بسبب ضيق التنفس في الاماكن المرتفعة وبذل جهد عضلي، يميل المتحدث الى فتح مجرى لمرور الزفير، مما يزيح الصوت الى الواو /w/ او /v/. وعلى سبيل المثال، تتحول المفردة البهلوية "شب" (/ʃəb/،

بمعنى "الليل") إلى "شەو" (/ʃeʊ/) في السورانيةِ و "شەڤ" (/ʃəv/) في الكرمانجيةِ.

/m/: يتطلب اصدار هذا الفونيم اغلاق مجرى الهواء في الفم ايضا، ولكن مع السماح له بالمرور عبر التجويف الانفي. ولكن في ظرف يدفع المتحدث الى فتح الفم من اجل تسهيل مرور الهواء، يتغير النطق الى /w/ او /v/، على نحو مماثل لما يحدث مع /b/. وكمثال على ذلك، يتغير اللفظ الهندو اوروبي "Nam" (بمعنى "اسم") الى "ناو" (/naʊ/) في السورانية و "ناڤ" (/nav/) في الكرمانجية. وقد عرفت الكردية بهذه الانزياحات بوصفها ضرورة ملازمة للبيئة الزاغروسية، ولم يقتصر ذلك على المفردات الاصيلة، وانما شمل اخرى معارة من اللغات المجاورة، حيث يتحور نطق الكلمة العربية "تمام" في السورانية إلى "ته واو"، ومثله في "سلام" إلى "سلاو" و "سلاڤ".

/h/: يستبدل هذا الصوت الساكن بآخر علة قابل للمد وهو /ɑː/، كما في المفردة البهلوية "بهانه" (/bəhɑːne/، بمعنى "مناسبة" او "ذريعة") التي تغيرت بفعل الانزياح الصوتي الى "بۆنه" (/bɔnəˈ/)، و"طهران" التي تتحول في الكردية الى "تاران".

/z/: يتحول هذا الفونيم الى الجيم الفرنسية /ʒ/. فعلى سبيل المثال، تتغير كلمة "روز" البهلوية (بمعنى "يوم") كما ترد في كلمة "نوروز" الى "ڕۆژ" (/rɔʒ/)، وكذلك كلمة "نماز" (بمعنى "صلاة") الى "نوێژ" (/nʊːˈɪəʒ/) في اللهجة السورانية، و "Nimêj " /nɪmɪeʒ/ في الكرمانجية.

ولتوضيح التغيرات التي تطرا على الكردية مقارنة باللغات الاخرى في العائلة الهندو اوروبية، نتناول كلمة "ناو" التي تعني "الاسم" (المرادفة لـ Name في الإنجليزية). نلاحظ كيف يتحول فيها الفونيم /m/ الى /v/ و /w/، فتصبح الكلمة "ناڤ" في الكرمانجية، و "ناو" في السورانية، في الوقت الذي حافظت فيه اللغات الاخرى ذات السلف المشترك على الجذر الذي يتكون من الفونيمين الانفيين /m/ و /n/، بالإضافة الى صوت علة متحرك في الوسط.

فيما يلي طريقة نطق الكلمة في بعض اللغات القريبة جينياً:

اللغة	التهجي	الصوت
الفارسية	نام	/na:m/
الاردو/الهندية	नाम / نام	/na:m/
البنغالية	নাম	/na:m/
البشتونية	نوم	/nu:m/
البلوشية	نام	/na:m/
الألمانية	Name	/na:me/
الفرنسية	Nom	/nɔm/
الإيطالية	Nome	/nɔme/
الهولندية	Naam	/na:m/
السويدية	Namn	/namn/

ولا يقتصر التحور الصوتي على المفردات البهلوية وانما يتعداه الى الكلمات المعارة من الللغات الأخرى، فيمكن ملاحظة ذلك في الكثير من المفرادات، لنأخذ على سبيل المثال مفردة التحية "سلاو"، فرغم إنتشارها في أكثر لغات الشرق الأوسط مثل التركية والفارسية والأردية بلفظها الأصلي "سلام"، إلاّ إنها تحورت في الكردية الى "سلاو" و"سلاڤ".حسب اللهجات.

يشير الجدول أدناه الى بعض الفونيمات وتحولها بين البهلوية (MacKenzie, 1971) واللهجتين الكرديتين الرئيسيتين:

	البهلوية	الكرمانجية	السوران	العربية
B	Ab	Av	ئاو	ماء
	Şab	Şev	شەو	ليل
	Sêb	Sêv	سێو	تفاحة
	Lab	Lêv	لێو	شفة
D	bûdan	bûyin	بوون	تكوّن
	Zûd	Zû	زو	سريع
	Zard	Zer	زەرد	أصفر
	Sard	Sar	سارد	بارد
M	Nam	Nav	ناو	إسم
	Çaşm	Çav	چاو	عين
	Mehman	Mêvan	میوان	ضيف
	Ham (hemwelati)	Hev (hevwelatî)	هاوڵاتی	سابقة
H	Şah (Padşa)	Şa	پاشا	ملك
	Çahar	Çar	چوار	أربعة
	Dadgah	Dadgeh	دادگا	محكمة
	Şahr	(Bajar) Şar	شار	مدينة
Z	Namaz	Nimêj	نوێژ	صلاة
	Draz	Dirêj	درێژ	طويل
	Roz	Roj	ڕۆژ	يوم
Sh	Rêş	Rî	ڕیش	لحية
	Roşn	Ronî	ڕووناک	مضيئ

نلاحظ مما تقدم أن أغلب التغيرات الصوتية في الكردية حدثت مع الفونيمات التي تتطلب إعاقة لمجرى الهواء – أي تضييقا للمسلك التنفسي عبر تجويف الفم، سواء بإطباق الشفتين أو من خلال التصاق اللسان باللثة العليا.

وتصنف تلك الفونيمات التي يستلزم نطقها إغلاقا تاما للمجرى التنفسي من ضمن الفونيمات الانفجارية (Phonèmes occlusifs)، مثل الصوت الشفوي المزدوج /b/، والسنخي /d/، والأنفي /m/.

3.3.1 اللهجات

يتسع التنوع اللغوي بين المجموعات الناطقة بالكردية بشكل ملحوظ ليشمل اختلافات في الاستعمال المعجمي والانظمة الكتابية والصرف والنحو. وينجم عن هذه الاختلافات بالتالي انخفاض مستوى الفهم المشترك بينها. ويزيد غياب معيار ادبي موحد ونظام كتابة متفق عليه من حدة هذه الظاهرة مما قد يؤدي الى درجة من التباعد اللغوي تضاهي تلك الفروقات بين اللغات المتقاربة جينياً مثل الاسبانية والبرتغالية.

تبرز مسالة غياب نظام كتابي موحد كاحد أبرز مظاهر التباين اللهجي في الكردية. وينتج عن هذا الغياب اختلافات املائية تشوه الجذور اللغوية للعديد من المفردات وتحولها الى اشكال مختلفة. كما ان تعدد الانظمة الابجدية بين اللهجات يعمق الفروقات الصوتية حيث يتفاعل كل نظام مع صوتيات اللهجة الخاصة به بطريقة فريدة. وبالإضافة الى النظامين (في السورانية والكرمانجية) تعتمد لهجات كردية اخرى الانظمة الكتابية الرسمية السائدة في بلدانها نتيجة لعدم توفر انظمة خاصة بها. فعلى سبيل المثال تُدَّون النصوص الادبية باللهجات الجنوبية كاللكية والكلهرية باستخدام الابجدية الفارسية في إيران بينما تتاثر كتابة الزازائية بنظام اللغة التركية.

فضلا عن الأسباب الطبيعية، يمثل الانقسام الجيوسياسي للمنطقة الناطقة بالكردية وتوزع اجزائها عبر الحدود الدولية عاملا مؤثرا اخراً في نمو التباين بين اللهجات، ويعيق المسار الطبيعي لتطور اللغة. إذ ان تعرض كل جزء

لسياسات دمج لغوي مختلفة عن الاجزاء الاخرى بالإضافة الى التداخل الثقافي الطبيعي لكل جزء مع ثقافة مختلفة (مع الفارسية في منطقة، والتركية في أخرى) يفضي الى مسارات تطورية متباينة تزيد من التباين اللهجي.

من تقييم شامل لمستوى الفروقات اللهجية يمكن لنا أن نستنتج إن اللغة الكردية، رغم إنها لم تحافظ على درجة عالية من الفهم المشترك بين فروعها، ولكنها في الوقت نفسه لم تفقد الرابط اللغوي في ما بينها، او تصل الى درجة من عدم الفهم تعيق معها مشروع الوحدة اللغوية.

هذا يعني ليس فقط إمكانية نجاح مشروع الفصحى الموحدة اذا تم بشكل متأنٍ ومدروس، وإنما إمكانية إستعادة المجتمع الكردي للتماسك من خلال اللغة ومؤثراتها الاجتماعية.

ولعل الخطوة الأمثل تتلخص في تأسيس هيئة لغوية جامعة ودائمة، تضم نخبة من الاكاديميين والمتخصصين اللغويين من مختلف انحاء كردستان، وتُناط بها مسؤولية وضع خطة متكاملة لصياغة معايير لغوية موحدة، وتبني نظام كتابة واحد، ثم تفعيل الهيئة كمؤسسة رسمية دائمة تعنى بصيانة اللغة واستمراريتها على المدى الطويل.

3.3.2 اللهجات الإثنية

يشير مصطلح "اللهجة الإثنية" (Ethnolect) إلى النوع اللغوي الذي يتحدث به أفراد مجموعة إثنية متميزة، سواء كانت عرقية أو دينية أو قبلية، داخل مجتمع أوسع يتكلم نفس اللغة. أي إنهم يتكلمون بلهجتهم بالرغم من كونهم يعيشون في مدن لا يشكلون بها الأكثرية. ومن الأمثلة على اللهجات الإثنية هو ما يعرف باللغة الإنجليزية العامية الأمريكية الأفريقية (AAVE)، فهي لهجة انجليزية خاصة بالمهاجرين ذوي الإصول الأفريقية، وكذلك اللهجة العربية الخاصة باليهود العراقيين.

ظهر مصطلح **اثنوليكت** وأُستُخدِمَ للمرة الأولى في أمريكا، وذلك لوصف لهجات المجموعات العرقية المهاجرة من المناطق غير الناطقة بالإنجليزية وذلك تمميزاً له عن المفهوم الشامل للهجة (Dialect). فاللهجة بمعناها العام تعني النوع اللغوي الطاغي الإستخدام في منطقة معينة، كاللهجة العربية العراقية، والإنجليزية الأيرلندية، والفارسية الدرية.

يُعَرِّف عالم اللغويات الأسترالي مايكل كلاين اللهجة الإثنية بأنها تنوع ينشأ من لغة أقلية متميزة (أو منغلقة) داخل سياق لغة الأغلبية. ويستشهد على وجه التحديد باللغتين AAVE، التي مر ذكرها واليونانية-الأسترالية كأمثلة واضحة، مسلطاً الضوء على رمزيتها الاجتماعية بين الناطقين بها. معللاً نشأتها من إنصهار لغة أقلية ما في المجتمع وتناقص إستخدامها الى لهجة خاصة لتتحول الى رمز للهوية الإجتماعية لتلك المجموعة الصغيرة التي تتحدثها:

> "مع تراجع إستخدام لغة الأقلية، يصبح وجودها، بسبب أهميتها المعنوية لدى الجيل الثاني من المهاجرين وما بعده الى رمز وعلامة هوية، إلى نوع لغوي خاص ذو سمات مميزة في محيط لغة الأغلبية، أي إنها تتحول الى لهجة خاصة بإبناء تلك الأقلية تميزهم عن الناطقين بلهجات اللغة السائدة في المجتمع." ([*])

وبشكل اعم، يمكن إعتبار الهوية الإثنية على إنها شعور جماعي يتلخص في ميل الفرد إلى الانتماء لمجموعة سكانية، أو مجموعة فرعية، يشترك أفرادها بخلفية ثقافية متميزة، ويتبلور هذا الشعور من خلال رغبات الفرد في تحديد إنتمائه وتعريف نفسه حسب ما يشعر به وتقييمه لذاته من خلال مجموعته ([†]). ولكون تحديد الهوية الإثنية هي خيار ذاتي للفرد، ومع اضطراد الهجرات السكانية وظهور هويات جديدة بين المهاجرين تتحويل لهجاتها من تنوع لغوي (Dialect)

---

[*] Clyne, M. G. (2000). Lingua franca and ethnolects in Europe and beyond. Sociolinguistica. Vol 1. page 86.

[†] George A. Akerlof, Rachel E. Kranton. Economics and identity. The Quarterly Journal of Economics. Volume 115. Issue 3. August 2000. Pages 715.
<https://doi.org/10.1162/003355300554881>

الى لهجات إثنية (Ethnolect)، حسب ميول الأفراد. ونظراً لإرتباطها بمشاعر التمايز والفخر، تتحول الى رمزً للهوية الفرعية، ثم تتحول علاقة اللغة بالهوية، مع مرور الزمن، الى رابطة تخادمية؛ فهي تتأثر بميول الأفراد في تحديد هوياتهم ليصبح التمسك بها جزء من السعي الجماعي لتعزيز الإنتماء الإثني، وتؤثر، من جانب آخر، في مشاعر الفرد وتفرض عليه تحديد الإنتماء.

صحيح إن الاختلافات اللهجية شائعة في أكثر لغات العالم، ويُنظر إليها على أنها ثراء لغوي لا يضر ترابط النسيج القومي، كونها ترتبط بمظلة لغوية شاملة (فصحى واحدة). لكن اللغة الكردية وبسبب إفتقارها إلى المعايير الرسمية الموحدة، وعدم حصول أي من لهجاتها على الإجماع الكافي لاتخاذها كمعيار لغوي شامل من قبل جميع الناطقين بالكردية، فإن إرتباط كل لهجة بإقليم لغوي خاص يجعل اللهجة تبدو أقرب الى تركيبة **إثنية** منها الى محض **لغوية**. وإستمرار هذه الكيانات **اللهجوية-الإثنية** في الكردية على مدى أطول يضعف الهوية القومية ويجعل من الممكن إعتبار هذه اللهجات بمثابة بذور لهويات إثنية مستقبلية.

وليس إنعدام الفصحى هو العامل الوحيد، وإنما ما يدفع نزوع اللهجات الكردية الى إتخاذ سمة إثنية وزحفها نحو صيغة الإثنوليكت، أيضا، هو إنقسام الجغرافيا الناطقة بها والموزعة بين حدود دولية. وهذا يقود إلى تطور كل منطقة تحت تأثير الثقافة السائدة في جوارها كونها تعتبر الأعلى قيمة والتي غالباً ما يتم فرضها بصورة قسرية. فلو أخذنا الجزء الشمالي من الجغرافيا الكردية على سبيل المثال، نجد إن الثقافة الكردية تخضع لقدر كبير من التتريك ولتغلغل العادات اللغوية والإجتماعية التركية فيها. وبالمثل، يتأثر الجزء الشرقي بالثقافة الفارسية، ويخضع الجزء الجنوبي للتعريب. إختلاف هذه التأثيرات الاجتماعية والثقافية، بما تحتويه من تباين في المفاهيم المتعلقة بالسلوكيات، الحريات العامة وحقوق المرأة والتعليم، بين تركيا وإيران والمناطق العربية، تساهم في تباعد الثقافات الكردية بين بعضها البعض، وتساعد على إرتباط اللهجات بخصوصيات ثقافية وإجتماعية متباينة. وبالنتيجة، فإن هذا الإختراق الثقافي المتباين جغرافياً ينعكس في العادات اللغوية عند الناطقين بالكردية ويعزز تباعدهم الإثني أكثر. عدا عن ذلك، يتأثر تطور المعايير اللغوية بعوامل أخرى مثل الظروف الاقتصادية وتكافؤ

القوة الشرائية، ونسبة السكان في الريف إلى الحضر. كما يدفع التنوع الديني والطائفي في المجتمع الكردي بإتجاه تعزيز الهويات الإثنية فترتبط لهجة الزازا بالعلوية، في حين يتبع المتحدثون بالكرمانجية والسورانية بشكل أساسي عقيدة السنة الشافعية، والمتحدثون باللهجات الجنوبية في الشرق هم في الغالب من المسلمين الشيعة، فضلاً عن المجموعات الأُخرى.

وبنظرة قد تبدو للبعض متشائمة، فإن تَحوِل اللهجات اللغوية الى اللهجة-الإثنية هي حالة لا تخلو من تبعات سلبية على وحدة اللغة، وعلى التماسك القومي. ففي إعتماد أي لهجة على فصحى متميزة وخاصة بها حصرا، ومرتبطة بجغرافيتها دون المناطق الأخرى، في التعليم والمكاتبات الرسمية والنصوص القانونية، فضلا عن نظام كتابي والفباء متميز بها، فإن هذا التمايز يقود الى ضمور العلاقة الروحية والإجتماعية بين الناطقين بهذه اللهجة مع بقية الجغرافيا اللغوية (الكردية) بالتدريج. وهذا هو بالتحديد ما يميز اللغة الكردية في هذه المرحلة. فإذا سادت فكرة إن أي من اللهجتين، السورانية أو الكرمانجية هي علامة إثنية لدى الناطقين بها، فإن كل منهما تمتلك المؤهلات المطلوبة للتحول التدريجي من لهجة الى لغة مستقلة. الأكثر من ذلك، نرى اللهجات الأُخرى تتخذ مسارات تطور مختلفة، فالجنوبية تفتقر إلى معجم ونظام قواعدي وكتابي خاص بها وتندمج تدريجياً مع الفارسية، بتأثير القرابة الجينية، على غرار ما مرت به اللورية من قبل.

مع كل عقد يمر، ومع توسع إنتشار الكردية وتنوع إستخداماتها، يتعمق الإنقسام اللغوي وتتعقد مهمة توحيدها أكثر. اليوم، لم تستطع شركة جوجل رغم إستخدامها لأحدث التقنيات في مجال الترجمة الآلية العصبية (Neural Machine Translation) دمج اللهجتين الرئيسيتين في شكل رسمي موحد، وإضطر برنامج ترجمة النصوص فيها لإعتماد مدخلين منفصلين تحت عنوان اللغة الكردية، هما "Kurdish (Kurmanji)" و "Kurdish (Sorani)"، بدلاً من مدخل واحد كما تتعامل مع اللغات الأخرى. ولو كانت الشركة قد قررت ادراج كل من اللهجتين بمدخل منفصل بين اللغات، بدون الإشارة لكلمة (Kurdish)، لتم إعتبار اللهجتين على انهما يمثلان لغتين منفصلتين عن بعض بشكل رسمي.

3.4 مستقبل اللغة الكردية

قد تكون حياة الزراعة أو الترحال الموسمي في القرن الثامن عشر قد أثرت اللغة الكردية بحكايات ساحرة وأشعار عن نسيم الصيف وهو يتخلل بساتين السفوح الباردة، وربما صاغت أمثالًا وحكمًا وأساطيراً تناقلتها الألسن جيلاً بعد جيل، إلاّ إن ذلك الإطار اللغوي بكل ثرائه لم يعد كافيًا لتطوير مهارات الاتصال اللازمة اليوم، ولا لمواكبة التقدم السريع للحياة المدنية الحديثة كما في كركوك، ديار بكر، أو أربيل على سبيل المثال ولا يفي بمتطلبات الدراسات العلمية والاقتصاد والقانون والاحتياجات الإدارية للقرن الحادي والعشرين.

تحتاج اللغة إلى عملية تحديث مستمرة لتواكب المستجدات حتى تتمكن من التوافق مع التغيرات في نمط الحياة، وهذا التحدي قد يكون شاقاً ومكلفاً، قد يؤدي الى انقراض اللغة في حالة عجزها، او الى تجددها.

إن اللغة باعتبارها كائنًا حيًا، مثلنا، ليس أمامها من خيار سوى أن تتطور مع المستجدات الاجتماعية كي تستطيع البقاء عبر إستيعابها.

تأكيداً على هذه حيوية اللغة عند الإنسان، والتغير الذي يطرأ عليها، يوضح اللغوي اليوناني إس. أ. بايبيتيز إن العادات اللغوية تخضع لقانون الإنتقاء الطبيعي مثل بقية الأحياء، فيكتب:

> "من خلال لفت الإنتباه لحقيقة إن اللغة ككيان يعمل وفقًا لقواعد الانتقاء الطبيعي، نثبت أن اللغة هي بالفعل كائن حي، يتصرف بنفس الطريقة الجينية التي يتصرف بها كل كائن حي آخر." (*)

---

* Paipetis S.A (2019). Language as a Living Entity. Journal of Global Issues & Solutions .

<https://web.archive.org/web/20250720173453/https://bwwsociety.org/journal/current/2019/jan-feb/language-as-a-living-entity.ht >

الإنتقاء الطبيعي يعني إختفاء عادات لغوية لم تعد متوافقة مع متطلبات زمنها، وظهور أُخرى مكانها. وهذا يعني إن اللغة الكردية، مثلها مثل كل اللغات، في معرض التجدد والتطور الطبيعي الذي لا يتوقف. لذلك، ولكي تضمن هذه اللغة إستمرار وجودها في القرون المقبلة، ليس أمامها سوى أن تلبي إحتياجات العصر الحديث بحيث تكون قادرة على تبادل الأفكار الأكثر تعقيداً والمعلومات الاعلى دقة. أي إن هناك حاجة إلى شكل موحد ورسمي ومتقدم من اللهجة المعيارية الموحدة على أقل تقدير، لأن المعايير الرسمية، على عكس اللهجات المحكية، يمكن تحديثها بشكل مدروس مع المستجدات التي تطرأ على مناحي الحياة. أما في ظل غياب هذه الوحدة، فستواجه الكردية خطر الضمور في ظل التنافس اللغوي المحموم في الشرق الأوسط، في القرون القادمة.

لقد أنقذت تعديلات الكرمانجية والسورانية بعد الحرب العالمية الأولى هذه اللغة وأبقت كلا اللهجتين صالحتين للتداول طوال القرن الماضي. إلا إن غياب لهجة معيارية موحدة ومعترف بها كتنوع رسمي، والإفتقار الى الرغبة في الإنتقال من المحلية الى القومية لم يمنح أياً من اللهجتين السائدتين ذلك المستوى المطلوب من القيمة اللغوية أو التأثير الاجتماعي لتعميمها بين اللهجات الأخرى في هذا القرن، أو إعتبار أي منها على الأقل مصدراً لإستعارة المفردات الحديثة.

وبنظرة أعمق وأكثر تجريداً فإن مستقبل اللغة الكردية يتجاذبه عاملان متضادان في حسم وحدة اللغة وبقائها:

أ. قوة طاردة: كنتيجة لتباين مسارات التطور الاجتماعي وتأثير الثقافات المختلفة، تستمر اللهجات بالتباعد -إنخفاض درجة الفهم المتبادل بينها- مع الزمن. لذلك، فإن إنعزال المجموعات وإنقسامها عبر حدود دولية مفروضة من الخارج يساهم في إنضاج وتشجيع الهويات الفرعية الاجتماعية وتحول المجموعات السكانية الناطقة بالكردية الى كيانات إثنية متميزة بثقافاتها الخاصة. هذا بالإضافة الى إن إستخدام الكرمانجية والسورانية لنظامين كتابيين مختلفين يزيد من التباعد بينهما ويحد من انتشارهما وتعليمهما للناطقين باللهجات الأخرى.

وبالنتيجة تؤدي القوة الطاردة بمرور الزمن الى دفع اللهجات بإتجاه التحول الى لغات ذات كيانات مستقلة.

ب. قوة جاذبة: مع التوسع المضطرد في إستخدام التكنولوجيا وتطور قطاعات النقل والإتصالات وظهور وسائل التواصل الاجتماعي، بالإضافة الى إنتشار البث الفضائي، يتعزز التلاقح اللهجي ويساهم في تحسين مستوى الفهم المتبادل بينها، بما يسمى التسوية اللهجية (Language Leveling) يقود بإتجاه إعادة توحيد اللغة والى تقارب ثقافي-إجتماعي بين الناطقين بلهجاتها المختلفة. علاوة على ذلك، يشجع هذا التواصل الإعلامي المتزايد بين الإكاديميين والمهتمين بالشأن اللغوي وبالنشاط السياسي والاجتماعي على انتقاء المفردات المشتركة وبالتالي زيادة التلاقح اللهجي، وبالنتيجة يحث الادارات المختصة على الإستثمار في التخطيط اللغوي.

وعلى ضوء هذا التجاذب بين هاتين القوتين يتحدد مصير اللغة الكردية أما نحو التفكك وتحول اللهجات السائدة الى لهجات إثنية، ثم الى لغات مكتملة، وانصهار اللهجات الأقل إنتشاراً في بوتقة اللغات المجاورة؛ أو تتطور بإتجاه التوحيد وصياغة معايير رسمية جامعة متفق عليها من قبل الإدارات الكردية والحكومات المركزية.

إن مصير اللغة الكردية وحضورها المستقبلي يعتمد على مدى جدية المتخصصين والدارسين، اليوم، في إتخاذ إجراء إستباقي وتبني حلول مدروسة على شكل خطة لغوية بنيوية شاملة تتضمن توحيد المعجم والقواعد والنظام الكتابي، وتسهيل انتشارها وتعلمها.

3.4.1 لغة؟ أم لهجات مستقلة؟

عند تعريف اللغة، فإن المفهوم الأكثر شيوعاً يقدمها على إنها وسيلة اخترعها الانسان من أجل تبادل البيانات. يقدم دوغلاس براون رؤيته للغة عند البشر (Brown H. D., 2007) بأنها:

> "وسيلة نظامية للتعبير عن الأفكار أو المشاعر وذلك عن طريق استخدام إشارات وأصوات وإيماءات وعلامات متعارف عليها ولها معانٍ مفهومة متفق عليها."

الا إن هذا التعريف الشامل يتناول اللغة من وجهة نظر وظيفية عامة، دون التطرق للتفاصيل، أو التفريق بين ما هي لغة متميزة منفردة وما هي مجرد لهجة من لهجاتها. ولابد هنا من الفرز بين مفهومها كنشاط فطري موروث عند الانسان، وبين الأنظمة اللغوية، تلك المعايير المؤطَرة بقوانين قواعدية واختلافات معجمية، مثل الإنجليزية أو الفرنسية أو الأردية. فعند ذكر "اللغة"، يتبادر الى الذهن واحد من مفهومين، الأول هو أداة التخاطب بشكلها العابر للثقافات والمعايير اللغوية، والثاني هو نظام محدد مستخدم في مجتمع بعينه دون سواه.

3.4.1.1 النظام اللغوي

يُفصِّل عالم اللسانيات السويسري فرديناند دو سوسير رؤيا أكثر وضوحاً للمفهومين المذكورين، بين "اللغة" كأداة بشرية للتواصل، وبين "اللغة" كنظام محدد له قوانينه الخاصة التي تميزه عن اللغات الأُخرى، مثل "الفرنسية" (كنظام لغوي)، و "الإنجليزية" (كنظام لغوي آخر)، ويطلق على هذا النظام مصطلح (Langue) توضيحاً له عن مفهوم (Language) الذي يشير الى أي أداة تواصل.

حسب دو سوسير فإن التخاطب يتطلب وجود: أولاً **نظام** (Langue)، ولنأخذ الانجليزية مثالاً، وثانياً تطبيقات -استخدام- هذا النظام، أي ضوابط صياغة الجمل التي تتم وفق قواعد ذلك النظام (اللغة). ويطلق على التطبيق اصطلاح **النطق** (Parol). ومن أجل أن يوضح الصورة بشكل أفضل يقدم مثالاً تقريبياً فيقوم بتشبيه عملية التخاطب كما لو كانت جلسة في محكمة بحيث يماثل "النظام اللغوي" القانون فيها، المتفق عليه من قبل الجميع، بينما الكلام هو ما يشبه الحكم الصادر من المحكمة. فيكون الحكم متغيراً بتغير القضية، لكنه يظل ملتزماً بالقانون، وهو الذي يماثل (النظام القواعدي) كالصرف والنحو (صياغة الجمل) الخاص بتلك اللغة دون غيرها.

بشكل عام، من أجل أن يكون الكلام (التطبيق) مفهوماً، يتوجب الالتزام بقواعد معينة، أي بنظام لغوي محدد سلفاً (langue). ولهذا فكل نظام لغوي (بمعجم وقواعد خاصة) يمثل، عملياً، (قانون مستقل) أي لغة مستقلة.

ولو تمعنا في العربية، كمثال، فإن اللهجة الفصحى فيها تحتوي على بنية متكاملة من القواعد والنحو والمعجم، بالمقابل فإن اللهجة المصرية رغم إنها تشترك مع الفصحي في أغلب القواعد والمفردات، إلاّ أنها تتميز ببنية مختلفة مما يعني إن لكلٍ منهما طريقة مختلفة في التعبير، أو نظام لغوي -**لانغ**- مختلف؛ هذا يعني إن العربية (الفصحى) والعامية المصرية نظامان مختلفان، يختلفان في طريقة التعبير ومعاني المفردات المتداولة فيهما. ولكنهما، كنظامين، يتعايشان مع بعض بشكل متزامن دون ان ينحصر أي منهما في مجموعة اثنية مختلفة عن الأخرى، بل يكمل احدهما الاخر لأن كل منهما يؤدي وظيفته منفصلة، في مجال مختلف؛ إذ يتم اعتماد الأول لتبادل المعلومات التي تتطلب الدقة كما في العلوم، المحاكم، والإعلام؛ بينما يشيع النظام الثاني (العامية) في التواصل اليومي الذي لا يتطلب تلك الدرجة العالية من الفصاحة ولا يفرض على المتحدث تلك القيود اللغوية الصارمة. وما يسري على النظام اللغوي المصري ينطبق على اللهجات العربية الأخرى.

على العكس من ذلك، ورغم إن الكردية تمتاز أيضا، مثل العربية، بثراء لهجي واسع وأنظمة لغوية متعددة، الا ان لهجاتها تتوزع على مجموعات سكانية محددة لكل منها دون غطاء من الفصحى الموحدة.

هذا يعني إن العربية، بالرغم من تعدد لهجاتها، وشمولها على وفرة من الأنظمة اللغوية، الإ انها تبقى لغة واحدة بسبب اعتماد الفصحى كنظام مرجعي وحيد وأعلى من التنوعات اللهجية.

دعونا نستنتج من ذلك إن تنوع الأنظمة بحد ذاته لا يعيق الوحدة اللغوية، ولكن ما يعيقها فعلاً هو افتقارها لمظلة لغوية وحيدة ومعتمدة بشكل رسمي، دون سواها، وهذا هو بالتحديد ما تعاني منه الكردية اليوم، ويتسبب في تشعبها.

فإذا صح لنا اعتبار العربية لغة واحدة بالمفهوم الشامل، بسبب اعتمادها معايير فصحى مشتركة، فإننا نجد صعوبة في إعتبار الكردية لغة واحدة من وجهة نظر الاستخدام المهني للغة، وإنما تظل عدة أنظمة لغوية لا تجمعها معايير رسمية عليا وانما مشاعر ثقافية-اجتماعية، مما يخلق انطباعا (أو يوفر الحجة لدى البعض) بإنها لغات متشابهة وليست لغة واحدة متنوعة.

تعدد الانظمة

لا تنفرد الكردية بين اللغات بتعدد الأنظمة اللغوية، اذ يمكن ملاحظة هذه الظاهرة في لغات أخرى أكثر إنتشاراً مثل الفرنسية (الاختلاف بين فرنسا والكيبك في كندا)، والانجليزية (البريطانية والامريكية) أيضاً. وكمثال بارز، تحتوي النرويجية نظامين مختلفين هما النينورسك (Nynorsk) والبُكمول (Bokmål) معترف بهما بشكل رسمي ويمتلك كل منهما قواعده ومعجمه المختلف عن الآخر. إلاّ إن ما يميزها عن الكردية هو إن النظامين فيها مستخدمان بشكل متزامن ودرجة فهم متساوية من قبل عموم الناطقين بها ولا يرتبط أي منهما بمنطقة جغرافية محددة، او إثنية فرعية؛ فيتمتع النرويجي بحرية استخدام أي منهما في المرافق العامة، وهذا الاستخدام الموازي هو الذي يحفظ وحدة النرويجية. على العكس من ذلك أدى ارتباط كل نظام لغوي بمنطقة محددة في الكردية الى تنامي الشخصية المستقلة عند كل لهجة وتمكينها من امتلاك مقومات التحول من لهجة الى لغة متكاملة ومميزة قادرة على أن تكون بديلاً عن الكردية الشاملة. ومن هنا ينبع التساؤل عن وحدة الكردية، عملياً، فيما اذا كانت لغة واحدة، بالمعنى الوظيفي للغة، او مجموعة لهجات مستقلة. لذلك، فإن تعدد الأنظمة بحد ذاته لا يقسم اللغة الى تشعبات إثنية، فعلى ضوء تجارب اللغات الأخرى، نجد إن تعدد الأنظمة اللغوية، كظاهرة، ليس هو العامل الرئيسي في إنقسام الكردية، وإنما السبب الأهم هو إرتباط كل نظام بمنطقة جغرافية مميزة، وصياغة لهجة فصحى خاصة بها.

3.4.1.2 النظام الكتابي

يركز تعريف دو سوسير لـ"الحديث" (Parole) على التمثيل الصوتي للمفردات أكثر منه على الشكل الكتابي في اللغة (*) ذلك إن التواصل الشفوي كان هو التعبير الغالب في التخاطب عندما قدم رأيه قبل أكثر من قرن من الزمان، أي قبل انتشار الكتابة والتوسع الذي طرأ على الاستخدام التحريري. فقد شهدت حقبة الستينيات من القرن العشرين توسعاً مضطرداً في العمل المكتبي والتواصل الورقي، تناسب طردياً مع توسع المدن، ثم ازداد شيوعاً في الثمانينيات، بعد

---

* Klose, Robert (13 Sep. 2023). The Christian Science Monitor

دخول الحاسوب، وصولاً الى القفزة التي حلت في بداية القرن الحادي والعشرين حيث أصبح العمل عن بُعد متاحاً عبر الشبكات الداخلية المغلقة (الإنترانت). عزز هذا الاستخدام التحريري المتزايد أهمية الكتابة على حساب التواصل الشفوي، وتعقدت مجالات توظيف اللغة، وتزايدت بذلك الحاجة للدقة في المعايير اللغوية الفصيحة مما تطلب اهتمام أكبر بالمعايير فصحى وبالأنظمة الكتابية.

إجمالاً، ونظراً لأهمية النظام الكتابي في صيانة المعجم، ودوره في حفظ الشكل الاملائي للمفردة وصوتياتها، فإنه اكتسب أهمية كبيرة في النظام اللغوي بشكل عام مما يعزز أهمية توحيد النظام الكتابي في اللهجات الكردية.

3.5 تطوير اللغة الكردية

إقتصر التخاطب بالكردية، على مدى قرون، على التواصل الشفوي ولم يتم إستخدامها في المجال الإكاديمي كالتوثيق والعلوم، ولم تُعرَف كلغة للكتابة قياساً باللغات الأُخرى وذلك بسبب تراجع مكانتها أمام اللغة الطقسية المقدسة (العربية) ولم تحظى بصياغة نظام كتابي رسمي خاص بها. لقد بلغ تدني القيمة المعنوية بين متحدثيها لدرجة أن شواهد القبور نُقشت بلغة أُخرى أكثر حضوراً في مجال الكتابة، وعزوف الشخصيات الأدبية من الكرد عن تدوين أعمالهم العلمية والدينية والأدبية بالكردية خوفاً عليها من الضياع أو الإهمال.

ولم يبدأ التوثيق المنهجي للغة الكردية إلا في أواخر القرن الثامن عشر. بعد ظهور أول دراسة لغوية مهمة تناولتها على يد الكردولوجي الإيطالي موريتسيو غارزوني (Maurizio Garzoni 1804-1734) ونشرت في روما عام 1787 بعنوان "Grammatica e vocabolario della lingua Kurda" (قواعد ومفردات اللغة الكردية). ثم ظهور أول مطبوع دوري في أواخر القرن التاسع عشر (صحيفة كردستان في القاهرة)، على يد الأخوين بدرخان عام 1898.

إلاّ إن الجهد الرائد في عملية صياغة علمية حديثة للنظام الكتابي الكردي انطلق مع انهيار الإمبراطورية الروسية وبمبادرة من جمهورية أرمينيا السوفياتية كجزء من سياسة الانفتاح القومي واستجابة لاحتياجات نشر الأدبيات الشيوعية

وتطوير المناطق النائية في الإتحاد السوفياتي. وعلى الرغم من أن النتائج لم تكن مرضية تماماً، ولم تنجح المبادرة في إحداث تلك الثورة اللغوية المنتظرة، إلاّ إنها ألهمت المشروع الذي قدمه جَلادت بدرخان بعد عقد من الزمن.

كان التوثيق الكتابي في الكردية حتى مطلع القرن العشرين، على ندرته، يستخدم الخط العربي (المُطَعَّم بالحروف الفارسية)، وهي نفس الابجدية التي كانت متبعة في اللغات التركية (العثمانية) والفارسية والأردية. وتم اعتمادها في صحيفة كردستان القاهرية وبعد ذلك في مراسلات الملك محمود الحفيد. إلاّ إن الجهود اللغوية الرئيسية آنذاك كانت تقتصر على تطويع الأبجدية للمفردات الكردية أكثر منها محاولات لتحقيق وحدة معجمية وقواعدية.

ورغم نجاح هذه الجهود في إنشاء أنظمة كتابة، وتعميمها للاستخدام العام، كما حدث في جمهورية أرمينيا السوفياتية والعراق، ونظام هاوار، إلا أنها فشلت في إنشاء معيار لغوي موحد معترف به من قبل متحدثي الطيف الواسع من اللهجات الكردية الأخرى مما ترك أثراً سلبياً في تعميق الانقسامات اللهجية أكثر وتأهيل هذه اللهجات لما يمكن أن يحولها إلى أشكال لغوية مستقلة. فقد كان النظام السوفياتي (باللاتينية وبعدها بالسيريلية) معتمداً بشكل كلي على اللهجة المنطوقة في أرمينيا، والنظام السوراني في العراق على اللهجة المحكية في السليمانية، بينما اعتمد نظام بدرخان حصراً على الكرمانجية.

3.5.1 إسهامات وهبي وبدرخان

بعد انهيار الإمبراطورية العثمانية، وجدت القوات البريطانية نفسها تسيطر على جزء كبير من تركتها في الشرق الأوسط ومن ضمنها جزءاً من المناطق الناطقة بالكردية. لم تفرض بريطانيا حينها الإنجليزية على شعوب المنطقة وإنما إعتمدت اللغات المحلية بشكل رسمي كلغات إدارية. ومن هنا، برزت الحاجة إلى لغة محلية تستخدم للأغراض الإدارية في كردستان. لم تكن الكردية الفصحى على درجة من النضج في استيعاب دورها الجديد كونها تفتقر إلى معجم ونظام كتابة متكامل حينها، ولكون الإدارات المحلية في كردستان لم تكن قادرة على التواصل بشكل فعال باللغة العربية، التي أصبحت، للتو، اللغة الرسمية للدولة

العراقية الجديدة، فقد عمدت الإدارة التابعة للاحتلال البريطاني آنذاك على بذل الجهد لتطوير الكردية وتكييفها للاستخدام في المكاتبات الإدارية المحلية.

وعندما تم تعيين العقيد توفيق وهبي لمعالجة مشكلة اللغة وتطوير أدواتها، انصب جهده على استنباط القواعد والمعجم من لهجة محلية كانت تعد هي الأغنى والأكثر من استخداما من البقية وهي اللهجة المحكية في منطقة السليمانية، متجاهلاً أهمية وضع معيار لغوي موحد وشامل على مستوى اللهجات الكردية المختلفة. ونظرًا لانخفاض مستوى الفهم المتبادل بين تلك اللهجات، لم تستطع جهود العقيد وهبي استيعاب اللهجة الأوسع على صعيد جغرافية كردستان، وهي الكرمانجية، مما حدا بالكاتب واللغوي جَلادت بدرخان، لسد هذه الثغرة وذلك بتطوير نظام كتابة آخر بعد عقد من الزمان مستوحى من محكية الناطقين باللهجة الكرمانجية. وبذلك تكون هذه المشاريع اللغوية الثلاثة (ماروغولوف، وهبي، وبدرخان) قد مثلت مرحلة مهمة من مراحل تحديث اللغة الكردية، ووضعت الأساس اللازم لتوظيفها بشكل معياري طوال القرن العشرين ولو إنها عجزت عن صياغة شكل لغوي متماسك كفصحى موحدة شاملة. وعلى ضوء ذلك العجز التاريخي في دمج المعايير اللغوية، تتبلور الحاجة اليوم لاستكمال ما بدأت تلك المحاولات الرائدة وتطويرها وتوحيدها، وذلك بصياغة معجم موحد، ونظام قواعدي متفق عليه، بالإضافة الى نظام كتابي واحد يحل محل النظامين الحاليين. وهذه الحاجة ليست ضرورية فقط لهذا الجيل من الناطقين بالكردية وإنما لتلبية احتياجات ما تبقى من القرن الحالي والقرون القادمة.

نظرياً، يمكن تلخيص نقاط ضعف المراحل السابقة في كونها أولاً: اعتمدت صيغ لغوية محلية، وثانياً: قدمت اللفظ على الشكل التحريري، وثالثاً: تجاهلت التطور التاريخي الذي طرأ على الصوتيات، وإهمال الجذور المشتركة للمفردات.

3.5.1.1 النطاق المحلي

في ظل عدم وجود كيان إداري سياسي موحد يستطيع فرض لهجة معينة بقوة القانون كلهجة معيارية واحدة، كان من المهم استيعاب اللهجات في سائر مناطق كردستان وليس الاعتماد على لهجة محلية بعينها. لكن ما تم أنجازه في المحاولات

الريادية الثلاث هو إن كل نظام إملائي حصر مصادره اللغوية على منطقة جغرافية محددة، متجاهلاً الخصائص اللغوية في المناطق الأخرى. فقد كان المشروع السوفيتي يعتمد على اللهجة المحكية في أرمينيا، واقتصر مصدر السورانية على العبارات والقواعد الشائعة في السليمانية، وركزت جهود بدرخان على اللهجة الكرمانجية دون مراعاة لغيرها أو محاولة التوفيق بينها.

3.5.1.2 الأساس الصوتي

بالإضافة لنطاقها المحلي، تركزت المبادرات الريادية حول اولوية الشفافية في النظام الكتابي. النظام الشفاف (Transparent Orthography) يصوغ إملاء المفردة بشكل مطابق لطريقة نطقها بأكبر قدر من الدقة، وبذلك فقد تفوق الإملاء الكردي في درجة تطابقه مع الصوتيات على الإملاء العربي والفارسي؛ إذ كان يُنظَر الى الكتابة آنذاك كمحض تصوير للصوت على الورق. وبهذا فإن شفافية النظام الكتابي قد كرست النطاق المحلي ولم تستطيع وضع معجم باملاء شامل عابر للهجات. وهذا التوجه المحافظ في الصياغة الاملائية لا يناسب لغة متعددة اللهجات والأطياف الصوتية مثل الكردية، حيث تكثر الاختلافات الفونتيكية وتتراكم طردياً مع التمدد الجغرافي للمناطق الناطقة بها؛ فكلما امتدت المسافات أكثر، ظهرت الفروقات في النطق بشكل أوضح وبرزت الاختلافات في الأنماط الصوتية وفي العادات الشائعة في النظم القواعدية. قد يكون الإملاء الشفاف مناسباً للغات القليلة اللهجات، إلا أنه أثبت عدم فعاليته بالنسبة للكردية.

على النقيض من ذلك، يستطيع الإملاء غير الشفاف (راجع القسم 6.2.4) استيعاب التنوع اللغوي الواسع بصورة عملية على غرار النظام الكتابي العربي الحديث والنظام الفرنسي والإنجليزي، حيث يمنح حرية أكبر للمتحدثين في التعبير عن عاداتهم الصوتية بشكل املائي موحد جامع للمفردات المتقاربة النطق.

3.5.1.3 تجاهل التاريخ

نظراً لعدم ثبات العادات الصوتية في أي لغة أو لهجة، عبر الأجيال، وتغيّر وتطور نطق الكلمات في كل منطقة بمعزل عن المناطق الأخرى، فإن احتمال

الانزياح الصوتي والصرفي والدلالي يزداد بشكل يجعل صوت المفردة الشائع في زمن ما مغايراً لأصله الفونتيكي، ويطوره بصوت مختلف في كل منطقة عن الأخرى. لذلك، فإن تبني النطق السائد اليوم، وفي منطقة معينة دون مراعاة الاختلافات التاريخية فيه هو ليس فقط تجاهل الصوت الحقيقي الأصيل لجذر المفردة، وإنما أيضا ابتعادا عن النطق الموحد الذي كان شائعاً في جميع اللهجات قبل تحوره الزمني فيها وظهور اختلافاته بينها. أي إن توحيد المعجم الكردي كان بحاجة الى دراسة مورفولوجية تغطي مرحلة ما قبل ظهور اللهجات الكردية الحديثة واستعادة وتأهيل المفردات الأصيلة المو‌حِدة منها.

لقد كانت الجهود المبذولة في تجميع الكلمات واستخراج القواعد، تنصب على البحث (في المدينة والارياف) عن الشكل الحالي للمفردة، ومن ثم صياغة مصطلحات جديدة على ضوئها. وهذا يعني تجاهل الانزياح الزمني والتغاضي عن حقيقة إن الجذر المشترك للمفردات المتباينة النطق قد يكون أكثر ملاءمة ومراعاة للتنوعات اللهجية، أي إن تتبع الجذور التاريخية للمفردة في كل لهجة قد يوصل الى جذر واحد قابل للاستخدام في الفصحى، وإن تأهيل تلك الجذور اللغوية المشتركة يسهل كثيرا من مشروع الوحدة اللغوية. وهنا يجب الإشارة الى إن ندرة المصادر التاريخية وقلة الأبحاث حول اللغة البهلوية، التي اشتقت منها الكثير من المفردات الكردية، قد زاد من تعقيد جهود وهبي-بدرخان وحرمها من تتبع تأريخ التنوع الصوتي للمفردة الكردية.

لقد أحدثت تلك المشاريع الثلاثة في مطلع القرن العشرين ثورة في استخدام اللغة الكردية ومكنتها من تلبية متطلبات الحداثة، إلا أنها كانت محدودة **محلياً**، وترتكز على **الصوتيات**، وتتجاهل التحولات الاجتماعية **التاريخية** وحقيقة تنامي التنوع الصوتي. وهذه العوامل كانت أبرز المعوقات في طريق إنشاء معيار لغوي كردي موحد، حينها، وأدى إلى تعميق الانقسامات اللهجية والحيلولة دون ظهور اللهجة الفصحى الموحدة في القرن العشرين.

3.5.2 المرحلة الثانية من التطوير

من كل ما مر، يتبين إن اللغة الكردية لم تكن لتواكب مجريات القرن العشرين لولا إنجازات الرواد إسحاق ماروغولوف (وعرب شمو) في أرمينيا السوفياتية، توفيق وهبي (بناءً على نظام فوسوم وسعيد كابان) في جنوب كردستان، وجلادت بدرخان في الشمال. إلاّ إن هذه القفزة الريادية لا تعتبر، وفق الفهم المعاصر للغة، كافية لتلبية المتطلبات الاجتماعية والسياسية الراهنة والمستقبلية. فالتطورات الاجتماعية الكبيرة التي حدثت خلال النصف الثاني من القرن العشرين والربع الأول من القرن الحالي تستدعي إعادة تقييم من قبل اللغويين والبدء بمبادرات جديدة لاستكمال العملية التي بدأها أولئك الرواد من أجل إحياء اللغة وتأهيلها بشكل أفضل، وتشخيص سلبياتها.

وبالنظر للتقدم العلمي في مجال اللسانيات فإن الفرصة أصبحت اليوم أفضل من السابق لإجراء البحوث اللغوية المستفيضة وتطبيقها سواء في مجال الصياغة اللغوية، إستراتيجيا اللغة، أيديولوجيا اللغة، التخطيط اللغوي، أو في مجال تنفيذ السياسة اللغوية وتسهيل تعليم اللغة ونشرها على أوسع مساحة ممكنة.

أ. أيديولوجيا اللغة: يشير المصطلح (Language Ideology) الى النظرة العامة السائدة لدى الأفراد بما يخص لغتهم، ودرجة تقييمهم لها، وإيمانهم بأهليتها لإستيعاب الحياة الاجتماعية. وغالباً ما تهدف الدراسات في هذا المجال إلى تعزيز المكانة الإجتماعية ورفع برستيج اللغة (Language Stratum) بين الناطقين بها، وتوسيع إستخدامها لتشمل أوسع مساحة من النشاطات الاجتماعية والإكاديمية، كذلك التحرر من هيمنة اللغات الرسمية المجاورة، ومعالجة الفجوات الاجتماعية التي تجذب الأنماط السوسيولغوية الحديثة من الثقافات الأُخرى. كما تشمل هذه الدراسات الترويج لقبول التعديلات المعيارية، وتشجيع الأحادية اللغوية داخل المجتمع الكردي، ووضع إستراتيجية يتم إعتمادها رسمياً لنشر لغة نقية وموحدة (انظر الفصل الخامس).

ب. التخطيط اللغوي: تعهد الهيئات اللغوية المعتمدة رسمياً بمهمة التخطيط اللغوي (Language Planning) من أجل تقديم مقترحات وتوصيات

لإصلاحات لغوية تماشياً مع المتغيرات الاجتماعية وتبعاتها في مجال اللسانيات. وتحتاج الكردية بشكل دائم، مثل بقية اللغات، الى صيانة والى مواكبة للمستجدات، بالإضافة الى إغناء مشروع توحيد الفصحى في مجالات مثل إحياء الجذور الصرفية، واستخراج اللواحق الفعالة، وصياغة مفردات جديدة. ويعمل التخطيط اللغوي على ثلاثة محاور هي:

- ✓ التخطيط اللساني (Corpus Planning)، الذي يهتم بتطوير المعجم والقواعد الإملائية الخ.

- ✓ تخطيط القيمة اللغوية (Status Planning) الذي يضع الاقتراحات الخاصة بسبل تعزيز مكانة اللغة وقيمتها الاجتماعية والمعرفية.

- ✓ تخطيط الاكتساب (Acquisition Planning) وهو عبارة عن وضع آليات لتسهيل تعلمها واقتراح طرق نشرها شعبياً واكاديميا بين مختلف الفئات في الداخل والخارج (انظر القسم 5.2).

ج. **السياسة اللغوية:** بعد استكمال التخطيط اللغوي تبدأ مرحلة تنفيذ السياسة اللغوية (Language Policy) وهي الآليات التي تتم من خلالها تنفيذ المقترحات المقدمة من قبل الجهة التي تقدم المخطط اللغوي. وتتم على ضوئها إجراء التوصيات واللوائح في المدن والبلدات، واستخدام وسائل عملية وقانونية لنشر المعايير الموحدة وتعزيز وظائف اللغة الكردية في الإعلام والتعليم (انظر القسم 5.3).

وإذا كان التخطيط اللساني ممكناً من خلال مبادرة فردية أو لجنة لغوية، فإن السياسة اللغوية لا يمكن أجرائها إلاً من خلال سلطة تنفيذية تقوم بفرض التعديلات اللغوية وفقاً لما هو مخطط له. وغالباً ما تكون الجهة التي تقدم المقترحات هي هيئة لغوية معتمدة رسمياً في شكل أكاديمية مرخصة، كما هو متبع في اللغات، بشرط أن تكون هذه الهيئة هي المصدر الوحيد المخول بصياغة الخطط، وتقديم المقترحات الفنية، قبل تقديمها للادارات المكلفة بالتنفيذ.

كردستان

صحيفة كردستان (1898 - 1902)
صدرت في القاهرة باستخدام الابجدية الفارسية

RJA ȚƏZƏ

صحيفة ريا تازة "الطريق الجديد" (1930 - 1937)
صدرت في ييرفان باستخدام الصياغة اللاتينية الخاصة.

HAWAR

SAL 1

HEJMAR 1

Revue Kurde

مجلة هاوار "النداء" (1932 - 1934)
صدرت في دمشق بالابجدية اللاتينية.

الفصل الرابع

اللغة تعني القومية

"أخبرني بمدى معرفة أمة ما بلغتها، وسأخبرك بمدى معرفتها بهويتها."

جون تشاردي

ما تعنيه اللغة في حياة الشعوب يتجاوز بكثير مجرد كونها وسيلة للتخاطب وتناقل الرؤى بين الأفراد، فهي علاوة على وظيفتها هذه، تحولت الى ظاهرة إنسانية تؤثر بشكل كبير في التفاعل الاجتماعي ورسم ملامح الثقافة العامة وذلك من خلال مشاركتها في صياغة الأفكار والتصورات التي يتميز بها كل مجتمع. وفقًا لفرضية **النسبية اللغوية** التي قدمها اللغويان إدوارد سابير (1884 - 1936) وتلميذه بنيامين لي وورف (1897 - 1941)، والمعروفة بإسمهما معاً وهو (Sapir-Whorf Hypothesis) تختلف اللغات في مابينها في كيفية تصوير الفكرة المراد نقلها، وبتأثيرها على المتلقي، وبالتالي فإن كل لغة تؤثر -بشكل مختلف عن غيرها- في الطريقة التي تقدم بها الواقع، وتقوم بغرس صورها ومفاهيمها بشكل غريزي عند الناطقين بها بما يميزها عن تلك التي تؤثر بها اللغات الأخرى. (Whorf, 1956, p. 147) هذا التمايز بين اللغات يلعب دورًا محوريًا في تشكيل تصورات اجتماعية تختلف بين شعب وآخر، بما يشمل جوانب

الحياة الثقافية والسياسية والنفسية داخل المجتمع. أي إن للغة دور بارز في صياغة المفاهيم والثقافة الاجتماعية وتنوعها عبر الشعوب.

بالمقابل، فإن أساليب العيش المختلفة تؤثر في اللغة وبنيتها من الجانب الآخر، فهي تسهم في صياغة معان وتراكيب فريدة تميز كل لغة عن غيرها؛ فقد ينتج نمط الحياة البدوية، بسبب الصراعات الدائمة، إحساساً بضرورة تضامن الافراد ووحدة القبلية ويغرس فيهم غريزة التضحية بالمصالح الشخصية من أجل الجماعة ويتم التعامل مع حرية الراي على إنها خطر يهدد وحدتهم ووجودهم. وبحسب ماكس اوبنهايمر في كتابه "البدو"، قد تشيع ظاهرة تقديس الأسلاف والتمييز بين الجنسين أيضاً. كل ذلك يؤدي الى ظهور معانٍ فريدة توسع من قدرة المفردة على التعبير عن هذه الخصوصية في المجتمعات البدوية دون تجد مقابل لها في لغات المجتمعات الاخرى. ومثل ذلك، قد تبدي الجماعات المستقرة (الزراعية) تسامحًا أكبر مع الفردانية، وحرية الآراء والتنوع الفكري وميلاً أكثر للتعايش السلمي. هذه السمات الاجتماعية والثقافية المختلفة، التي تنبع من العوامل البيئية، تعيد صياغة المعاني بما يناسب المجتمع الزراعي دون غيره، ثم تتجذر في العادات اللغوية وتتشرب بها الملاحم والأساطير والأمثال الشعبية والنصوص الدينية وتدخل الأدب، وقد تكتسب اللغة اثر قداسة اذا تم استخدامها في التوثيق الديني. وتستمر هذه الصياغات السمانتيكية المحلية عبر التأريخ وتتواصل من جيل لآخر، حتى تؤثر بالنتيجة في أنماط الحياة المعاصرة. حتى إن الثقافات السائدة في هذا العصر تعتبر موروث نقلته اللغة، التي كانت قد تأثرت بالبيئات السابقة -بشكل ميمات ثقافية- تنتشر اليوم عبر وسائل الإعلام الجماهيرية والمناهج التعليمية، فتؤثر في صياغة مشاعرنا وسلوكياتنا الجمعية.

أي إن اللغة التي يتحدث بها مجتمع ما، مثلما تتأثر بالبيئة الحاضنة، تؤثر هي بدورها في توجهاته الثقافية وسماته الاجتماعية المعاصرة. ووفق هذا، يتأثر الكرد الذين يتحدثون العربية بالقيم والأعراف (البيئة الثقافية العربية) في سوريا والعراق، بينما يتماهى المتحدثون بالفارسية مع الخصوصيات الثقافية الإيرانية. فتظهر تداعيات ذلك في تباعد سلوكيات المجتمع الكردي بين طرفي الحدود. هذا يعني، بالنتيجة، إن تأثير اللغات الأُخرى يخلق مجتمعاً غير متجانسا.

يرى كل من البرتو أليسينا، باولا جوليانو، والبروفيسورة المختصة في مجال الاقتصاد السياسي د. بريوني رايخ، أيضاً، أن اللغة الوطنية هي أداة أساسية في

بناء الأمم، حيث تسهم في تعزيز الانسجام والهوية الوطنية والإحساس بالترابط المصيري بين المواطنين. (Alesina A., Giuliano P., Reich B., 2018, P. 2) مضيفين أن بناء الأمة يتضمن خلق شعور بالمصالح والأهداف والتفضيلات المشتركة، مما يمنع التفكك ويعزز التماسك الوطني:

"نعرّف 'بناء الأمة' على أنه عملية تؤدي إلى تشكيل دول يشعر فيها المواطنون بقدرٍ كافٍ من التوافق في المصالح والأهداف المشتركة التي تجمعهم سوية لدرجة أن لا يرغبون في الانفصال عن بعضهم البعض."

وتتنوع الثقافات اليوم، حول العالم، مع تعدد اللغات الحية، والذي يربو عددها على السبعة الاف لغة، ولهجاتها. وكل واحدة منها تُعتبر خزين من تراكمات معرفية وثقافية تم تطويرها عبر العصور بمثابة حافظة لتجارب ومعاناة الشعوب الناطقة بها. وفي الوقت الذي تتلاقح فيه الثقافات في حياتنا المعاصرة، وتتقلص الفروقات بينها، فإن أعداد اللغات أخذ بالتناقص أيضاً ويتوقع المختصون أن ينقرض نصف عدد هذه اللغات في غضون المئة سنة القادمة، أي بمعدل لغة تموت كل أسبوع تقريباً! **ومع موت كل لغة، يتم نقل أمة من الجغرافيا إلى التاريخ**، وتنصهر ثقافة صغرى في أخرى مجاورة أكبر.

يتبين مما تقدم بإن حيوية أي أُمة واستمرار تجددها عبر الاجيال مرتبط ارتباطاً وثيقاً بصيانة أهم مخزون ثقافي واجتماعي عندها وهو لغتها المميزة. فموت اللغة لا يعني فقط فقدان التنوع اللساني، بل يمثل أيضًا تآكل الهوية الثقافية وضمور شخصيتها وفقدان معالمها. ولعل واحدة من أهم مسببات تفكك الأمم هو إهمال القيمة الجوهرية للتراث والثقافة (اللغة)، مما يتركها عرضة للانهيار. يشير المستشرق الفرنسي ايرنست رينان الى إن انهيار الأمم إنما يحصل كنتيجة تراكمية لانفصال الإمة عن ذاتها (تشكل اللغة احد أبرز ركائزها) نتيجة الجهل بهذه الحقيقة: (Renan 1882/1992, para III)

"إن الانفصال عن الذات، وعلى المدى الطويل، إنهيار الأمم، إنما يحدث نتيجة وجود نظام يضع هذه المجتمعات بكل ما تحمله من عمق تاريخي تحت رحمة إرادات غالبًا ما تكون غير مستنيرة."

4.1 القومية

بالاستناد إلى فرضية سابير-وورف وتأثير البيئة والتراكم المعرفي على اللغة وصياغة المفاهيم لدى الشعوب، فإن مفهوم "القومية" ذاته يتباين من ثقافة إلى أخرى. فمدلول القومية عند شعب ما يختلف عن معناه لدى شعب آخر تبعًا للإرث الاجتماعي والثقافي المكتسب. على سبيل المثال، يرتكز تعريف هذا المفهوم في الغرب على الجانب السياسي والإداري بصرف النظر عن الانتماءات العرقية والدينية. أي إنك عندما تسأل ثمة فرد في الغرب عن قوميته (Nationality) فهو يجيبك عن وثيقة المواطنة التي يحملها، فيقول "بريطاني" مثلاً. على النقيض من ذلك، تُعرّف الثقافات ذات الأصل البدوي، القومية على أنها رابطة دم قائمة على الأصول العرقية المشتركة لجماعة من السكان تنحدر من سلف او جد اكبر.

وبشكل عام، ترى المفهوم السائد في الثقافات ذات البيئة السهلية الزراعية، يخضع لرابطة جغرافية ترتبط بالأرض في المقام الأول، بغض النظر عن تداخل الأعراق واللغات. هذا التباين في تعريفات مفهوم القومية يتضح في المجتمعات المجاورة لكردستان، والتي تمتلك قدرة ونفوذ في صياغة الثقافة الكردية. فمصطلح القومية يختلف في تركيا عنه في ايران، وهو بدوره يختلف عنه في سوريا والعراق. مما يؤدي إلى قدر من التشويش والارباك في تحديد الهوية القومية الكردية نفسها. أي إن الأقاليم الناطقة بالكردية، والمقسمة عبر حدود دولية، يُعرّف أبناؤها هويتهم وفقًا للتأثيرات الإقليمية والأطر المفاهيمية للثقافات المجاورة. فعلى سبيل المثال، تتأثر الهوية القومية في الجزء الإيراني من كردستان بالمفهوم الشائع فارسياً، بسمته البارزة وهي اعتماد درجة إتقان الفرد للغة أو لهجة معينة. بمعنى آخر، يُعتبر الفرد الذي يتحدث الكردية بطلاقة أكبر، أو باللهجة الأكثر انتشارًا، أكثر انتماءً للقومية الكردية من الناطقين بلهجة ثانية أقل شيوعًا (ساهمت هذه الصفائية في إبعاد بعض المناطق الناطقة باللهجة اللرية عن الشعور القومي بشكل عام). على العكس من ذلك، لا تعتبر اللغة عاملًا رئيسيًا في تحديد الهوية القومية لدى الكرد في تركيا، وذلك بسبب التأثر بالثقافة التركية وتغليب الأصل العرقي فيها على بقية الخصوصيات الاجتماعية -كونها ثقافة بدوية المنشأ- مما ساهم في حماية الانتماء القومي الكردي لدى الناطقين باللهجة الزازائية، خلاف ما حدث مع بعض مناطق اللهجة اللرية.

4.1.1 الثقافات العرقية

في الثقافات التي ورثت نمط الحياة البدوية أو نصف البدوية، يتراجع الارتباط العاطفي بالأرض الى درجة أدنى أمام الرابطة القبلية (الدم والمصير المشترك) وذلك بسبب عدم الاستقرار (التنقل بحثاً عن الغذاء ومراعي للماشية). لذلك تجد الهوية في تلك البيئات ضالتها بالتسلسل الهرمي القبلي، واعتماد شجرة العائلة في تحديد الانتماء بدلاً عن الأرض، فالارض مؤقته مقابل النسب العائلي الذي لا يتغير (الانتماء الدائم). ويتجلى ربط القومية بالعرق في النماذج الثقافية العربية والتركية. على سبيل المثال، يظل الشخص العربي عربيًا، والتركي تركيًا، حتى في حالة الاستقرار في بلد أجنبي لأجيال متعاقبة، وإن تغيرت لغته ودينه ووثائقه الرسمية. في المقابل، لن تُعتبر العائلة غير العربية عربية مهما طالت مدة إقامتها في المجتمع العربي أو مدى تبنيها للغة والثقافة العربية، وذلك فقط لأنها تنحدر من ارومة أُخرى. علاوة على ذلك، يشترك العربي في العراق مع العربي في سوريا أو مصر أو المغرب في نفس الهوية القومية، تلك المدعومةً بروايات تعيد الأصول إلى سلف مشترك. وبما أن الهوية العرقية تعتمد على روابط النسب الأبوي، فلا يمكن للشخص تغيير هويته القومية، أو اكتساب أخرى.

استنادًا إلى هذا المفهوم، تجنب رواد الفكر القومي العربي، حتى أوائل القرن العشرين، اعتبار سكان شمال إفريقيا وحوض النيل جزءاً من الأمة العربية وفق النظرة التي لم تكن تصنفهم من المنحدرين من نسل العرق العربي. فعند تأسيس أول حركة قومية تحت اسم "*Le réveil de la nation Arabe*" في باريس على يد رائد الفكر القومي العربي نجيب عازوري في ديسمبر 1904، أوضحت الحركة في بيانها التأسيسي (نُشر بعد شهر من إعلانها)، أن الأرض العربية تمتد حصراً على مساحة بلاد ما بين النهرين والشام والجزيرة العربية، فيذكر مطاليب العرب بتشكيل دولتهم المستقلة على ارضهم بهذا التحديد (عازوري، 1905، ص. 6، 37):

"وسوف تمتد حدود هذه الإمبراطورية العربية الجديدة حدودها الطبيعية من وادي دجلة والفرات حتى برزخ السويس، ومن البحر الأبيض المتوسط حتى بحر عمان."

4.1.2 الثقافات الإقليمية

تميل المجتمعات الزراعية المستقرة، على عكس البداوة، الى الارتباط بالأرض واعتبارها ركيزة الانتماء والهوية العليا، ويتسع تعريف "القومية" الى الرابطة التي تميز مجموع السكان الذين يتشاركون في موارد الوطن ويتبنون الأعراف الثقافية بغض النظر عن اللغة أو النسب العرقي. ويتجلى هذا التعريف بشكل أوضح في الثقافة الإيرانية حيث تحتفظ الأسرة التي وُلدت أجيالها في إيران بالهوية الإيرانية بغض النظر عن العرق أو اللغة ما دامت تشترك في مفهوم ما يطلقون عليه التشارك "بالماء والتراب" (آب وخاك).

وفقًا لهذا التعريف، فإن الفارسي الإيراني لا يحدد هويته على أساس انه جزء من امة فارسية تجمعه مع الناطقين بذات اللغة في أفغانستان وطاجيكستان، بل يرى "الفارسية" مجرد رابطة لغوية، واما العلاقة المصيرية فهي تلك التي تجمعه بمواطنيه الإيرانيين كالعرب، الأكراد، الآذريين، والبلوش الذين يعيشون داخل حدود ايران بغض النظر عن خصوصياتهم الاخرى. وبسبب هذا التعريف لم يتشكل ثمة حزب سياسي ذو صبغة قومية فارسية، ولم تنطلق دعوة لمجالس تعاون تجمع شعوب ايران وأفغانستان وطاجيكستان، بل لم تنشر أي وسيلة اعلامية خارطة تمثل "العالم الفارسي" على غرار خارطة العالم العربي او التركي.

هذا التباين في تعريف "القومية" اربك العلاقات بين الكتل السكانية في ايران، وساهم في احتدام ظاهرة صراع الهويات. فالثقافة الفارسية تجد العربي الإيراني جزءاً منها بناءاً على معايير (الماء والتراب) بينما يميل العربي والاذري الإيراني الى رفض هوية الدولة استنادا على مفهومة المختلف، المبني على تفضيل الاصطفاف العرقي بغض النظر عن المواطنة. في الوقت الذي يرسم الكردي معالم هويته وفقا لتميزه الجغرافي-الثقافي، او تلك المعايير التي يسميها علم الاجتماع (Geocultural).

وهكذا يتشكل مفهوم القومية في المجتمعات المستقرة عبر مجموعة عوامل، أهمها الموقع الجغرافي، لتجعله اقرب الى مفهوم "الامة". يصف ارنست رينان هذه الرابطة على إنها مبدأ روحي، حيث لا تكفي أي من اللغة، العرق، المصالح،

الانتماء الديني، الجغرافيا، أو نتائج الحروب وحدها لتشكيلها، بل هي مزيج من جميع هذه العوامل بتفاوت في الأهمية. (Renan A., 1882/1992, para V) من وجهة نظره فإن الأعراق (القوميات بالمفهوم المعاصر) هي عبارة عن تجمعات اختلطت بالإساس بسبب الهجرات الباحثة عن الاستقرار، والمتأثرة بالعوامل الجغرافية، وتحديداً الأنهار والجبال:

"الجغرافيا هي واحدة من العوامل الأساسية في التاريخ. فالأنهار ساهمت في نشر الأعراق عبر المناطق، بينما الجبال حدت حركة إنتشارها. العامل الأول شجع التنقلات التاريخية الكبرى، بينما الثاني أعاقها."

4.1.3 ثقافات المواطنة

مع بواكير عصر التنوير، شهدت المجتمعات الأوروبية تحولا جذريا في بنى الأفكار التقليدية، شمل علاقة الفرد بالمجتمع، والحريات العامة بما فيها المساواة بين الجنسين. هذا التحول ساهم في ترسخ المفاهيم الحديثة ونضوجها على مدى القرون اللاحقة، وظهرت على شكل لوائح لحقوق الانسان وحرية اختيار الهوية المناسبة. تجلت نتائج هذه القفزة الحضارية في النصف الثاني من القرن العشرين، ولعل احد أبرز مظاهرها هو التعريف المعاصر للهوية القومية (Nationality)، حيث لم يعد تقييم الأفراد يستند إلى معايير العرق أو اللغة أو الدين، بل أصبحت الحقوق المتساوية المدرجة في الوثائق القانونية هي المعيار الأساسي للانتماء القومي. هذا المبدأ الذي يمثل سمة جوهرية للثقافة الغربية المعاصرة، ينظر إلى القومية بصورة أساسية كانتماء قانوني محض يرتبط بحق الفرد في المواطنة. وبمجرد حصول أي فرد على حق الإقامة الدائمة، يُعتبر واحدا من أبناء هذه القومية بغض النظر عن خلفيته العرقية أو الدينية أو مكان ميلاده. ونتيجة لذلك، يمكن للمواطن حمل جنسيات متعددة وفقا لما تسمح به قوانين تلك الدول، أي الانتماء لقوميات متعددة في وقت واحد.

بيد أن هذا التعريف أفضى في المقابل إلى تجريد الجماعات المتميزة ثقافيا واجتماعيا، والتي لم تتمكن من تشكيل كيان سياسي أو إداري مستقل، من حقها

في اطلاق صفة "القومية" على أبنائها. وتحويلها إلى وحدات ثقافية تصنف على أنها مجرد مجموعات إثنية لا يحق لها أخلاقيا السعي نحو الاستقلال. فعلى سبيل المثال، وفقا لهذا المفهوم السائد في الغرب، يصنف المواطن الكردي في تركيا على أنه "تركي" طالما يحمل الجنسية التركية، وبذلك يقتصر سقف مطالب المجتمعات الكردية الواقعة في تركيا أو إيران على الاعتراف الثقافي وحق استخدام اللغة والتمثيل النيابي، تفاديا للتأثير على وحدة الكيان القومي. وغالبا ما تعتبر حركات الاستقلال داخل هذه الجماعات تمردا على السلطة الشرعية وسيادة الدولة، وإذا اقترنت بالكفاح المسلح، ينظر إليها عادة على أنها أنشطة إرهابية.

أما الجماعات التي نالت كيانا إداريا ذاتيا دون الاستقلال التام، فيتم تعريفها على أنها "أمة بلا دولة". وإذا حصلت مثل هذه الجماعة على اعتراف رسمي بحدودها الإقليمية من الدولة المركزية، يصبح بإمكانها المطالبة بالاستقلال، بالوسائل السلمية، كما هو الحال بالنسبة لإقليم كردستان العراق في حال نيله اعتراف رسمي عراقي بحدوده الإدارية. وينطبق الأمر نفسه على الكيان الإداري في شمال شرق سوريا، لكنه لا ينسحب على المنطقة الكردية في تركيا وإيران بسبب عدم الاعتراف بها ككيانات إدارية.

4.1.3.1 الأمم غير المستقلة

على غرار تعريف "القومية"، يخضع مفهوم "الدولة" (State) كذلك لتفسيرات متعددة. ولعل أكثر تعريفاتها انتشاراً هو الذي يشير إلى إنه "كيان سياسي يتمتع بنظام إقليمي مستقل أو شبه مستقل". أي إنه يُستخدم في بعض الأحيان للإشارة إلى دولة مستقلة، وفي أخرى إلى تقسيم فيدرالي داخل دولة، كما في الولايات في الولايات المتحدة الأمريكية.

وسع بنديكت أندرسون مفهوم الدولة وذلك بتطويره ليشمل الجماعات المتخيَلة التي يمكن وصفها بأنها تشكيلات اجتماعية قد تتمثل أيضاً في كيانات غير ذات سيادة (Benedict A., 1991, pp. 6-7) فيصف مفهوم الـ (State) بأنه:

> " جماعة سياسية يمكن تخيلها، سواء كانت مبنية تاريخياً على إرث تراكمي ضعيف أو كانت كيان يتمتع بسيادة."

وبذلك يشمل هذا التعريف "الأمة بلا دولة" كونها الكيان الإداري الذي يفتقر إلى السيادة الإقليمية، وتشكل هذه الكيانات ما يطلق عليه **"العالم الرابع"**.

وبذلك، فعلى الرغم من تميز الهوية الثقافية والاجتماعية لدى الكرد داخل تركيا، إلا أن الاعتراف بوجودهم كقومية -وفق المفهوم الغربي- يظل غامضًا. أي بعد كل ما حظيت به القضية الكردية من اعتراف وجداني، ويتم اعتبارها في بعض الأوساط الإعلامية على إنها تستوفي شروط إمة بلا دولة، إلاّ إنها لم تصل بعد الى إعتبارها (Nationality)، بسبب افتقارها الى الكيان الإداري المعترف به رسمياً. فمع إن المنطقة الكردية تتميز بهوية اجتماعية وثقافية فريدة ضمن حدود الجمهورية، ويعبر الكرد فيها عن تطلعاتهم السياسية الواضحة، إلا أنهم لم يتمكنوا بعد من إنشاء شكل من أشكال الإدارة الذاتية -بشكل رسمي- بما يتماشى مع المعايير الغربية لتعريف القومية. ولهذا فإن إمتناع السلطات التركية عن الاعتراف بأي كيان كردي داخل أراضيها هو لمنع تحولها الى **"أمة بلا دولة"** تكون واجدة لشروط الاعتراف وفقًا للمعايير الغربية، بما يؤهلها بشكل قانوني للدعوة السلمية للاستقلال.

وبهذه النظرة الغربية المعاصرة، فإن تعريفي "State" و "Nationality" يقودان الى حرمان المجموعات الإثنية الصغيرة من حقها بالوجود على الخارطة، طالما لم تحصل على كيان إداري خاص بها.

4.2 اللغة والقومية

ترتبط اللغة بالهوية القومية بعلاقة جدلية متبادلة التأثير تتلخص في إن احترام اللغة يزيد من مشاعر الانتماء القومي، من جهة، ومن جهة أخرى فإن شيوع المشاعر القومية يعزز منزلة اللغة (الستراتم) وحضورها في الوجدان العام. وكما إن العناية باللغة تسهم في تعزيز المشاعر القومية، يؤدي التضييق عليها إلى اضمحلال مقومات الوحدة القومية، مثل فتور التفاعل مع القضايا المصيرية وتضاؤل الإحساس بالتميز. وانطلاقا من هذا المنظور، فقد تم التضييق على اللغة في منعطفات تاريخية عديدة كأداة لكبح جماح الهويات القومية وإضعافها. فعلى

سبيل المثال، حُظرت الفرنسية إبان الاحتلال النازي كجزء من سياسة الجرمنة الرامية إلى طمس الهوية القومية الفرنسية. وعلى المنوال ذاته، فرضت السلطات الفرنسية سياسات لغوية صارمة في الجزائر لمواجهة النزعات القومية العربية والأمازيغية. ومن اللافت للنظر أن الجزائر العربية، عقب استقلالها، تبنت إجراءات مماثلة تجاه اللغة الأمازيغية بهدف دمج الامازيغ في الهوية القومية العربية. أما في الدول الإثنوقراطية كتركيا وسوريا، بالإضافة الى العراق (في المناطق الخارجة عن نفوذ الإدارة الكردية)، فتواجه اللغات غير الرسمية قيودا ممنهجة تستهدف الحيلولة دون تشكل كيانات وطنية سياسية مستقلة. وفي إيران، وعلى الرغم مما تعلنه السلطة من تبني قيم التسامح العرقي واللغوي وفقا لمعايير دينية، لا يزال استخدام لغات الأقليات في التعليم الرسمي محاطا بقيود ترمي إلى منع تنامي المشاعر القومية في المناطق غير الناطقة بالفارسية، وذلك لصيانة وحدة الدولة وسيادتها.

في مقابل هذه السياسات التي تتوخى الحد من انتشار لغات الأقليات وإذابتها في الإطار القومي المهيمن، تعمد المجتمعات المستهدفة إلى تعزيز اهتمامها بلغتها إدراكا لأهميتها ولرمزيتها في الحفاظ على الهوية القومية. وبمقارنة الضغوط التي تواجهها الأقليات العرقية في الشرق الأوسط، تلك التي تشكل الاغلبية في مناطق جغرافية محددة المعالم، نجد أن الأقليات الدينية، التي تعيش ضمن تجمعات متفرقة في المدن الكبرى، تتمتع بحرية ثقافية ولغوية أوسع نسبيا. ويعزى ذلك إلى افتقارها الى البعد الجغرافي، مما يقلل من احتمالية نشوء هوية وطنية فرعية قد تهدد وحدة الدول. ويمكن ملاحظة هذه الظاهرة في إيران والعراق، وبدرجة أقل في تركيا.

فوق هذا، فان أهمية اللغة في ثقافات الشرق الأوسط تتجلى في كونها تمثل معياراً للحضور القومي. ففي هذا الإقليم الذي مايزال يشهد صراعات حول الأرض واحقية "إ حدى" القوميات في عائديتها، غالباً ما يُستند في تقييم مطالبة جماعة معينة بالأرض (المتنازع عليها) إلى كثافة انتشار لغتها في المدن التي لا تحمل هوية قومية محسومة، بالإضافة الى قدم وجودها الذي يُستدل عليه من خلال حضور رموزها اللغوية في الآثار، أكثر مما يتم باللجوء القانوني للاحصائيات والنسب السكانية الراهنة.

4.2.1 اللغة كرمز قومي وإجتماعي

مع تطور الإنظمة الاجتماعية والثقافية لدى القبائل المنعزلة، وتبلور خصائص لهجية مميزة، تأخذ اللهجة بالتدريج مكانة العلامة المميزة ونواة هويتها الذاتية. وعندما تتطور اللهجة إلى لغة مستقلة، تتحول معها القبيلة إلى كيان قومي مميز، وتظهر للوجود شخصية نمطية يندمج خلالها الأفراد في سمات ثقافية مشتركة تطغى روحياً على الخصائص الفرعية للأطياف والطبقات الاجتماعية؛ وهكذا تصبح اللغة رمزًا قومياً، بل أهمها وأبرزها.

"**تحدث، حتى أرى من أين أنت.**" (*) قد تكون هذه العبارة هي مجرد تحوير لإحدى المقتبسات من الأقوال الشهيرة لسقراط، لكنها تلخص أهمية اللغة في تحديد الجذور الإثنية أو الاجتماعية للمتكلم؛ فمن الشائع التعرف على هوية الفرد من خلال لغته الأم؛ ليس ذلك فحسب، بل يمكن التوصل لتفاصيل أكثر دقة من خلال اللهجة والنبرة وطريقة تلفظ بعض المفردات وحتى استشفاف الطبقة الاجتماعية والسلوك النمطي المرتبط بها. فعلى سبيل المثال، يمكن معرفة تفاصيل الهوية والطبقة الاجتماعية لتجمعات الأمريكان ذوي الأصول الأفريقية من خلال اللهجة المعروفة بـ "**العامية ذات الأُصول الأفريقية**"، أو ما يطلق عليها اختصارا (AAVE). وكمثال آخر، ينتمي أغلب الناطقين بلهجة "كوكني" السائدة في الضواحي الشرقية من لندن الى الطبقة الوسطى. كما يمكن إدراج اللهجة الفارسية-الأذرية في طهران، واللهجة العربية الجنوبية الغالبة في مدينة الصدر شرقي بغداد، بارتباطها بهوية اجتماعية متميزة في داخل المدينة. ولأهمية النطق عند الفرد ودوره في رسم صورة نمطية عن خلفيته الطبقية ووضعه الاجتماعي، فإن الأفراد الذين يسعون إلى تغيير هويتهم الإثنية أو الطبقية الاجتماعية والاندماج في مجموعة أخرى (ذات مكانة أعلى في الغالب) يتبنون السلوك اللغوي لتلك المجموعة مبتعدين قدر الإمكان عن هويتهم اللغوية الأصلية.

---

* بتصرف عن قول مشهور لسقراط: "تكلم كي أستطيع أن أراك"

4.3 التعددية اللغوية

غالباً ما تشهد مناطق التماس بين الثقافات المتجاورة تداخلاً لغوياً ينتج عنه ظهور ثنائيات لغوية (أو أكثر)، لا سيما في المدن التي تعتبر مراكز حضرية واقتصادية تستقطب القوى العاملة من المناطق المحيطة بها. وتتميز مناطق التمازج القومي بقدرة الفرد على استخدام لغتين، وأحياناً أكثر، بدرجات متفاوتة من الإتقان تتراوح بين الإجادة التامة (اللغة الأم) ومستوى أدنى في اللغة الثانية.

وتعد كردستان من أبرز المناطق التي تتسم بالثنائية اللغوية، إذ تنتشر، إلى جانب اللغة الكردية، التركية في الشمال، العربية في الجنوب، والفارسية في الشرق كلغات ثانية، وقد تتحول أحياناً إلى لغات أولى في التداول اليومي. ومن المدن التي اشتهرت كمراكز للخليط اللغوي: كركوك، وكرمانشاه، والقامشلي. وقد اتسع نطاق استخدام اللغات الثانية في كردستان خلال القرن العشرين بفعل السياسات المركزية الصارمة وسياسات الاستيعاب القسري التي اتبعتها الحكومات المسيطرة على الجغرافيا الكردية. وقد أسفرت سياسات الصهر اللغوي هذه عن تراجع مكانة اللغة الكردية في بعض المناطق إلى لغة ثانوية تقتصر بشكل رئيسي على التواصل الشفهي المحلي، في حين يتم فرض اللغات الأخرى في الاستخدام الإداري والتعليمي والإعلامي. ونتج عن هذه السياسات تفاوت في مستوى استخدام وقيمة اللغة الكردية بين المناطق الريفية التي تشكل معقلاً للغة، والمدن الكبرى حيث تتكثف سياسات الصهر اللغوي-الثقافي؛ حتى أضحت اللغة الكردية تواجه خطر فقدان دورها في الحياة الاجتماعية أو حتى الاضمحلال في بعض المناطق.

4.3.1 اكتساب اللغات

يكتسب الأفراد لغتهم الأم في المنزل أولاً، ثم يتعلمون لغات أخرى في مراحل مختلفة من حياتهم. وقد يتم اكتساب أكثر من لغة واحدة في وقت واحد، كما هو الحال في المجتمعات متعددة اللغات مثل المدن الكردية الكبيرة في إيران وتركيا.

ويتم تصنيف اكتساب اللغات علمياً إلى ثلاثة أنواع: الاكتساب المركب، المتوازي، والتتابعي.

4.3.1.1 الاكتساب المركب

يشير مفهوم الاكتساب المركب (Compound Acquisition) إلى تعلم الطفل لغتين (أو أكثر) في آن واحد داخل المحيط المنزلي ذاته، وذلك كنتيجة للبيئة العائلية المختلطة ثقافياً (عندما ينتمي الزوجان إلى خلفيتين لغويتين متباينتين) أو عندما تحظى كلتا اللغتين بمستويات متساوية من الانتشار والطلاقة في المنطقة المحيطة. ويُلاحظ هذا النمط من التعدد اللغوي بشكل شائع بين التجمعات الكردية الكبيرة المقيمة خارج حدود كردستان، أي في الأحياء الكردية ضمن مدن الشتات في تركيا وإيران. كما يتجلى الاكتساب المركب في المدن المتعددة اللغات مثل كركوك وكرمانشاه، وفي المناطق الحضرية التي تهيمن عليها لغات الدولة الرسمية، كعفرين وآمَد (ديار بكر) ومهاباد، حيث يُحظر استخدام اللغة الكردية في السياقات التعليمية، مما يضطر الأسر إلى تعليم أطفالها اللغتين بمستوى إجادة متقارب. وجدير بالانتباه أن استمرار فرض اللغة الرسمية في المجالات الحيوية على وجه الخصوص (كالتعليم والقضاء والإعلام) يشكل تهديداً لمكانة اللغة الكردية وقيمتها على المدى الطويل، ويؤدي إلى تضاؤل استخدامها في التواصل اليومي في الأسواق، ثم اندثارها التدريجي كما هو واقع الحال في المدن والبلدات الواقعة على أطراف كردستان، مثل غازي عنتاب ومالطية (شمالاً)، وبدرة ومندلي (جنوباً)، وأورومية وهمدان (شرقاً).

4.3.1.2 الاكتساب المنسَق

يعد هذا النوع (Co-ordinate Acquisition) هو الأكثر شيوعاً في التعدد اللغوي حيث يكتسب الطفل لغته الأم في المنزل ثم يتعلم اللغة الثانية في مرحلة عمرية لاحقة، غالباً من خلال التعليم المدرسي. يُعتبر هذا النوع من التعلم المتسلسل شائعًا بين المجتمعات الكردية في الشتات حول العالم، بين المهاجرين، حيث لا يتحدث الوالدان في المنزل غالباً اللغة السائدة. وينتشر الاكتساب المنسق

في الأرياف والبلدات الصغيرة كذلك حيث تطغي الكردية وتقل فيها فرص تعلم اللغة الرسمية في مراحل الطفولة، الى إن يضطر الفرد لتعلم لغة الدولة، في مراحل عمرية لاحقة، من أجل فهم المناهج الدراسية أولاً ثم للانخراط في الحياة الوظيفية.

4.3.1.3 الاكتساب المتتابع

يُطلق على تعلّم لغة ثانية في مراحل متأخرة من حياة الفرد اصطلاح الاكتساب المتتابع (Subordinate Acquisition). وتمتاز هذه الظاهرة بتفاوت الإجادة بين اللغة الأولى (L1) واللغة الجديدة (L2) حيث يستمر المتعلم بالاحتفاظ بسمات عاداته اللغوية التي اكتسبها من لغته الأم وإسقاطها على الثانية؛ فيستمر بفلترة المفاهيم والعادات اللغوية طبقاً لما إعتاد عليه ويعالج اللغة الثانية باستخدام الإطار المعرفي واللغوي الذي أنشأه من خلال لغته الأولى، التي تبقى خياره الأساسي في التعبير. أي يميل المتعلم وفق الاكتساب المتتابع، غالباً، إلى ترجمة المفاهيم إلى لغته الأولى من أجل استيعابها بشكل أفضل ثم إعادة التعبير عنها باللغة الاخرى. هذا الاعتماد على اللغة الأولى يتأثر بمقدار إجادته لـ L2 ويمكن أن يؤثر على التلفظ وقواعد الصرف عند التكلم بها.

يشيع الاكتساب المتتابع في المناطق الريفية أكثر، حين لا تكون الحاجة إلى لغة الدولة أو اللهجة السائدة بنفس درجة أهميتها في المدن، كما يلازم كبار السن والأفراد الذين لم يلتحقوا بالتعليم الرسمي أيضا.

4.3.2 مستوى الإجادة

يتباين الأفراد في مستوى إجادتهم للغة، ومدى استيعابهم للمعايير الفصحى فيها، أي بقدرتهم على توظيف أدواتها في التعبير والاستيعاب وفقاً لخصوصياتها. وكلما ارتقى الفرد لدرجة أعلى بالإجادة كلما إزدادت أولويتها في خياراته اللغوية. أهمية مستوى إجادة اللغة تكمن في انها تساهم في توجيه الفرد الى المنظومة الاجتماعية-الثقافية التي تمثلها، فيصبح خاضعاً لمؤثراتها. وبالنظر لشيوع ظاهرة

ثنائية اللغة في أغلب مناطق الجغرافيا الكردية، فإن مستوى الإتقان يؤثر في تفاعل الفرد مع المصادر الإعلامية التي يتابعها، والتي تساهم بدورها في صياغة آرائه ومعتقداته ومشاعره والآيديولوجيا التي يتبناها. في حالة إجادته للكردية بشكل أفضل من لغة الدولة فإنه يتأثر بالثقافة الكردية، وبعكسه تراه يتأثر بالخطاب الرسمي اكثر. أي إن مستوى إجادة اللغة يؤثر في إنتماء الفرد وإصطفافه الاجتماعي وبالنتيجة في الهوية القومية التي يختارها الفرد لنفسه. وبسبب شيوع ظاهرة النقاء اللغوي (واللهجوي) كأحد الملامح الثقافية-اللغوية، فكلما أرتفع مستوى إجادة الكردية عند بعض المجموعات زادت درجة الإعتراف بأصالتها، وكلما انخفض، وتأثرت بعادات لغة الدولة الرسمية، انعكس ذلك، اعتبارياً، على هويتها القومية.

4.3.2.1 اللغة الأم

اللغة الأم هي اللسان الأول الذي يكتسبه الفرد منذ نعومة أظفاره في محيطه الأسري والاجتماعي. وهي الركيزة التي ينطلق منها في اكتساب مهاراته اللغوية الأولية، كالتحدث والاستماع، بشكل فطري، وغالباً ما تكون وسيلة التواصل اليومي في بواكير حياته. وإضافة إلى كونها أداة التفكير والتعبير التلقائي، فإنها تمثل جزءاً جوهرياً من هوية المرء، وتعكس خلفيته الثقافية والاجتماعية.

ولطالما كانت تهويدات ما قبل النوم، التي تترنم بها الأمهات لأطفالهن، باكورة الكلمات التي ترسخ في وعي الطفل بلغته الكردية الأم. بيد أن هذه السمة فقدت جزءاً من حظوتها خلال العقود الأخيرة. ففي العديد من البيئات الحضرية المعاصرة، سواء في المدن الكبرى أو في المهجر، لم تعد الأم الكردية ذاتها تتقن لغتها بشكل سلسل، أو أن تتحدث بها كلغة أولى، مما أدى إلى نشوء أجيال من الأطفال الكرد لا يجيدون لغة الام بشكل يكفي للتخاطب. ويشيع هذا التقهقر اللغوي في معظم شمال كردستان، وبين الأسر الكردية التي استوطنت جنوب العراق، غرب تركيا، سوريا، وفي أوروبا.

4.3.2.2 اللغة المحلية

يُطلق مُصطلح اللغة المحلية (Native Language) على اللسان الأكثر شيوعاً في منطقة ما، وهو الدارج في التفاعلات الاجتماعية والتواصل في الأسواق والمدارس وبين الأصدقاء. وقد يختلف هذا اللسان عن اللغة الأم، خاصة في المناطق الحضرية متعددة اللغات، بل أخذت ظاهرة انفصال اللغة الأم عن لغة المجتمع تتكثف بشكل متزايد عالمياً. ولا يقتصر ذلك على أسر الشتات الكردي في الغرب والمدن ذات الأقليات الكردية كبغداد وحلب وإسطنبول، بل يشمل أيضاً تلك التي تحمل طابعاً كردياً ككركوك وعنتاب وأرومية.

يُعد الكرد من أكبر التجمعات السكانية ثنائية اللغة عالمياً، إذ يمتلك أغلب الناطقين بالكردية القدرة على التحدث بلسان رديف آخر، مكتسب إما بفعل سياسة الصهر الثقافي اللغوي - أي السياسة المنهجية لتقليل قيمة الكردية - أو بسبب الضرورة العملية للتواصل مع سكان البلد الناطقين بغيرها. الا إن هذا الاتجاه بدأ في الانحسار في إقليم كردستان مطلع القرن الحالي، نظراً لما حققته اللغة الأم (الكردية) من امتيازات رسخت استعمالها كلغة محلية في المناطق الخاضعة لسيطرة الإدارة الكردية.

4.3.2.3 لغة الأصل

تتبدل اللغة المحلية في منطقة ما عبر مراحل تاريخية محددة، حيث تنحسر لغة ما تدريجياً لتفسح المجال لأخرى نتيجة عوامل اقتصادية أو اجتماعية أو أحداث سياسية. وتلك اللغة التي تفقد سيادتها في حيز جغرافي معين، أو لدى مجموعة من المهاجرين، تتحول الى لغة الأصل (Language of Origin)، فيقتصر استخدامها في الأحياء الفقيرة ذات الأغلبية من مهاجري الأرياف، أو تتخلى عنها الأجيال الجديدة. وتحدث ظاهرة التراجع اللغوي (من المحلية إلى لغة الأصل) بفعل نوعين من المؤثرات: إما بشكل طوعي لأسباب اقتصادية واجتماعية، كما هو الحال في الدول ذات معدلات الهجرة المرتفعة كالأمريكيتين وأستراليا، أو نتيجة لعمليات تهجير منظمة كما حدث في أمريكا مع السكان الأصليين في القرن التاسع عشر وفي الاتحاد السوفياتي منتصف القرن العشرين،

و صهر ثقافي ممنهج كما حدث في إندونيسيا (رفع الحظر على استخدام اللغة الصينية عام 1998)، وفي مصر (تهجير القرى النوبية مع بناء السد العالي)، وفي سريلانكا (الضغوط على اللغة التاميلية).

ولم ينجم تراجع الكردية عن أسباب طبيعية أو بيئية، بل عن عوامل قسرية خارجية ووفقاً لخطط استيعاب لغوية اجتماعية ممنهجة وبالتزامن مع وسائل اقتصادية وأحياناً عسكرية. وكنتيجة لهذه الإجراءات، أصبح جزء كبير من الكرد أحاديي اللغة، ويتواصلون حصراً عبر اللغة المدعومة من الدولة. وقد تمكنت التركية والعربية من احتلال مكانة اللغة المحلية على حساب الكردية في مناطق كردستانية عديدة بفعل الإجراءات التي اتخذتها الحكومات المتعاقبة في تركيا وسوريا والعراق.

لقد بلغ انحسار اللغة الكردية اليوم في بعض مناطق كردستان من موقع اللغة المحلية إلى لغة الأصل حداً بدأت فيه الأجيال الجديدة بتلقي اللغات الرسمية منذ الولادة كلغات أم، كالتركية في تركيا ومدن شمال كردستان، والعربية بالنسبة للأسر الكردية القاطنة في مناطق ذات حضور كردي في سوريا وجنوب العراق.

4.3.2.4 اللغة الأكثر طلاقة

على الرغم من أن اللغة الأكثر طلاقة عند الفرد غالباً ما تكون تلك التي اكتسبها بشكل طبيعي في طفولته، ويشعر بأريحية أكبر في استعمالها للتواصل والتفكير والتعبير عن مشاعره، فإن الطلاقة في المجتمعات ثنائية أو متعددة اللغات تتأثر بعوامل أخرى كالمحيط اللغوي، والممارسة المنتظمة، وسياق استخدام اللغة في المجالات الأكاديمية أو المحادثات اليومية.

ومع تطور المجتمعات الحديثة والالتزام بمواثيق حقوق الإنسان وعدم فرض قيود على اللغة الأم، فإنها تحافظ على كونها الأكثر طلاقة في المجتمعات المتعددة اللغات في الغرب. وعلى النقيض من ذلك، فإن الصهر العرقي والثقافي في أغلب مناطق الجغرافيا الكردية، غير الخاضعة لادارة كردية، ما زال يكرس إقصاء اللغة الأم عن موقع اللغة المحلية ويعمل على خفض مستوى إتقانها.

وتتجلى أهمية مستوى الطلاقة في تأثيراتها الاجتماعية في المناطق التي تتعرض للصهر اللغوي. فإذا تفوقت اللغة الأم على لغة الدولة المستخدمة في التعليم، فإن الطلاب في مراحلهم العمرية الأولى يواجهون صعوبات في استيعاب الدروس وتأخراً في التأقلم مع المواد الدراسية وفهمها بشكل كاف؛ مما يضر بالعملية التربوية ويترك آثاراً نفسية سلبية حتى في المراحل العمرية اللاحقة. وعلى العكس، إذا حظيت لغة التعليم بمستوى إجادة أعلى من اللغة الأم، فإنها تخلق حواجز نفسية بين الأفراد المتعلمين ومحيطهم، وتؤدي إلى ضعف النسيج الاجتماعي.

وبالعودة الى أوائل القرن الماضي، ومع ظهور المدارس الحديثة، تسارعت وتيرة الصهر الثقافي في أنحاء كردستان، وأدت إلى تراجع استخدام الكردية في الأنشطة الاجتماعية والثقافية والأدبية مقابل ارتفاع مستوى إجادة اللغات الرسمية. ونتج عن ذلك ظهور أجيال من الأدباء هجروا لغتهم الأم وقدموا نتاجاتهم باللغات الرسمية، مثل الكاتبة سوزان سامانجي، الشاعر يافوز إيكينجي، والروائي يشار كمال (رُشح لجائزة نوبل عام 1973) الذين كتبوا بالتركية؛ كما استخدم الروائي سليم بركات، بهاء الدين نوري، وجميل صدقي الزهاوي العربية؛ بينما إختار لاري كرمانشاهي، محمدعلي أفغان، ومعيني كرمانشاهي الفارسية؛ على الرغم من أن غالبية أعمالهم تناولت معاناة الشعب الكردستاني مع الفقر والعنصرية والتقاليد القبلية القاسية.

وبالإضافة الى الأدب، انخرط آخرون في أنشطة سياسية وعسكرية وإعلامية مناهضة للمطالب الكردية؛ مثل المفكر ضياء غوكالب (1875-1924)، المولود في ديار بكر، الذي يُعد المهندس الرئيسي لسياسات التتريك في شمال كردستان.

ولا يقتصر تأثير مستوى الإجادة على التوجهات الفكرية والسياسية، بل يتعداه إلى اكتساب الهوية القومية، كما يحدث في تعريب بعض العشائر الكردية وتتريك المهاجرين في الأناضول والتخلي عن الانتماء القومي في جنوب شرق كردستان. هذا بالإضافة إلى أن النظرة الخارجية للشخصيات تتجنب ذكر انتمائهم القومي، فيتم تقديم الفنانين والرياضيين والشخصيات العلمية عالمياً حسب القوميات السائدة في بلدانهم.

4.4 الاعتراف الدستوري

في العام 2022، بلغ عدد اللغات الحية حول العالم حسب تقديرات موقع "إثنولوغ" (*)، 7151 لغة، لا تحظى غالبيتها العظمى باعتراف رسمي في دساتير الدول الـ 195. وتتباين معالجة الدساتير لهذه اللغات بين دولة واخرى؛ فبينما تحدد بعضها لغة واحدة بوصفها "لغة رسمية" كتركيا وإيران وسوريا، تذكر دول أكثر انفتاحاً أكثر من لغة، مثل العراق وأفغانستان والهند. وفي المقابل، توجد دول لا تنص دساتيرها على لغة محددة كالمكسيك وبريطانيا وأستراليا، فتحظى اللغة الاوسع انتشاراً فيها بالصفة الرسمية بـ "**حكم الواقع**" (De facto) دون أي اعتبارات قانونية ملزمة. فعلى سبيل المثال، لا تعترف الولايات المتحدة بالإنجليزية رسمياً كلغة للتخاطب الإداري، إلا أنها السائدة عملياً في التداول لكونها الأكثر تداولاً فحسب.

4.4.1 اللغة الوطنية

يُشير مفهوم "اللغة الوطنية" إلى اللغة الأمّ التي يتحدث بها أغلب السكان، وتُعدّ رمزًا للهوية التاريخية والثقافية، سواء أُقرّت لغةً رسميةً في الدستور أم لا. بيد أن التباين في تحديد مفاهيم مثل "القومية" و"الوطنية" يُحدث التباسًا في بعض المجتمعات عند محاولة تعريف "اللغة الوطنية"، إذ يظل عبارة عن مفهوم غير مُحدّد بدقّة ويختلف تبعًا للثقافة السائدة في المجتمع.

يتأرجح هذا المفهوم بين الإشارة إلى اللغة الأولى (الوحيدة)، لغة الأغلبية، في الدول ذات التوجه الثقافي الأحادي، وبين اعتبار كل لغة ذات انتشار جغرافي واسع داخل الدولة جزءًا من اللغات الوطنية. ففي الدول التي تسود فيها ثقافة إقصائية أُحادية ترفض التنوع مثل تركيا، تُعتبر اللغة التركية اللغة الوطنية

* موقع اثنولوغ يقدم البيانات التي تخص كل ما يتعلق باللغات حول العالم.
<https://web.archive.org/web/20250720174231/https://www.ethnologue.com>

الوحيدة، ولا يمكن تعريف اللغة الكردية لغةً وطنيةً إلى جانبها. مثل هذه النظرة الاستعلائية على اللغات يمكن ملاحظتها في بلدان كثيرة في العالم الثالث مثل مصر، نيجيريا، وميانمار. بالمقابل، في الدول التي تتسامح مع التعددية، حيث يشمل مفهوم "الوطن" كل كيان اجتماعي وثقافي متميز يقيم فيه، تُعتبر لغته لغة وطنية بحكم الواقع (De facto)، بغض النظر عن ذكرها في الدستور. مثال على ذلك اللغة الإسبانية في أمريكا. ومن البلدان التي تنهج سياسة منفتحة على اللغات الوطنية هي اسبانيا، جنوب افريقيا، والهند.

4.4.2   اللغة الرسمية

اللغة الرسمية (Formal Language): هي اللغة المعتمدة في الاستخدامات الإدارية كالقضاء والمكاتبات التجارية والتعليم، بإقرار دستوري صريح لتكتسب اللغة صفة "حكم القانون" (De jure). بخلاف لغات "حكم الواقع" (De facto) التي لا تحظى بذكر في الدستور. وليس ضرورياً أن تكون اللغة الرسمية هي الأكثر انتشاراً، فقد تحلّ ثانياً من حيث عدد الناطقين بها كما في الفلبين وإثيوبيا. كما قد لا تكون الرسمية لغة وطنية بل أجنبية معتمدة بسبب غياب لغة محلية مشتركة بين المجموعات العرقية التي تعيش في البلد، كما في نيجيريا، رواندا، والهند (الإنجليزية لغة رسمية فيها). وتتأثر قرارات اختيار اللغة الرسمية في دساتير الدول بالسياسة اللغوية والانفتاح على الثقافات المحلية. فمثلاً، تعتبر الكردية رسمية قانوناً في العراق بسبب الاعتراف الدستوري، بينما لا يُعترف بها في تركيا رغم ان عدد الناطقين بها يفوق من في العراق.

ولا تعد الإشارة للغة الرسمية في الدستور شرطاً ملزماً لتداولها في الدوائر الحكومية والقانونية، إذ إن هناك دول لا تحدد لغة رسمية وإنما تعتمد إحدى لغاتها الوطنية السائدة بحكم الواقع كإعتماد الإسبانية في المكسيك وكوستاريكا، والإنجليزية في المملكة المتحدة والولايات المتحدة وأستراليا.

كما إن الإشارة الدستورية لا تعني مطلقاً بقاء لغة ما رسمية وإنما يمكن للدول رفع الصفة عنها كما حدث مع العربية في إسرائيل عام 2018، أو تعديل الدستور

لتعيينها كالإشارة إلى الإيطالية في إيطاليا عام 2007 (*)، حيث كان استخدامها قبل ذلك يتم بحكم الواقع.

إن اعتماد الصفة الرسمية دستورياً غالباً يتأثر بمدى انتشار ثقافة التسامح الاجتماعي، فقد تمر مسيرة الاعتراف بلغة ما بتاريخ من الاضطرابات السياسية وصراع وجود كما حدث في الاعتراف العراقي بالكردية الى جانب العربية، أو بسبب شيوع ثقافة حقوق الانسان مثل إقرار لوكمسبوغ بثلاث لغات (الألمانية والفرنسية واللوكسمبورغية) وتبني سويسرا لأربعة بشكل متزامن. بالتالي، تتباين درجة انفتاح الأنظمة السياسية على التعدد اللغوي بين دول تنكر وجود لغات بجانب لغة الأغلبية، وأخرى تعمل على تأهيل أكبر قدر من لغاتها المحلية دستورياً. يوضح الجدول أدناه الدول التي تعتمد أكبر عدد من اللغات الرسمية في العالم:

الدولة	عدد اللغات الرسمية
بوليفيا	37
الهند	23
زيمبابوي	16
جنوب أفريقيا	11
سويسرا	4
سنغافورة	4
رواندا	4

*

<https://web.archive.org/web/20250720175020/https://www.reuters.com/article/oukoe-uk-italy-language-idUKL3041879820070330>

غير هذا، يتباين مستوى الاعتراف الدستوري بين اللغات الرسمية في البلد الواحد، اذ إن انفتاح بعض الدول على اللغات المحلية لا يلغي أُحادية اللغة الرسمية في الدستور، فيتم اختيار إحداها للتداول على الصعيد الوطني الشامل الى جانب السماح للغات المحلية بالحصول على وضع رسمي ضمن مناطق إدارية تشكل فيها الأغلبية. ويمكن ملاحظة هذه الحالة في بلدان مثل جمهورية روسيا الفيدرالية التي تعتمد الروسية كلغة رسمية وحيدة للبلاد، بينما تمنح، بالإضافة لها، 35 لغة أقلية أخرى وضعًا رسميًا ولكن في حدود التقسيمات الإدارية التي تشكل فيها لغة الأغلبية من السكان.

أما البلدان متعددة اللغات والتي تعاني من مشكلة عدم وجود لغة محلية معينة (Endoglossic) تتمتع بما يكفي من سعة من الانتشار الداخلي أو تحظى بتوافق عام على مستوى مجموع السكان، فتعمد الى اختيار لغة غير محلية (Exoglossic) لاتخاذها بصفة لغة رسمية بحكم القانون. من المتعارف عليه أن يطلق على اللغات المُعارة من مناطق أخرى من العالم اصطلاح "اللغة المشتركة" (Lingua franca)، والإنجليزية هي واحدة من أمثلة هذه اللغات غير المحلية كونها تُستخدم بصورة رسمية في العديد من الدول غير الناطقة بها حول العالم. وعلى الرغم من إن بعض الدول التي تعتبر الإنجليزية هي اللغة الام للأكثرية من السكان، لم تصنفها دستورياً كلغة رسمية وإنما تدرج استخدامها إدارياً تحت **حكم واقع** (De facto) مثل المملكة المتحدة والولايات المتحدة وأستراليا، إلاّ إنها تحظى بمكانة "اللغة الرسمية" في الكثير من البلدان الأخرى بينها الهند، سنغافورة، ونيجيريا؛ بل تُعد لغة رسمية "بحكم القانون" في أكثر من ستين دولة عبر القارات، سواء كانت من اللغات الأُم لنسبة من السكان مثل كندا، نيوزلندا، وجامايكا، أو لا، كما في رواندا ومالطا وباكستان.

4.4.3 لغات الشعوب التي لا تمتلك دولة

تتفاوت السياسات اللغوية في تعاملها مع لغات الأقليات في الشرق الأوسط، إلاّ إن التوجهات الأكثر شيوعاً في البلدان ذات المزيج اللغوي المتنوع تتعمد التضييق على لغات الأقليات بسبب ثقافاتها المتشددة وتبنيها لأنظمة حكم

إثنوقراطية كما في السودان والجزائر وتركيا. ولكون اللغة تمثل الرمز الأبرز في تحديد ملامح الشعوب، تتبع هذه البلدان سياسات تهدف الى تحجيم اللغات التي تعيش ضمن حدود سيطرتها وخفض قيمتها الإعتبارية (Language stratum) مقابل اللغة السائدة، من اجل إضعاف هويتها القومية. ووفقاً لهذه السياسات، ماتزال الكردية تخضع لحصار من قبل الدول التي تتقاسم منطقتها، وتعتبر تركيا هي الأكثر تشدداً، فلم يُرفع الحظر على الكردية في التلفزيون الا في عام 2009، ومع إن عدد محطات التلفزة المسموح لها بالعمل بلغ 498 في العام 2022 (*)، على سبيل المثال، لم تحصل سوى 2 منها على الموافقة لبث برامج باللغة الكردية، واحدة لتمثيل وجهات النظر الحكومية (TRT Kurdi) والثانية تقتصر على برامج الأطفال (Zarok Tv).

الوسائل التقليدية في قمع اللغات:

وكما تتباين السياسات اللغوية في الشرق الأوسط، تفاوتت أساليب القمع أيضاً، إذ غالباً وتتعدى الإجراءات الثقافية التقليدية الى إتخاذ قرارات لإعادة توزيع السكان قسريا من اجل منع تطور اللغات وإعاقة تفاعلها مع المتغيرات الاجتماعية. وإحدى الطرق التقليدية التي تعرض لها الشعب الكردي، من أجل إعاقة نمو اللغة وإنتشارها هي تحريم الكتابة بالكردية (الدولة العثمانية)، تهجير الناطقين بها الى مناطق متباعدة جغرافياً (الاتحاد السوفياتي)، ودفع المبعدين الى إكتساب اللغة الرسمية بشكل طوعي أو قسري. وقد تعرضت الأقاليم الكردستانية لحملات تهجير السكان في جميع الدول التي تقطنها وهي:

- إيران:

جرت واحدة من أكبر عمليات التهجير إبان العهد الصفوي وبشكل مكثف تحت حكم الشاه عباس، فتم نقل قبائل من مختلف مناطق كردستان الى أبعد نقاط شمال شرق إيران (خراسان) للدفاع عن بلاد فارس أمام هجمات القبائل

---

*.<https://web.archive.org/web/20240629165250/https://www.rtuk.gov.tr/baskan-yardimcisi-orhan-ozdemir-turkiyede-gorsel--isitsel-medyanin-dunu-ve-bugununu-anlatti/4394>

التركمانية. ومازالت الأجيال الجديدة من أحفاد المهجرين تشكل ثقل سكاني بارز في خراسان خصوصاً في المناطق المتاخمة للحدود مع أفغانستان ودولة تركمانستان الحالية.

- تركيا:

بعد تحريم الكتابة بالكردية، في زمن الدولة العثمانية، فرضت الجمهورية التركية قوانين تهجير الكرد استنادا إلى تشريعات موروثة من عهد السلطان محمد رشاد الخامس. واقترنت حملة التهجير بحزمة إجراءات اقتصادية مدروسة لإفقار المناطق الناطقة بالكردية وتشجيع الهجرة الطوعية الدائمة من تلك المناطق باتجاه وسط وغرب الاناضول. (بدرخان، 1934، 2011)

- سوريا:

بعد إجراء الإحصاء السكاني عام 1962، نفذت الحكومة السورية سياسة ترحيل السكان الكرد من المناطق التي يشكلون فيها الأغلبية حسب برنامج أُطلِقَ عليه حينها سياسة "الحزام العربي". تركزت عمليات التهجير ومصادرة الأراضي (الزراعية الخصبة)، بشكل مكثف، بين الاعوام (1965-1976) حيث تم استبدال السكان الكرد بقبائل عربية.(*)

- العراق:

بدأت سياسات الترحيل إبان الحكم الملكي بدءاً بإجلاء السكان الكرد من مناطق كركوك وهويزة (تم تعريب الإسم لاحقاً الى "الحويجة") وإستبدالهم بوافدين من القومية العربية للإستيطان فيها. ثم تواصل التعريب خلال العهد الجمهوري ليبلغ الذورة في الفترة الممتدة بين سبعينيات وثمانينيات القرن الماضي حين تزايدت وتيرة التهجير القسري الى صحاري جنوب العراق وتهجير الكرد القاطنين في جنوب العراق الى إيران فضلاً عن إخلاء الشريط الحدودي مع إيران بعرض

---

* Nicolas A. Heras, The Battle for Syria's Al-Hasakah Province, Combating Terrorism Center, volume 6, issue 10

10 كم مع تدمير القرى وردم عيون الماء فيها من أجل منع عودة السكان، من ضمن حملة تشريد سكان أكثر من 2000 قرية كردستانية واخلاء بلدات مثل نواحي سركران ومندلي .

- الإتحاد السوفياتي:

إثر قرار ستالين بإلغاء المنطقة الإدارية المعروفة بإسم "كردستان الحمراء" (1923-1029)، والتابعة لجمهورية آذربايجان السوفياتية، تعرض سكانها الكرد لحملة تهجير قسري وإنهاء وجودهم. وكما توضح نتائج الإحصاء السكاني الذي أُجري في العامين 1926 و 1939 فإن الوجود الكردي قد إنخفض فيها بنسبة 84.5% (*). وكانت والوجهة الأكبر في المهاجر القسرية هي سيبيريا وجمهوريات آسيا الوسطى بالخصوص قرقيزستان وكازاخستان. تزامن التهجير مع إلغاء نظام الكتابة اللاتيني الخاص باللغة الكردية وإستبداله بنظام جديد يعتمد الحروف السريالية الروسية. ولم يتوقف التهجير بل تجدد في الثلاثينات والاربعينات من ذلك القرن ولم يقتصر على كرد آذربيجان وإنما شمل كذلك القاطنين في جمهورتي جورجيا وأرمينيا.

حملة الصهر اللغوي في تركيا

لم تقتصر إجراءات الدولة العثمانية، ومن بعدها الجمهورية التركية على التهجير السكاني وإنما اتبعت أنجح الخطط اللغوية في إضعاف تداول الكردية، منها:

1. **توسيع الفروقات اللهجية**: تشمل هذا الإجراءات تعميق الفروقات اللغوية بين لهجات الكردية واعتبار كل لهجة كلغة منفصلة، فتتم الإشارة الى "الكرمانجية" و "الزازائية" على سبيل المثال على إنها لغات مستقلة عن بعضها.

---

* J. Otto Pohl, Soviet Nationality Policy towards Kurds 1917-1956, Kulturní studia, Czech Republic
<https://web.archive.org/web/20240713120852/https://kulturnistudia.cz/soviet-nationality-policy-towards-kurds-1917-1956/>

وفي الوقت الذي يسهم منع تداول اللغة في خفض نسبة تعلم الفرد للهجات الأخرى، وزيادة الفروقات اللهجية، وصعوبة التفاهم بينها، فإن السلطات تفرض التركية كخيار بديل للتواصل بين الناطقين باللهجات المختلفة حسب مخطط إستيعاب (Acquisition Plan) مدروس لهذه الغاية.

2. **إعاقة نمو اللغة**: وتشمل هذه الإجراءات حصر استخدام الكردية في المناطق الريفية من أجل إعاقة نموها ومنعها من مواكبة التغييرات الاجتماعية المعاصرة وشل قدرتها على تطوير المفردات الحديثة وتحديث الأنماط اللغوية وتجدد التعابير في داخل المدن، كون إن اللغة تعجز في ظروف كهذه عن تلبية متطلبات الحداثة الاجتماعية في مجالات مثل الفن، السياسة، الرياضة الخ. وهذا يؤدي الى ضمورها التدريجي من ناحية، ويقلل من قيمتها الى المستوى الأدنى (Substratum) مقابل التركية من ناحية أُخرى. وتهدف هذه الإجراءات الى تشجيع الناطقين بالكردية على اختيار لغة أخرى (التركية) كونها قد اكتسبت قدرة أعلى في التعبير عن الخصوصيات المدينية الحديثة.

4.4.4 لغات الأقليات

يستخدم إصطلاح "الأقلية اللغوية" للإشارة الى اللغات المستخدمة على نطاق ضيق مقابل لغة الأغلبية السائدة، وترتبط كل منها عادة بإثنية أو ديانة معينة. وليس من اليسير تحديد العدد الإجمالي للأقليات حول العالم بسبب التباين في تعريف مصطلح "الأقلية" تبعاً للمواقف السياسية أو الثقافات السائدة. مثلاً، تقدم الأمم المتحدة تعريفها حسب وجهة نظر حقوق الانسان التي تتبناها، فتشير لها:

> "الأقلية العرقية أو الدينية أو اللغوية هي أي مجموعة من الأشخاص تشكل أقل من نصف سكان الدولة بأكملها ويشترك أعضاؤها في خصائص ثقافية أو دينية أو لغوية مشتركة، أو مزيج من هذه الخصائص." (*)

---

* Office of the High Commissioner of Human Rights

إلاّ إن هذا التعريف يغفل حقيقة إن العديد من الاغلبيات حول العالم تشكل هي ايضاً أقل من نصف مجموع السكان، لكنها تستخدم الزيادة السكانية الطفيفة (غير المطلقة) لبسط ثقافتها على أكثر من نصف عدد السكان، دون أن يحصرها تعريف الأمم المتحدة من ضمن الأقليات.

إما المعايير الدولية السائدة عملياً فهي ترى أي مكون سكاني لا يحصل على صفة أُمة (Nation) (أي لا يشكل أكثرية ضمن حدود دولة) على إنه أقلية، وهذه المعايير تتعارض مع حقوق الإنسان التي من المفترض أن لا تُشكل الحدود الدولية أولوية على حساب قيم المساواة بين البشر؛ فلم يتم رسم الحدود الحالية بين الدول وفقاً لخصائص السكان اللغوية والثقافية وإنما حددتها نتائج الحروب التاريخية، أي إن الحدود رُسمت غالبًا بشكل تعسفي، مما أدى إلى توزيع السكان بطرق لا تتماشى دائمًا مع التنوع العرقي أو الثقافي. هذا يعني إن مفهوم الأقلية وفق رؤية الأُمم المتحدة، وكذلك وفقاً للمعايير السائدة في العالم اليوم يمنح الأولوية للنزاعات التاريخية على حساب مبادئ حقوق الإنسان. لذلك فإن تعريف الأمم المتحدة لا يعترف بالكرد كأمة مستقلة، كونهم لم يستطيعوا تشكيل دولة مستقلة، بل يتم تصنيفهم في الغالب كأقليات متفرقة عبر تركيا وسوريا والعراق وإيران، بالإضافة إلى مجتمعات أصغر حول العالم.

أما على أرض الواقع فإن معايير تعريف المجموعة السكانية كأقلية أو أغلبية تتأثر بما تمتلكه من قوة ونفوذ أكثر من تأثير نسبتها العددية من السكان، أو قيم المساواة وحقوق الإنسان. فلا يتم في بعض الدول متعددة الأعراق اعتبار المجموعة العرقية الأكثر عددا على إنها الأغلبية، بل تسيطر مجموعة أصغر على مقدرات السلطة السياسية بشكل كبير، كما هو الحال في إثيوبيا حيث تتمتع الأمهرية بالنفوذ الأكبر وبصفة الأغلبية على الرغم من كونها أقلية عددية، بالمقابل تُعتبر أكبر مجموعة عددية في البلاد (الأورومو) أقلية، لنفس السبب. فرغم التمثيل العددي المنخفض، إلا أن الإثنية الأمهرية المهيمنة نجحت في فرض

<https://web.archive.org/web/20240528165654/https://www.ohchr.org/en/special-procedures/sr-minority-issues/about-minorities-and-human-rights>

لغتها في السياسة والإدارة والتعليم. أدناه جدول يدرج أكبر خمس عرقيات في إثيوبيا حسب احصاء 2007 (*):

	القومية	النسبة
1	الأورومو	%33.8
2	الأمهرة	%29.3
3	الصومالية	%6.2
4	تيغراي	%5.9
5	سيدامو	%4.0

وعلى العكس من تراجع القيمة المعنوية وندرة إستخدام لغات الأقليات في الشرق الأوسط، تحظى المكونات الثقافية في الدول المتحضرة (الأقليات) بالاعتراف الرسمي المتساوي بغض النظر عن حجمها السكاني. ففي سويسرا على سبيل المثال، تتمتع لغة الأقلية الرومانشية، التي تشكل فقط 0.5% (حوالي 40,000 شخص) من سكان البلاد البالغ عددهم 8.7 مليون نسمة، باعتراف رسمي مشابه للأغلبية الناطقة بالألمانية التي تشكل 63%. (†)

4.4.4.1 التمييز اللغوي

يترافق الإضطهاد العرقي في بلدان العالم النامي دائماً بالتضييق على اللغات، ويكون القمع العرقي والاجتماعي رديفاً دائما للقمع الثقافي-اللغوي مما يجعل

* Ethnic Group and Mother Tongue in the Ethiopian Censuses of 1994 and 2007, ISSN 2194–4024

† Federal Statistical Office, Switzerland, 2022

مصطلح "العنصرية" مرادفًا لمصطلح "التمييز اللغوي". فلو أخذنا التجربة التركية على سبيل المثال، لا يتم الاعتراف رسميًا بالأكراد كأقلية، إلى جانب العرب واللاز والشركس رغم أن هذه المجموعات تشكل ما يُقدّر بنحو 30% من السكان. فوفقًا لمعاهدة لوزان لعام 1923، في المادتين 38 و39 قد نصت على حق استخدام لغات الأقليات (غير التركية)، لم تفي الدولة الى الآن بهذا الشرط، وذلك بالتحايل في تعريف مفهوم "الأقلية" حيث جعلته ينحصر في المجموعات الدينية غير المسلمة صرفاً، وتحديدًا المسيحيين (اليونانيين والأرمن) واليهود.(*) لكي يندرج الكرد والعرب وغيرهم من الأقليات المسلمة تحت تصنيف "الأغلبية المسلمة".

الصيغة نفسها تتكرر في سوريا، فلم يعترف أي من الدساتير التي تم نصها بوجود المكونات الصغيرة في ذات الوقت الذي يتم فيه التركيز على وحدة العنصر القومي (العربي) واللغة الوحيدة (العربية). ويتم تكريس هذه النظرة الأحادية حتى الاسم الذي تم اطلاقه في العام 1961 (الجمهورية العربية السورية).

---

*تنص معاهدة لوزان في الفقرة 38 على مايلي:

"The Turkish Government undertakes to assure full and complete protection of life and liberty to all inhabitants of Turkey without distinction of birth, nationality, language, race or religion".

الترجمة:

" تتعهد الحكومة التركية بضمان الحماية الكاملة والمتكاملة للحياة والحرية لجميع سكان تركيا دون تمييز على أساس الميلاد أو الجنسية أو اللغة أو العرق أو الدين. "

اما في الفقرة 39 فقد ورد:

"No restrictions shall be imposed on the free use by any Turkish national of any language in private intercourse, in commerce, religion, in the press, or in publications of any kind or at public meetings.

Notwithstanding the existence of the official language, adequate facilities shall be given to Turkish nationals of non-Turkish speech for the oral use of their own language before the Courts."

الترجمة:

"لا يجوز فرض أي قيود على الاستخدام الحر لأي مواطن تركي لأي لغة في التعامل الخاص، أو في التجارة، أو الدين، أو في الصحافة، أو في المنشورات من أي نوع أو في الاجتماعات العامة.

وعلى الرغم من وجود اللغة الرسمية، يجب توفير التسهيلات الكافية للمواطنين الأتراك الذين يتحدثون لغة غير تركية للاستخدام الشفهي للغتهم الخاصة أمام المحاكم"

4.5 دور الدين

تتعتمد النصوص الدينية غالباً الميل للغموض في التعبير (Mysticism) من أجل منح النص القدرة على المناورة والتطابق مع تفاسير متباينة، إذ إنه يُصاغ بلاغيًا بشكل يجعله قادراً على استيعاب أكثر من معنى واحد، بل أحياناً يحتمل تفاسير متضاربة من أجل إستخدامها حسب متطلبات المقاطع الزمنية ومستجدات الاكتشافات العلمية. وبسبب هذه الصياغة النحوية الدقيقة فإن أي محاولة لإعادة ترتيب النص أو ترجمته تفقده القدرة على المناورة في المعاني ويجعله عرضة للنقاش المنطقي البعيد عن القداسة. لهذا تسعى السلطات الدينية إلى المحافظة على لغة الطقوس المعتمدة وحمايتها من التحديث سواء في القواعد أو الإملاء أو الصوتيات. على سبيل المثال منع الحاخامت اليهود إحياء اللغة العبرية الحديثة في بدايات ظهورها -أواخر القرن التاسع عشر- وعارضت تحويلها الى لغة تحادث يومي بهدف صيانة الغموض في النصوص التوراتية ولم توافق على نشر إستخدامها خارج المراكز الدينية إلاّ بعد أن أصبحت واقع حال، وضرورة حياتية لنشوء إسرائيل، في ما يطلق عليها في سرديتهم "أرض الميعاد". وفي نفس السياق تتم حماية اللغة العربية من محاولات تحديثها في مسعى لصيانة شكلها الموروث في الكتب الدينية، فعلى الرغم من تنوع الأشكال اللغوية العامية، تحتفظ العربية الفصحى بمعجمها وقواعدها النحوية لمدة 13 قرناً دون تغييرات جوهرية من أجل حماية النصوص الدينية من الإندثار. كما إحتفظت الكاثوليكية باللغة اللاتينية حتى فترة تراجع نفوذ الكنيسة.

عندما ترتبط اللغة بالمعتقدات الدينية، فإنها توفر إطارًا فريداً يستطيع الدين من خلاله صياغة تعاليمه بالشكل الذي يناسب فكرته ويوفر لها المرونة في تطويع المعاني حسب الظرف الزماني والجغرافي، وفي تنويع التفاسير والتأويل تبعاً للحاجة. وكما إن المعايير اللغوية تساعد الدين على حفظ تماسك سرديته التاريخية وصياغة نصوص تعاليمه وتمرير معتقداته، فإنه (الدين) بدوره، يدعم اللغة بالمقابل ويعمل على صيانتها ويرفع قيمتها المعنوية الى القيمة العليا (Superstratum) مقابل اللغات الاخرى. وهذه العلاقة التكافلية (تبادل المنفعة) تضمن للدين قداسته بواسطة اللغة، وللغة قيمتها العليا في المجتمع بواسطة الدين.

وقد يصل تأثير اللغة المدعومة دينياً الى التمدد خارج حدود الجغرافيا الناطقة بها. فرغم كون العربية غير مستخدمة من قبل السكان فإنها تعد لغة رسمية في الصومال، جيبوتي، جزر القمر، تشاد، وزنجبار، وتحظى بوضع بحكم الأمر الواقع (De facto) في إريتريا وأهمية موثقة بشكل دستوري في إيران.

فضلاً عن ذلك، فإن إنتشار وتمدد اللغة الطقسية، المدعوم بالقداسة، يساعد على تآكل اللغات الأخرى امامها مما قد يجعل تلك اللغات عرضة للصهر والإنقراض، كما حدث مع توسع إستخدام العربية وهضمها للغات السامية القريبة جينياً؛ عدا عن نفوذها المعجمي في اللغات البعيدة مثل الفارسية، الأردية، والتركية؛ التي تبنت نسبة كبيرة من مفرداتها.

بشكل عام، تُعتبَر العلاقة بين الدين واللغة إحدى أبرز الظواهر اللغوية في الشرق الأوسط، فبعيداً عن الإرتباط الحيوي بين العربية والإسلام، والرابطة المصيرية بين العبرية واليهودية، يمكن أيضًا ملاحظة التأثير المتبادل بين اللغة والكنيسة الأرمنية؛ وكذلك صمود الآرامية بين المسيحيين في الشام وبلاد ما بين النهرين. وبالمقابل فإن إضمحلال نفوذ الدين يؤدي أحياناً إلى تراجع أو انقراض اللغة الطقسية المرتبطة به، ويمكن أن نشير الى سقوط الزرادشتية في القرن السابع الذي آل الى تفكك اللغة البهلوية وإنقسامها إلى اللغات الإيرانية الحديثة، وكذلك الى تراجع اللغة اللاتينية وموتها تبعًا لتضاؤل تأثير الكنيسة الكاثوليكية في القرن الثامن عشر، وإنقسامها الى لغات مختلفة.

وإستناداً على ذلك، يمكن إستقراء أحد أهم أسباب عدم إنتاج الكردية لمعايير فصحى موحدة عبر التاريخ يعود إلى حرمانها من حق الإستخدام الرسمي في مجالات التدوين كالأدب والعلوم، وإحتكار العربية لهذه النشاطات بسبب قداستها في المجتمعات الكردية المسلمة. ولو كانت الكردية مرتبطة بدين ما يؤهلها أن تكون لغة طقسية لكانت قد حافظت على وحدتها ولإنعكس ذلك في إستخدامها في الكتابة والتدوين والإدارة ولطورت نظام كتابة ومعجم ونحوٍ موحد تلبية لحاجة التدوين بما يمكن مقارنته بالأرمنية، الجورجية، والآرامية.

ورغم التراجع التاريخي للكردية بين المسلمين، إلاّ إنها إحتفظت بمنزلة روحية بين أتباع الأديان ذات المنشأ الآرياني مثل الإيزدية، الزرادشتية، واليارسانيه؛ ما يعزز مكانتها الاجتماعية. لهذا فإن رغبة الكردي الإيزدي بإعتماد

لهجة مدينة سنجار، ذات الأغلبية الإيزدية، كلهجة فصحى موحدة للغة الكردية، لا يمثل تطلعات لغوية صرفة بقدر ما ينطلق من قداسة النوع اللغوي وإرتباطه بالمشاعر الدينية.

4.5.1 الدين، القومية، واللغة

لابد انك لاحظت بعض الأصدقاء من غير الملتزمين دينياً، ويمارسون أفعال تتناقض مع تعاليم اديانهم، إلاّ إنهم في الوقت نفسه على إستعداد فطري للدفاع عن الدين عندما يتعرض له احدهم بنقد او مساءلة؟ وحتى التطوع للقتال عند إندلاع الحرب ذات الاصطفاف الديني. هذا الفرد لا يدافع عن دينه بسبب قناعته بالتعاليم، وإنما يتصرف بشكل غريزي للدفاع عن الوسيلة التي تضمن تماسك المجموعة السكانية التي ينتمي لها ويحتمي بها. هذا لأن الدين (كمفهوم شامل) هو ليس مجرد تعاليم وطقوس فحسب، وإنما هو واحدة من أهم الظواهر الاجتماعية التي يمكن أن تطورها مجموعة سكانية لزيادة تماسكها الداخلي، وهو سلوك غريزي (نشوئي) لا علاقة له بالوعي، ورثه الإنسان عن أسلافه الذين عاشوا قساوة الصراعات البيئية منذ ملايين السنين وتطورت فكرة الدفاع عن المجموعة (الإتحاد القطيعي) في اللاوعي (الفطرة الإنسانية) على شكل غرائز ضرورية للحفاظ على البقاء.

لهذا السبب يلعب الدين (كعلاقات إجتماعية) دوراً بالغ الأهمية في تماسك الشعوب، في الشرق الأوسط على الأقل؛ ويساهم الى جانب اللغة برسم التركيبة الفكرية والسياسية في العقل الجمعي. فلو أخذنا الصراع الفلسطيني-الإسرائيلي كمثال، لم يكن الشتات اليهودي الموزع على لغات عدة لا يربطها رابط، أن يجتمع في هذه البقعة ليؤسس دولة جديدة لولا حافز الإسطورة الدينية عن أرض الميعاد المذكورة في التوراة، فكان لإحياء اللغة العبرية القديمة على يد اللغوي الروسي إليعازر بن يهودا في أواخر القرن 19، إستناداً على النصوص المقدسة، دوراً في وحدة التجمعات اليهودية. على الطرف المقابل لم يكن الموقف العربي أن يتبلور على شكل مطاليب قومية عربية لولا التأثير الديني ودور اللغة العربية الموحدة المعايير في تعبئة الشعوب الناطقة بها.

بهذا الترابط الوثيق بين الدين واللغة تتماسك فكرة المجموعة (الفكرة القومية)، فبالعودة الى نشأة الفكر القومي العربي نجد الكثير من المنظرين الرواد ليسوا مسلمين، إلا أنهم تبنوا الدين الإسلامي على إعتباره أداة فكرية لتعزيز المشاعر القومية العربية. على الرغم من إنحدار ميشيل عفلق، مؤسس حزب البعث العربي الاشتراكي، من خلفية مسيحية (الكنيسة الأرثوذكسيية اليونانية)، وعُرِف بتوجهاته العلمانية؛ أي برغم عدم إيمانه بمصداقية السردية الإسلامية، إلاّ إنه يركز على أهمية الإسلام في بناء الفكر القومي العربي بإعتباره ثورة قومية (عفلق، في سبيل البعث، الباب الرابع، ص. 108)، يكتب:

" ثم يظهر الإسلام فيحدث إنقلاباً في حياة العرب وفي أنفسهم. فالقيم لم تعد تستمد من المجموع، كما ان الفرد ليس هو الذي يفرضها. انها تصدر من مكان هو فوق المجموع والفرد معا، وفي هذا ضمان لحرية الفرد وانسجامه مع المجموع في آن واحد. أما صدر الاسلام فانه من ناحية اخرى يمثل اتحاد النفس العربية مع القدر بعد ان كانت متجاهلة له، فتصبح ارادة القدر هي ارادتها بعد عزلة المكان ووحشة الزمان، ويصبح العالم كله، لا بل الكون وكل ما هو منظور وغير منظور مسرحا لنشاطه ولتطبيق هذه القيم الجديدة التي ظهرت في الحياة العربية."

بينما نرى بالمقابل، وعلى الرغم من هيمنة الدولة العثمانية لأكثر من ستة قرون على مساحات تمتد من القفقاز شرقاً الى الجزائر غرباً ومن البلقان شمالاً الى اليمن جنوباً، إلاّ إنها لم تترك أي أثر ثقافي بعد زوالها وإنكماشها الى حدود دولة تركيا الحالية؛ ولعل أبرز الأسباب هو غياب الانسجام بين اللغة والدين، فتقلصت جغرافية اللغة التركية مباشرة بعد هزيمة العثمانيين في الحرب العالمية الأولى، وكأنها لم ترتبط أبداً بتلك الهيمنة الاستعمارية في القارات الثلاث. وبنفس السياق، فإن أحد أبرز أسباب عجز اللغة الفارسية عن الإنتشار في دولة إيران الحديثة هو إفتقارها الى الغطاء الديني الثقافي.

ولتوضيح الفكرة بشكل افضل، لو تناولنا المجتمعات الغربية الراهنة، على سبيل المثال، سنرى إن المرحلة التي انتهت فيها سيطرة الدين شهدت ايضاً تدني في مشاعر التعصب نحو اللغة والقومية. خلافاً لذلك، وفي الوقت نفسه، فإن الشرق الأوسط الذي مايزال يعيش مرحلة التدين، ترتفع فيه وتيرة التعصب للغة والقومية. أي مازال الدين يعتبر احد اهم العوامل الحاسمة في نشر اللغات أو

محوها، توحيد القوميات أو تقسيمها. واستنتاجاً، فعلى ضوء أهمية الدور الديني كركيزة لضمان الوحدة اللغوية والقومية، لو كانت الزرادشتية قد استمرت سائدة الى اليوم، على سبيل الفرض، أو لو كان المجتمع الكردي قد تبنى أي من دياناته الأُخرى كالإيزدية أو اليارسانية، وحفظ نصوصها بشكل مقدس، لكانت الكردية (او البهلوية) قد حافظت على قيمتها الاجتماعية وأُستُخدِمَت كلغة تدوين بفصحى موحدة ولساهمت في تعزيز الوحدة القومية بشكل لا يختلف عن تماسك الوحدة اللغوية والقومية العربية في ظل الديانة الاسلامية. أي ان الدين كان سيوفر الدعم الذي تحتاجه اللغة الكردية في الحفاظ على وحدتها وقيمة الستراتم العالي مثل العربية.

وكمثال على أهمية الدين في العلاقة ثلاثية الأطراف بين **اللغة، الدين والقومية**، فإن أحد الأسباب الرئيسية لعدم نضج فكر قومي كردي، في القرون الأخيرة هو غياب لغة مرتبطة بعقيدة خاصة مشتركة، بإمكانها ان تؤدي دور الحاضنة والوسط الذي ينتشر من خلاله الفكر القومي الكردي الحديث. وكان التأريخ سيكتب بشكل آخر لو تميز الكرد عن القوميات المجاورة بديانة خاصة.

4.6 تطور الهويات الفرعية

"هل أنت بارزاني أم طالباني؟" لكثرما واجهني هذا السؤال بعد مايو 1994، فترة إندلاع الصراع المسلح بين الحزبين الرئيسيين في إقليم كردستان، غالباً مع الطلبة الأتراك الذين كنت التقيهم في محادثات عابرة في المقهى. وعندما كنت أجيب بـ"لا هذا ولا ذاك" ألمح علامات التساؤل والذهول وكأن المقابل يقول في سره: "كيف، ألست كردياً؟"

ما عرفته بعد ذلك هو أن الدافع الأساسي وراء تلك الحيرة لم يتعلق بحيادي السياسي وإنما يشير الى بعد آخر وهو إذا كان لابد لي أن أنحدر من أصل سوراني أو بهديناني (الصورة النمطية عن المجتمع الكردستاني) فكيف لا أنتمي لأي من الحزبين حيث يمثل كل منهما هوية قبلية (ثقافية جغرافية سياسية) منفصلة، كما كان يعرضها الإعلام التركي آنذاك.

هذا التداخل (السياسي-الثقافي) يشير إلى أن الفروقات الثقافية، التي يتم التعبير عنها من خلال اللهجة واللكنة، تؤثر بشكل كبير على الأفكار، وعلى توجهات الأفراد في إختيارهم لهويتهم وإتخاذهم لقراراتهم السياسية. ولما تترسخ الخصوصيات الثقافية والإجتماعية لدى أي مجموعة من السكان، تتجذر تبعاً لذلك في العقل الجمعي مما يجعلها عامل -ربما غير ظاهر- في نمو مميزات الهوية المجتمعية. وهكذا تنشأ الهويات الفرعية في داخل القومية الواحدة. ولو لم تلعب الفروقات اللهجية هذه دورًا حاسمًا في تشكيل هويات فرعية ولم تكن تُعتبر عاملاً في تحديد الانتماءات، لما كان هذا السؤال قد طُرح بهذه الطريقة ولما كان هناك حيرة وذهول من خيار الحيادية.

4.6.1 الصراع الروسي-الأوكراني

بعد عبور الدبابات الروسية حدود أوكرانيا في أواخر فبراير 2022، كانت مناظر الصفيح وهي تخترق الغابات الكثيفة الدخان تثير السؤال الأكثر انتشارًا على الإنترنت حينها وهو: "ما الفرق بين الروس والأوكرانيين؟" ولعل الدافع الرئيسي من التساوؤل هنا هو ذلك التداخل الضبابي في الروابط الثقافية واللغوية بين الشعبين، على إعتبار إن الإختلافات أو المشتركات اللغوية والثقافية بين الشعوب هي في أغلب الأحوال ما يحدد نوع العلاقات بين الدول. لهذا فالدافع الكامن وراء هذا السؤال لم يكن سياسيًا ولا عسكريًا بقدر ما كان تلمساً لجذور الحرب من خلال تشخيص الفروقات الاجتماعية-الثقافية بين الفريقين.

ولك أن تتخيل كيف كان السؤال سيكون لو كانت هذه الحرب قد وقعت قبل قرون (القرن الرابع عشر مثلا) كون اللغتين حينها لم تنفصلا بعد عن سلفهما المشترك وهو **اللغة السلافية الشرقية**، وكانت كل منهما بمثابة لهجة من لهجات نفس اللغة الواحدة، تلك التي كان يتحدثها الروس والأوكرانيون. لكن الانقسام اللغوي الذي حدث قبل 7 قرون تقريباً، وتطورت من خلاله اللهجات إلى لغات مستقلة، قد أفرز إنقساماً إثنياً، تبعاً لذاك، حتى أصبحت الحرب بينهما تمثل حرباً بين إمتين منفصلتين.

حال اللغة الكردية اليوم يشبه ما كانت عليه السلافية الشرقية في القرن الرابع عشر عندما كانت على أعتاب الإنقسام الى لغات مستقلة. فلو أخذنا على سبيل المثال ثمة شخص يقطن أطراف مدينة إيلام (ناطق باللهجة اللكية) يسافر إلى أورمية (حيث تسود اللهجة الكرمانجية)، فمع أنخفاض الفهم المشترك بين اللهجتين وإنعدام التواصل اللغوي الثقافي لن يجد نفسه على الأغلب قادراً على إستخدام لهجته المحلية في التواصل السلس في سوق المدينة، مع كردي آخر. وعلى ضوء إفتقار الكردية الى معيار موحد يمثل اللهجة الفصحى، فإن الخيار الوحيد المتاح حينها هو التخاطب بالفارسية. نفس المثال يمكن تطبيقه في كردستان الجنوبية، فقد لا يتمكن زائر من خانقين، أو مندلي، من التواصل بسلاسة مع بائع في سوق زاخو بنفس سلاسة الحديث بالعربية، كلغة واقع حال. وهكذا يتم استخدام الفارسية والعربية والتركية في إيران والعراق وتركيا للتواصل بين اللهجات المختلفة بسبب إن كل لغة من اللغات الثلاث لديها معيار رسمي موحد يجسر الفجوات اللغوية عبر المناطق، وهي الميزة التي تفتقر إليها الكردية.

ومع ما أثارته الحرب بين الروس والأوكرانيين من هواجس وتساؤلات، ومقارنة التشعب اللهجوي الحالي للكردية بالسلافية الشرقية، تبرز حقيقة إن غياب معيار لغوي مشترك (موحد) يخلق فراغًا بين اللهجات، مما يسمح بتطوير هويات فرعية تزداد تمايزاً مع السنين لتصل في النهاية إلى لغات مستقلة في الكردية أيضاً. ونتيجة لذلك، قد يرى الناطقون بها أنفسهم، مستقبلاً، على شكل مجتمعات جديدة منفصلة عن بعض، أي قوميات جديدة، وقد تتأزم فيما بينها الروابط لتدخل في حروب أيضاً.

الفصل الخامس

آيديولوجيا اللغة

"الإنسان لا يسكن بلداً وإنما يسكن في لغة."

إ. م. سيوران

تختلف الشعوب في تقييم لغتها وفي كيفية التعامل معها، وفي درجة اهتمامهم بتطويرها، بين من يضفون عليها الاحترام لدرجة القداسة، يربطونها بالمعتقدات الدينية والإسطورية، وشعوب أخرى ترى إن لغاتها أقل أهمية ويسعى الأفراد الى تعلم لغات ثانية أوسع إنتشاراً، أو أكثر قداسة، أو أقرب الى السلطة والنفوذ.

مفهوم "آيديولوجيا اللغة" يتناول هذه النظرة الذاتية، نظرة المجتمع الى لغته الخاصة، ولأن هذه النظرة تدخل ضمن العلاقة والتأثير المتبادل بين المجتمع ولغته فقد حظي هذا المجال بمساحة من الدراسة ضمن علم اللغة الأجتماعي (Sociolinguistics)، حتى صارت تشكل الأساس للتخطيط وللسياسات اللغوية.

يرى البروفيسور مايكل سيلفرستاين بأن آيديولوجيا اللغة هي عبارة عن مجموعة من المعتقدات الشائعة حول اللغة، بين الناطقين بها، تحدد نظرتهم تجاهها ودرجة احترامهم لها (Silverstein, 1979, p. 193, 248). في حين تقدم جوديث إرفاين (Irvine, 1989) فهمها بهذا التعريف:

"[آيديولوجيا اللغة] هي مجموعة الأفكار التي تشكل نظاماً إجتماعياً يتناول العلاقة بين المجتمع ولغته، حيث تتداخل فيها المشاعر والإهتمامات الروحية والسياسية."

ولكون اللغة هي نتاج مجتمعي، فهذا يعني إنها تتأثر بإسلوب الحياة والدين والمعايير الاجتماعية، ولكونها أحد أبرز عناصر الهوية القومية فإن مكانتها الإعتبارية تعكس مقدار إرتباط المجتمع بهويته الثقافية. على سبيل المثال، يصف الناطقون بالفارسية لغتهم بأنها "حلوة كالسكر" باستخدام التعبير "فارسى شكر است"، وهذا يعكس شعوراً جماعياً بإحترام وتفضيل اللغة على سواها والتمتع بالتحادث بها. هذه الدرجة من الإرتباط الروحي بين الناطق بالفارسية ولغته تعزز وتدعم شرعيتها وتُعد الركيزة الأخلاقية لشعار "لغة واحدة لشعب واحد" في إيران. وبالمثل، فإن نجاح الأتراك في تعزيز المشاعر الوطنية مدين بشكل ما بالفخر الذاتي باللغة وإعتبارها رمزاً للهوية والوجود، وكإنعكاس سياسي لها، نجحت هذه النظرة بشكل كبير في حشد التعاطف الجماهيري القومي مع عمليات التتريك في شمال كردستان والمناطق الأُخرى غير الناطقة بالتركية. أما اللغة العربية، فهي ليست فقط محل تغزل بجمالها وقوة تعابيرها من وجهة نظر ناطقيها، وإنما تحظى فضلاً عن ذلك بقداسة ويتم التعامل معها على إنها بمثابة علم من العلوم الإنسانية، حتى تجاوزت قيمتها حدود جغرافيتها.

ولو إنتقلنا الى الغرب نجد النظرة الى اللغات تتأثر بالقيم الحضارية الحديثة، فتتلقى اللغات الوطنية الدعم بشكل علمي ومدروس وذلك لخدمة العملية التعليمية بالإضافة الى الأغراض الإجتماعية مثل الحفاظ على ترابط المكونات والاندماج المجتمعي دون المساس بالتنوع الثقافي أو التجاوز على حقوق الأقليات واللغات الأقل إنتشاراً. فتحظى الإنجليزية في أمريكا،على سبيل المثال، بإهتمام مكنها من إستيعاب التطورات الإجتماعية وبمكانة رمزية رفيعة أهلتها لشعار "لغة واحدة لشعب واحد" كما هو متبع في إيران، ولكن دون التأثير على دور وإنتشار اللغات الثانية مثل الأسبانية (على وجه الخصوص).

وبالعكس، فإن تراجع قيمة اللغة بين الناطقين بها يؤدي الى إهمالها في المجال الإكاديمي ويفضي الى فقر في الإنتاج الأدبي وهبوط مستوى التعليم وضعف التقدم العلمي، كما تشيع تبعا لذلك ظاهرة إستعارة المفردات من اللغات المجاورة

وهبوط قيمة اللغة أمام تلك اللغات. بالإضافة الى ذلك يؤدي الإهمال الى تنامي دور اللهجات المحكية الى مرتبة أعلى من المعايير اللغوية الفصيحة بحيث تضعف معها أواصر التواصل المناطقي والاجتماعي. أي إن تجاهل دور أيديولوجيا اللغة يؤدي الى بروز التنافس اللهجي ويفاقم ظاهرة الصفائية اللهجوية (Dialectal Purisim)، تلك التي تساعد على تفشي الحساسيات المناطقية ونشر الشعور بالإصالة والتفوق بين المتحدثين بلهجة معينة على حساب غيرهم من الناطقين باللهجات الأُخرى. ومن المُلاحظ إنتشار الصفائية في الثقافة الكردية قد أدى الى بروز الفروقات اللغوية الإقليمية على حساب المعايير المشتركة. فنتيجة لإنحدار قيمة اللغة الكردية طوال القرن الماضي، لأسباب سياسية وثقافية، إستفحلت هذه الظاهرة بشكل أكبر مقارنة بلغات أخرى، حيث صعد الانتماء اللهجي الى درجة يقترب فيها من منزلة المشاعر القومية، وأخذت أسماء اللهجات تلحق بالهوية القومية كما نرى في تسميات "كردي-بهديناني"، "كردي-فَيْلي"، و"كردي-زازا" وكأن الهوية القومية "كردي" لوحدها قد فقدت وضوحها.

ولو دققنا في ميل الناطقين بالكردية الى الإنتقال بالحديث الى اللغات الأخرى بدلاً من تشجيع الآخرين على إستخدامها، أو محاولة فرضها في المحادثات المختلطة لإتضح التدني الإعتباري الذي تعانيه اللغة بين الناطقين بها. ولا يقتصر هذا السلوك على التعاملات التجارية والإختلاط السكاني الطارئ إثناء المواسم السياحية وإنما يتعدى ذلك الى العلاقات الإجتماعية، مما يشير الى تدني المعنويات وإنخفاض الثقة بقدرة اللغة الكردية على التنافس مع اللغات المجاورة، على عكس تفضيلات الناطقين باللغات العربية، التركية والفارسية.

ومع موجة التغيرات الاجتماعية والثقافية السريعة التي تجتاح العالم منذ الربع الأخير من القرن العشرين وظهور المجتمعات متعددة الثقافات في الغرب؛ ومع أحتمال زحف الثقافة الغربية الى الشرق مستقبلاً، فإن اللغة الكردية ستكون بمواجهة تحديات كبيرة من أجل الحفاظ على قوة إنتشارها على جغرافيتها. لذلك فلا مناص من تقديم دراسات أيديولوجية لغوية مدعومة بشكل رسمي، مع تخطيط ستراتيجي بعيد المدى، وإتباع سياسات لغوية طموحة. وكل هذه الإجراءات تُعد ضرورة لازمة للحفاظ على حظور اللغة الكردية داخل مجتمعها وضمان بقائها كلغة أولى في كردستان على خلفية التنافس اللغوي المتوقع الحدوث مستقبلاً.

5.1 المرتبة، برستيج اللغة

تتباين مراتب اللغات وطبقات البرستيج اللغوي في المناطق متعددة اللغات، ووفقا لعلم اللغويات الاجتماعية (Sociolinguistics) يتم تعريف مفهوم برستيج اللغة بمصطلح "ستراتم" (Stratum)؛ فتحظى اللغة ذات المكانة الأعلى والمدعومة رسمياً بمرتبة "الستراتم الأعلى" (Superstratum)، وهي منزلة تجعل اللغة قادرة على التأثير في اللغات الأُخرى ودفعها الى مستويات أوطأ؛ في حين يُطلق على المنزلة اللغوية المتدنية إصطلاح "الستراتم المنخفض" (Substratum).

ويتأثر ستراتم لغة ما، في المجتمعات المتعددة اللغات، بجملة من الإعتبارات الثقافية وأهمها هي درجة إرتباط تلك اللغة بالثقافة المعاصرة؛ فيضفي إسلوب الحياة في المدن قيمة أكبر لها من تلك التي تنحصر في المناطق الريفية، وذلك لكونها تغطي الأنماط اللغوية الحديثة الأكثر انتشارًا على خلاف العادات التقليدية ومحدوديتها بالأرياف. لهذا، فإن إحدى الوسائل التي تتبعها الدول لرفع برستيج لغة معينة هي السعي لإحتكار ثقافة المدينة وحصر اللغات المنافسة لها في الأرياف؛ ويمكن ملاحظة هذا التوجه في تركيا، فالدولة تروّج للغة التركية في داخل المدن بهدف رفعها لمكانة "الستراتم الأعلى" وفي نفس الوقت تحاصر الكردية في الأرياف لمنعها من تطوير تعابير سوسيولغوية مواكبة للمتغيرات الإجتماعية. ونتيجة لهذه السياسة، أصبحت التركية هي الأكثر قدرة على تغطية النشاطات الاجتماعية في مجالات الفن والثقافة والرياضة مما يجعلها الخيار الأول للمتحادثين تاركاً الكردية محاصرة داخل المنزل ومفرغة من المصطلحات الحديثة. ويمكن الإستدلال على نجاح هذه السياسة من لجوء المتحدثين الأكراد الى إستعارة المفردات من التركية لتغطية هذا النقص في المعجم الكردي، الناجم، بالأساس، عن إبعاد الكردية عن التفاعل مع مستجدات الحياة المدينية. وبالتالي، مع ارتفاع نسبة المفردات المُعارة التي تندمج في الكردية، تهبط قيمتها الى الستراتم المنخفض. وينعكس هذا التفضيل إيجابياً على التركية ويرفعها لمنزلة الستراتم الأعلى ويزيد من "الهجرة اللغوية" من اللغة الأم الى المدعومة رسمياً.

والأمر لا يقتصر على السياسة اللغوية في تركيا فحسب، وإنما يمكن ملاحظة أساليب مشابهة في إيران وسوريا، حيث تستغل الفارسية والعربية ما تحظى به من "الستراتم الأعلى" في التأثير على مكانة الكردية، واللغات المحلية الأخرى، بين الناطقين بها.

5.1.1 أكاديمية اللغة

لعل تطوير اللغات لقدراتها على التفاعل مع التحولات الاجتماعية والتوسع الدائم في استيعاب الأفكار يعتبر هو سلاحها في السعي من أجل البقاء، فتلك التي تفشل في التكيف مع هذه التطورات تفقد مكانتها وأولويتها تدريجيًا، ولا تصبح عرضة للتراجع فقط بل ربما للانقراض أيضاً. وبالمقابل، تحافظ اللغات القادرة على تغطية مستجدات التطور على حظورها وأهميتها. ووعيا بهذه الحقيقة، تعمد الدول على تخصيص مؤسسات لغوية مخولة بالتخطيط لهذه المهمة، وهذه المؤسسات هي هيئات رسمية تعمل بإشراف أفضل اللغويين وأبرز الشخصيات الأدبية التي خدمت اللغة كأعضاء دائميين فيها، ووظيفتها هي مواكبة التطورات الاجتماعية والعمل على تكييف اللغة معها. وتُعهَد لها مهمة التخطيط اللغوي بمحاوره الثلاثة (راجع 5.2 التخطيط اللغوي) وبالإضافة الى ذلك يُسند لها إقتراح السياسة اللغوية المناسبة، ومن بين أنشط هذه الأكاديميات حول العالم وأكثرها فعالية هي:

- أكاديمية اللغة الفرنسية (Académie Française) وهي من أقدم الإكاديميات اللغوية في العالم إذ تأسست في باريس عام 1635.

- أكاديمية اللغة العبرية (האקדמיה ללשון העברית) التي أُسست في القدس عام 1953.

- جمعية اللغة التركية (Türk Dil Kurumu)، تأسست في أنقرة عام 1932.

- أكاديمية اللغة والأدب الفارسية (فرهنگستان زبان وادب فارسى)، تأسست في طهران عام 1935.

أما أول جمعية كردية إهتمت بشؤون اللغة فقد أبصرت النور في بغداد سنة 1971 تحت مسمى "جمعية الثقافة الكردية" كإحدى منجزات إتفاقية آذار التي وُقِّعَت قبل عام من ذلك التأريخ بين الحكومة والحركة الثورية الكردستانية. ركزت هذه الجمعية على تعزيز حضور الكردية في الثقافة والأدب من خلال نشرات بدأت حينها بالصدور مثل مجلة "رۆژی کوردستان" ونظيرتها العربية "شمس كردستان"، إضافة إلى نشر الكتب والنتاجات الأدبية باللغة الكردية. وبعد إغلاقها في بغداد، أُعيد تأسيسها من جديد في أربيل عام 2017 بدعم من حكومة إقليم كردستان، تحت مسمى "ئەکادیمیای کوردی" (الإكاديمية الكردية). والمؤسسة الرسمية الثانية التي تعني بتطوير اللغة الكردية هي "فرهنگستان زبان کردی" (أكاديمية اللغة الكردية في إيران)، (*) وهي مؤسسة تم إنشاؤها في طهران عام 2002 بموافقة رسمية.

ورغم إن الاعتراف الرسمي بهذه الأكاديميات يعد شرطاً ضروريًا لتنفيذ مقترحاتها، إلاّ إن بعض الخطط اللغوية لا تتطلب بالضرورة الإرتباط بالهيئات الرسمية؛ وإنما تستطيع المساهمات الفردية والجماعية التطوعية أن تقدم إقتراحات في مجال تطوير النحو والمعجم وكذلك المشاركة في رفع مكانة اللغة وتعزيز أيديولوجيتها. ووفق هذا السياق، تأسست "أكاديمية اللغة الكردية" (Kurdish Academy of Language) في لندن (†) عام 1992 كمركز دراسات تطوعي لا يحظى بدعم رسمي.

ومع وجود هذه المراكز البحثية، وغزارة المصادر العلمية التي توافرت في السنوات الأخيرة، إلا أن الخطوات المُتَّخَذة على طريق تطوير اللغة الكردية ماتزال غير كافية ولا تفي الحاجة. فالإصلاح اللغوي يلزم وجود هيئة عليا تحمل صفة رسمية وتنشط على صعيد كل مناطق كردستان وتأخذ بالإعتبار التنوع اللهجي الغني وتشخص ثغرات الإنظمة الكتابية التي وُضِعت أوائل القرن العشرين. بإمكان هذه الهيئات اللغوية الإستفادة من التطور في علوم اللسانيات الحديثة في إعداد معجم قياسي موحد وأن توفر توجيهات لمراقبة وتعديل البنية اللغوية، إصلاح نظام الكتابة، وتوفير سبل نشرها وسهولة تعلمها. ولا يقتصر

---

* https://web.archive.org/web/20231203214754/https://akademiyakurdi.org/
† https://web.archive.org/web/20250615041159/https://kurdishacademy.org/

على صياغة لهجة رسمية موحدة فحسب، وإنما لتعزيز مكانة اللغة (Stratum) أيضاً وضمان تواجدها كخيار أول في المحادثات عبر اللهجات.

5.2 التخطيط اللغوي

يُطلق على النشاط التنظيمي الذي يهدف إلى إدارة وتطوير وظيفة اللغة وتنظيم هيكلها وإقتراح التعديلات المناسبة إسم التخطيط اللغوي، ويعتمد على برنامج مراقبة للمستجدات العلمية والإجتماعية التي تؤثر في اللغة، دراستها، ثم تقديم المقترحات الى الدوائر الرسمية المسؤولة من أجل تنفيذها.

ويتضمن التخطيط ثلاثة محاور: منها المحور الأول الذي يهتم بتطوير المعاجم وتعديل القواعد النحوية وتحديث نظام الإملاء، ويسمى <u>تخطيط المتن اللغوي</u> (Corpus Planning).

أما المحور الثاني فتُسنَد له مهمة وضع الخطط الكفيلة برفع (أو خفض) ستراتيم لغة أو لهجة معينة (Status Planning). ويشتمل هذا المحور عادة على وضع مقترحات للإرتقاء بمنزلة اللغة أو خفضها بين اللغات المتعايشة في المجتمع.

بالإضافة الى المحورين المذكورين، يُعنى المحور الثالث <u>بتخطيط الأكتساب اللغوي</u> (Acquisition Planning)، ومهمته تعزيز وتطوير إستخدام اللغة بشكل افضل بين الناطقين بها، بالإضافة الى تيسير إكتسابها في سني التعليم الأولى للأطفال، والدارسين والمهتمين الأجانب.

ويعتبر التخطيط اللغوي هو البنيان الأساس في تطوير اللغة، وعلى ضوئه يتم رسم السياسيات اللغوية (Language Policy) وهي التوصيات التي يتم تقديمها الى الجهات المختصة لتضطلع الدولة بمهمة تنفيذها.

5.2.1 تخطيط المتن اللغوي

يعني هذا المحور بوضع الخطط اللازمة لتطوير قواعد النحو والصرف والبنية المعجمية، بالإضافة الى تعميق الحقوق الدلالية ويُصطَلَح عليه علميا بـ "Corpus Planning". يقدم روبرت كوبر المختص بعلم السوسيو-لغويات تخطيط المتن اللغوي (Cooper L., 1989, p. 30) بأنه:

"النشاط الذي يوفر نظاماً معيارياً للكتابة، ونحوًا، ومعجمًا لإرشاد الكتّاب والمتحدثين وذلك في المجتمع اللغوي غير المتجانس."

وفقًا لهذا التعريف، يتطلب التعامل مع اللغة على إعتبار إنها مظلة جامعة تلتقي تحتها التنوعات اللهجية، تتواصل بينها من خلال نظام كتابة ونحو ومعجم موحد مشترك. وبإسقاط هذا التعريف على الوضع الحالي الذي تعيشه الكردية، فإن تخطيط المتن اللغوي يستلزم الإلتفات الى النقاط التالية:

- **تطوير قواعد موحدة واختيار نظام كتابي شامل**: تتناول خطة المتن اللغوي تقديم مقترحات توحيد القواعد النحوية والصرفية وتحديث المفردات بصياغات إملائية موحدة بغض النظر عن النظام الكتابي الذي يتم إتباعه.

- **إحياء جذور المورفيمات من الأصل المشترك**: بالنظر إلى تعرض المورفيمات (مقاطع الكلمات) الى التحور بفعل التغيير الفونتيكي الزماني، يمكن العودة لجذورها التاريخية بإعتباها هي الأشكال المشتركة للمفردة قبل تحورها وظهور إختلافاتها عبر اللهجات، ومن ثم تطويع تلك الجذور بما يتلائم مع شكل الكردية المعاصر. بالإضافة الى ذلك، يمكن إستعادة تلك المقاطع المساعدة (Affixes) المنسية، وهي اللواحق والسوابق التي تُلصَق بالجذور من أجل زيادة قدرة اللغة على تركيب مفردات جديدة.

- **تنقية المعجم وتقليل الكلمات المستعارة**: إعتماد الكردية على مفرداتها الخاصة و تقليل حضور الكلمات الدخيلة التي لا تنسجم مع التناغم اللغوي وتقلل من مكانة اللغة، خاصة تلك التي إقتحمت المعاجم الكردية بفعل التعريب والتتريك، وليس للضرورات العلمية.

- **تبسيط المعايير اللغوية**: تعديل القواعد والنظام الكتابي والمعجم لتكون مفهومة ويمكن الوصول إليها من قبل معظم، إن لم يكن جميع، الناطقين بالتنوعات اللهجية الحديثة.

- **تشكيل مفردات مهنية**: صياغة مفردات جديدة تواكب التطور في العصر الحديث، وتلبية الحاجة للمصطلحات المتخصصة في المجالات العلمية والمهنية والإعتماد على الكردية في مصطلحات التشريع والسياسة والرياضة.

- **تعزيز الفهم المتبادل بين المجتمعات الناطقة بالكردية**: منح الأولوية للمفردات المشتركة بين اللهجات وتقليل إستخدام تلك المتعلقة بلهجة دون غيرها. أي ضمان زيادة فرص التواصل والتماسك بين المجموعات الناطقة بالكردية.

ولا تقتصر أهمية تخطيط المتن على توحيد اللغة وضمان إنتشارها فحسب وإنما على دوره في زيادة حضورها كلغة خصبة قابلة للتعايش مع الأجيال القادمة، وتسهيل نشر النتاجات الأدبية، فضلاً عن تأهيلها كرمز للهوية الثقافية.

5.2.2 تخطيط منزلة اللغة

تختلف اللغات في مرتبتها وفق تصنيف الأولويات، خصوصاً في المجتمعات التي تمتاز بالتعددية الثقافية-اللغوية، فاللغة التي تتمتع بنفوذ أكبر تحظى بصلاحيات أكثر في الإستخدام الرسمي والتحادث اليومي، بالمقابل يتضاءل إستخدام تلك التي تفتقر الى الدعم الإداري والشعبي الكافي وتضعف مرونتها وقدرتها على البقاء أمام اللغات المنافسة.

يتناول تخطيط منزلة اللغة (Status Planning) دراسة المكانة الاجتماعية لكل لغة ودرجة حضورها بين اللغات الأُخرى والتمييز بين اللغات عن طريق تقديم مقترحات كفيلة برفع (أو خفض) قوة تأثير كل منها ودرجة الإعتراف الرسمي بوجودها، سواء لتعزيز مكانتها أو العكس.

وقمع اللغات لا يتوخى دائماً صهرها بل قد يستهدف تقليل دور اللهجات المحكية وخفض قيمتها مقابل قيمة المعيار الرسمي الفصيح. على سبيل المثال

تتبنى الصين خطة تهدف الى خفض قيمة اللهجات المتعددة أمام لهجة بكين التي تُعتبَر المعيار اللغوي الرسمي. ويمكن إعتبار الخطة الصينية بمثابة درس عملي على طريق توحيد الكردية الفصحى، التي تتطلب:

- ✓ معالجة ثنائية النظام الكتابي المرتبط باللهجات، وذلك بدعم النظام الذي يتم إختياره وفق خطة المتن اللغوي.
- ✓ خفض درجة الاستقلالية الذي تحظى بها اللهجات مقابل لهجة فصحى موحدة.
- ✓ التوازن بين المحافظة على اللهجات بإعتبار التعددية العامية ضرورة إجتماعية، من جهة؛ والحد من إستخدامها في المعايير الفصحى، كونها تسبب تشتيت المعاجم وقواعد النحو.
- ✓ تحويل الانطباع عن الكردية من مجموعة لهجات إلى إعتبارها وحدة لغوية حديثة ومتماسكة.
- ✓ الإستعاضة عن الهيمنة العربية والتركية بمعجم كردي موحد، والإستفادة بنفس الوقت من تجارب اللغات القريبة جينياً كالفارسية والبلوشية واللغات الأخرى على الفرع الإيراني.

على عكس **تخطيط المتن اللغوي** الذي لا يتطلب سوى مجهود أكاديمي من اللغويين والإكاديميين المختصين، تتطلب **خطة منزلة اللغة** دعم من قِبل سلطة مخولة رسمياً لتنفيذها. لهذا فقد يبدو من الصعب التأثير في الخطط الموضوعة في العواصم الإربع التي تتقاسم جغرافيا اللغة الكردية، إلاّ إنه أقرب الى الإمكان في أربيل والقامشلي على ضوء الوضع السياسي الذي يشهده القرن الحالي.

5.2.3 تخطيط الإكتساب

تخطيط اكتساب اللغة (Acquisition Planning) هو المجال المخصص للبحث في ألاستراتيجيات والآليات اللازمة لتسهيل تعلم اللغة لغير الناطقين بها، فضلاً عن رفع مستوى إجادة المتحدثين الأُصلاء بها. وبحسب البروفيسور بيرنارد سبولسكي يشمل الإكتساب مجالات تدريس اللغة، نشر النتاجات الأدبية،

وتشجيع المجموعات الاجتماعية الناطقة بها على الاهتمام وتطوير الكفاءة في إستخدامها (Spolsky, 2004, p. 8). أما المعايير اللغوية الرسمية (الفصحى) فيتم الترويج لها، ولاستخداماتها، بديلا عن العاميات، من خلال المناهج التعليمية، وسائل الإعلام، والنتاجات الأدبية. وفي الغالب تساهم السلطات بدور ملحوظ في تنفيذ خطط الإكتساب بطرق مختلفة مثل فرض حظورها في اللوحات العامة كإشارات المرور، واجهات المتاجر، وقوائم المطاعم، وكذلك في إختيار أسماء الشوارع والمدارس والمستشفيات. فوق ذلك، تحرص الحكومات التي تتبع سياسة لغوية صارمة على توطين أسماء المدن والأحياء السكنية. ومن الأساليب شائعة الإستعمال هو الإستعانة بوسائل الإعلام لبث برامج تعزز من إنتشار المعايير الفصحى بإستخدام الفن -الدراما- وتقديم إغراءات للنتاجات الأدبية.

وتحظى خطط الإكتساب اللغوي بأهمية في البلدان المتطورة، وتخصص لها جهود كبيرة لأنها تساهم في تأهيل الأفراد مهنياً وتحسين فرص العمل لهم للوصول إلى الوظائف التي تتطلب إجادة أفضل بالمعايير اللغوية الفصحى مثل المراسلات الإدارية والمخاطبات العامة. كما يتم على ضوء النشاط الملحوظ في حركة الهجرات البشرية المعاصرة تنظيم دورات شبه مجانية لمساعدة اللاجئين والمهاجرين على تعلم اللغة الوطنية بالمستوى المطلوب لتعزيز التفاهم المتبادل والتماسك الاجتماعي.

وتحظى خطة الاكتساب بأهمية اكبر حين تخضع اللغة لتطوير في المتن، مثل اجراء تغييرات في النظام الكتابي، القواعد، او الاملاء. ويتم في هذه الفترات اشراك جمهور المهتمين بالشأن اللغوي من خلال تنظيم الندوات وحلقات للنقاش في وسائل الاعلام، ونشر التعديلات المقترحة وجدول المراحل الانتقالية. تساهم الندوات العامة في توضيح دوافع الإصلاحات وأهدافها، وزيادة تفاعل الناطقين باللغة مع الإصلاحات اللغوية، وكذلك لإستطلاع ألأفكار والخيارات الأفضل في نشر المعايير الجديدة.

بشكل عام، لا يقتصر تخطيط الإكتساب على زيادة مساحة اللغات الرسمية فحسب، وإنما يُعتبر ضروريًا لمساعدة لغات الأقليات المحصورة الإنتشار واللغات المهددة بالانقراض بالبقاء وضمان حيويتها.

وفي ما يخص الكردية، فإن إفتقارها الى نشاط مؤسسي مختص وفعال من قبل اكاديمية لغوية مخولة رسمياً بصيانتها، يحرمها من التطور وفق خطط مدروسة سواء في مجال المتن، المنزلة، أو الإكتساب اللغوي. أي ان تواضع الجهد الاكاديمي المختص هو أحد أهم المعوقات التي تجابهها وأبرز مسببات عدم قدرتها على صياغة معايير فصيحة موحدة، وفي تراجع مكانتها بين اللغات المجاورة، وفي الصعوبة التي يواجهها الفرد في التأقلم مع المعايير الشائعة في اللهجات الأخرى من حوله.

5.3 السياسة اللغوية

يشير مصطلح السياسة اللغوية (Language Policy) إلى مجموعة المبادئ والقرارات التي تنفذها الهيئات الحكومية أو السلطات المختصة لتنظيم واستخدام اللغات وهيكلتها داخل مجتمع معين أو ضمن حدود دولة معينة. وتشمل السياسة اللغوية جوانب متعددة مثل التخطيط، وحماية الحقوق اللغوية، وتعزيز أو قمع لغات أو لهجات معينة. وقد عرَّفتها اليونسكو بأنها:

> "[السياسة اللغوية] هي قرارات حكومية رسمية تُتَّخذ بشأن إستخدامات اللغة في المجال العام، بما في ذلك المحاكم والمدارس والمكاتب الأدارية والخدمات الصحية." (*)

وحسب لغويين متخصصين فإنها عبارة عن إجراءات سياسية وتشريعية أكثر من كونها مهمة لغوية بحتة لأنها تتطلب مشاركة قطاعات مختلفة التخصصات. فالسياسة المرسومة عادة تعتمد المقترحات المُقَدَمة من قبل هيئة تنظيمية لغوية رسمية، إلاّ إنها لا تكون قابلة للإجراء بدون سلطة تنفيذية. يقدم روبرت ب. كابلان وريتشارد ب. بالدوف (Kaplan R., Baldauf R., 1997) التعريف الاجتماعي-اللغوي التالي:

* EFA global monitoring report; Education for all: literacy for life, UNESCO report 2006; p 420

"[السياسة اللغوية] هي مجموعة من الأفكار والقوانين واللوائح والقواعد والممارسات التي تهدف إلى تحقيق التغيير المخطط للغة في المجتمعات أو الأنظمة."

ولا تتعامل السياسة اللغوية بشكلٍ عادل في ألكثير من الأحيان، إذ يتم تعزيز نشر وتغليب إستخدام لغة معينة على حساب غيرها، لدوافع قد تكون اقتصادية أو اجتماعية او سياسية. وقد تستهدف بعض الخطط تقييد لغات او لهجات معينة على أُسس من التمييز لدوافع قومية أو آيديولوجيات عنصرية، او لتعزيز استخدام المعايير الرسمية.

ففي الوقت الذي تحظى اللغات في الغرب بدعم رسمي من اجل حماية الثقافات الإقليمية أو الإثنيات المعرضة لخطر الانقراض، فإن غالبية دول الشرق الأوسط تعتمد قرارات صارمة لضمان أحادية اللغة عن طريق فرض الاستخدام الحصري للغة واحدة دون غيرها في التواصل الرسمي وأحيانًا حتى في التواصل الشفهي، مما يؤدي إلى قمع وتراجع إستخدام اللغات الأخرى. وعلى ضوء حقيقة إن معظم أنظمة الشرق الأوسط تعتمد سياسة "لغة واحدة لشعب واحد"، دون أي اعتراف بالخصوصيات الثقافية-اللغوية للأقليات أو إستخدامها في المجالات الإدارية أو الحيوية مثل التعليم والتشريع والقضاء؛ فإن الناطقين بالكردية يعانون من أكثر السياسات تطرفاً وتمييزاً، وبشكل خاص في تركيا وسوريا.

5.3.1 السياسة التركية

تبنت السياسة اللغوية في تركيا إستراتيجية تتريك صارمة منذ أواخر العهد العثماني هدفت إلى تحويل الدولة من "متعددة اللغات" إلى دولة تركية ذات تجانس لغوي قسري، وتم تنفيذها وفقاً لتوجيهات برلمانية. ففي العام 1913، أصدر البرلمان أمراً بتشكيل ميليشيا تحت إسم جمعية تعزيز القوة التركية بهدف تعبئة المتطوعين من الشباب القومي المتطرف وتدريبهم على السلاح تحت إشراف وتمويل من وزارة الدفاع وذلك من أجل فرض التركية كلغة وحيدة داخل حدود الإمبراطورية (Akmeşe, 2005).

وإزدادت وتيرة الإجراءات القسرية بعد إنهيار الدولة وتأسيس الجمهورية التركية بقيادة مصطفى كمال أتاتورك فأخذت السياسة اللغوية بُعداً أكثر تطرفاً وتكثفت جهود التتريك لتترافق مع مخطط شامل نظم عملية تهجير سكاني واسعة في كردستان، تم من خلاله تقسيم الأقاليم غير الناطقة بالتركية إلى أربع مناطق بناءً على نسبة الناطقين بها (Bedirxan, 1934)، والمناطق المقترحة كانت:

- **المنطقة 1**: وتشتمل على المساحات الجغرافية التي تحتاج الى زيادة عدد الناطقين بالتركية فيها.

. **المنطقة 2:** تلك التي تتطلب دمج السكان غير الناطقين بالتركية فيها مع الثقافة التركية.

- **المنطقة 3:** الأراضي التي يمكن للمهاجرين ذوي الثقافة التركية الإقامة فيها بحرية.

- **المنطقة 4:** وتشمل تلك الأراضي المأهولة بالشعوب غير الناطقة بالتركية التي يجب إخلاؤها من سكانها.

بالرغم من التنوع الإثني والثقافي الذي تمتاز به سهول الأناضول وآسيا الصغرى إلاّ إن عمليات التتريك كانت تتركز على الهويات التي تشكل ثقل سكاني وجغرافي مميز. ومع إنتهاء ما عُرِف بالجينوسايد الأرمني، أصبحت الهوية الكردية، وبالأخص اللغة، هي المستهدف الرئيسي. ولم ينحصر التتريك داخل حدود الدولة بل إقترن بنشاط دبلوماسي خارجي في مواجهة كل محاولة لتأهيل اللغة الكردية في البلدان المجاورة أيضا. إستشعرت تركيا الخطر أولاً عندما ظهر النظام الكتابي الكردي في أرمينيا السوفياتية عام 1928، ثم بتأسيس إقليم **كردستان الحمراء** عام 1929؛ فتدخلت لألغاء كيانه ضمن صفقة (اتاتورك-ستالين) وضمه الى جمهورية آذربايجان، وإنتهت الحملة التركية-السوفياتية بتهجير سكان الإقليم بالإضافة الى نسبة كبيرة من كُرد جورجيا الى مناطق نائية في سيبيريا وجمهوريات آسيا الوسطى.

راهناً، ماتزال السياسة اللغوية تعتمد حزمة بنود إزاء اللغة الكردية لتحجيم إنتشارها منها إعاقة مشاريع الوحدة اللغوية بتوسيع هوة الفروقات بين اللهجات

المختلفة. وكذلك إبعادِها عن تطوير عادات لغوية للتعبير عن أنماط الحياة العصرية، المدينية، وحصر إستخدامها بالثقافة الريفية.

ومع ظهور البث الفضائي في العقد الأخير من القرن العشرين، وتحت وطأة الإعلام الكردي الموجه من الخارج، ونشاطه الملحوض في تقريب اللهجات المختلفة، وافقت السلطات على تأسيس أول قناة تلفزيونية حكومية ناطقة باللغة الكردية في العام 2009 تعمل على حصر البث باللهجة المحلية من ناحية وتوجيه إستخدام الكردية بعيداً عن التفاعل مع التطور في الحياة الاجتماعية. وغير هذا التراخي النسبي في السياسة اللغوية التركية، فإن الحظر مازال سارياً في القطاعات الإدارية والتعليمية والقضائية.

على الجانب الآخر تتبنى هذه السياسة توجهات مغايرة تماماً في التعامل مع اللغة التركية، فلا تقتصر على السعي لتوحيد لهجاتها فحسب وإنما الجمع بين اللغات ذات الإصول الطورانية، كالاذرية، الأوزبكية، والتركمانية في بوتقة واحدة. فبدأت بتتريك أنظمتها الكتابية كخطوة أولى على طريق توحيدها، إذ تبنت كل من آذربايجان، أوزبكستان، وتركمانستان، النظام الكتابي التركي، في حين وضعت كازخستان خطة لغوية لتبني النظام الكتابي التركي مطلع عام 2031.

في الوقت نفسه ساهمت الإغراءات المقدمة من حكومة تركيا بتنازل التركمان في العراق عن لغتهم "التركمانية" وإستبدالها بمعايير الفصحى التركية (الاسطمبولية)، ليس النظام الكتابي فحسب وإنما على شكل هجرة لغوية شاملة. وقد تم تعميم التركية في المطبوعات والإستخدامات الإدارية وفي وسائل الاعلام في مناطق تواجد التركمان في محافظة كركوك.

5.3.2 السياسة السورية

لم تشهد سوريا ازدهارا للحريات الثقافية واللغوية منذ انحلال الدولة العثمانية وتشكيل دولة سوريا الحديثة الى اليوم الا في ظل الإنتداب الفرنسي (1922-1943). ولم ينل الكرد حقهم في التعبير بلغتهم الا في تلك الحقبة الاستعمارية. فخلالها صدرت مجلة "هاوار"، وهي أحدى اهم المطبوعات في تاريخ اللغة

الكردية الحديث، واستمرت منذ عددها الأول في 15 مايو 1932 وحتى الإعلان عن استقلال سوريا ووصول النخب العربية للسلطة، ودخول البلاد في حقبة القمع. حيث صدر القرار بمنع المنشورات الكردية وايقاف المجلة بعد العدد (57) في 16 أغسطس 1943، ومصادرتها، مع بقية المطبوعات الكردية، من الأسواق.

منذ ذلك التاريخ، والعربية هي اللغة الوحيدة المسموح تداولها في الدوائر الحكومية، وفي التعليم، والقضاء والإعلام. ولما تمت صياغة الدستور السوري (1950) رسخت مواده إستخدام العربية كلغة رسمية وحيدة. اذ تضمنت المادة الأولى من الفصل الأول في جملتها الاولى:

"سورية جمهورية عربية ديمقراطية نيابية ذات سيادة تامة." ثم "والشعب السوري جزء من الأمة العربية."

اما المادة الرابعة فنصت على:

"اللغة العربية هي اللغة الرسمية."

دون أية إشارة الى وجود لغات او قوميات أخرى. واستكمالا للنهج الأحادي، أكد الدستور الذي صدر في العام 2012 كذلك على احادية الإنتماء (العروبي) في أول جملة ايضاً، متبوعة بالفقرة الثانية:

"الجمهورية العربية السورية تعتز بهويتها العربية وبأن شعبها جزء من الأمة العربية."

كما تعيد المادة الأولي التذكير بنفي أي وجود إعتباري لقومية آخرى:

"شعب سوريا جزء من الأمة العربية."

علاوة على ذلك، كرر الدستور الجديد تجاهل وجود كل اللغات سوى العربية، حيث إقتصرت المادة الرابعة على جملة:

"اللغة الرسمية للدولة هي العربية."

ومع إن معظم المناطق الناطقة بالكردية قد خرجت عن إدارة الدولة منذ 2011، وأصبحت الكردية هي اللغة الأكثر تداولاً فيها في ظل الإدارة الذاتية، وشهدت تأسيس أول مدرسة كردية في سوريا في عفرين (قرية دراقليا) في 6 إكتوبر من ذلك العام، ومع ان الإدارة الذاتية الكردية رفعت الحظر عن كل اللغات بما فيها السريانية والارامية، الا ان سياسة الدولة السورية استمرت بفرض القيود في المناطق التي تسيطر عليها الحكومة المركزية.

5.3.3 السياسة العراقية

تميل الإستراتيجية اللغوية في العراق الى التقليل من إقتراض المفردات وتفضل صياغة بديل عربي لها. وتغطي عملية "التوطين" اللغوي هذه كافة الإستخدامات بما في ذلك الفنية، والسياسية، والرياضية، وأسماء المنتجات والأماكن. وعلى الرغم من ميلها المحافظ، وهيمنة العربية على مجالات الحياة منذ تأسيس العراق سنة 1921 وحتى أوائل السبعينات من القرن المنصرم، إلاّ إن السياسة اللغوية الرسمية المتبعة كانت هي الأكثر إنفتاحاً على التعددية اللغوية. ورغم مرور الأقليات في العراق بعد ذلك التاريخ بمرحلة صعبة شهدت معها عمليات صهر عرقي مكثف، وعمليات تهجير جماعي للسكان من غير الناطقين بالعربية، الا انه يُعد اليوم ثاني بلد في غرب آسيا بعد أفغانستان الذي يعترف بلغتين رسميتين بشكل دستوري. كما انه هو البلد الوحيد الذي تحظى فيه الكردية بالاعتراف كلغة رسمية ثانية، اذ تنص المادة الرابعة دستور جمهورية العراق لعام 2005 على إن العربية والكردية لغتان رسميتان في البلاد. ويضمن هذا الاعتراف حق أستخدام اللغتين في السياقات الحكومية والإدارية والتعليمية والقانونية داخل إقليم كردستان. إلا إن المناطق العربية (وسط وجنوب العراق) لا تزال تعتمد العربية بشكل حصري في مجال الاعلام والتعليم ولم تشهد توفير مدارس باللغات الأُخرى مثل الكردية للأكراد المقيمين في هذه المناطق. ونتيجة للتعايش الطويل بين الثقافتين على مدى القرن العشرين، تأثرت السياسة اللغوية في إقليم كردستان بنظيرتها في العراق وتركت فيها أثراً واضحاً خصوصاً الميل لتوطين المفردات الأجنبية وصياغة معادل كردي بديل عنها.

5.3.4 السياسة الإيرانية

لم ينص أول دستور لإيران الحديثة في العام 1906 على تحديد لغتها الرسمية. فساهم هذا الانفتاح النسبي بمنح الولايات، والإدارات المحلية حريات لغوية اكبر من بقية الدول المحيطة، حتى كانت لغة التداول الرسمي في كل مقاطعة غالبا ما تكون هي نفسها اللغة المحلية السائدة فيها. بالإضافة الى ذلك، حافظ التعديل الدستوري لعام 1946 على تلك الصياغة وتجنب التلميح الى لغة الدولة أيضاً. إلاّ إن هذه السياسة اللغوية قد تغيرت بعد سقوط النظام الملكي في العام 1979؛ وظهرت أول إشارة قانونية إلى اللغة الرسمية في تأريخ إيران وذلك في دستور الجمهورية الإسلامية الذي صدر في نفس العام، إذ نصت الفقرة 15 منه على أن تكون الفارسية هي لغة التواصل الرسمي مع السماح باستخدام اللغات المحلية والإثنية في النشريات ووسائل الإعلام، بالإضافة الى جواز تدريس الأدب المحلي في المدارس في المقاطعات غير الناطقة بالفارسية إلى جانب لغة الدولة الرسمية:

> "اللغة الرسمية هي الفارسية،والخط الكتابي هو النظام الفارسي، ويُسمح الى جانب ذلك باستخدام اللغات الإقليمية والإثنية في الصحافة ووسائل الإعلام، وكذلك لتدريس أدبها في المدارس إلى جانب الفارسية." (*)

يبلغ عدد اللغات واللهجات المحلية في إيران 75 لغة وتشكيل، وإذا إستثنينا الفارسية، فإن نسبة الناطقين بهذه اللغات واللهجات الأم تشكل 39٪ من عموم السكان (†). ورغم إقرار المادة 15 (الفصل الثاني) بالسماح للغات الأقليات بتدريس أدبها الى جانب الفارسية، إلاّ إن بعض المختصين يرون بأن ثمة غموض يكتف الصياغة الدستورية ويتمثل في التمييز بين "تدريس اللغة"، أي إعتمادها كلغة أولى في المنهاج الدراسي، و"تدريس الأدب بجانب الفارسية" على إعتبارها لغة ثانية. هذا التعارض بين الحرية اللغوية وصياغة المادة الدستورية أثاره د.

---

* نص الفقرة 15 في الفصل الثاني من دستور الجمهورية الإسلامية في إيران:
"اسناد و مكاتبات متون رسمى و كتب رسمى بايد با زبان و خط فارسى باشد، ولى استفاده از زبان هاى محلى و قومى در مطبوعات و رسانه هاى گروهى و تدريس ادبيات آنها در مدارس، در كنار زبان فارسى، آزاد است"

† https://web.archive.org/web/20250630105130/https://minorityrights.org/country/iran/

محمد رضا حياة، الناطق بالأذرية، حيث عرض وجهة النظر المشككة على الشكل التالي:

"تشير المادة [15] الى (بتدريس الأدب) للغات (الإقليمية والإثنية) وليس تدريس لغتها وأدبها. ولا شك أن واضعي هذه المادة كانوا قادرين على التمييز بين اللغة والأدب، لكن لأسباب واضحة للجميع، عارضوا تدريس اللغة. لذلك فإن النص القائل (تدريس الأدب) يعني أن الشعراء والكتاب الأتراك، الأكراد، العرب، البلوش، التركمان، وغيرهم يجب أن يتم تقديمهم باللغة الفارسية، وهذا التوجه لا يحرم اللغات من المساعدة فحسب وإنما سيزيد من تأثير الفارسية على آداب اللغات الأخرى." (*)

إلى جانب اللغة الرسمية، تحظى العربية بصفة "اللغة الدينية" ويتم تدريسها ضمن المناهج الدراسية الرسمية في عموم إيران؛ إذ ينص الدستور في المادة (15) أيضاً على:

"نظراً لكون اللغة العربية هي لغة القرآن والعلوم الإسلامية، وإن الأدب الفارسي مرتبط بها بشكل وثيق، لذا يجب تدريس هذه اللغة في جميع الصفوف والتخصصات بعد المرحلة الابتدائية حتى نهاية الثانوية." (†)

بالمقابل، لم تفرض أيران أية قيود على إستخدام اللغات المحلية في وسائل الإعلام والصحافة طوال تأريخها. فبعد إنشاء أول محطة إذاعية في إيران، في

---

* <https://web.archive.org/web/20250720182537/https://tebarens.com/fa/مسئله-زبان-و-ضرورت-تغيير-قانون-اساسی-دک/>

"در ادامه این اصل تنها تدریس ادبیات زبان‌های محلی و قومی مجاز شمرده شده است نه تدریس زبان و ادبیات آن‌ها. بدون شک تنظیم کنندگان این اصل، قادر به تشخیص تفاوت زبان و ادبیات بوده‌اند، اما بنابه دلایلی که تقریباً بر همه واضح است، عمداً با تدریس زبان مخالفت کرده‌اند. "تدریس ادبیات" بدین معنی است که شعرا و نویسندگان ترک و کرد و عرب و بلوچ و ترکمن و... باید به زبان فارسی معرفی شوند. و این نه تنها هیچ کمکی به زبان‌های غیر فارسی در ایران نخواهد کرد، بلکه تأثیر و نفوذ زبان فارسی بر ادبیات سایر زبان‌ها را نیز افزایش خواهد داد".

† من الدستور الإيراني: الفصل 2 - الفقرة 15

طهران عام 1940، إنتشرت الإذاعات المحلية باللغات الأُخرى بدأً مع اللغة الثانية، الآذرية، حيث بدأ البث بها من إذاعة تبريز (تأسست عام 1946)، ثم الكردية من إذاعة كرمنشاه في العام 1959. (*) وتقدم اليوم أكثر من 30 قناة تلفزيونية برامجها بلغات محلية في الداخل بالإضافة إلى البث متعدد اللغات عبر المحطات الفضائية، وهذا عدا عن البث الإذاعي المنتشر في جميع المحافظات والأقضية الإيرانية. وبشكل حصري، لم تحظى الفارسية في إيران بنفس إمتيازات العربية والتركية في البلدان المجاورة، فمنذ إنتصار الثورة الإسلامية أخذت الأولويات الأيديولوجية (الدين) تتفوق على الاعتبارات الثقافية واللغوية. لذا، فإن جهود تعزيز إستخدام الفارسية كلغة رسمية وحيدة لا تنبع بالأساس من توجهات قومية، كما هو الحال في تركيا والدول العربية، بل تهدف صرفاً إلى توظيفها كغطاء أيديولوجي يعزز تماسك السلطة المركزية؛ ويظهر تدني الاهتمام بتطويرها، مقابل العربية، من خلال قلة الدعم المقدم للمؤسسات اللغوية، مثل أكاديمية اللغة والأدب الفارسي (فرهنكستان زبان فارسى)، وإتباع سياسة لغوية مرنة تجاه الكلمات الأجنبية الدخيلة التي تشكل ما يربو على 40٪ من المفردات الفارسية.

وكمثال على تغليب الأولويات الأيديولوجية الدينية على الوحدة اللغوية هو إعتراض إيران على إقتراح تأسيس شبكة تلفزيونية مشتركة بين الدول الناطقة بالفارسية. المشروع الذي إقترحته طاجيكستان في العام 2011، ورحبت به أفغانستان، وكان سيساهم بتعزيز الوحدة اللغوية وتقارب اللهجات في هذه الدول الثلاث. الا ان إيران أعلنت بعد خمس سنوات من الدراسة رفضها للمشروع بسبب الاختلافات الأيديولوجية (الطائفية) مع الدولتين، مما يوضح إن السياسة اللغوية المتبعة في أيران ترجح العقيدة الدينية كقيمة أعلى من اللغة. (†)

* <https://web.archive.org/web/20250720184341/https://www.irannamag.com/en/article/advent-development-radio-iran/>

† <http://archive.today/0XS8I>

(<https://farsnews.ir/world/1306180213000442877

/2—تلويزيون-مشترك-كشورهاي-فارسي‌زبان-و-چالش‌هاي-پيش‌رو>)

5.3.5 السياسة الكردية

على الرغم من الاعتراف الرسمي بها في العراق واعتمادها كلغة التداول الأساسية في المناطق الخاضعة لإدارة حكومة إقليم كردستان (KRG)، إضافة إلى استخدامها في مناطق الإدارة الذاتية بشمال شرق سوريا، لم تبلغ الكردية بعد مرحلة ترسيخ وجودها كوسيلةَ تواصلٍ وحيدة في الجغرافيا الكردية، والتنافس المتكافئ مع نفوذ اللغات المجاورة فيها.

يعود ذلك أساسًا إلى التهميش المنهجي الذي طالها قرونًا، حيث خضعت لسياسات لغوية صارمة أعاقت تعزيز مكانتها. علاوة على ذلك، لم تبذل الإدارتان في كردستان جهودًا كافية لمعالجة تبعات هذا التهميش المديد؛ إذ لم يُقدَّم حتى الآن مشروع جاد لصياغة معيار جديد يعزز وحدتها ويدحض التصورات الشائعة التي تصفها بأنها مجرد تجمُّع لهجات محلية.

تحديات التنافس الثقافي

في ظل تزايد وتيرة التلاقح بين الثقافات، عالمياً، والتداخل المتسارع بين اللغات، لا سيما في المجتمعات الغربية الحديثة، أخذت اللغات تواجه تنافسًا شرساً من أجل البقاء. ولم يعد، في هذا السياق، تطوير اللغة الكردية مجرد ضرورة لمواكبة التغيرات الاجتماعية، بل غدا شرطًا أساسيًا لضمان استمرارها مستقبلاً، وتناقلها بسلاسة بين الأجيال القادمة. لتحقيق ذلك، يواجه التخطيط اللغوي الكردي تحديات وأهدافًا متعددة تستوجب العمل على تحقيقها، وأبرزها:

أ. توحيد المعايير اللغوية

بالنظر إلى الحاجة الملحة إلى لهجة فصحى موحدة، يصبح من الضروري الإسراع في تطوير معايير لغوية شاملة، مدعومة بخطط ترمي إلى تطوير صياغتها وانتشارها على أوسع مساحة في الجغرافيا الكردية، وبأعلى مستوى من التداول بين الناطقين بها. ليس هذا فحسب، بل تأهيلها للاستخدام الأكاديمي خارج حدود كردستان، أي تقديمها بصيغة موحدة في المؤسسات الأكاديمية العالمية التي ترغب بتدريسها.

ب. تعزيز التفاهم بين اللهجات

نظرًا لتدني مستوى التفاهم بين المحكيات الكردية المتباينة، يتعين على خطط التحديث اللغوي مراعاة ضرورة تقريب اللهجات (Dialectal leveling) باستخدام الوسائل المتاحة مثل الأدب والفنون البصرية ووسائط الإعلام، بما يسهم في تحسين مستوى التواصل بين الناطقين باللهجات المتفرقة.

ج. مواجهة الصفائية اللهجوية

نظراً لانتشار فكرة النقاء اللهجي في بعض الأوساط، واعتبارها معيارًا لاصالة الانتماء القومي؛ او ارتباط الانتماء بمدى إتقان الكردية، أو اعتبار لهجة معينة كمعيار أساسي لدرجة "الكردايتي"؛ تتطلب السياسة اللغوية الكردية مواجهة التأثير السلبي لهذه النزعة على اللهجات الأقل انتشارًا، بما يضمن التعامل المتساوي بينها، وتاهيل الناطقين بها لتقبل فكرة اللهجة الموحدة وتيسير اكتسابها.

د. رفع مكانة اللغة الكردية

تعاني الكردية، بسبب الموروث التاريخي الثقيل، من تدني في المكانة اللغوية (substratum)، مما يحد من قدرتها على التاثير في المجتمع الناطق بها، ويضعف الاقبال على دراستها واجراء البحوث اللغوية لتطويرها. بالتالي، تبرز الحاجة الى وضع خطة منزلة (status plan) لرفع مكانتها بين اللغات المجاورة وتعزيز ثقة الناطقين بها وجعلها الخيار الأول لهم في كافة النشاطات الاجتماعية والثقافية والعلمية. علاوة على ذلك، التركيز على تعزيز حضورها في المرافق السياحية، وتدريسها للوافدين عوضًا عن إنشاء مدارس بلغاتهم الأصلية.

هـ. مواجهة السياسات اللغوية المنافسة

تنتهج الدول المجاورة استراتيجيات لغوية تستهدف الحد من انتشار الكردية ووحدتها. ومن امثلة هذا الاستهداف هي الطريقة التي تقدم بها تركيا التباين بين الكرمانجية والزازا بوصفه اختلافًا إثنيًا يتجاوز الإطار اللغوي، و سياسات خفض مكانة اللغات واللهجات المحلية في إيران، وكذلك نشر الانطباع عن اللهجة

"الفيلية" في العراق على نها أقل نقاءً من اللهجة "الشمالية". لذا، فإن دراسة السياسات اللغوية المنافسة، يساهم في حماية الكردية، ويمثل أولوية استراتيجية للحفاظ على سلامة اللغة في مواجهة الانقسامات الداخلية والتحديات الخارجية.

الخاتمة

يمثل تطوير اللغة الكردية، وفق سياسة مبنية على تخطيط متكامل لمتن اللغة، ومكانتها، واكتسابها، ضرورة وجودية لضمان استمرارها ونموها في ظل التغيرات الثقافية واللغوية المتسارعة من حولها. كما إن تبنّي استراتيجية لغوية شاملة تتعامل مع التحديات الهيكلية والتأريخية، بشكل علمي، ووفق رؤية واضحة، يمكن ان يكفل للكردية مكانة أسمى بين اللغات في الشرق الاوسط ويعزز قدرتها على تلبية متطلبات الأجيال القادمة.

الشيخ سعيد صديق كابان صاحب كتاب "مختصر الصرف والنحو الكردي" الصادر عام 1928

اللغوي النرويجي – الأمريكي لارس اولاف فوسوم (1879 - 1920) وضع الأساس للنظام السوراني باستخدام الابجدية الفارسية كونها الأقرب في تمثيل الصوتيات الكردية

الفصل السادس

الفونولوجيا والاورثوغرافيا

"أن تتخيل لغة فأنت تتخيل شكل من أشكال الحياة."

لودفيغ فيتغنشتاين

اللغة ليست مجرد عملية تنضيد جمل على شكل قائمة من الكلمات المتتابعة، وكأنها عربات في قاطرة. ولو كانت كذلك لكان من المستطاع تلخيص كل لغة بقاموس واحد فحسب، لأن التعبير يحتاج أكثر من ذلك. العلاقة بين الكلمات تحكمها قواعد نحوية وبدون هذه العلاقة لا يكتمل المعنى. هذا يعني إن المفردة بحد ذاتها هي مجرد مفهوم لا يشير الى ثمة دلالة كاملة من دون أن يكون جزءاً من الجملة المنضبطة قواعدياً. على سبيل المثال، يستطيع الناطق بالعربية فهم نصف مفردات الفارسية وأغلب الكلمات المالطية، لكنه مع ذلك لا يستطيع التحدث بهما أو فهمهما. فبغض النظر عن الاختلافات الصوتية كالنبرة والتنغيم والإيقاع، وهي إختلافات تؤثر بالتأكيد على مستوى الفهم، فإن القواعد النحوية والتركيبية التي يجهلها الناطق بالعربية فيهما هي التي تعيق فهم الدلالة.

من الناحية النظرية، لا تحمل الكلمة في حد ذاتها ثمة قيمة جوهرية؛ فهي مجرد مفهوم تجريدي، إشارة لا تحتوي على أي معلومة إذا اقتطعناها من الجملة التي تقع فيها. على سبيل المثال، كلمة "سيارة" لو تناولناها بمفردها فلا تخبرنا

عن أي سيارة نتحدث، ما لونها أو حجمها أو علامتها التجارية، لا عن مالكها أو أين كانت أو متى. هذه الكلمة تكتسب قيمتها فقط عندما تأتي في سياق جملة منضبطة قواعدياً. وفقًا لفرديناند دي سوسير، فإن المفردة تتكون من عنصرين، الأول هو صورتها الصوتية **"الدالة"**، التي تتداولها الألسن، او تُكتب بتهجي متفق عليه؛ والعنصر الثاني هو المعنى **"المدلول"** الذي ترمز له الكلمة. أي إن الدالة بمفردها مجرد رمز، والمدلول بمفرده لا يحتوي على قيمة دلالية متكاملة.

كمثال على ذلك، الأصوات أو الحروف في كلمة "شجرة" (كدالة) فهي ليست سوى رمز مُتفَق عليه بين الناطقين بالعربية؛ وكل لغة تتخذ شكلاً صوتيا يشير الى نفس المفهوم حسب إتفاق الناطقين بها، فكلمات مثل دێرڤا "дерево" (بالروسية) و"درخت" (بالفارسية) أو "dar" (بالكردية) يمكن أن تؤدي نفس الغرض تماماً بالإشارة الى نفس الفكرة (الشجرة). هذا يعني ان الدالة لا تمتلك قيمة بذاتها، لا كصوت ولا كشكل كتابي. بالإضافة لذلك، فإن المدلول هو ايضاً مجرد كيان افتراضي ليس له قيمة معلوماتية بمفرده، إلا عندما يأتي ضمن سياق جملة، وفق الترتيب النحوي الصحيح.(De Saussure, 1959, p. 118)

"تعمل الإشارات، إذاً، ليس بواقع قيمة نابعة من ذاتها، بل من خلال موقعها نسبة الى الإشارات الأخرى في الجملة."

وبما أن الكلمة المنفردة (كإشارة صوتية) لا تحمل قيمة دلالية مكتفية بذاتها، فإن صياغة معادل كتابي لها (الإملاء) هو الآخر لا يحمل معنى مكتمل فهو مجرد تمثيل خطي لها. أي إن الإملاء بغض النظر عن ما إذا كان متطابقاً مع الصوت أو لم يتطابق نهائياً فهو أيضا لا يؤثر في الدلالة، إذ يمكن ترميز المفردة بأي تشكيلة من الفونيمات (الصوتية) أو الحروف يتم التوافق حولها. هذا يعني، إنه إلى جانب التمثيل الصوتي، المستخدم في المحادثات الشفوية، فإن الكتابة (النظام الإملائي) هو أيضا تمثيلاً رمزيًا للكلمات، فكلا الدالين الصوتي والإملائي هما وسيلتان للتعبير عن نفس المفهوم. فكما تم التوافق حول الإشارات الصوتية (الكلمات) فإنه بالإمكان أيضاً التوافق حول الإشارات الإملائية. وهذا يعطي حرية للإملائيين لإقتراح الشكل الخطي للمفردة ثم عرضها للتوافق حولها.

ومع إن التبادل الصوتي للمعلومات هو المجال الأكثر إستخداماً في اللغة، إلاّ إن إزدياد النشر المقروء في مجالات حيوية مثل الوثائق العلمية والتشريعية والسياسية، يزيد من أهمية الإملاء على حساب الهيمنة الصوتية. وبنظرة أكثر شمولية، لم تعد اللغة مجرد إشارات صوتية، بل أصبحت أداة كتابية أيضاً؛ لذلك، كما تتطلب اللغة مراجعة التحولات الصوتية وإستيعاب التحور الذي يطرأ عليها بمرور الزمن، أصبح من الضروري بنفس القدر تطوير التمثيل الإملائي إلى جانب الترميز الصوتي للمعاني.

نستخلص مما تقدم إن المفردة لوحدها لا تفيد معنى متكامل، وإن الرمز الشفاهي للكلمة هو مجرد شكل صوتي تم التوافق عليه وبالإمكان تغييره، وكذلك الشكل الخطي لها (الإملاء) هو رمز بصري يمكن تحويره؛ ويتم ذلك أيضاً بدون المساس بالمعنى.

6.1 الصوتيات والفونولوجيا

أول ما يتبادر إلى الذهن عند ذكر إحدى اللغات الشائعة اليوم هو ليس نظامها الكتابي بقدر ما تحضر في ذاكرتنا تلك النكهة الصوتية المميزة، التي تتمثل بخصوصيات مثل النبر والتنغيم ومد نهايات الجمل. فلغات مثل الإيطالية والفرنسية والعربية يمكن تمييزها بسهولة من خلال الصوت، فحسب، يمكن تمييزها حتى بدون الحاجة لفهم المعاني. ونظراً لأهمية الصوت في اللغة فقد نشأ في اللسانيات فرعان من العلوم المختصة به وهما:

علم الصوتيات (Phonetics): وهو الفرع الذي يتعامل مع إنتاج الأصوات البشرية في الجهاز الصوتي. يبحث في طريقة اصدار الفم للأصوات مثل /s/، /k/، /t/، الخ.

والفونولوجيا (Phonology) هو العلم الذي يدرس التعبير عن الصوتيات من خلال الكتابة، العلاقة بين الصوت والحرف، وتنظيم تمثيل الصوت من خلال الابجدية.

الأول (الصوتيات) هو العلم الذي يهتم بطريقة توليد الأصوات عند البشر، بغض النظر عن أي لغة تتم دراستها، مثل وضعية اللسان والشفتين، في حين أن الفونولوجيا يتناول كيفية ترميز الصوتيات الخاصة باللغة وتمثيلها في النظام الكتابي (الأُورثوغرافيا) بشكل تتميز فيه عن اللغات الأُخرى. وبتضافر العلمين، الصوتيات والفونولوجيا، يمكن صياغة النظام الكتابي بالشكل الذي يناسب اللغة وطريقة التعبير عن صوتياتها بشكل تحريري.

6.1.1 الصوتيات

يرى اللغوي الإسكتلندي جورج يول علم الصوتيات كفرع من علوم اللسانيات يركز على طريقة إنتاج وتصنيف الأصوات من حيث الآليات النطقية للجهاز الصوتي البشري، وماهية الأصوات، وطريقة إنتاجها، وكيفية إستيعابها من قبل المستمعين. (Yule, 1985, p.26,41). تغطي الدراسات فيها ثلاثة فروع:

الصوتيات النطقية: (Articulatory) دراسة كيفية إنتاج الأصوات، مثل وضعية أعضاء النطق في الفم كاللسان والشفتين، والاسنان، وطريقة تحريكها بوضعيات مختلفة لإنتاج أصوات مختلفة مثل "سسس" او "مممم" أو "د".. الخ.

الصوتيات السمعية: (Auditory) دراسة كيفية إدراك المستمعين للأصوات عبر الأذن، ومن ثم تمييزها وفهمها؛ أي بفهم معاني الكلام من منظور المستمع وليس المتكلم.

الصوتيات الفيزيائية: (Acoustic) هي دراسة الخصائص الفيزيائية للأصوات بإعتبارها أمواج تنتشر في الهواء، مثل قياس النغمة والشدة والجودة.

6.1.2 الفونولوجيا

على عكس علم الصوتيات الذي يدرس إنتاج الأصوات بغض النظر عن اللغة المستخدمة، فإن الفونولوجيا تهتم بكيفية ترميز الصوتيات في كل لغة بشكل خاص

لتكوين المعاني حسب الطريقة الخاصة بكل لغة. يقدم جورج يول تعريفه لعلم الفونولوجيا (Yule, 1985, p. 42) على إنه:

> "هو وصف للأنظمة والأنماط الصوتية المستخدمة في الكلام لكل لغة بشكل منفرد... ويهتم علم الفونولوجيا بالجوانب المجردة أو العقلية للأصوات في اللغة بدلاً من تناول كيفية النطق الفعلي للأصوات الكلامية."

يُعد الفونيم هو أصغر وحدة صوتية منطوقة بما يقابل الحرف الواحد في الكتابة مثل "سسس" و"ششش" الخ. ويبلغ عدد الفونيمات التي يستطيع الإنسان إصدارها في جهازة الصوتي ما يقرب من 800. ولكن لا توجد لغة في العالم اليوم توظف كل طاقة الحنجرة البشرية، فاللغات تتفاوت في عدد الفونيمات المستخدمة فيها بحيث تتراوح بين 11 فقط في لغة "روتوكاس" (في البرازيل)، بينما تستخدم الإيطالية 30، الفرنسية 36، الإنجليزية 46 والروسية 55 فونيماً؛ ويصل أعلى عدد الى 158 في لغة تخو (!Xóo) في أفريقيا.

ولأن بعض االفونيمات تكون قريبة من أخرى، مثل /p/ و /b/ أو /v/ و /f/، فإن تحويل الأصوات الى نص كتابي يتطلب تنظيم خاص بكل لغة يراعي خصوصياتها والصوتيات الشائعة فيها، بشكل يكون النظام الكتابي شامل لكل الصوتيات من جهة، ومن جهة ثانية يحافظ على سهولة الكتابة ويحد من تعقيدها. وهذه الموازنة بين دقة كتابة الأصوات، وسهولة ضوابط الكتابة، يتكفل به علم الفونولوجيا.

لنأخذ المثال التالي: بينما يقوم علم الصوتيات بتمييز حرف اللام الخفيف **/l/** كما في كلمة "لعب"، عن اللام الغامق **/ɫ/** كما في كلمة "ألمانيا"؛ نرى إن الفونولوجيا العربية تتجاهل هذا الاختلاف، وتعتبر كلا الصوتين هما من الأطياف (الألفونات) التي تتدرج تحت نفس الفونيم وترمز لكل منهما بنفس الحرف وهو "ل". كذلك يتعامل علم الفونولوجيا في الإنجليزية مع كلا الصوتين بحرف واحد وهو "L" ، كما في كلمة "Ball" /bɔɫ/ وكلمة "Law" /lɔː/. بنفس الطريقة تستخدم الفارسية حرف اللام لتمثيل الصوتين، الغامق في كلمات مثل "الله" /æɫˈɫɑːh/ (الله) والخفيف كما في "إله" /ɪlˈɑːh/ (إله).

على النقيض من ذلك، هنالك لغات، مثل الروسية، تُمَيّز بين الفونيمات المتشابهة. فتُكتَب الباء الخفيفة بالحرف "б" كما في كلمة "**рыба**" /ˈrɨbə/ (سمكة)، في حين تضاف العلامة "**ъ**" بعد الباء لتضخيمها كما في "объект" /ɐbˈjekt/ (هدف).

أما الكردية فتتعامل مع الصوتيات بإزدواجية بسبب عدم التنسيق بين النظامين السوراني والكرمانجي. فعلى سبيل المثال؛ في الوقت الذي تتجاهل الكرمانجية تمثيل طَيفَيْ اللام، وتوحد ترميزهما بالحرف اللاتيني (L)؛ يميزهما النظام السوراني عن طريق اضافة العلامة التشكيلية " ˇ " فوق الحرف فتُكتَب كلمة مثل "لاو" /la:ʊ/ (شاب) بدون الإشارة، بينما تُوضَع فوق اللام المضخمة كما في كلمة "بەڵام" /beɫɑ:m/ (لكن). وتدقق الكتابة السورانية كذلك، خلافاً للكرمانجية، بترميز طيفين من الراء، والياء والواو أيضاً.

هذا يعني، بينما يتناول علم الصوتيات طريقة إنتاج الفونيمات، أطيافها فإن علم الفونولوجيا يقوم بمعالجتها في كل لغة وكيفية تمثيلها بالحروف حسب نظامها الكتابي، ففي داخل الفونيم الواحد يمكن إنتاج الفونات متعددة (الأليفون هو طيف من أطياف الفونيم). انأخذ فلو أخذنا مثلا اليفون مخفف من الصوت /v/ كما في الكلمة الإنجليزية "Victor" نراه مختلفاً عنه في الكلمة "Voice"، كذلك الفرق في الفونيم /b/ كما بين "Basket" و"Butter"، أو /m/ كما في "Mint" و"Mother". الفونولوجيا هي التي تتناول طريقة التعامل مع الصوتيات في تمثيلها بالحروف، في كل لغة حسب الضوابط وعمق الاورثوغرافيا المتفق عليه فيها.

ولتوضيح اختلاف الفونولوجيا بين لغة واخرى، يمكن الإشارة الى نظام الكتابة المتبع في اللغة البولندية حيث يشير إلى الصوت "ش" /ʃ/ بدرجتين مختلفتين هما "Ś" كما في "Miś" (دمية دب)، و"Sz" في "Szyja" (عنق) على عكس الكثير من اللغات. وكذلك التمييز بين السين والصاد في اللغة العربية بحرفين مختلفين في حين تتعامل معها لغات أخرى على أساس كونهما فونيم واحد متمثل بحرف (غرافيم) واحد مشترك هو "S".

6.1.3 الانزياح الصوتي

لا يختلف البشر بالوجوه وبصمات الأصابع فحسب، وإنما تشير التفاصيل الدقيقة الى إن كل عضو في جسد الإنسان يختلف عنده شخصياً عن الآخرين بما في ذلك الحنجرة والأُذن، أي في طريقة إصدار الصوت عند النطق، وفي تمييزه عند السماع. إذا، فإن الإختلاف التدريجي في صوت المفردة ينشأ بسبب الإختلاف بين المتكلم والمستمع خصوصاً في أطياف الفونيم الواحد (الاليفونات المتشابهة).

ومع تعاقب الاجيال، فإن التراكم في التغيرات البسيطة سواء في طريقة النطق أو في القدرة على تمييز الأصوات، تدريجياً، يؤدي الى تعميق الانزياح الصوتي ثم يقود الى تغيير في العادات اللغوية. أي إن الإختلاف التدريجي في الأنماط الصوتية يقود الى ان تتبدل معها الفونيمات في الكلمة الواحدة مما يعمل على تحويرها الى مفردة جديدة. هذا الإنزياح الصوتي هو أحد أهم الأسباب في ظهور اللكنات في المجتمعات المعزولة الى حد تجد أنفسها وقد طورت أنماط نطق خاصة بها، وتؤلف مفردات مميزة تختلف عن الآخرين. وبالنتيجة، يجعل التواصل بين أفرادها أسهل من التواصل مع أفراد من المجتمعات الأخرى بعد مرور حقبة من الزمن. ومثلما تؤدي العزلة الطويلة بين المجموعات والكتل السكانية إلى ظهور لكنات مميزة، فإنها تتطور مع الأجيال إلى لهجات، حتى تصل، بفترات أطول، إلى فقدان القدرة على التفاهم مع المجموعات الأُخرى فيتم إعتبار هذه اللهجات لغات مستقلة.

ضمن هذا المسار التطوري، نشأت اللغة الكردية الحديثة، التي كانت قد تفرعت من الكردية القديمة، والتي بدورها تفرعت في وقت سابق من اللغة الإيرانية الغربية، التي تفرعت في وقت أسبق من اللغة الإيرانية البدائية (Proto-Iranian) في الالفية الثانية قبل الميلاد. ويمكن لعلم الأنساب اللغوي أن يتتبع جذور هذه اللغة إلى ماقبل الهندو-أوروبية (Proto-Indo-European)، تلك اللغة التي يُفترَض أنها وُجدت أواخر العصر الحجري الحديث وإستمرت حتى العصر البرونزي المبكر، أي بشكل تقريبي من 4500 إلى 2500 قبل الميلاد. (Gimbutas, 1974). ومثلما ساهم الأنزياح الصوتي في ظهور الكردية كلغة مستقلة، وأدى لاحقاً إلى نشوء هذه الإختلافات بين

اللهجات السائدة حالياً مثل الكرمانجية، السورانية، الفيلية، والزازا/الكورانية؛ فمن المتوقع، خلال القرون القادمة، أن تتطور هذه اللهجات أكثر، وينخفض مستوى التفاهم المشترك بينها لتصل الى درجة تكون فيها كل منها أقرب الى لغة مستقلة منها الى مجرد لهجة متميزة، في حال عدم توحيد المعجم، والقواعد، والنظام الكتابي الكردي.

وكما يُعتبر الإنزياح الصوتي عاملاً بارزاً في تطور اللهجات واللهجات الإثنية (الإثنوليكت) واللغات، فإنه بنفس القدر يشكل تهديد دائم للوحدة اللغوية، فإن الأنظمة الكتابية تشكل ضرورة للحفاظ على شكل المفردة في المعجم ومنع تحورها بمرور الزمن وتشعبها الى مفردات جديدة، إلاّ إن تطور أساليب الحياة المعاصرة بما في ذلك إنتشار وسائل التواصل ووفرة مصادر الإعلام يعمل على تقريب العادات اللغوية الفصحى والمحافظة على وحدة اللغات، فإن وضع معايير فونولوجية موحدة ومدروسة بعناية يمكن أن يعيق الانزياح الصوتي ويحافظ على الوحدة اللغوية للكردية لقرون أطول.

6.2 نظم الكتابة -الأورثوغرافيا-

إذا إعتبرنا الكتابة هي مجرد استخدام للرموز كتمثيل بصري للأفكار، امكننا تتبع بداياتها إلى الرسومات الأولى التي وجدناها على جدران الكهوف، تلك التي يعود تاريخها إلى حوالي 20,000 سنة خلت. ولكن تلك الكتابة البدائية ابعد ما تكون عن نظام كتابي، كما هو متعارف عليه اليوم. لذلك، فإن أقدم ترميز يمكن إعتباره تدوين فهو يعود الى حوالي 5000 سنة لا أكثر، وهو إستخدام الخطوط المسمارية التي وجدناها محفورة على ألواح الطين السومرية، والهيروغليفية التي تلتها بعد بضعة قرون في مصر القديمة. ولم تكن المسمارية قد عرفت ترميز الأصوات في بدايات ظهورها، وإنما إعتمدت التوافق على شكل معين (صوري) لكل كلمة. هذا الإنتقال نحو الترميز الصوري تطلب صياغة وفرة من الرموز قد يكون عددها بعدد كلمات اللغة. كثرة الرموز هذه شكلت معضلة في استخدام الكتابة آنذاك، الى أن تم حلها في مرحلة لاحقة باختراع طريقة جديدة تتيح القدرة على دمج رموز الكلمات بمقاطع صوتية (logo-syllabic scripting).

أما تطوير النظام الكتابي من خلال صياغة الأبجديات كما نعرفها بشكلها الحالي، بحيث ينحصر الرمز الواحد (الحرف)، أو أكثر، بتمثيل مقطع صوتي قصير (الفونيم) فلم يظهر إلاّ مع نظام الكتابة الفينيقي قبل حوالي 3 آلاف سنة فقط. ويجد يول إن هذا هو الأساس التاريخي للغالبية من الأنظمة الكتابية المعاصرة مثل اللاتينية، السريلية، والآرامية. (Yule, 1958, p212).

ومع تطور التدوين وإنتشاره، وتحوله الى ضرورة مرافقة للنشاط الإنساني، ظهرت الحاجة لوضع قواعد إملائية قياسية (اورثوغرافيا) وذلك توخياً لبلوغ دقة أكبر في التعبير وفي الفهم، لمجاراة التعقيد المتواصل في الأفكار البشرية. ووفقاً لهذا التطور في أنظمة الكتابة وإرتباطها بالإملاء يقدم قاموس أكسفورد تعريفه للاورثوغرافيا على إنها:

"[الاورثوغرافيا] هو المصطلح الرسمي للتعريف بالإملاء أو لدراسته كأحد المواضيع في الدراسات اللغوية" (*)

ويشكل التوافق حول نظام إملائي موحد، بما فيه علامات الترقيم ضرورة لتمثيل الأفكار بدقة ووضوح من خلال الكتابة؛ فمن دون هذا التوافق يصبح نقل النظريات العلمية عرضة للخطأ والإنزياح الدلالي في أغلب الاحوال. ويؤدي النظام الإملائي (بمساعدة القواعد) الدور الأهم في حفظ النصوص القانونية والتشريعية وفي حماية اللغة من التغييرات الزمانية عن طريق ثبات الشكل المعجمي للكلمة حتى لو تعرض لفظها لإنزياح مع مرور الزمن. لذلك، يمكن القول بأن إنعكاس هذا الإفتقار لنظام إملائي واحد ومميز في اللغة الكردية يعتبر أحد أهم الأسباب وراء تنوع لهجاتها وإنخفاض مستوى الفهم المتبادل بينها؛ فلو كان هنالك ضوابط أورثوغرافيا موحدة تحظى بالإجماع، لكان من شأنها أن تُوحد هذه اللهجات في شكل لغوي فصيح مشترك. بعبارة أخرى، لو استمرت الكردية واللغات الأخرى ذات الأصل الإيراني في إستخدام النظام الكتابي البهلوي بشكل مشابه لما أصَّلته لنفسها الأرمنية والعربية والعبرية والجورجية، لكان المعجم

---

* Oxford Reference

https://web.archive.org/web/20250720191308/https://www.oxfordreference.com/display/10.1093/oi/authority.20110803100255163

الكردي قد حافظ على جزء كبير من سلامته حتى لو كان هذا النظام قد خضع للتطوير والتعديل في مراحل تاريخية معينة، ولكان قد حافظ على لهجة كردية فصحى واحدة بدلاً من ظهور هذه المعوقات اللهجوية الحديثة.

6.2.1 علامات الترقيم

لا يقتصر النظام الاورثوغرافي على قائمة الحروف الأبجدية فحسب، وإنما يوظف الى جانبها علامات خاصة يطلق عليها علامات الترقيم مثل الفارزة والشارحة والأقواس. وتشكل هذه العلامات وضوابط إستخدامها جزءاً من النظام الكتابي كونها تشارك في تحديد معنى الجملة. لنتمعن في هذا المثال:

"صديقي احمد كتب علي على يده."

المعنى التي تقدمه الجملة هو إن صيقي أحمد قد كتب على يده كلمة "علي"، إلاّ إننا لو وضعنا الفارزة (،) بعد كلمة "احمد"، هكذا:

"صديقي أحمد، كتب علي على يده."

فإن الفاعل في الجملة سيتغير من احمد الى علي وسيتحول معنى الجملة الى "كتب علي على يده عبارة (صديقي أحمد)".

وتختلف اللغات في درجة توظيفها لعلامات الترقيم وأهميتها بحسب النحو الخاص بكل لغة. فلا تحتاج العربية مثلا لتذييل الجملة الإستفهامية بعلامة الإستفهام (؟) تمييزاً لها عن الجملة الخبرية، وذلك لكون الإستفهام يبدأ عادة بظرف مثل "هل"، "متى"، و"أين"، وهكذا أيضاً يتم بناءها في الإنجليزية. على العكس من ذلك، لا تستخدم الروسية دائماً ظروف الإستفهام وإنما تشترك الجملتان الإستفهامية والخبرية بنفس الصياغة النحوية، ولا يمكن التمييز بينهما إلاّ بواسطة العلامة، دون ان يعتبر ذلك أخلالا بالقواعد. لنأخذ مثالاً من الروسية:

تُكتب الجملة الخبرية "أنت تطبخ جيدًا" على النحو التالي:

ты хорошо готовишь.

وبنفس التركيب تُكتب الجملة الاستفهامية "هل تطبخ جيدًا؟"، لذلك فهي تحتاج الى الى العلامة للتمييز بينهما:

ты хорошо готовишь ?

6.2.2 ديمومة المعجم

من السهل ملاحظة الاختلاف بين الإملاء والنطق في العديد من اللغات الغربية الحديثة للحد الذي يصعب معه التكهن بطريقة لفظ المفردة من خلال شكلها الإملائي. وتشير هذه الظاهرة إلى تعرض المفردات لإنزياح صوتي على مدى القرون الماضية. هذا يعني إن الأملاء قد حافظ على الشكل الصوري القديم للكلمة دون تغيير رغم الإنزياح الفونتكي الذي رافقها. فلو أخذنا الفرنسية كمثال فإننا نستشعر عمق التحور في الصوتيات. وأوضح مظاهر هذا الاختلاف في الإنجليزية يمكن ملاحظته في اللهجة الأيرلندية، وفي لهجة أستواري (Estuary English) وكوكني المنتشرة في شرق لندن.

بشكل عام يتمتع الناطق بالفرنسية أو الإنجليزية بحرية في التلفظ وعدم الإلتزام بالنطق المطابق للحروف. على النقيض من ذلك، يضطر الناطقون باللغات التي تستخدم أنظمة الكتابة المستندة إلى الآرامية (العربية والفارسية) إلى تعديل النطق -تبعاً للإملاء- أثناء الكلام الفصيح ليتماشى مع المعايير التقليدية المتفق عليها في اللفظ.

والسبب الذي يجعلنا لا نشعر بشكل واضح بهذه الفجوة بين الإملاء والنطق في العربية والفارسية هو أن الأولى قد ورثت الخصائص الإملائية من الآرامية، والثانية تعود خصائصها الصوتية الى البهلوية. وكل منهما كانت تهمل أصوات العلة القصيرة وتعتمد السليقة اللغوية في نطق النص المكتوب، قبل أن تتحول الى إستخدام العلامات (النقاط او علامات التشكيل). ثم جرت العادة في إسلوب الكتابة الحديثة أن يتم تجاهل هذه العلامات أيضاً، بحيث لا يتم ترميز صوتياتها بحروف وانما ترك طريقة النطق لمدى اجادة المتحدث بالضوابط القواعدية.

إن إغفال الحركات في النظم الكتابية العربية والفارسية وعدم تمثيل أصوات العلة القصيرة بحروف منفصلة يجعل الكثير من الكلمات المختلفة اللفظ تندرج في وحدة إملائية متطابقة، أي تسمح بتعدد اشكال النطق للكلمة الواحدة رغم وحدة التهجي؛ وبهذا فإن أملاء الكلمة يستطيع إستيعاب إختلاف النطق بين اللهجات المتعددة. مثلا يبقى التمثيل البَصَري لكلمة مثل "البيت" محافظا على شكله سواء كان بصيغة اللفظ /ælbeɪt'/ كما هو في الفصحى أو /ɪlˈbjːt/ كما تُنطَق بالمصرية الحديثة. أما الإنظمة الإملائية الغربية التي صيغت بالأساس لتوثق التوافق الشفاف بين صوت المفردة وأملائها، والتعبير بدقة أكبر عن حروف العلة القصيرة، فإنها تساهم بإبراز الانزياح الصوتي بشكل أكثر وضوحا، وتسبب هذا التنافر الصريح بين اللفظ والإملاء.

يُطلَق على النظام الكتابي الذي يتطابق فيه الإملاء مع اللفظ تسمية "**النظام الشفاف**"، أو النظام الضحل (Shallow Orthography) وهو الأكثر شيوعاً في اللغات التي تستخدم النظام اللاتيني. على العكس من ذلك يفضل بعض اللغويين إضفاء عمق أكبر للنظام الكتابي عن طريق إختزال حروف العلة القصيرة، ومنح حرية للحرف لتمثيل مساحة صوتية أكبر، ويسمى هذا النظام بـ **النظام العميق** أو القاتم (Deep Orthography)، من بينهم رائد اللغة العبرية الحديثة، اليعازر بن يهودا، صاحب معجزة بعث الروح في اللغة التي كانت تُعتبر حتى أواخر القرن التاسع عشر من اللغات الميتة. وتعتمد العبرية نظاماً شبيهاً بالنظام العربي يختزل حروف العلة القصيرة ويستبدلها بحركات لا تُستَخدَم إلاّ عند الحاجة لها.

وعلى ضوء الانزياح الصوتي الطبيعي، الذي يتراكم عبر القرون، فإن السؤال الذي يتبادر للذهن هو: لماذا لا يزال الأملاء يتطابق مع النطق في الكتابة الكردية (كلا النظامين) وكذلك في اللغة التركية رغم إعتماد درجة عالية من الشفافية والتطابق بين النطق والإملاء فيها على عكس ما عليه في الإنجليزية والفرنسية؟ الجواب هو أن كل من هذه الأنظمة (السوراني، الكرمانجي، والتركي) هي أنظمة فتية (لا يزيد عمرها عن قرن واحد)؛ ولم يمر عليها زمن طويل بما يكفي لإحداث ذلك التحور الملحوظ باللفظ، وليترك أثره على شكل إختلاف بين اللفظ والإملاء. أي إن هذا التناسق في كلا النظامين الكرديين بالإضافة الى النظام التركي لن

يستمر على حاله ومن الطبيعي أن ينمو التباعد تدريجياً نتيجة للانزياح الصوتي في القرون القادمة. وبتعبير آخر، قد تحافظ العربية والعبرية والفارسية على ديمومة معاجمها لفترة أطول بسبب العمق الاورثوغرافي، بينما يظهر الإختلاف في الكردية بشكل أسرع لأنه يعتمد الشفافية ولا يمنح الحرف عمقاً كافياً للصمود مع الزمن.

6.2.3 تجدد النظام الصوتي – Rephonemicization –

يعمل الإنزياح الصوتي على إندثار مفردات وعادات لغوية وظهور أُخرى بالمقابل لتحل محلها. وغالباً ما يتأثر الهيكل الصوتي للغة بهذا التغيير الطبيعي، فيؤدي إلى أن تبدو اللغة وكأنها مختلفة عنها عبر الحقب الزمنية السابقة. يسمى هذا التغيير المستمر في الأصوات "**تجدد النظام الصوتي**" ويُطلق عليه علمياً (Rephonemicization). ومن أجل الحفاظ على الهيكل الصوتي للغة، يعالج المختصون المعتَمدون في الإكاديميات اللغوية هذه الظاهرة كجزء من خطة المتن اللغوي (Corpus Planning) منتهجين عادة إحدى الطرق التالية: النهج التطويري، المحافظ، أو المُقيَّد:

أ. **النهج التطويري**: يتجه لتحديث نظام الكتابة ليتناسب مع الاستخدامات العصرية، كما حدث مع اللغة العبرية أواخر القرن التاسع عشر، والروسية والصينية في القرن العشرين.

ب. **النهج المحافظ**: هو النهج الذي يحافظ على الإملاء القديم مع السماح بتغير النطق حسب التفضيلات الفونتيكية الخاصة بكل منطقة، أي الفصل بين النطق والأملاء، كما هو في الإنجليزية والفرنسية.

ج. **النهج المُقيَّد**: يعمل على حفظ الإملاء وإجبار المتكلم على تعديل اللفظ ليناسب الأملاء، كما هو شائع في اللغة العربية.

6.2.3.1 النهج التطويري

تضع الجهة اللغوية المخوَلة، وفق هذا النهج، خطة شاملة لتجديد النظام الاورثوغرافي تتضمن تحسين إدائه وإستيعاب ما يجري من تغيّر في العادات الصوتية، سواء عن طريق ابتكار حروف وعلامات جديدة، أو تغيير إملاء بعض المفردات. ومن الأمثلة البارزة في هذا السياق هو إصلاح اللغة الروسية بعد إنتصار ثورة إكتوبر الإشتراكية عام 1917، وفرض السلطة الانتقال من النظام الإملائي التقليدي إلى نظام جديد يعتمد على إقتراحات اللغوي أليكسي شاخماتوف (1864–1920)، إعتباراً من أول يوم من العام التالي. الى جانب ذلك، يمكن الإشارة الى التحول اللغوي الصيني في العام 1949 من نظامه الكلاسيكي الى آخر مبسط بنسبة تزيد على 30% بالإضافة الى الغاء الرموز المكررة.

6.2.3.2 النهج المحافظ

تكتفي معالجة الأنماط اللغوية بإجراء تحديث إملائي طفيف لعدد من المفردات وقد يصل الى حد إضافة حرف جديد للأبجدية مع الحفاظ على النظام الاورثوغرافي. ومن الأمثلة على هذا النهج هو الإصلاحات التي أجراها نوح ويبستر في اللغة الإنجليزية، وقدمها في كتابه "قاموس موجز للغة الإنجليزية" (A Compendious Dictionary of the English Language) في العام 1806. كما يمكن الإشارة الى توصيات الأكاديمية الفرنسية بإجراء تعديلات في النظام الإملائي شملت أكثر من 2,000 كلمة في عام 1990، وكذلك الإصلاحات الذي تم إعتمادها في الألمانية في عام 1996.

6.2.3.3 النهج المقيد

تنزع اللغات ذات الصلة بالأديان، على وجه الخصوص، مثل العربية واللاتينية، الى مقاومة كل شكل من أشكال التغيير في متن اللغة وذلك بسبب قدسية النصوص التاريخية المحفوظة ولكون اللغة تعتبر بمثابة الخزين الفكري للديانة. وتفرض هذه القيود حفظ النظام الإملائي ومنع تحديثه وتشجيع تعديل

النطق الدارج ليتماشى مع الأصوات الأصلية والتاريخية للكلمات، بما في ذلك الأصوات التي لم تعد مستخدمة في التخاطب اليومي. ولهذه الأسباب الدينية، إقتصر التطور في العربية الحديثة على إبعاد الحركات المرافقة للحروف في الكتابة رغم كونها جزءاً أساسياً ملازماً لقواعد النحو، وتمثل صوتيات مهمة وهي: الضمة، الكسرة، الفتحة، تنوين الضم، تنوين الكسر، تنوين الفتح، بالإضافة الى الشدة والسكون. وبنفس الطريقة تعتمد العبرية الحديثة على حركات على شكل نقاط تسمى "نقود" (נִקּוּד)، لا يتم إستخدامها في الأ في حالات معينة مثل التعليم في السنين الأولى، للأطفال، وللأجانب الذين يتعلمون اللغة العبرية كلغة جديدة، أو لتوضيح طريقة اللفظ الصحيح للمفردات الأجنبية.

إن إهمال الحركات في كتابة الفصحى العربية الحديثة، والنقود في العبرية يتوخى السهولة في الكتابة وفي القراءة، ولا يُعتبر تغييراً للنظام الأملائي بأي شكل من الأشكال، كونها تظل جزءاً مكملاً وضرورياً فيه وتُستخدم عند الضرورة لتوضيح اللفظ الصحيح للمفردة.

6.2.4 عمق الأنظمة الإملائية

تعتبر درجة التطابق بين اللفظ والأملاء إحدى السمات التي تختلف فيها الإنظمة الكتابية بين لغة وأُخرى. فعندما يتقيد الإملاء بدرجة عالية من الدقة في التوافق بين الرموز الكتابية (الحروف) والأصوات اللغوية (الفونيمات)، بحيث تتطابق الكتابة مع ترتيب الأصوات، تُصنف اللغة على أنها لغة شفافة أو فونيمية، والنظام الأملائي بأنه ضحل. من أمثلة هذه اللغات: الإسبانية والإيطالية والصربية في أوروبا، والتركية والهندية والكردية في آسيا. على العكس من ذلك، عندما لا تنسجم الرموز مع الأصوات، ويختلف النطق عن الكتابة فيها، تُصنف اللغة على أنها لغة داكنة وغير فونيمية. ومن أمثلة اللغات الداكنة: الإنجليزية والفرنسية والهولندية.

ومع الشك في وجود شفافية مثالية كاملة في أي لغة من لغات العالم اليوم فإن أبرز انسجام بين الحروف والأصوات يمكن ملاحظته في لغة الإسبرانتو وكذلك في اللغة الصربية-الكرواتية، أما عن تلك الأكثر غموضًا فيمكن ذكر الصينية

والفرنسية كأمثلة شائعة. وبين هاتين الحالتين، الشفافية من جانب والقتامة من جانب آخر، يتم تصنيف اللغات بناءً على مدى عمق نظامها الإملائي. فعلى سبيل المثال، تُعد اللغة الألمانية لغة شفافة، لكنها ليست بنفس درجة الشفافية في النظام الإسباني، في حين تُعتبر اليابانية عميقة، ولكن ليس بنفس العمق في الصينية. أما اللغة العربية فيمكن تصنيفها ضحلة (في معاييرها الرسمية) وعميقة بسبب تنوع الأصوات في اللهجات المختلفة.

ودرجة شفافية اللغة غير مستقرة، على المدى الطويل، إذ يتراكم العمق الأورثوغرافي مع الزمن نتيجة للانزياح الصوتي الطبيعي. لهذا السبب تعمد أكثر اللغات الى أجراء إصلاحات إملائية من فترة لأخرى لتواكب الأنماط الصوتية المستحدثة، والحفاظ على درجة من الشفافية بهدف تعزيز الأسس اللغوية وتسهيل التعلم. في المقابل، تعتمد لغات أخرى نهجًا محافظًا في التعامل مع العمق الإملائي وذلك من أجل ديمومة المفردات المعجمية لزمن أطول سواء لصيانة النصوص القديمة في صيغها الأصلية، خصوصًا المرويات المقدسة والأعمال الأدبية المهمة؛ أو للحفاظ على معيار لغوي واسع الانتشار بين الناطقين باللهجات المختلفة. أي إعتماد النظام الإملائي القديم من أجل توظيفه كمظلة لغوية في اللغات الغزيرة والمتباعدة اللهجات.

كلما زادت شفافية النظام الإملائي كلما أصبح التخاطب الرسمي أسهل وأكثر إنسيابية، إلاّ إنه بالمقابل يعمق الفوارق بين اللهجات ويضعف درجة التفاهم المشترك بينها. على العكس، كلما تعزز العمق الأورثوغرافي كلما صعب تعليم اللغة وتداولها حتى بين الناطقين بها، إلاّ إنها تحافظ على مظلة لغوية شاملة للتخاطب بين اللهجات المختلفة والمتباعدة. أي إن الإملاء الضحل يناسب اللغات المتجانسة مثل بعض اللغات القوقازية. في المقابل، فإن العمق يحافظ على تماسك اللغات ذات التنوع اللهجوي خصوصاً مع تدني مستوى الفهم المشترك. لهذا فإن التوازن بين الحالتين، وإقرار العمق المناسب لكل لغة يتطلب دراسة شاملة تأخذ بنظر الإعتبار سعة إنتشارها ومدى تنوعها اللهجي. يعتمد كل من النظام السوراني والكرمانجي درجة عالية من الشفافية بحسب تفضيلات كل من توفيق وهبي وجلادت بدرخان. بالإضافة الى ذلك فإن حداثة هذين النظامين لم تسمح بتراكم انحيازات صوتية ملحوظة بعد، وهذا ما يسهل عملية التعليم سواء في

سني الدراسة الأولى أو للأجانب الراغبين بتعلم الكردية. إلاّ إن هذه الشفافية لا تناسب لغة واسعة الإنتشار وغزيرة التنوع اللهجوي مثل الكردية، فهي تعيق التجانس بين اللهجات وتخلق هويات لغوية فرعية. وبتعبير آخر، فإن اللغة الكردية تحتاج الى تطوير نظام أورثوغرافي موحد ويحتوي على عمق كاف لإستيعاب التباين اللهجي والخصوصيات الصوتية المحلية الغزيرة.

6.2.5 أنظمة الإملاء المتعددة

تُعرف ظاهرة إستخدام أكثر من نظام إملائي للغة نفسها، باسم الثنائية الكتابية (Digraphia). وليست الكردية وحدها تستخدم أكثر من نظام إملائي واحد في الوقت ذاته، وتحديدًا النظامين اللاتيني والعربي؛ فهذه الظاهرة موجودة في الهندية، الصينية، والفارسية. غير أن هذه اللغات، عكس الكردية، تحتفظ بوحدتها من خلال إطار لغوي مشترك. أي على الرغم من اختلاف أنظمة الكتابة إلا إنها تشترك في نفس المعجم، التركيب النحوي، والقواعد اللغوية؛ حتى إذا إختلفت الأبجديات المستخدمة في كتابتها. فلو أخذنا الهندية-الأُردية فهي تُكتَب بالأبجدية العربية-الفارسية في باكستان وبنظام ديفاناغاري في الهند، ومع ذلك تحتفظ بدرجة عالية من التفاهم المتبادل، مما يجعل التواصل الشفهي سلساً بين المتخاطبين. والحال نفسه مع اللغة الصينية، إذ تستخدم الماندرين الحروف التقليدية -النظام القديم- في تايوان وهونغ كونغ وماكاو، بينما تُعتمَد الحروف المبسطة -الحديثة- في الصين (منذ عام 1949)، سنغافورة (منذ 1969)، وماليزيا (منذ 1981). وكذلك تكتب الفارسية بالأبجدية العربية-الفارسية في إيران وأفغانستان بالإضافة الى إستخدامها من قبل أكثر الجاليات الناطقة بالفارسية في الخارج، بينما تُكتب بالأبجدية السيريلية في طاجيكستان. ولكن الفارق الجوهري بين ثنائية الكتابة في الكردية وبقية اللغات هو أن الكردية تربط كل نظام إملائي بلهجة مختلفة بدون قواعد موحدة للنحو أو الصرف، فضلاً عن التباين المعجمي. ونتيجة لذلك، يرتبط كل من النظامين في الكردية، عكس ما هو شائع في اللغات الأخرى بازدواجية تعزز التنافر بينهما وتخفض مستوى الفهم المتبادل بين اللهجتين مما يهدد الوحدة اللغوية ويمهد لظهور لغات منفصلة في المستقبل. لو راجعنا تأريخ الكتابة في الكردية لوجدنا إنها وقبل أن تستقر على

النظامين الحاليين، كانت قد كُتبت بأنظمة متنوعة عبر تأريخها بدأً من البهلوية (إستخدمت الكتابة المسمارية قبل صياغة نظامها الخاص)، ثم العربية، فالأرمينية، والسيريلية، وكذلك بأبجدية الديانة الإيزدية. وهذا يعني إنها قادرة على إستيعاب الأنظمة المختلفة وبالتالي بالإمكان إختيار نظام موحد لها سواء بإحدى الأبجديات المستخدمة اليوم أو بصياغة جديدة تناسب خصوصياتها الصوتية.

6.2.6 الإملاء الكردي

لم تستطع الكردية الحديثة تطوير نظام كتابي خاص بها منذ نشوئها من رحم اللغة الأم -البهلوية- وحتى مطلع القرن العشرين. فمنذ تراجع البهلوية في مناطق أنتشارها (الجغرافيا التي كان يطلق عليها ايرانشهر) أمام العربية في القرن السابع الميلادي، ومنع تداولها بعد ذلك، بدأت لهجاتها المحلية تنموا بمعزل عن بعضها وتتطور الى لغات جديدة بينها الكردية. كان من المفترض ان يظهر النظام الكتابي الخاص بالكردية حينها، إسوة بشقيقتها الفارسية، إلاّ إن ثمة ظروف تاريخية أعاقت ظهوره، وأهمها:

1. **حياة التنقل**: تجبر الظروف البيئة الزاغروسية القارصة البرودة في الشتاء الكرد على ترك سكناهم في السفوح المغطاة بالثلج والإنتقال الى السهول القريبة الدافئة، ثم العودة الى اليها صيفاً مع إعتدال المناخ. نمط الحياة غير المستقرة -نصف البدوية- هو أحد أهم معوقات ظهور مؤسسات تعليمية وتراجع الإهتمام بالكتب وإنشاء المكتبات.

2. **الإفتقار لسلطة مركزية**: لعل عدم ظهور دولة مركزية قادرة على فرض أداتها اللغوية بصورة رسمية لأغراض الإدارة قد كبح أيضاً ظهور الحاجة الى نظام لغوي يتم من خلاله تدون السجلات الرسمية.

3. **المكانة الدينية**: إقتران الدين الإسلامي الذي يمثل المعتقد الرئيسي في كردستان باللغة العربية أدى الى تراجع مكانة الكردية وإبتعاد المؤرخين والكتاب

والعلماء من تدوين نتاجاتهم بها وإختيار العربية كونها اللغة الطقسية، بدلاً عنها. وهذا العامل الديني أعاق ظهور الحاجة لنظام إملائي خاص باللغة الكردية.

4. **الحروب المستمرة**: أدى النزوح المستمر والهجرات المعاكسة في المنطقة بسبب النزاعات القبلية على ملكية الأراضي، فضلاً عن الحروب الخارجية، الى عرقلة الاستقرار الذي هو أحد أهم متطلبات تطوير النظام التعليمي.

5. **تراجع أهمية التدوين**: في منطقة تتميز بالصراعات المستمرة، تتحول الأولوية الى الإستعداد العسكري والتركيز على الدفاع بدلاً من الاهتمام بالرفاهية والتدوين.

6. **التضييق اللغوي**: اتبعت الدولة العثمانية سياسة تقضي بتجريم إستخدام الخط العربي لكتابة الكردية لأسباب دينية، ولم تتحرر الكردية من التحريم إلاّ بعد سقوطها في بداية القرن العشرين.

إسحاق مارغالوف (1868 - 1933) وضع اول نظام لاتيني للغة الكردية عام 1920

العقيد توفيق وهبي (1891 - 1984) وضع نظام الكتابة السورانية الحالية.

جلادت بدرخان (1893 - 1951) صاغ نظام الكتابة اللاتينية المستخدم اليوم (نظام هاوار).

حاجي جندي (1908 - 1991) صاغ نظام الكتابة الكردية بالابجدية السريلية

الفصل السابع

التنافر اللهجوي

"اللغة ليست مجرد كلمات. إنها ثقافة، وتقاليد، وتوحيد مجتمع؛ إنها تاريخ كامل يكوّن ما هو مجتمع ويمنحه الوجود.. كل ذلك مجسد في اللغة."

نعوم تشومسكي (*)

عانت اللغة الكردية من الإهمال طوال قرون عديدة كانت تكافح خلالها للإنتقال عبر الأجيال كوسيلة تواصل شفوي. فلم يتم جمع المفردات في معجم يحافظ عليها من الانزياح الفونتيكي والدلالي، ولم يتم الإلتفات للقواعد من أجل ديمومة النحو والصرف بضوابطها الموحدة. وكنتيجة لهذا التغاضي، لم يظهر في الكردية ذلك المعيار الرسمي اللازم لتحويلها الى لغة مفضلة في التدوين منذ نشوئها وحتى مطلع القرن العشرين. آنئذ دشنت مرحلة الحرب العالمية الأولى وما بعدها أول خطوة لصياغة معاييرها الرسمية وتأهيلها للإعلام في أرمينيا السوفياتية، أولاً، ثم للأغراض الإدارية في الدولة العراقية المستقلة حديثاً. ومع ظهور النظام الكتابي السوراني تحولت الكردية من مجموعة لهجات محكية شفاهية الى لغة ذات معايير حديثة، تحظى بالإعتراف وتشغل حيزاً واسعاً من الجغرافيا يؤهلها لأن تكون لغة علوم ومراسلات إدارية للمرة الأولى. إلاّ إن هذه القفزة التاريخية،

---

* From the movie 'We Still Live Here: Âs Nutayuneân

الأبرز، إنما إعتمدت منبع لغوي محلي وهو اللهجة المحكية في السليمانية ولم تأخذ بنظر الإعتبار ذلك التنوع اللهجي الغزير في عموم الكردية، وذلك الكنز المورفولوجي الموروث من تأريخها؛ بسبب صعوبة التواصل بين الأقاليم الكردية حينها، ولضيق الوقت المخصص لمشروع تأريخي بهذا الحجم أيضاً. ومع إن النظام الكتابي الجديد إستطاع أن يلبي الحاجات الإدارية في الإقليم وإنتعشت من خلاله الترجمة والتأليف، وساهم في تطوير الأدب الكردي الحديث، إلاّ إن الثمن الذي دفعته اللغة مقابل سرعة الإنجاز هذا كان على حساب مستوى الفهم المشترك بين السورانية وبقية اللهجات، وهو عدم قدرة النظام الأورثوغرافي الجديد على تغطية كامل الجغرافيا الناطقة بالكردية؛ ومن ثم إتضح ذلك العجز بشكل أكثر جلاءاً مع ظهور الحاجة لصياغة نظام كتابي آخر خاص باللهجة الكرمانجية، ذلك الذي أبصر النور بعده بفترة قصيرة. ومن الغريب إن النظام **الكردمانجي** الجديد لم يتجاوز تلك العقبات أيضاً، وبدلاً من الانطلاق من حيث وصل النظام السوراني بشكل يكون أكثر إنفتاحاً على اللهجات، إقتصر هو الآخر بمعجمه وقواعده وترميزه للصوتيات على لهجة محلية دون غيرها مما قسم الكردية واقعياً الى لغتين فرعيتين (Sub-languages) تعتمد كل منها على معجم محلي، قواعد خاصة، ونظام كتابة مختلف عن الآخر، وحرم الكردية من نظام لغوي شامل موحد.

وقد كانت الفرصة متاحة مع ظهور النظام الكردمانجي الجديد للتأكيد على الوحدة اللغوية الكردية لو تم إستخدام نفس النظام الاورثوغرافي السوراني، كأبجدية وإملاء؛ وتطويره من خلال إدخال المفردات والضوابط القواعدية الكرمانجية، بدلاً من صياغة نوعين لغويين مختلفين؛ لأن ترسيخ العادات اللغوية المحلية والتعامل معها على أساس إنها مراجع مستقلة قد أدى الى توسيع الهوة داخل اللغة الواحدة للحد الذي أصبح التفاهم بين اللهجات يزداد صعوبة كلما ترسخ إستخدام اللهجات أكثر وتحولت كل لهجة الى هوية لغوية في منطقتها الجغرافية. ومع إن تفضيل النظام اللاتيني كان له دوافعه الملحة أيضاً، فهو أولا قد أصبح النظام الوحيد في تركيا، مما يعني إنتشاره في غالبية المساحة الناطقة بالكرمانجية؛ وثانياً، وفق نظرة مستقبلية، لكونه الأكثر شيوعاً حول العالم والأكثر تقارباً مع اللغات العلمية الحديثة. الا إن هذا الانقسام والإفتقار الى مظلة لغوية جامعة ترتبط روحياً بالهوية الكردية دفع اللهجات الأخرى بعيدًا عن التيار اللغوي

الرئيسي أيضاً بإتجاه صياغة نظم لغوية خاصة بها هي الأُخرى. أي إن إهمال التنسيق إثناء صياغة النظامين الجديدين قد عزز الانقسام الكردي وظهور النزعة الصفائية. وكما يخبرنا علم الاجتماع اللغوي (Sociolinguistics)، فإن التقسيمات اللغوية لا تتوقف عند حدود اللغة فحسب وإنما تتطور لتصبح قاعدة لتعزيز الإنتماءات الإثنية الفرعية أيضا، وإن هذه الهوة اللغوية تُعتبر خطوة تاريخية نحو ظهور هويات إثنية جديدة على غرار تطور الإسبانية والإيطالية من اللغة اللاتينية العامية في القرن السادس عشر.

7.1 الحواجز اللغوية

بالنظر للتغير الطبيعي الذي يطرأ على المعايير والعادات اللغوية بمرور الزمن، وتشعب اللغات تبعاً لذلك الى مكونات أصغر، من جهة، وكون اللغة هي العنصر الأكثر وضوحا في تحديد ملامح الهوية القومية، من جهة ثانية، فإن التركيبة الإثنية في منطقة ما من العالم تتغير مع تغير اللغة، وتتشعب القوميات معها الى كتل قومية أصغر مع إنقسام اللغة الى لغات صغرى وليدة. واللغة الكردية ليست إستثناءاً من اللغات ولا القومية الكردية تختلف عن سائر القوميات، لذلك فإن تفشي الحواجز اللغوية التي تُقَسِّمها مثل إستخدام أنظمة كتابية متعددة يختص كل منها بلهجة معينة، وعلى جغرافيا محددة كمناطق لغوية، فضلاً عن الواقع السياسي الذي تعيشه الأمة الكردية في القرون الأخيرة إنما يخاطر بوحدة القومية الكردية وديمومتها.

7.1.1 ثنائية اللغة – Diglossia –

إن تفرع معظم اللغات الحية في العالم اليوم الى لهجات محكية لا يتعارض مع إعتبارها لغة واحدة، ذلك لان كل لغة تعتمد معايير لغوية عليا فوق اللهجات. هذا يعني تزامن أكثر من نوع لغوي واحد في كل لغة، واحد فصيح عام، واخر محكي محلي، وكل نوع يؤدي وظيفة مختلفة؛ اللهجات المحكية لأغراض التواصل الشفوي اليومي، بينما المعايير الفصحى تكون مخصصة للتخاطب

الرسمي والإكاديمي. ويُعرف إستخدام نوعين لغويين مختلفتين ضمن لغة واحدة لأغراض مختلفة بإسم (Diglossia) أو ثنائية اللغة (Schiffman, 2003, p. 116). حظي هذا المفهوم باهتمام ملحوظ منذ أن قدَّمه العالم الألماني كارل كرومباخر كمصطلح في عام 1903 وناقش من خلاله ثنائية اللغة في كل من اليونانية والعربية (Benjamin, 1992, p. 3)، ثم تناوله عالم اللغة الاجتماعي تشارلز فيرجسون مشيراً له بهذا الوضوح (Ferguson, 1959, p 325):

"[الدايغلوسيا تعني إن] هناك شكلان من اللغة [أي لغة]، يتعايشان جنبًا إلى جنب، حيث يلعب كل منهما دورًا محددًا [مختلفاً عن الآخر]".

فلو أخذنا لهجة من أحدى اللغات واسعة الإنتشار اليوم، العربية على سبيل المثال، نجد الكتلة السكانية التي تقطن في بغداد تتميز بنوعها الخاص من العربية، مختلفاً عن ذلك الذي يتحدث به الناطقون في بيروت، تونس، أو الكويت. عندما يتواصل الكويتيون مع التونسيين، فإنهم غالبًا ما يضطرون، من أجل تقريب الفهم الى الاقتراض من لهجة مشتركة، كأن تكون العربية الفصحى أو اللهجة القاهرية، التي شاعت كبديل محكي مع إنتشار الدراما المصرية في العقود الأخيرة. أي إن كل منهما له لهجته الخاصة، وهي العاميات المحكية، إلاّ إنهم جميعاً يستخدمون اللهجة القياسية الموحدة "الفصحى" رغم إنها ليست محكية في أي مكان، وليس لها أي حضور في الحياة اليومية. أي حتى مع تنوع المحكيات لأغراض التواصل المحلي فإن الفصحى الموحدة ورغم اقتصارها على التخاطب الرسمي، تحافظ على وحدة اللغة ومستوى الفهم العالي بين الناطقين بها.

وبالإضافة الى الإستخدام الفوقي، الذي يؤمن الدقة في التعبير، فإن الفصحى تلعب دوراً مهماً في اللغات التي تشهد أختلافاً واسعاً بين لهجاتها المحكية بحيث تشكل جسراً للتواصل بين هذه اللهجات، ذلك إنها النوع اللغوي المشترك بين المحكيات كلها. ففي الوقت الذي يصل إختلاف اللهجات في اللغة الصينية على سبيل المثال الى درجة يتم إعتبار كل منها لغة مستقلة، وإن الصينية ليست كيانًا لغويًا موحداً، يحاول الصينيون تقريب جميع تباينات لغة هان من اجل تعزيز الوحدة القومية (Liu K., 2018). لذلك نلاحظ سعي الدولة منذ العام 1912

لتطوير الأنظمة الصوتية وتأهيل أحد الأنواع العامية لوظيفة الفصحى حتى تم في العام 1932 إعتبار لهجة بكين كأساس للمعيار الوطني المنطوق.

يُشار إلى النوع القياسي الفصيح في كل لغة بتعريف (النوع العالي)، ويرمز له في الدارسات اللغوية إختصارًا بـ "H"؛ ويكون (كلهجة) مقيدة بقواعد لغوية أكثر ثباتاً وذات مقاومة أكبر أمام التغييرات الزمانية، وتتحول الى جسر يربط التنوعات اللهجية المتعايشة في زمن واحد، وكذلك وسيلة للتواصل الحضاري بين الأجيال. أما (النوع المنخفض)، الذي يشار له إختصارا بالحرف "L"، فهو اللهجة المحكية، المرنة، الأقل إلتزاماً بالقيود النحوية والأكثر إستقبالاً للمفردات الجديدة، والأكثر تسامحاً مع الزحف في معاني الكلمات، لذلك فإن التنوعات اللهجية المنخفضة تكون أكثر عرضة للتغير العشوائي والتأثر بالاحتكاك مع اللغات المجاورة.

وبمقارنة الكردية مع لغات مثل العربية، الصينية والإيطالية، لم تُطور الكردية بعد نوعًا عاليًا موحدًا (H) ليكون ذلك الجسر اللغوي عبر تنوعاتها المنخفضة. وبالتالي، وفقًا لتعريف ثنائية اللغة، فإن تنوع النظام الكتابي بين السورانية والكرمانجية لا يمكن إعتباره مجرد "ثنائية لغوية" على غرار بقية اللغات وإنما هو إنقسام لغوي، فهناك ثنائية خاصة باللهجة السورانية تتمثل بالفرق بين العامية والفصحى (السورانية)، وثنائية أخرى مماثلة في اللهجة الكرمانجية. لذلك يمكن اعتبار الكردية متعددة "الثنائية اللغوية" تفتقر الى (H) واحدة مما يدفع المتحدثين في بعض الحالات الى التواصل بينهم من خلال لغات أُخرى.

7.1.2 الكتابة المزدوجة – Digraphia –

لا تنفرد الكردية بإعتماد اكثر من نظام كتابي واحد في الوقت نفسه، فهناك لغات أُخرى توظف نظامين مثل الصربوكرواتية التي تستخدم الأبجدية السيريلية في مكان (صربيا) اللاتينية في آخر (كرواتيا)؛ وهناك ما تستخدم ثلاثة أنظمة مثل اليابانية التي يمكن كتابتها بأي من هيراغانا أو كاتاكانا أو كانجي. وتُعرف هذه الإزدواجية في نظم الكتابة بالكتابة المزدوجة (Digraphia).

وبالإضافة الى التعددية المتزامنة، فإن بعض اللغات إعتمدت أكثر من نظام واحد ولكن ليس بشكل متزامن وإنما في حقب مختلفة مثل اللغة التركية، فقد كانت تُكتب حتى عام 1928 بالحروف العربية ثم تغيرت الى النظام اللاتيني. كما إستبدلت اللغات الأوزبكية، والآذرية، والمولدافية النظام السيريلي باللاتيني بعد انهيار الاتحاد السوفيتي.

أي إن الكتابة المزدوجة المتزامنة تعني وجود أكثر من نظام واحد في نفس الوقت لنفس اللغة، بينما الأزدواجية غير المتزامنة هي إستبدال نظام بآخر في حقبة زمنية معينة.

ومنذ إندثار البهلوية والتخلي عن أبجديتها الخاصة في القرن السابع الميلادي أخذت خليفتها الكردية بإستخدام النظام العربي حتى مطلع القرن العشرين حيث بدأت بتطويع أنظمتها الخاصة. تم أولاً إعتماد أبجدية من الحروف اللاتينية في كردستان الحمراء (1923-1929) -قبل تغييره للحروف السيريلية. ثم تطوير النظام السوراني (العربية-الفارسية) في كردستان العراق، وأخيراً النظام "الكردمانجي" اللاتيني المنتشر في شمال كردستان وغربها.

ولو بقينا في نطاق الشرق الأوسط، نرى الكردية أيضا ليست اللغة الوحيدة التي تتبنى الإزدواجية المتزامنة، إذ تستخدم الفارسية ثنائية متزامنة وهي أبجديتها في أفغانستان وإيران، والسيريلية في طاجيكستان؛ وكذلك اللغة الأذرية (بإستخدام الأبجدية الفارسية في إيران واللاتينية في أذربيجان)؛ والأردية/الهندية (الفارسية في باكستان وديفاناغاري في الهند). إلاّ إن تلك اللغات لا تحصر كل نظام كتابي في لهجة فصحى مختلفة، عكس الكردية التي تربط الدايغرافيا بالدايغلوسيا (الثنائيات اللغوية)، وتخص كل نظام كتابي بلهجة عليا محددة دون غيرها على عكس اللغات الأُخرى؛ وهي بهذا تنفرد بإعتماد نظامين متزامنين للكتابة وكل منهما يستخدم لنوع لغوي متميز عن الأخر بالمعايير كالصرف والنحو والأملاء، ويتشعب الى محكية (L) وفصحى (H) خاصة، وكأنه يحاكي الأختلاف بين اللغات المستقلة أكثر منه مجرد تباين دايغرافي.

7.1.3 تعدد اللهجات الكردية

تُصنَّف الكردية من بين اللغات التي تمتاز بثنائيات واضحة وراسخة مثل العربية والصينية، الاّ إنها تواجه تحديات وجودية بسبب ثنائيتها وتُعتبَر الأكثر عرضةً للتشعب والإنقسام التدريجي. فالعربية تعتمد معياراً محافظاً وموحداً يهيمن على مخاطبات التواصل الرسمي في أكثر من عشرين دولة متباينة اللهجات والعادات اللغوية. يحافظ هذا المعيار على الوحدة اللغوية من خلال معجم موحد وقواعد نحو وصرف فريدة لا تقبل التعديل. وبالمثل تحظى اللغة الصينية بدعم ملحوظ من قبل مؤسسة سياسية نافذة تعي دور الوحدة اللغوية في تنشيط فاعلية المجتمع وإنعكاس ذلك على إزدهار الاقتصاد الوطني، الامر الذي تفتقده الكردية في المثالين.

وحتى اللغات التي تحتوي في نفس الوقت على ثنائية لغوية وإزدواجية كتابة، مثل الفارسية، فإن المعيار الرسمي فيها يعتمد على معجم واحد وضوابط نحوية وصرفية ثابتة وتراث أدبي مشترك؛ والأختلاف هو مجرد إستخدام الأبجدية السيريلية في طاجكستان لترميز نفس المفردات دون الاختصاص بمعجم منفرد لها. أي إن ما تختلف به الكردية عن غيرها هو إن النظامين الكتابيين لا يعبران عن نوع لغوي واحد وإنما يختص كل منهما بمعجم مختلف وقواعد نحو وصرف أُخرى، وإن الفصحى في النوعين اللغويين الرئيسيين لا يرتبطان ببعض بقواسم مشتركة تحافظ على الوحدة اللغوية، لا بقاموس ولا بقواعد موحدة فضلاً عن إختلاف النظام الكتابي.

وبالرغم من الآثار السلبية لهذا الإنقسام نرى ظاهرة التعاطي السطحي معه واضحة وفق وهم مفاده إن هذه الغزارة بالمفردات تجعل اللغة أغنى وأقدر على التعبير، متناسية إن اللغات لا تُصنف بناءً على كثرة المرادفات أو الاختلافات النحوية فيها وإنما على العكس من ذلك فإن الغزارة في المرادفات التي تحمل نفس المعاني ولكن بألفاظ مختلفة تؤدي الى ترهل يثقل اللغة، لا أكثر.

إن إختلاف الأنظمة القواعدية وتنوعها حسب اللهجات ينعكس سلبياً خصوصاً مع غياب معيار رسمي مشترك (موحد) لأن هذا الاختلاف:

- ✓ يفاقم صعوبة الفهم بين اللهجات.

- ✓ يخلق مشاعر إثنية فرعية ويقلل من أهمية التواصل مع الناطقين بلهجات أخرى، ويضعف الاهتمام بها كرمز قومي.

- ✓ يزيد العبء على عملية تعليمها وإتقان قواعدها.

- ✓ يخفض مكانتها (ستراتم) أمام اللغات المنافسة، ويقدمها على إنها لغة محلية غير جديرة بالتعليم والإتقان.

- ✓ يقلص من حضورها في المحافل الدولية.

- ✓ يزيد من هجرة الناطقين بها والإقبال على تعلم لغات أُخرى أوسع إنتشاراً، وأشمل تغطية في مجالات مثل السياسة، الترفيه، العلوم، والثقافة.

لذلك، على النقيض من اللغات الثنائية الأخرى، فإن تعدد اللهجات الكردية لا يُثري اللغة ولا يرفع مكانتها، بل يعمق من الشرخ اللغوي كونه إختلاف منفلت غير منضبط بقواعد ومعجم ونظام كتابة موحد.

7.2 نشوء عرقيات فرعية

ومع الاشارة الى التنوع اللهجي على إنه مصدر ثراء في اللغة، يتم التغاضي غالباً عن حقيقة إن هذا الثراء مشروط بوجود مظلة لغوية (فصحى مشتركة)؛ التي، وفي ظروف الإفتقار لها فإن التنوع والتعددية الثقافية يتحولان من ثراء الى بذور الإنقسام الى لغات جديدة. ولأن دور اللغة لا يقتصر على مجرد التواصل المحكي بل يؤثر في سلوكيات الأفراد ورسم ملامح إنتماءاتهم، فإن الأنقسام اللغوي في الكردية -بدون وجود لهجة عليا موحدة- يشوش رؤية الفرد لإنتمائه ويؤثر في تحديده لأولويات هويته. وبتعبير أكثر وضوحاً، فإن صعوبة التفاهم بين الناطقين باللهجات المختلفة يزرع الشعور بالإنفصال وعدم الإنسجام بين سكان المجموعات المختلفة. وعندما يتم تفضيل لهجة معينة في التعليم أو الإعلام، يشعر الناطقون باللهجات الأخرى بالتهميش ويعمق الشعور بالاختلافات

داخل القومية الواحدة. فضلاً عن ذلك، فإن إرتباط كل لهجة بجغرافيا محددة مع الإفتقار لإطار جامع داخل القومية يعزز روح الإنتماء المحلي على حساب الجغرافيا المشتركة. ونظراً لخضوع العاميات المحكية الى حالة تطور دائم وإنها تستوعب عادات لغوية جديدة في كل منطقة بشكل مختلف عن المناطق الأخرى، فإن إستمرار التشتت اللهجوي على المدى البعيد يفرز تفاوت إثني يتعمق بمرور الزمن.

ولا يقتصر إنقسام الكردية على اللهجتين الرئيسيتين بل يمتد إلى بقية اللهجات الأصغر، بشكل بدأ يتنامى معه شعور الناطقين بها بالإغتراب عن المجموع الكردي الشامل ويدفعهم إلى البحث عن إستقلالية لغوية ومحاولة صياغة معاجم ونظم كتابة خاصة، وبالنتيجة هويات متميزة بعيدة عن الرمز القومي. وتجاوباً مع هذا التشظي بدأت بوادر دعوة لتأسيس نظم قواعد رسمية للهجة الزازائية في الشمال والفيلية في الجنوب. وتتلقى هذه المحاولات الإنعزالية التشجيع من الدول التي تتقاسم جغرافيا اللغة الكردية. فقد نهجت تركيا، خصوصًا بعد الانقلاب القومي في عام 1980، سياسة لغوية تعمل على تنمية خصوصيات الزازائية من أجل أن يتم إعتبارها لغة أدبية مكتملة وفصلها عن اللغة الكردية. ورغم الجهود المبذولة، يرى اللغوي التركي مسعود كسكين بأن محاولات الدولة التركية الدؤوبة لفصل هذه اللهجة وفصلها عن الكردية لم تكن ناجحة على أرض الواقع بشكل مؤثر (Keskin, 2017). إلاّ إن أسباب فشل السياسة اللغوية التركية لا يمكن أن تعزى الى تماسك اللغة الكردية وانما بسبب ثبات المشاعر القومية التي ترفض التجزأة من منطلقات سياسية أكثر منها لغوية. وفي نفس السياق، يتم في إيران تمرير اللهجات الكردية بصفة لغات مستقلة وذلك تحت غطاء الضبابية السوسيولغوية بين الإصطلاحين "لغة" و"لهجة" في الثقافة الإيرانية، إذ غالباً ما يتم تناول مفهوم "اللهجة" بتعبير "زبان مردم" أي (اللغة الشعبية)، وهذا التداخل بين المفهومين يكرس الإحساس بالإستقلال اللغوي للهجات الكردية فيها. فمثلا تتم الإشارة الى اللهجة اللكية بوصفها "زبان مردم لك" (لغة الشعب اللكي) والى الهوية بعنوان "قوم لك" (*)، آخذين في الحسبان إن معنى كلمة "قوم" بالفارسية

---

* https://web.archive.org/web/20241129144655/https://www.tasnimnews.com/fa/news/1397/05/14/1794968/راديو-لكي-در-استان-كرمانشاه-راه-اندازى-مى-شود

يمكن أن تُطلق على أي تجمع سكاني يتميز بخصوصيات ثقافية أو قومية متميزة، فإن إنعكاس هذا الفهم في أذهان الناطقين باللهجة يعزز عندهم الإحساس بالإستقلالية عن اللغة والقومية الكردية.

7.2.1 الصفائية اللغوية

يُطلق على تلك النزعة الهادفة الى الحفاظ على بنية اللغة وقواعدها وتنقيتها من المفردات الدخيلة والمُعارة من اللغات الأُخرى، أو رفع قيمتها على اللغات الاخرى إصطلاح "Linguistic Purism" أو الصفائية اللغوية. وهي توجه أيديولوجي غالباً ما يكون جزءاً من السياسة اللغوية في بلد ما ويتوخى حماية الهوية الثقافية وتنقية المعجم من المفردات الدخيلة، أو التي لا تنسجم مع النسق اللغوي العام. ومن أهم مسببات هذه الظاهرة هو إرتباط اللغة بشكل قوي بالهوية القومية ومشاعر الإنتماء، وأما أكثر أنواع الصفائية اللغوية شيوعاً فهي:

1. **الصفائية التقليدية**: للمحافظة على شكل لغوي معين من خلال مقاومة التعديل في النحو والصرف، ومعارضة الإنفتاح المعجمي كما هو الحال في اللغة العربية، بسبب إرتباط الشكل اللغوي بمنزلة دينية ونصوص مقدسة.

2. **الصفائية الإصلاحية**: من أجل تطوير الأنماط القديمة وإستبدال المفردات المُعارة من اللغات الأُخرى بمفردات أكثر أصالة، تبنتها الجمهورية التركية عند تأسيسها، لابعاد المفردات ذوات الإصول العربية والفارسية تجاوباً مع تنامي المشاعر القومية.

3. **الصفائية النخبوية**: تهدف لتعزيز مكانة المعايير والمفردات الفصحى المستخدمة في الشكل اللغوي الرسمي، والمرتبط بالنخبة (Thomas, 1991, pp. 75-83).

4. **الصفائية الإثنوغرافية**: تهدف الى رفع مكانة لهجة معينة مرتبطة بمنطقة جغرافية على حساب اللهجات الأخرى ضمن نفس اللغة، وذلك من أجل توحيد

المخاطبات بلهجة رسمية واحدة. ومن أمثلتها إختيار لهجة بكين كمعيار رسمي في الصين (Li, 2004).

أما عندما تفتقر أي لغة إلى لهجة فصحى موحدة ومُعتمَدة بشكل رسمي، تبرز ظاهرة التفاضل بين اللهجات "Purism Dialectal" أو الصفائية اللهجوية، وهذا ما يمكن ملاحظته في الأوساط غير الرسمية، ويتم تهميش الناطقين بتلك اللهجات التي تعتبر أقل نقاءاً، مثل غير السورانية في إقليم كردستان، وغير الكرمانجية في تركيا.

وإذا إعتبرنا الصفائية اللغوية كظاهرة تساهم بتعزيز روح الإنتماء القومي المشترك، فعلى العكس من ذلك يؤدي تنامي ظاهرة الصفائية اللهجوية الى تعميق الهويات الفرعية وتقوية روح التعصب المناطقي. إن أحد العقبات الرئيسية أمام بناء مجتمع متجانس هو إتخاذ نقاء اللهجة كمقياس للإنتماء القومي، أي إعتبار الناطقين بلهجة معينة على إنهم أكثر إنتماءاً قومياً من الناطقين بالأُخرى، والتعامل مع اللهجات على أساس سُلَّم تتفاوت فيه في درجة إنتمائها للغة، كأن يقال مثلاً إن السورانية هي أصل اللغة الكردية ويُنظر لها بصفة المركز أمام بقية اللهجات (كالبهدينانية أو الكلهرية)، التي بدورها يتم تصنيفها على إنها أقل درجة على ميزان الإنتماء، ويُنظر لها على إنها الأطراف؛ والعكس أيضاً، كأن يتم إعتبار الكرمانجية هي اللهجة المركز، والبقية مثل السورانية والزازائية هي الأطراف.

7.2.2 الصيرورة اللغوية-الثقافية

إن التعابير اللغوية بما فيها الأمثال والحِكَم والإستعارات الأدبية، بالإضافة الى المفردات، تتأثر بتغيّر العادات والتقاليد الاجتماعية، فالكلمات تنشأ وتتطور وتموت في اللهجات المحكية، وتزحف المعاني والصوتيات لتتحور وتتغير تعبيراً عن التغيّر في أنماط الحياة، أي إنها تولد وتتطور وتموت وفقاً لداروينية معجمية مستمرة. ففي الإنجليزية مثلا يتم تصنيف المفردات التي تشيع شعبياً (ترتبط غالباً باعمار المراهقة) حسب العقود العشرية، فيتم مثلاً تصنيف كلمة مثل "Fab" على إنها في قد ظهرت في ستينيات القرن العشرين كإختصار لمفردة

"Fabulous" (رائع)، وشيوع معنى جديد لكلمة "Skinny" (نحيف) في السبعينات لتصبح (الخبر غير الشائع)، وتحوير معنى "Tubular" (الشكل الإنبوبي) الى (ممتاز) في الثمانينات. ويستمر ظهور مفردات جديدة ودلالات أخرى بعضها يعمر، وقد يدخل المعجم وبعضها يختفي مع تعاقب الأجيال. وبالإضافة الى هذه التغيرات الدلالية، تشهد اللهجات المحكية ظواهر فونتيكية أيضاً على غرار ميل الأناث لإنزياح صوتي مختلف عن الذكور مثلاً.

وبرغم إعتبار الكردية من الثقافات المحافظة بوضوح، وتتميز بنقائها المعجمي بحيث ماتزال تحتفظ بمفردات ما قبل ظهور الكردية الحديثة، ذات الجذور البهلوية، إلاّ إنها تعرضت بشكل رئيسي لتغيرات فونتيكية مؤثرة، ولم تقتصر هذه التغيرات على مرحلة النشوء الأولى للغة فحسب وإنما إستمرت لفترات طويلة بدليل عمق هذا الإختلاف في الصوتيات بين لهجاتها الحديثة. بالمقارنة مع شقيقتها الفارسية التي تخلت عن الكثير من المفردات البهلوية الأصيلة وإستبدلتها بمرادفات عربية، حافظت الكردية على نسبة نقاء معجمي أعلى بكثير إلاّ إنها لم تحافظ على صوتياتها بسبب عدم التدوين والإفتقار لنظام كتابة خاص يحفظ الإملاء والنطق الفصيح. بالمقابل نجد إن تمكن الفارسية من صيانة الاشكال الصوتية الأصيلة كان سببه هو التدوين بنظام كتابي خاص حافظ على الأشكال الإملائية وبالتالي بقاء نطق المفردات دون تغيير يُذكر.

7.2.2.1 التأثير البيئي

تعتبر الخصوصيات البيئية من أقوى العوامل في نشوء التغيرات الصوتية الفونولوجية، في تحوير اللفظ وتبادل الفونيمات، وفي تغيير البنى التي تشكل نظام اللغة الصوتي (Howell, 2008). وكمثال على ذلك، فإن التضاريس الجبلية الوعرة والممرات الشتوية غير القابلة للاختراق كانت توفر، طوال التاريخ، حماية للسكان من حملات الغزو الخارجية، إلاّ إنها في الوقت نفسه تقيد حركة الكتل السكانية، وتقلل من الاتصال فيما بينها وتحد من التأثير الثقافي المتبادل فتزيد من عزلة الشعوب عن بعضها البعض. وبسبب هذا الانقطاع فإن التغيرات في العادات اللغوية في المناطق الجبلية المنعزلة، عبر القرون، تنتج تشعب لغوي غزير. بالإضافة الى ذلك، تدفع الشتاءات القاسية في السفوح إلى الهجرات نحو

الوديان الأكثر دفئًا (بالكردية گرميان) وثم العودة للمراعي في الصيف (هجرة كويستان)، مما يخلق نمط حياة نصف-بدوي يفتقر إلى الاستقرار، ويعيق إزدهار التعليم والثقافة. هذا يعني إنه بقدر ما كانت الطبيعة في زاغروس حنونة في توفير الحماية لسكانها أمام الغزوات الخارجية، فإنها كانت في الوقت نفسه قاسية بفرض العزلة بين الجماعات، وأعاقة الاستقرار ونمو المدن وإقامة المؤسسات الأكاديمية التي يمكن أن تحمي الخصائص اللغوية ووحدتها من التشعب. بالمقابل نرى البيئة الصحراوية، بإفتقارها للتضاريس الوعرة وبانفتاحها أمام حركة التنقل وتواصل القبائل والشعوب فيما بينها، وإنكشاف التجمعات السكانية أمام الغزوات تعزز التلاقح الثقافي وتُسَهّل إنتشار العادات اللغوية على مساحات جغرافية أوسع، سواء تم ذلك التلاقح بطرق سلمية أو بالحروب والغزو. الإنفتاح الثقافي الذي توفره هذه الخصوصية البيئية يوضح أحد أهم أسباب الإنتشار السلس للعربية ومحافظتها على مستوى أعلى من الفهم بين اللهجات على عكس الخصوبة في اللهجات الكردية وصعوبة جمعها في لهجة فصحى واحدة.

يُوَضِّح البروفيسور دانيال ريكاسينس كيف تتباين السلوكيات الصوتية للإنسان مع تباين البيئات وخصائصها (Recasens, 1999). على سبيل المثال، فإن ما يطلق عليها "الأصوات الانفجارية" (تلك التي تتطلب غلق الفم وحبس مجرى الهواء مثل /b/، /d/، و /t/) تسبب عند نطقها ضغط على الرئة يزداد كلما إرتفع الصوت أكثر. الضغط الذي تولده هذه الفونيمات على التنفس في ظروف بيئية معينة يدفع المتحدث الى تخفيف الشد على مجرى الهواء وفتح الفم للسماح بمرور أكبر كمية ممكنة من هواء الزفير خلال القناة الصوتية. ولكي تستطيع أن تتخيل الموقف بشكل أدق، هب إنك تخاطب شخصاً على مسافة عشرين متراً وأنتما على سفح جبل حيث تعيق الريح وصول صوتك وسماعه بوضوح، فإنك تحتاج لمد الحروف بشكل أطول من المعتاد حتى تصل الكلمات بشكل صاف ومسموع. مد الأصوات الأنفجارية هذا يتطلب من المتكلم فتح الفم بما يكفي لمرور كمية من الهواء المحبوس وتخفيف الضغط عن الرئة، مما يؤدي الى تغيير في مخارج الحروف وتحور في بعض الفونيمات الصعبة مثل /b/ ، /d/ و /m/ الى أسهل مثل /w/ أو /v/. ثم تتحول هذه السلوكيات، مع التكرار، الى عادات صوتية تترسخ بمرور الزمن وتتغير معها أصوات الكلمات من شكل الى آخر.

على عكس البيئة الجبلية نجد التحادث في المراكز الحضرية الضيقة المساحات والأكثر كثافة سكانية، يكون أقل جهداً ولا يتطلب النطق ذلك التحور الفونتيكي الحاد؛ ونظراً للفارق البيئي بين جغرافيا الكردية بالمقارنة مع الفارسية نستطيع أن نفهم أحد أسباب إحتفاظ الفارسية بأصوات المفردات البهلوية أكثر من الكردية، فلو أخذنا كلمة "آب" /ˈa:bˈ/ (ماء) على سبيل المثال، نراها قد حافظت على صوتها البهلوي في الفارسية بينما تحورت في اللهجات الكردية الى /ˈa:v/ و/ˈa:w/؛ وبالمثل، تغيرت الكلمة العربية "سلام" إلى "سلاڤ" و"سلاو"، و"تمام" الى "ته واو" في السورانية. هذا التحور في النطق، الذي تحول الى عادات لغوية لدى القبائل المنعزلة نسبياً والتي ضعفت روابط تواصلها مع الخارج أخذ أشكالاً متباينة. فتحور الصوت البهلوي /b/ و /m/ في الكرمانجية الى /v/ لأن العادة الصوتية جرت على فتح مجرى الهواء عبر الشفة السفلى والأسنان العلوية؛ ولمقارنة ذلك مع العادة التي تطورت في السورانية، فإن ذلك الفونيم يتحور الى /w/ بسبب السماح لمجرى الهواء بالعبور من بين الشفتين وليس الأسنان. المثال أدناه يتناول الفرق في التحور بين الكرمانجية والسورانية:

العربية	السورانية	الصوت	الكرمانجية	البهلوية
ماء	ئاو	/ˈa:w/	/ˈa:v/	/ˈa:b/
راعي	شوان	/ʃɪwa:n/	/ʃɪva:n/	/ʃeˈba:n/
ليل	شەو	/ʃeʊ/	/ʃev/	/ʃeb/
حُب	ئەوین	/æwˈɪ:n/	/ævˈɪ:n/	
نصف	نیو	/n:ʊ/	/nɪ:v/	/nɪ:m/
عين	چاو	/tʃa:ʊ/	/tʃa:v/	/tʃeʃm/

بمقارنة المفردات الواردة أعلاه مع جذورها البهلوية في "ماء" /ˈa:b/، "راعي" /ʃeba:n/، و "الليل" /ʃeb/؛ إستناداً على ما قدمه اللغوي البريطاني المختص بالإيرانيات دانيال ماكينزي (MacKenzie D. N. ,1971)، نجد إن

التحوير في الكلمات الثلاث الأولى حدث في الفونيم /b/، بينما في المفردتين الأخيرتين "نصف" /njm/ و"عين" /tʃeʃm/ في الفونيم /m/.

ولا تقتصر المؤثرات البيئية على التعديل الصوتي وتحوير لفظ المفردات وإنما تؤثر في قواعد النحو والصرف والعادات اللغوية بشكل عام. وتتناول فرضية النسبية اللغوية (سابير-وورف) (راجع بداية الفصل الرابع) لتأثير البيئة في اللغة وانعكاس ذلك في صياغة المفاهيم السائدة إجتماعياً.

7.2.2.2   تأثير الدين

على اثر سقوط الإمبراطورية الساسانية في القرن السابع الميلادي، نجحت القبائل العربية في أسلمة غالبية السكان الناطقين بالكردية ونالت بذلك اللغة العربية مكانة (Liturgical Language)، أي "لغة الطقوس الدينية"، تلك المنزلة التي كانت قبل ذلك محفوظة للبهلوية في كردستان. ساعدتها القداسة التي مُنحت لها بعد إنتشار الإسلام على تهميش اللغات، ليس في ممارسة الطقوس فحسب بل إمتد نفوذها للتعاملات الرسمية والتدوين وإكتسبت زخماً أقوى بعد أن تمت ترجمة الكتب الأغريقية في الفلسفة والطب والرياضيات، كذلك بتشجيع العلماء الفرس على تدوين علومهم فيها، بل تحولت هي بذاتها الى علم يتم تدريسه بفروع النحو والعروض وتنظيم المعجم، وكان ذلك من أجل تأهيلها بقوة أكبر لتأويل النصوص الدينية. صعود برستيج (Stratum) العربية وتهميش اللغات الأخرى (ومن ضمنها الكردية) قادها لتكون هي الخيار الوحيد أمام العلماء والمؤرخين الكرد مثل ابن خلكان، وأبو حذيفة الدينوري، والشهرزوري، وغيرهم الى تدوين نتاجاتهم بالعربية بدلاً عن لغتهم الأم. كذلك، نرى السلالة الأيوبية التي حكمت كردستان في العصور الوسطى ووسعت سلطتها إلى بلاد الشام ومصر، تبنت العربية على حساب لغتها الأصلية لأسباب دينية. أي إن إنزواء الكردية في الظل، تحت تأثير لغة مقدسة تم فرضها من خارج البيئة الإجتماعية، كما إن إستبعادها من مواكبة التطور العلمي والاجتماعي والثقافي أدى إلى إضعاف الأدب الكردي بشكل أكبر.

وبالتالي، فإن الدين كان عامل حاسم في إقتصار الكردية على التواصل الشفوي والاستخدام بالشكل المبسّط وهو الذي تركها عرضة للتغيرات الفونيتيكية المستمرة بين منطقة وأخرى، وتسبب في زيادة تشعبها وفي تعميق الإختلافات اللهجية فيها.

7.2.2.3 الحروب والغزوات

مع إن التضاريس الجبلية بما توفره من ملاذات آمنة ووفرة في الموارد المائية، مع خصوبة التربة، ساعدت على إستقرار سكان المنطقة الواقعة في شمال بلاد ما بين النهرين، لآلاف السنين. إلاّ إن موقعها الجغرافي في قلب العالم القديم، وإفتقارها لسواحل تعمل على شكل مصدات طبيعية جعلها مفتوحة أمام الغزاة من جميع جهاتها. أعانت هذه الميزات الطبيعية سكان زاغروس على تنمية عقلية دفاعية من أجل المحافظة على مستوطناتهم وثقافاتهم ولغتهم، مستفيدين من وعورة الطرق ومخابئ الجبال كستراتيجية مثلى للبقاء. وقد ساهم هذا الميل نحو العزلة من أجل إسلوب حياة أكثر أمناً إلى تقليل التواصل والتلاقح الثقافي واللغوي بين الجماعات الناطقة بالكردية، والى نشوء إختلاف تدريجي ومتواصل بين اللهجات، وبالتالي الى تنوعها وتباينها.

وبالإضافة إلى العوامل الطبيعية، كان الغزاة الذين يبسطون نفوذهم العسكري غالباً ما يفرضون حظراً على إستخدام الكردية بهدف تجريد الكرد من سلاح اللغة. ففي البدء كان التعريب المباشر، الذي إستمر من القرن السابع وحتى القرن الثالث عشر الميلادي، يتم تحت يافطة دينية. وبعد سقوط بغداد العباسية على يد المغول في 1258، وتراخي قبضة اللغة العربية خفت القيود اللغوية لكنها دخلت بعد ذلك في مرحلة أخرى من التهميش وهي التتريك هذه المرة، على يد إمبراطورية أُخرى هي الدولة العثمانية. أما في العصر الحديث، وخاصة منذ بداية القرن العشرين، فقد تصاعدت وتيرة التتريك في الشمال (تركيا وأذربيجان) والتعريب في الجنوب (سوريا والعراق)، والتفريس في الشرق. وأدى ذلك الى تنوع التأثير الخارجي على الحياة الثقافية والإجتماعية في عموم كردستان، فتأثير التركية في الشمال والعربية في الجنوب والفارسية في الشرق ساهم بتعميق الهوة

الثقافية بين هذه الاقاليم وإنعكس لغوياً على شكل تنوع في العادات اللغوية ومصادر الإعارة المعجمية.

ولم تقتصر الحروب على الغزوات الخارجية بل كانت الإمارات الكردية المحلية شبه المستقلة التي تظهر خلال فترات ضعف الإمبراطوريات الحاكمة غالبًا ما تدخل في نزاعات بينية تضع حواجزها القبلية وتزيد من عزلة المجموعات السكانية الناطقة بالكردية عن بعضها البعض مما ساهم، على المدى الطويل، في ترسيخ التشعب اللغوي.

SAL 1 — HEJMAR 1 — ÇARŞEMB 1 NÎSAN 1942

RONAHÎ

ANNÉE 1 — NUMÉRO 1 — MERCREDI 1 AVRIL 1942

SUPPLÉMENT ILLUSTRÉ DE LA REVUE KURDE HAWAR

ELÎSABÊT

XUDANTACA INGILÎSTANÊ

BALAFIRVAN

العدد الأول من صحيفة روناهي "النور" (1 أبريل 1942). صدرت في دمشق تحت إدارة جلادت بدرخان بعد اغلاق مجلة هاوار.

الفصل الثامن

الستراتيجية اللغوية الكردية

"اللغة هي تشريع، والكلام هو قانونه. ونحن لا نرى هذه القوة الكامنة في الكلام لأننا ننسى أن كل كلام هو عملية تصنيف [الكلام يخضع لقوانين اللغة]، وننسى كذلك إن كل التصنيفات هي تعسفية وقمعية [في صياغتها للمعاني]."

رولان بارت

القاعدة المهيمنة في علوم اللغات هي تلك التي تقول إنه لا توجد هناك قاعدة في تشكُّل او تطور اللغات، لا في صياغة النحو ولا في نحت المفردات، بل تتطور اللغة عبر توافق بين أفراد المجتمع فحسب، توافق جمعي على أساليب التعبير ودلالات الكلمات، تنمو بدون تخطيط، وإن لكل جماعة الحرية باختيار الطرق التي تراها أسهل في تبادل المعلومات، شفوياً و تحريرياً. هذه الحرية أوغلت في تنوع اللغات واستقلالها وتميزها عن بعضها البعض ووفرت لكل مجموعة قدرة على تشكيل نظم قواعدها بشكل عشوائي ومستقل، مما كان يوسع مع الزمن الفجوة بين اللغات ويزيد من صعوبة الفهم المتبادل بينها. أما الجانب الإيجابي في هذه الحرية فهو إنها تمنح اللغويين قدرًا كبيراً من المرونة عند تعديل الهياكل اللغوية وتطويعها لمواكبة التغيرات الاجتماعية والثقافية والدينية؛ وغالباً ما يتمكن اللغويون من خلالها من تنظيم النحو، تعديل الدلالات، وإضافة كلمات إلى مفرداتهم في اللهجات القياسية (الفصحى). لهذا تمكنت النخب الكردية قبل

قرن من الزمن من إستغلال هذه المساحة من حرية المناورة لتأهيل اللغة وصياغة نظام الكتابة السورانية استنادًا إلى إجتهادات الكردولوجي الأمريكي لودفيك اولسن فوسوم في العالم 1919، ومن ثم آراء الملا سعيد كابان. وبعد عقد من الزمان، سمحت قاعدة "اللا قاعدة" أيضاً بتطور الكرمانجية الرسمية بجهود مير جلادت بدرخان. لذلك، فإن هذه المرونة ومساحة الحرية يمكن أستغلالها أيضاً للتأسيس لتعديلات لغوية جديدة.

ولعل توحيد اللغة الكردية وتأهيلها لمواكبة التطور العلمي والإجتماعي في القرون القادمة يمثل الأولوية الستراتيجية إلاّ إنه يتطلب جهود هيئة إكاديمية مخولة، مع الأخذ بنظر الإعتبار إن عملية التوحيد لا تتم من خلال إيجاد مفردات جديدة فقط، وإنما بدراسة الواقع الاجتماعي ومتغيراته، والتقدم الاقتصادي والجيوسياسي، كل ذلك من أجل تحسين **آيديولوجيا اللغة** الكردية (راجع الفصل الخامس). ونظراً لكون اللهجة الفصحى الموحدة ليست مجرد وسيلة تواصل خطابي وإنما هي الرمز الذي يمثل الهوية القومية، فإن وضع ستراتيجية لغوية مدروسة، والتاكيد على وحدة اللغة، سيعزز بالضرورة مشاعر الإنتماء للهوية القومية الكردية. يشير مفهوم **الستراتيجية اللغوية** بتعريفه العام إلى الخطط أو التدابير التي تُتخذ لتطوير اللغة أو الحفاظ عليها أو توظيفها لتحقيق أهداف اجتماعية، ثقافية، تعليمية، أو سياسية. تُستخدم هذه الستراتيجيات في مجالات متعددة، مثل السياسات اللغوية وتخطيط اللغة، لضمان استمراريتها وتكيفها مع التغيرات في المجتمع. ومن أبرز جوانب الستراتيجية اللغوية هي التخطيط الذي يشمل وضع قواعد ومعايير للكتابة والنطق، إحياء الجذور اللغوية، تعزيز الهوية الثقافية والقومية، وموائمة اللغة للاستخدامات الحديثة مثل تطوير مصطلحات ومفردات جديدة لتتناسب مع، وتستوعب، تطورات العلم والتكنولوجيا.

8.1 الصراع من أجل الهوية

تأريخياً، مايزال الشرق الأوسط يعيش مرحلة النزاعات الوطنية-القومية، أو "القبلية" وفقاً للمفاهيم الموروثة. وماتزال المجاميع السكانية المختلفة تحاول إثبات أحقية تاريخية في هذه البقعة الجغرافية أو تلك، وتمد حدودها الى مدى جغرافي

أوسع تبعاً لمزاعم تاريخية. أي إن الموروث الفكري السائد في هذه المنطقة، وتحول فكرة "القبيلة" الى "القومية"؛ بالإضافة على عدم نضج مفاهيم حقوق الإنسان الحديثة، يدفعان كل مجموعة الى إثبات روابطها التاريخية ببقعة الأرض التي تتمدد نحوها بغض النظر عن الانتشار الديموغرافي المعاصر – هذا يعني انها ترى الأرض مفتوحة ولا ترتبط بحدود المجتمعات (المعاصرة) المتجاورة وثقافاتها وإنما بالمزاعم التاريخية على إمتلاكها.

ورغم إن هذه الفكرة قد شاخت وبدأت بالتراجع عند المجتمعات الأكثر تحضراً في العالم، مثل أوربا على أقل تقدير، إلاّ إنها ماتزال من أهم سمات المرحلة التاريخية التي يعيشها الشرق الأوسط، ولم تنضج بعد شروط تجاوزها بسبب رسوخ نمط التفكير الموروث من مراحل البداوة. وبسبب عدم إرتباط المجتمع المتنقل بالأرض بحكم الترحال الدائم وعدم استقرار الهوية السكانية لكل بقعة منها فقد أصبح من المستساغ حل النزاعات عن طريق الإستدلال بالآثار والأساطير ولغة النقوش القديمة. وهكذا نرى إن التاريخ يحتل الأولوية في صراعات في هذه المنطقة، أكثر من الحاضر، ومن أبرز أمثلته الجدل حول هوية "الأرض" في فلسطين، وحق تركيا في ولاية الموصل، وحدود سايكس بيكو التي ضمت أجزاء من كردستان الى سوريا والعراق؛ ومن ثم سعي الأقليات الأصغر للحصول على الإعتراف بأحقية الوجود التاريخي عن طريق العودة للأدلة الأركيولوجية. ووفقاً لهذا السياق فقد وجدت النخب الكردية نفسها مهتمة بدراسة التأريخ والتنقيب في الإصول العرقية من أجل إثبات حقها التاريخي بالوجود، أكثر من الاهتمام بدراسة الواقع الاجتماعي والثقافي، وتغيراته عبر الحقب التاريخية. هذا الإبتعاد عن دراسة اللغة الكردية ومراحل تطورها أدى الى حرمانها من فرصة إظهار عمقها التاريخي، وإلى انقطاعها عن جذورها الفيلولوجية. فاصبحت الكردية الحديثة ضحية التركيز على الإثنولوجيا.

8.1.1 الجذور الفيلولوجية

من الواضح إن التغيير في العادات الصوتية لم يكن متجانساً عبر عموم الجغرافيا الكردية، وإنما تميزت المناطق عن بعضها بشكل ملموس بسبب

الخصوصيات البيئية ومؤثراتها. لذلك فإن تتبع النطق الأصلي لأي مفردة في محاولة لتوحيدها في المعجم الكردي الشامل يعتبر بمثابة استحضار للقاسم المشترك لها، وهو شكلها الاولي الذي كانت عليه قبل ظهور اللهجات الحديثة. فلو تناولنا كلمة "الجمعة"على سبيل المثال، فهي تُنطَق "ئين" وتكتب "Înê" بالكرمانجية بينما تكتب "هەینی" بالسورانية، كما تُنطق بصيغ أُخرى باللهجة الكورانية/الزازائية "enne, yene, yenne وéne". (*) ومن الواضح إن هذه الصيغ الصوتية قد أُشتُقَت من الجذر الأصلي في البهلوية (ئه دينه) مع الأخذ بنظر الإعتبار ميل النطق الكردي لحذف الفونيم /d/ عند وقوعه بين صوتي علة. لذا فإن إعتماد المفردة البهلوية لا يعمل فقط على تحرير اللغة من مشاعر التعصب اللهجوي وانما يوفر أفضل صياغة لمعجم كردي فصيح عابر للهجات ويمكن فهم مفرداته من قبل أكثرية الناطقين بالكردية، أيضا.

ولا بأس أن نقارن (ئه دينه) مع مرادفاتها باللغات الهندوأوربية الأُخرى. لو تتبعنا المفردة الأنجليزية (Friday) على سبيل المثال، سنجدها مشتقة من إسم إلهة الإمومة في الأساطير الجرمانية القديمة (Frigg)، وهذا ما يتماهى مع قرينتها إلهة الخصوبة عند أسلاف الكرد الآريين الإيرانيين القدامى "نهيت" أو "أناهيتا". وعلى ضوء التسمية المماثلة (ناهيد شيد) التي كانت مستخدمة في البهلوية أيضاً، فإن من المرجح أن تعود المفردتان "هه ينى" و "Înê" الى "ena" كاختصار لإسم الإلهة أناهيتا (†)، مما يرجح إحتمال وجود تأثيرات متبادلة بين الثقافات الارية القديمة.

أما الدراسات المقارنة للكردية مع اللغات الاقرب جينياً مثل اللورية، الفارسية، البشتونية، البلوشية، وغيرها من اللغات ذات الأصل الإيراني، فإنها تساعد على تتبع أُصول المفردات الكردية الحديثة بشكل أوضح، كونها غالباً تتشارك بجذور واحدة؛ وتوضح التغيرات الفونتيكية والدلالية التي طرأت على المفردات ومراحل تكييفها. والجدير بالذكر هنا هو إن الكردية تُعتبَر واحدة من أكثر اللغات الإيرانية

---

*.<web.archive.org/web/20250720194437/https://glosbe.com/en/zza/friday>

†.<web.archive.org/web/20250720210207/https://glosbe.com/en/pal/Anahita>

نقاءاً كونها قد إحتفظت بالخصائص المورفولوجية للمفردات بالرغم من إنزياحها الصوتي عكس ما مرت به الفارسية التي فقدت الكثير من المفردات الاصيلة تحت وطأة التعريب والتغريب، رغم محافظتها على الصوتيات بشكل أقرب ما تكون الى إصولها البهلوية.

8.1.2 التكريد

مثلما ساهمت عزلة المجتمعات الإنسانية، تاريخياً، بإغناء التنوع اللغوي واللهجي حول العالم، فإن ثمة حركة معاكسة بإتجاه إعادة وصل اللغات واللهجات مع بعض نشطت منذ أواخر القرن العشرين من خلال تواصل المجتمعات البشرية بإتجاه بعضها بشكل غير مسبوق، لدرجة يصعب معها الإحتفاظ بالنقاء اللغوي. ولعب التطور الهائل في مجال المواصلات والإتصالات بالإضافة الى تطور مفاهيم حقوق الإنسان وقوانين الهجرة واللجوء دوراً بالغاً في هذا التداخل اللغوي الثقافي؛ ولم تعد هناك ثمة لغة نقية بدون إستعارات من اللغات الأُخرى بما في ذلك الأنجليزية الأوسع إنتشاراً والعربية الأكثر محافظة. وعلى ضوء هذا التداخل العولمي، ولإفتقار الكردية الى مؤسسة إكاديمية مختصة تعني بتأهيلها، فهي ستخضع أكثر من غيرها للمؤثرات والإستعارات المعجمية.

وليس بسبب سطحية الدراسات اللغوية وإعتبار إن اللغة هي محض سجل لكلمات قاموسية، وإنما لكون التكريد هو اسهل الطرق لاجراء الإصلاحات اللغوية فقد اصبح المجال الأكثر شيوعاً، وتمت تنقية نسبة كبيرة من المفردات عن طريق إشتقاق مرادفات من المورفيمات الأصيلة بدلاً من مرادفاتها الوافدة سواء من العربية أو التركية أو الفارسية. ونجحت السورانية بتكريد الكثير من الإشارات الدلالية بالخصوص في التخاطب الرسمي على شاكلة "فوتبول" إلى "تۆپی پێ" (Topi pê)، "صحافة" إلى "ڕۆژنامەگەری" (Rojhnamagary)، و"طائرة" إلى "فڕۆکە" (Faroka).

أهمية التكريد ترتبط بقدرته على توحيد اللغة، فاللهجة السورانية تنفرد بإستعارة مفردات تركية على سبيل المثال، يؤدي تكريدها الى إنفتاح أكبر بين اللهجات مثل:

- "كچ" (فتاة): معارة من التركية Kız بينما تستخدم بقية اللهجات مرادفتها الكردية "دوت" وإن أختلف لفظ العلة في وسطها من منطقة لأُخرى.
- " پەرداخ" (قدح): من التركية Bardak، في الوقت الذي تستخدم بقية اللهجات مرادفتها "پياله".
- "قەرەباڵغ" (إزدحام) من التركية Kalabalik (مزدحم).

ولا يقتصر التكريد على المفردات فحسب وإنما يشمل نطاق أوسع من العادات اللغوية، كمثال فإن إستخدام حرف الجر "في" يتطلب تذييل الكلمة باللاحقة التركية "de" وهو بدون ضرورة لغوية لأن حرف الجر في الكردية "له" (في)يسبق الكلمة ويفي بالمعنى دون الحاجة لنسخ أسلوب الصرف التركي. ففي جملة (إن الكتاب في المكتبة) مثلاً:

- السورانية: كتێبەکە **لە** کتێبخانە **دا**یە.
- الكرمانجية: Pirtûk **di** pirtûkxaneyê **de** ye
- التركية: Kitap kütüphane**de**

نلاحظ في هذا المثال بإن اللاحقة التركية "ده" ضرورية في الجملة التركية فقط، لكنها غير مجدية في الجملتين الكرديتين وذلك لوجود حرف الجر الكردي فيها ("له" و "di")، أي إنها ليست سوى تكرار لضرف المكان في بداية ونهاية الكلمة.

وبالإضافة الى إن التكريد يمكن أن يساهم في توحيد الفصحى الكردية، فإنه يشكل ضرورة لترميم أيديولوجية اللغة وتعزيز مكانتها بين متحدثيها كلغة متكاملة بدون ثغرات، ولا تدفع الناطقين بها لتعلم لغات أخرى.

ولكن عملية اشتقاق معادل كردي، لوحدها، لا تصنع لغة كردية رصينة. بالإضافة لذلك فهي لا تخلوا من تبعات سلبية على اللغة ووحدتها مثلما لها من إيجابيات ولعل أبرز السلبيات يكمن في تكريد المصطلحات العلمية والتقنية لأن

من شأن ذلك أن يُصَعِّبْ من عملية وصول الطالب والمتخصص الكردي الى المصادر الإكاديمية العلمية التي يتم نشرها حول العالم باللغات الاخرى. بالإضافة الى إن بعض المفردات الأجنبية تحافظ على مستوى فهم أعلى بين الناطقين باللهجات المختلفة من الكلمة التي يتم تكريدها بشكل غير مدروس، او بدون تنسيق بين اللهجات المختلفة.

8.1.3 تسوية اللهجات

يؤدي التلاقح بين المجموعات الناطقة بنفس اللغة، والتواصل الدائم بين متحدثي لهجاتها الى أن تتأثر هذه اللهجات ببعضها، وأن تتقارب المفردات والعادات النحوية في ما يُعرَف بتسوية اللهجات (Dialectal Leveling). في هذا السياق تتناول اللغوية الكندية "كلير لفيبفره" وظيفة هذه العملية على إنها حصر التنوع اللهجي ضمن اللغة الواحدة (Lefebvre, 1998, p. 41):

> "تؤدي [عملية التسوية] إلى حصر التنوع بين اللهجات المختلفة ضمن اللغة الواحدة، وتضييق الإختلافات، وذلك في الظروف التي يحدث فيها تواصل جغرافي بين متحدثيها."

وتزداد وتيرة التسوية في معظم اللغات حول العالم بفعل التطور الهائل في وسائل الاتصالات، وفي توسع المدن الكبرى وإستقطابها للمهاجرين من خلفيات لهجية مختلفة، بل حتى في حالات الاضطرابات الاجتماعية. فبعد أن كان لإنتشار السينما والدراما التلفزيونية دور في تلاقح اللهجات خلال القرن الماضي، أخذت الثورة التكنولوجية في وسائل التواصل الاجتماعي تزيد من تسارع التسوية اللهجية في هذا القرن، وتنشرها على نطاق جغرافي أوسع.

وتتضح سمات التسوية من خلال شيوع مفردات خاصة بلهجة معينة لتصبح مفهومة بشكل جيد من قِبَل المتحدثين باللهاجات الأخرى، ورغم بطء وتيرها في المحيط الكردي مقارنة باللغات المجاورة، بسبب التقسيمات الدولية لجغرافية اللغة الكردية والقيود المفروضة على التنقل عبر الحدود، إلاّ إن الاعلام الفضائي ساعد على تعويم بعض الكلمات المحلية التي أخذت بالإنتشار لتشمل مساحات أوسع،

وعلى سبيل المثال أصبحت كلمات كرمانجية مثل "برخودان" (كرمانجية "Berxwedan" بمعنى "الإنتفاضة") مفهومة بين متحدثي السورانية إلى جانب مرادفتها المحلية "Raparin" (ڕاپەڕین)، وبالمقابل مفردات سورانية مثل "خۆشەویست" (العزيز) واسعة الفهم في الكرمانجية.

صحيح إن تبادل المفردات المحلية بين اللهجات يعزز الوحدة اللغوية، وبإمكان ستراتيجية لغوية مدروسة تنشيط هذا التداخل اللهجي، الا إن تضخم اي اللهجة بمرادفات متطابقة المعنى لا يثري اللغة ولا يزيد من قوتها أو قابليتها على التعبير، بل على العكس يؤدي الى ترهل معجمي ويثقلها بمفردات زائدة عن الحاجة، وهو ما يُطلَق عليها في علوم اللسانيات "Lexical Redundancy". فالمفردة، كإشارة دلالية، لا تحتاج الى تعدد الكلمات لتشير الى مفهوم واحد بعينه. لنأخذ مثلا كلمة "مدينة" فهي تظهر في شكلين هما "شار" في السورانية و"باژار" /baʒˈaːr/ في الكرمانجية، وكلاهما مترادف ومتساوي الدلالة. إما إذا ما تم توظيف كل منهما لمعنى مختلف، كأن تكون "شار" بمعنى مدينة كبيرة تقابل "City" الإنجليزية، والأخرى بمعنى بلدة صغيرة تقابل "Town" فإن كل منهما سيكتسب دلالة خاصة تجعل منها مفردة معجمية عابرة للهجات وتساهم بإثراء الفصحى بدون تضخيم المعجم الموحد.

8.2 الحلول العملية لتوحيد اللغة

الكردية ليست اللغة الوحيدة التي تعاني من تنوع اللهجات وتدني مستوى التفاهم بينها، إلاّ إنها تتميز عن بقية لغات العالم الأُخرى بأنها تفتقر الى فصحى موحدة لربط مكوناتها اللهجية مع بعض. ولأن صراع اللغات من اجل البقاء ومكافحة التفتت اللغوي يتم غالبا عن طريق الإلتزام بفصحى موحدة، فإن توحيد الفصحى الكردية هو مشروع لا بديل عنه لحماية اللغة من التفتت البطئ مع الزمن. وهو على درجة من الأهمية لأن تأثيراته لا تقتصر على اللغة فحسب، وإنما تتبعها إمتدادات تتمثل في تقوية البنى المجتمعية بشكل عام. ومن حسن الحظ، فإن اللغات حول العالم اليوم تزخر بوفرة من التجارب يمكن للمهتمين

بالشأن اللغوي الكردي متابعتها ومحاكاة الطرق التي إتبعتها تلك اللغات في إنجاز وحدتها. ومن أمثلة التجارب العالمية التي تم إتباعها هي:

- ✓ تعميم أحدى اللهجات وفرضها على الناطقين باللهجات الأخرى.
- ✓ إتباع سياسة تعتمد تطعيم النوع اللغوي الأكثر شيوعاً بمفردات من اللهجات القليلة الانتشار.
- ✓ صياغة لهجة جديدة كلياً للإستخدام الرسمي والإكاديمي

كل واحدة من هذه الحلول تم تنفيذها بنجاح من قبل إحدى اللغات الحية اليوم، ويكفي المهتمون بالشأن اللغوي الكردي أن يختاروا الأنسب من بينها مع الأخذ بعين الإعتبار إن التخطيط لهيكلية لغوية فصحى، بحدودها الأدنى، لا يتوقف على تكليف رسمي ولا تخويل حكومي، وإنما بإمكان أي فريق عمل من المتخصصين أن يقدم صياغة معجمية وقواعد جديدة، بل إن هناك مشاريع لغوية كبرى في التاريخ الحديث ظهرت بجهود فردية. على عكس ذلك، فإن التنفيذ الفعلي ونشر المعايير اللغوية المقترحة وتأهيلها إجتماعياً، كخطوة نهائية، وتعميم إستخدامها فيحتاج الى قرار سياسي والى جهود لتنسيق الإجراءات الإدارية بين الجهات المخولة بشكل رسمي والقادرة على نشر التعديلات اللغوية في ميادين الإكاديميا والإعلام والتشريع.

8.2.1 تعميم إحدى اللهجات

تشير التجارب الى إن أكثر الحلول التوحيدية التي تم تبنيها حول العالم كانت عبر إختيار إحدى اللهجات المحكية وتأهيلها كفصحى موحدة. إلاّ إن أغلب تجليات هذا الحل ظهرت في ظروف تاريخية إستثنائية، مثل النتائج التي تفرزها الحروب أو النزاعات الأهلية. على سبيل المثال، كان توحيد الإيطالية رسمياً بلهجة واحدة هو إنعكاس لحدث سياسي هام وهو توحيد إيطاليا، ذلك الحدث التاريخي الذي تحقق بفضل إستيلاء غاريبالدي على روما في عام 1871. وبالمثل، أدى توحيد ألمانيا في نفس العام إلى إنضاج المرحلة النهائية في سيرورة توحيد اللغة الألمانية، التي اكتملت بنشر أول قاموس ألماني موحد من قِبل كونراد دودن في عام 1880.

ومن الطبيعي أن يتم إختيار لهجة بعينها من خلال الإستناد على جملة معايير على غرار عدد متحدثيها (مثل لهجة بكين الصينية)، العمق التاريخي لشكلها المعياري (مثل اللغة العربية الفصحى)، ثراء تقاليدها الأدبية (مثل توسكانا الإيطالية)، أو مكانتها الإجتماعية (مثل الفرنسية الباريسية). كما يساعد هذا الحل على تجنب إهدار الوقت والجهد اللازمين في تركيب لهجة بمعجم وقواعد مبتكرة، ويقلل الحاجة إلى ترجمة المنشورات إلى الشكل المعياري الجديد.

ولو درسنا واقع اللغة الكردية بدقة، نرى إن كل من اللهجات الرئيسية الأربع تمتلك إمكانية أن تكون معيارًا رسميًا للتوحيد: فالكرمانجية تتمتع بخاصية أكبر عدد من المتحدثين؛ السورانية تمتلك أكبر تاريخ نشر؛ الگورانية/زازا هي أقدم شكل مكتوب؛ واللهجة الجنوبية هي الأقرب إلى اللغة البهلوية الأُم التي كانت توحد الكرد لغوياً، والتي من المفترض ان تكون هي الوريثة للشكل اللغوي الكردي الأكثر اصالة.

من هذا الثراء اللغوي يتبين إن إختيار إحدى اللهجات الكردية لن يتطلب الكثير من الجهد والوقت لتأهيل أي منها. لكن العقبات الرئيسية تتلخص أولاً في الحاجة إلى قرار سيادي وإجراءات إدارية (عدم نضج الوضع السياسي الراهن)، وثانياً التحدي الذي يرافق ذلك والذي يتمثل في التنافس بين اللهجات وشيوع ظاهرة الصفائية والنقاء اللهجوي - Dialectal Purism - (راجع **الصفائية** 7.2.1).

النقاء اللهجوي ومقياس الكردية

لعل احد اهم أهداف الفكر القومي الحديث هو تشكيل أمة موحدة غير قابلة للتجزئة، والإنتقال بها من ثقافة المجتمع القَبَلي -الذي يسبق مرحلة نشوء القومية بمفهومها الحديث- إلى مجموعة متماسكة من المواطنين الذين يُعَرِّفون انفسهم بهوية إثنية-ثقافية واحدة. أي رفع مستوى حلقة إنتماء الفرد وهويته من المناطقية والقبلية الى القومية العابرة لجغرافيا الوطن والدين والتفرعات القبلية. وفي حين إن مشاعر النقاء اللهجوي والعرقي تشكل أبرز سمات المرحلة السابقة لظهور القوميات بشكلها المعاصر، وكذلك تخندق الهويات الفرعية داخل القومية الواحدة، فإن تجاوز هذه المشاعر لا يتم بدون فكر قومي ينشط بين الجماهير ويؤدي هذا الدور التاريخي وهذه الانتقالة التي تماثل ولادة القومية.

وفي هذا السياق، كان من المفترض أن يتم تجريد المجتمع الكردي من سيطرة الهويات الفرعية في غضون القرن الماضي؛ وتعميم الإنتماء للهوية القومية الشاملة كبديل عن القبيلة أو الدين أو اللهجة؛ وإعتبار الجميع متساوون في درجة كرديتهم بدون أية مفاضلة. وإذا كان الفكر القومي قد أنجز مهمته في الكثير من المجتمعات حول العالم، إلاّ إنه لم يفلح ببناء فكرة قومية كردية بإطار معاصر، ومايزال الدين، القبيلة، والجغرافيا تعتبر ركائز مهمة في تصنيف الفرد لهويته الذاتية. وربما كان من أبرز معوقات تطور الفكر القومي في كردستان هو عدم إكتمال مشروع الإستقلال الناجز، أي الإفتقار لمؤسسات دولة قادرة على تفعيل الآيديولوجيا القومية وتجسيدها الى واقع، خصوصاً في فترة ما بعد الحرب العالمية الأولى، الأمر الذي عرقل تشكيل البنية السياسية اللازمة. ومما فاقم من صعوبة إنتشار الفكر هو توزع المجتمعات الكردية على دول قومية غريبة عن النسق الثقافي الكردي، وهو ما أعاق نمو نسيج اجتماعي موحد ومتكامل. بالإضافة الى ذلك، عمدت السياسات التي إتبعتها الحكومات التي تقاسمت أرض كردستان على قمع ظهور طبقة برجوازية كردية (حاضنة الأفكار القومية) في المدن. وكان الهدف البعيد من وراء إعاقة نمو هذه الطبقة هو ديمومة وإستمرارية مرحلة ما قبل الحداثة وإجهاض محاولات عصرنة الثقافة الكردية. يرى اللغويان، الهولندي المختص بالدراسات الكردية والإيرانية فيليب كرينيبروك والألماني ستيفان سبيرل إن احد أسباب تعثر المشروع القومي هو خضوع الهوية الكردية الحديثة للتفرعات اللغوية والقبلية بشكل مؤثر. (Kreyenbroek & Sperl, 2005, pp. 35-36).

وبرغم تزايد المشاعر القومية في العقود الأخيرة، ووضوحها، كرد فعل على القمع الذي يتعرض له الكرد، الا انها ماتزال مشاعر منفلتة غير مرتبطة بنسق فكري، ومازال الشعور بالهوية القومية متأثراً بالصفائية بحيث يعتبر البعض أنفسهم أقرب إلى "الكردية النقية" من الاخرين، وإن تلك المجموعات التي تتداخل ثقافاتها مع المجتمعات المجاورة (غير الكردية) تعتبر أقل أصالة وحتى مثار تشكيك في إنتمائها. كذلك مايزال مقياس "الكراديتي" لدى بعض الأوساط يعتمد بالأساس على اللهجة والمنطقة الجغرافية. أي هناك مركز يعتبر هو المعيار القومي، واطراف اقل إستيفاءاً لمتطلبات الاصالة. و كمثال، تدفع الحواجز اللهجية فلاح من بهدينان إلى إعتبار المتحدث بالسورانية أقل درجة في الكردية،

والسوراني يتعامل بنفس النظرة مع الكردي "الفيلي" في الجنوب، والفيلي في بعض المناطق، بدوره، يجد نفسه اقرب الى "اللوري" منه الى مفردة "كردي" الخ.

وفي هذا الخضم، فإن إختيار لهجة من اللهجات الكردية الحية كفصحى يتأثر بالتأكيد بالمقياس الشائع الذي يحدد إنتماء وأصالة كل منها ولهذا تبرز الحاجة الى أن تهتم الستراتيجية اللغوية بتسوية الفجوات اللهجية بين جميع متحدثي الكردية ورفع مستوى الوعي بالهوية الكردية الشاملة. وأشارة ل. فوسوم المبكرة إلى تفشي ظاهرة الميل للنقاء اللهجوي في الثقافة الكردية (L. O. Fossum, 1919, p 3) توضح صعوبة اختيار لهجة معينة على حساب الأخرى، إذ يذكر:

"ليس من السهل اكتشاف أفضل لهجة كردية من بين هذه اللهجات العديدة. يشير ليرش [الكردولوجي الروسي- الألماني فلاديمير ليرش] إلى أنه من غير المجدي أن نسأل الكرد حول أي لهجة هي الأصلح، لأن كل كردي يدعي أن لهجته هي الأنقى والأفضل. وحتى علماء اللغة أنفسهم يميلون لإعطاء نفس النوع من الإجابة وهي: اللهجة التي يدرسونها أكثر تصبح الأنقى والأفضل بالنسبة لهم."

8.2.1.1 السورانية

تعود بدايات صعود السورانية وظهور نتاجاتها الأدبية المميزة الى فترة إنتعاش إمارة بابان (1649-1851) وما تلاها، فقد تحولت اللهجة المتداولة في مدينة السليمانية خلال تلك الحقبة الى "لغة" الأدب الكردي إثر إسهامات العديد من الشعراء في إغنائها وترسيخ تفوقها على اللهجات الكردية الأخرى. إلاّ إن المانع الذي عرقل ظهور نظام كتابي وأعاق تحويلها الى فصحى موحدة كان معارضة الدولة العثمانية وترويجها لفكرة أن أي محاولة لتعديل الحروف العربية (المقدسة) وتطويعها لتناسب الكتابة الكردية يُعد كفرًا بالدين، وطبقاً للتعاليم الدينية فإن عقوبة الكافر هي الإعدام، بالرغم من إن كتابة اللغة العثمانية نفسها كانت تعتمد حروف عربية معدلة (فارسية). (*) وقد أفلح هذا القمع الثقافي في إحباط

---

*.<web.archive.org/web/20250625012802/https://kurdishacademy.org/?page_id=197>

كل جهد جاد لإنشاء نظام كتابة كردي كان من المفترض ان ينشر اللهجة السورانية او غيرها كمظلة لغوية كردية واحدة. ولم تبدأ الجهود الرائدة، عملياً، في صياغة النظام الكتابي إلاّ بعد سقوط الإمبراطورية ونهاية حقبة الحكم الديني، رغم إن الدول التي ورثت الجغرافيا العثمانية الناطقة بالكردية لم تتعامل بشكل اكثر ودية من سابقتها.

تعتبر دراسة ل. فوسوم التي قدمها عام 1919 هي الأساس في بناء النظام السوراني، ربط فيها اللهجة (السورانية) بالابجدية الفارسية كونها اقرب من العربية في تمثيل الصوتيات الشائعة فيها. وقدم أمثلة تفصيلية عن الحروف الساكنة والمتحركة وحروف العلة القصيرة. ثم جاء من بعده الشيخ سعيد صديق كابان، وكان بذلك أول كردي يتحدى الحضر المفروض على كتابة الكردية رغم إنحداره من خلفية دينية وتخرجه من مدارس قرآنية. فند كابان الادعاءات العثمانية في كتابه الموسوم " گولزار" [الروض] عام 1920، وعلى الرغم من إن هذا الكتاب لم يرى النور في ذلك العام، إلاّ إنه أدرج محتوياته في عمله اللاحق الموسوم "*مختصر الصرف والنحو الكردي*" ونشره في عام 1928.

فضّل كابان تعديل الخط العربي-الفارسي لإنشاء نظام كتابة يستند إلى لهجة السليمانية، باستخدام النحو العربي كنموذج قياسي. وكان ما آلت اليه نتائج الحرب العالمية الأولى وإنعكاساتها في الشرق الأوسط، وبروز إدارات محلية في كردستان، أن ساهمت بتوفير فرصة تاريخية لتوحيد اللغة تمهيداً لإستخدامها في أغراض التخاطب الإداري. فإكتمل النظام السوراني الحديث عندما تقدمت سلطة الانتداب البريطاني في العراق بتكليف العقيد توفيق وهبي، وهو عسكري ملم بعلوم اللغة، بمهمة تأهيل الكردية وتطوير شكل معياري يلبي متطلبات المخاطبات الإدارية الحديثة. أكمل وهبي صياغة نظام الكتابة وتطوير صوتياته بإضافة علامة التشكيل (ˇ) للحروف ذات المساحة الصوتية الواسعة، وتوظيف الحروف المركبة، فضلاً عن إسهامه بتطوير القواعد في كتابه "*دستورى زمانى كوردى*" (قواعد اللغة الكردية) الذي نشره في العام 1929.

وعن هذا المشروع يذكر وهبي (*) لمحة عن بدايته:

"في عام 1923 كلفتني وزارة المعارف العراقية الجليلة ان اضع كتابا في قواعد اللغة الكردية، وبعد جهد مضن وعمل طويل ومتواصل وضعت كتاب ’ده ستوري زماني كوردي‘، ونشرت الجزء الاول منه وقسما من الجزء الثاني في عام 1929-1930، لكن ظروفا خاصة حالت دون نشر ما تبقى من الكتاب."

ويعبر الباحث مكاروس عن إعجابه بالجهود التي بذلها وهبي خصوصاً وإنها تطوير للكردية السليمانية من قبل أحد أبنائها (E. McCarus, 1958, p. 3):

"[جهود وهبي] هي وصف ممتاز للغة الكردية بلهجة السليمانية من قبل متحدث أصيل بها. فالقواعد النحوية ذات طبيعة توجيهية وتحاول تنقية اللغة من عناصرها غير الكردية."

بعد أن ترسخ إستخدامها عبر القرون الأخيرة، تحولت السورانية الى معيار رسمي يمثل الكردية لدى العراق وفي إقليم كردستان، وأَثْرَت المعجم بمفردات غنية ودلالات دقيقة من خلال الاستخدام الرسمي الإداري والإكاديمي. بالإضافة الى ذلك فإنها تواكب بشكل وثيق تطور النشاطات الاجتماعية والثقافية والبنية الفوقية في المجتمع الكردستاني مما يعزز الأحادية اللغوية في الإقليم ويساهم في توسيع قاعدة الأدب والإنتاج الإعلامي المطبوع والمرئي. فقد تجاوز عدد القنوات الفضائية في إقليم جنوب كردستان في العام 2014، أكثر من 30 قناة، بالإضافة إلى حوالي 780 مطبوعة إعلامية، من بينها 5 صحف يومية (†)؛ بينما بلغ عدد الوسائل الإعلامية المرخصة أكثر من (2000)، بما في ذلك (121) موقعاً إخبارياً، (138) محطة إذاعية، (263) صحيفة، (725) مجلة، (31) قناة

(*) Wahbi, Tawfiq (1956). Ch 1. Part 1

(†).<web.archive.org/web/20250526031102/https://www.aljazeera.net/news/2014/1/12/الإعلام-بكردستان-العراق-طموح-جامح>

فضائية، و(176) قناة محلية، في العام 2025 (*)، والاغلبية المطلقة من هذه الوسائل تستخدم السورانية في خطابها الإعلامي.

أنظمة الكتابة

مع إعتمادها بشكل رسمي في مكاتبات مملكة كردستان (السليمانية 1921-1925)، إرتبط نظامها بالأبجدية الفارسية لإحتوائه على حروف تمثل الصوتيات الخاصة باللغات الإيرانية، تلك التي لا تمتلك معادل لها في العربية، وهي: گ /g/، ژ /ʒ/، چ /tʃ/، پ /p/، مع تعزيزه بإضافة الحرف "ڤ" /v/. وتم إستخدام النظام في الاتصالات الإدارية العليا، مثل المراسلات المكتوبة للملك محمود، بما فيها البيان الأول الصادر في اول اعداد جريدة "بانگ حق" (تەها، 1922، ص 30) وجاء فيه:

" اوانەی کە عسکرن ومامور عسکرين و اوانەی خويان بە مسلمان وكورد حساب دکن بە بی امری من هيچ خدمتيک وهيچ ماموريتيک قبول نە کن زيرا من بإنتخاب ورأي عموم روءساو افراد ملت كورد بە ملك كوردستان قبول كراوم هتا اورودوی كوردستان (بعون وعنايت باری) مظفرا داخل شار سليمانی دبی بو منفعت انگليز و بو تشويق مفسدين هر كس مأموريت قبول بكا بە قراري شوراي ملت بلا استثنا جزای اعدامە"

كما استخدم في النظام التعليمي مع توزير اللواء مصطفى ياملكي (1866-1936).

بدأت الخطوة اللاحقة بجهود العقيد توفيق وهبي حيث قام بتطوير نظام الكتابة إستنادًا على المقترحات التي قدمها سعيد صديق كابان، وشملت تقديم أحرف جديدة مثل: "ڕ" /ɚ/، "ڵ" /ɫ/، "وو" /u:/، و "ێ" /ɪə/. وفي محاكاة للنظام اللاتيني الذي يميل الى تمثيل الصوتيات المتحركة القصيرة بحروف، إستبدل

---

* .<web.archive.org/web/20250426173957/https://www.rudawarabia.net/arabic/kurdistan/2204 20253>

وهبي الحركات العربية (ـَ /ə/، ـُ /ʊ/، ـِ /ɪ/) بالأحرف "ـه"، "و"، و "ي". تشير تجربة وهبي الى عدم تناغم الأبجدية العربية مع صوتيات اللغة الكردية، رغم الإضافات الفارسية، إذ كتب لاحقًا عن التحديات التي واجهها في تحديد العناصر الصوتية الكردية وإختيار الحركات المناسبة:

"ومشكلة اخرى جابهتني منذ ان بدأت، وهي كتابة اللغة الكردية بالحروف العربية، فكان عليَّ ان اقوم بتثبيت اصوات اللغة الكردية وحركاتها. وان تثبيت هذه الاصوات والحركات جميعها بالحروف العربية مع وضع اشارات خاصة لها وتدوين الكتابة بها، اقتضاني جهدا غير قليل، بذلته في اثناء تدواين قواعد اللغة." (*)

وفي مراجعة نقدية للنظام الكتابي السوراني، نجد أولاً إن وهبي ركز على أولوية الصوتيات وطريقة تمثيلها بشكل شفاف في الاملاء أكثر من التوسع في البحوث المعجمية، والصرفيات وبناء قاموس ذو دلالات دقيقة، وثانياً تبنى خصوصية لغوية ذات جغرافيا محدودة معتمداً على عينة من الأصوات من منطقة محلية (السليمانية) وحاول تعميمها كلغة صوتية معيارية لجميع الناطقين بالكردية. هذا النهج أغفل التنوع الواسع للأصوات والنطق بين السكان خارج هذه المنطقة. وبسبب هذين العاملين: التركيز على الخصائص الصوتية للمفردات، أولاً، وصياغة نظام كتابة شفاف بالاعتماد على عادات محلية في بقعة جغرافية محددة، ثانياً. وعلى ضوء الافتقار لسلطة عليا قادرة على نشر النظام الجديد في كافة المناطق الكردستانية، فقد ظهر على شكل فصحى محلية بدلًا من تقديم معيار لغوي شامل يستوعب التعددية اللهجية.

حاليًا، تعتبر السورانية، بما تم إنتاجه من ترجمات وإسهامات ثقافية بأنها تضم أغزر تراث أدبي مقارنة بباقي اللهجات، وذات معايير قادرة على إستيعاب متطلبات تحوّلها لمظلة لغوية شاملة. إلاّ إن ذلك يتطلب تطوير النظام الكتابي والنحو وتقريبه من المعايير الشائعة في باقي اللهجات، ثم تأهيلها إعلامياً وفق خطة إكتساب واسعة.

---

*.وهبي، توفيق (1956) الجزء 1، الفصل 1

ولعل أبرز التعديلات المقترحة التي تساعد على نشر المعايير السورانية في باقي جغرافية اللغة الكردية، وتسهل إستخدمها كفصحى موحدة يمكن أن تتلخص في:

- صياغة معادل للنظام السوراني باستخدام الحروف اللاتينية وذلك من أجل تيسير تعلمها في المناطق الكردية المختلفة.

- معالجة الفوارق الصوتية بين السورانية وبقية اللهجات وتثبيت ذلك في النظام الكتابي عن طريق توحيد الحروف التي ترمز للأصوات المتحورة لهجياً. على سبيل المثال، توحيد تهجئة المفردات المتشابهة (ذات الجذور الموروفية المشتركة) ، مثل "ئاو" و "ئاف" التي تنطق بخصوصيات محلية. فيمكن، على سبيل المثال، إختيار حرف واحد للتعبير عن الفونيم /w/ في السورانية /v/ في الكرمانجية بدلاً عن الحرفين. بالإضافة الى معالجة الفروق في نطق الصوت خ /x/ في الگورانية؛ أي توحيد الإملاء مع الإحتفاظ بتعدد طرق النطق، مما يُمَكِّن للمتحدثين بجميع اللهجات من قراءة الكلمات ذات الانزياح الصوتي المحلي، وفهمها بنفس المستوى.

- تنفيذ تحسينات نحوية حيثما كان ذلك ضروريًا، مثل معالجة الاختلاف بين السورانية واللهجات الجنوبية في صياغة زمن الماضي المتعدي.

8.2.1.2 الكرمانجية

هي اللهجة الأكبر من حيث المساحة وعدد الناطقين، وهي الوحيدة التي تُستخدم في كل أجزاء كردستان بالإضافة الى المجموعات الكردية في الاتحاد السوفيتي السابق مثل روسيا وأذربيجان وأرمينيا وجورجيا وكازاخستان، كذلك في المنطقة المنعزلة في خراسان. وقد شهدت في العقود الأخيرة تنامياً ملحوظاً سواء على صعيد الإكتساب الشفوي (في الشمال) أو بإستخدامها كفصحى في النظام الإداري والتعليمي في غرب كردستان، كما ساهم تخفيف القيود التركية وتزايد الأنشطة الإعلامية للجاليات الكردية في الغرب بزيادة رصيد الكرمانجية بين اللهجات الكردية الاخرى.

وتحظى اللهجة بإرث أدبي يمتد الى القرن الخامس عشر، يزخر بإسهامات على غرار "مولودا كرمانجي" من تأليف ملا حسن باتيي (1417-1495) وهي مجموعة من الأشعار التي تُتلى في مناسبة عيد ميلاد النبي، "يوسف وزليخا" من تأليف سليم سلمان (1586)، مجموعة أشعار ملاي جزيري (1570-1640)، "مم وزين" لأحمد خاني (1651-1707)، و"زنبيل فروش" للشاعر فقي تيران (1590-1660).

تعززت أهمية الكرمانجية أكثر وبرزت الحاجة لتأهيلها للتدوين مع الإنفتاح العلمي والثقافي في إمارة بوتان، وبلغت أوج إزدهارها إبان حكم الأمير بدرخان بك (حكم بين 1821-1847)، الذي عُرِف بطموحه لتحقيق الاستقلال عن الدولة العثمانية. بالإضافة الى ذلك فإن حضورها في النصوص الإيزدية المقدسة قد منحها زخماً روحياً ورفع منزلتها وبالتالي محاولة تأهيل معاييرها للاستجابة لمطاليب العلم والتدوين. لذلك نجد بين رواد الحداثة في القرن العشرين العديد من الشخصيات الإيزدية السوفياتية وقد ساهمت بإثرائها في مجالات مثل الفن والأدب. شهدت تلك الفترة ظهور أول فيلم سينمائي كردي في عام 1926، بعنوان "زري" (Zarê)، من إنتاج شركة الأفلام السوفيتية "أرمينكينو" وأخراج حمو بكنازاريان. (*) وصدور أول رواية كردية للروائي عرب شاملوف " Şьvane Kyrmança" (الراعي الكرمانجي) في العام 1929 عن دار نشر كردية في أرمينيا؛ وثم تأسيس أول مسرح كردي مدعوم من قبل دولة في منطقة إليجاز الأرمينية عام 1937. وكان لهذه النشاطات دور في سد النقص الناجم عن حظر الكردية (الكرمانجية) في مناطق كردستان الأخرى وبالتحديد في تركيا.

وبالرغم من غزارة الإرث الثقافي، فإن تعميم الكرمانجية كمعيار رسمي واحد وتعزيز قدرتها على إستيعاب بقية اللهجات يتطلب إجراء تعديلات على قواعدها النحوية والتخفيف من شفافية نظامها الكتابي مثل إعتماد حرف واحد للأصوات

---

* [Video], Êla Redkan ELEGEZ . "Zerê - İlk Kürt Filmi - 1926", 20 Mar 2020.

<https://web.archive.org/web/20200518172517/https://www.youtube.com/watch?v=cHahi-InKns>

المتبادلة بين السورانية والكرمانجية. فيمكن على سبيل المثال توحيد تهجئة الكلمات ذات الصوتيات المحورة مثل "Av" و"Aw" سواء عن طريق اختيار حرف جديد أو استخدام "W" بدلًا من "V" لتمثيل كلا الصوتين على غرار تنوعه في الإنجليزية والألمانية، أذ يُنطَق الحرف "W" بصيغة /w/ في الإنجليزية و /v/ في الالمانية.

الأبجديات المتعددة – Digraphia –

جربت الكرمانجية الكتابة بأكثر من نظام، فإستخدمت أبجديات مختلفة مثل العربية-الفارسية، اللاتينية، السيريلية، الأرمنية، بالإضافة الى أبجدية إيزيدية خاصة. وبسبب تقارب الصوتيات الفارسية مع الكرمانجية فقد شاع الحرف الفارسي وظهر في أول صحيفة كردية صدرت في العصر الحديث "كردستان" - نشرها مقداد بدرخان في القاهرة عام 1882. وحافظت هذه الأبجدية على وحدة الكتابة الكردية.

ومع إنهيار الإمبراطورية الروسية عام 1917 برزت الحاجة لتأهيل الكردية للتعليم وللنشر الأدبي والصحافي للمرة الأولى، في الاتحاد السوفيتي. ونظراً لعدم وجود نظام كتابة خاص بالكردية آنذاك، تم إعتماد الأبجدية الأرمنية الغربية بشكل مؤقت، لحين صياغة نظام يعتمد الحروف اللاتينية. ضم المشروع لجنة من اللغويين السوفييت بإشراف المستشرق الأرمني جوزيف أوربلي (1887-1961) والمؤرخ الاسكتلندي الأصل المولود في جورجيا نيكولاي مار (1865-1934)؛ ثم تحت رعاية لجنة "التجذير" السوفيتية "коренизация" بإشراف إسحاق ماروغولوف (1868-1933) والروائي الكردي عرب شاملوف (1897-1978). وتم إعتماده رسمياً في كردستان الحمراء إبتداءاً من العام 1928، ثم إستمر إستخدامه في جميع المطبوعات الكردية بما فيها جريدة الحزب الشيوعي "الطريق الجديد" (Rja Təzə)، حتى الغاء الإدارة عام 1929.

وبعد حل الإدارة الذاتية تم إلغاء إستخدام النظام اللاتيني كلياً في العام 1941 وبدأ البروفيسور حاجي جندي بمشروع بديل وهو صياغة نظام يعتمد الحروف السيريلة الروسية، بتكليف من حكومة ارمينيا السوفياتية هذه المرة. وإعتمدت

الحكومة الأرمنية الأبجدية الجديدة في عام 1946 في النشر والتعليم الكردي، تلتها بعد ذلك كل من جورجيا وآذربايجان.

من بين هذه الأنظمة، شكلت تجربة النظام اللاتيني النواة التي إستلهم منها اللغوي الكردي جلادت علي بدرخان (1893-1951) فكرة النظام "**الكردمانجي**" الحالي. قدم بدرخان نظامه الجديد في العام 1931 في كتابه "*أساسيات قواعد الكرمانجية*"، ثم تلاها، بخطوة عملية، إعتماده في المجلة نصف الشهرية "*هاوار*" التي حصلت في العام التالي على إمتياز النشر من سلطة الانتداب الفرنسي في سوريا. أصبح نظام بدرخان اللاتيني الجديد يُعرف بعدها بإسم "**أبجدية هاوار**" وهو نفس النظام المستخدم اليوم.

ورغم أهمية أبجدية هاوار، وإسهامها بتطوير الإملاء والنحو، ورغم إعتبارها ثورة لغوية وخطوة تاريخية نحو تفعيل دور اللغة في المجتمع الكردستاني الحديث، إلاّ إنها لم تتجاوز النواقص السابقة في نظام مارغالوف وتوفيق وهبي السوراني، فقد إرتبطت هي الأُخرى بمحدودية اللهجة المحلية دون إنفتاح على بقية اللهجات. ومن أجل تلافي هذا النقص الجوهري حاول بدرخان إضفاء الشمولية على النظام الجديد بإطلاقه تسمية اللغة "**الكوردمانجية**" للتوفيق بين "كوردية" و"كرمانجية" وتأهيلها كلغة معيارية رسمية وحيدة للكردية، وتمييزاً لها عن نظام الكتابة السوراني الذي إنحصر في بقعة ضيقة، فيكتب:

> "2- لغة الكوردمانجي: لغة الكوردمانجي هي لغة الأمة الكوردمانجية التي تتحدث بها وتكتب بها وتعبر بها عن الأفكار بشكل علني". (*)

هذا التنوع من الإنظمة الكتابية الذي مر على الكرمانجية وشمل الأبجديات الفارسية، الأرمنية، السريلية، بالإضافة الى اللاتينية الحالية يشير الى قدرة اللهجة على إستيعاب التعديلات المُقتَرَحة وتأهيلها كفصحى كردية شاملة.

---

*) Bedirxan, 1994, p 15.

النص الأصلي بالكردية:

" 2 - Zimane Kurdmancî : Zimane kurdmancî zimane milete kurdmanc e. Kurdmanc pe daxevin, dinivîsînin û bi gotinen din his û fikren xwe pe eşkere dikin".

الأنظمة المتزامنة – Synchronic Digraphia –

كما تعاقبت أنظمة كتابة مختلفة على الكرمانجية، شهدت لغات اخرى عمليات تغيير مشابهة، فهذا التحول الطبيعي يحدث استجابة لظروف تاريخية معينة على غرار الانقلاب اللغوي التركي، الذي تمثل بالتحول من الابجدية الفارسية الى نظام يعتمد الحرف اللاتيني في العام 1928. عدا عن تعاقب الانظمة، هناك لغات تتخذ أكثر من نظام كتابي واحد في نفس الوقت، بما يطلق عليه الأنظمة المتزامنة (Synchronic Digraphia). ومن الأمثلة المعاصرة نجد الفارسية تستخدم خطها "الفارسي" في إيران والسيريلي في طاجيكستان، كذلك الهندية/الأوردو بالفارسي في باكستان والديوانغاري في الهند، والصربو-كرواتية بالنظام السيريلي في صربيا واللاتيني في كرواتيا. وبهذا نرى إن الكردية المعاصرة لا تنفرد بين اللغات بتزامن الأنظمة، أولا، وثانيا إن التزامن بحد ذاته لا يؤثر في وحدة اللغة إذا كانت تعتمد معجماً موحداً وقواعد واحده للنحو والصرف.

وشهدت الكرمانجية أكثر من حالة تزامن بإستخدام الأبجديتين الفارسية والأيزدية (على نطاق ضيق) في ظروف تاريخية سابقة، كما يتزامن في الوقت الراهن إستخدام اللاتينية في الشمال والسورانية في الجنوب (البهدينانية).

8.2.1.3   الگورانية-الزازائية (الدملية)

يرى اكثر الكردولوجيون بأن الگورانية هي أقدم اللهجات الكردية الحية وغالبًا ما يُشار إليها بإسم "هورامي" أو "هوراماني" في الجنوب، و"زازا" أو "ديملي" في الشمال. وعندما كانت تمثل اللهجة الأدبية في سنندج في عصر الدولة الاردلانية (1169–1867) أنتجت فيها العديد من الملاحم والقصائد الكردية الأولى. بعض تلك النتاجات حافظت على شكلها الأصلي الى اليوم، وبعضها الآخر تناقلته الأجيال بشكل شفوي. ومما يضيف الى إرثها الأدبي من أهمية هو منزلتها العليا عند الديانية اليارسانية كونها لغة الكتاب اليارساني المقدس "سرانجام".

جذبت الگورانية إهتمام الباحثين الغربيين منذ وقت مبكر وإستكشفوا التميز في صوتياتها وقواعدها النحوية، ولذلك تباينت الأراء حول أصلها وموقعها على الهرم اللغوي، ففي الوقت الذي يعتبرها البعض لغة منفصلة كفرع مستقل من عائلة اللغات الإيرانية الغربية، إقترح آخرون أن تكون لهجة من لهجات اللغة الفارسية الحديثة، بينما تؤكد الأغلبية من الدارسين والمهتمين وكذلك الناطقون بها على إنها احدى اللهجات الكردية الكبيرة الأربع معرِّفين بهويتهم الكردية من خلال الإشارة إلى تحديد تنوعهم اللغوي على إنه "لهجة" وهويتهم كجزء من "القومية الكردية".

ولعل السببين البارزين بين الأسباب التي دفعت البعض من الباحثين الى التردد في تصنيفها ضمن اللهجات الكردية هو عدم كفاية البيانات وسطحية البحوث، اولاً؛ بالإضافة الى الدوافع السياسية - تلك المدعومة من قبل الدولة التركية- ثانياً. فقد عمدت الحكومات التركية، وماتزال، على تضييق الرقعة اللغوية والجغرافية للكردية، إذ غالبًا ما يواجه اللغويون الغربيون تحديات ميدانية وعقبات إدارية وأمنية عند تناولها بدراسات موسعة. السبب الثاني هو الغموض في تعريف اللغة وصعوبة التمييز بين ما هو لغة مستقلة وما هو مجرد لهجة من لهجات تلك اللغة وما يخلفه هذا الإرباك بين المصطلحين من تجاذبات تنظيرية في علم الفيلولوجيا بشكل يعيق التفريق بينهما. فالحدود الفاصلة بين "اللهجة" و "اللغة المستقلة" تخضع لإعتبارات دقيقة وذاتية، في الوقت الذي يرى بعض اللغويين إن الفونيمات الصوتية المحَوَّرة هي دليل انقسام لغوي وإستقلالية اللهجة بشكل لغة مكتملة، يقلل آخرون من أهمية الانزياح الصوتي بحيث لا يمكن إتخاذه معياراً لإستقلالية اللهجة على شكل لغة منفصلة.

على سبيل المثال، يرى اللغوي الألماني **تيري لين تود** الگورانية لغة متميزة وغير كردية، ترتبط بالفارسية الحديثة بشكل أكبر من إرتباطها بالكردية. قدم طرحه هذا، كجزء من دراساته للحصول على الدكتوراه من جامعة ميشيغان الأمريكية، بعد القيام بزيارة ميدانية الى قرى الأناضول أجرى فيها مقابلات مع عشرين متحدثًا بمساعدة مرشد محلي لم يفصح عن هويته لأسباب أمنية. وشمل بحثه الذي نشر في العام 1985 في كتاب بعنوان "*A Grammar of Dimili (also Known as Zaza)*" [قواعد الديميلية، المعروفة أيضًا بإسم الزازائية]

على دراسة الصوتيات، المورفيمات، النحو، وقواعد الصرف. ويستشهد تود برأي كارل هادانك الذي أشار فيه إلى أن اسم "ديملي" هو تبديل لأحرف "ديلمي"، بالإشارة إلى "ديلم" وهو اسم قديم للمحافظة الايرانية التي تُعرَف اليوم باسم (گيلان) على الساحل الجنوبي لبحر قزوين. (Hadank, 1932, p. 4). وعلى الرغم من أنه يرى "الگورانية" لغة متميزة عن الكردية، على ضوء عدم وضوح الفرق بين المفهوين: "الكردي" و "الكرمانجي"، إلاّ إنه يقر في نهاية المطاف بالهوية الكردية للناطقين بها (Todd, 2008, vi)، فيكتب:

"يعتبر الناطقون بالديملية اليوم أنفسهم كردًا ويستاءون من الاستنتاجات الأكاديمية التي تشير إلى أن لغتهم ليست كردية. إن الناطقين بالديملية هم أكراد نفسيًا واجتماعيًا وثقافيًا واقتصاديًا وسياسيًا."

على العكس من تود، أكدت عالمة اللسانيات الروسية زاري أ. يوسوبوفا، الأُستاذة في جامعة سانت بطرسبرغ والمتخصصة في اللغة الكردية، وبشكل قطعي إن الگورانية هي أحدى اللهجات الكردية. تناولت ذلك في كتابها "*اللهجة الكردية الگورانية كما تم تمثيلها في المعالم الأدبية من القرنين الثامن عشر والتاسع* عشر" (1998) الذي إحتوى على دراسة الصوتيات، والمورفولوجيا، والنحو، بالإضافة إلى معجم لمفرداتها المتداولة.

إضافة الى جهدها هذا، أجرت يوسوبوفا تحليلاً للاراء السابقة حول النحو في الكورانية، بما في ذلك المعلومات الأولى التي قدمها البريطاني تشارلز هيو في عام 1881، والذي اعتبر اللهجة تنوعًا من أطياف اللغة الفارسية. وبعد أن دحضت ذلك الرأي، عزت أخطائه الى نقص البيانات وعدم توفر الأدلة الكافية لديه. كما أشارت في نقاشها لإستنتاجات البريطاني ديفيد ماكنزي المنشور في عام 1966، مشيرة لها بالتسمية "الهورامية" ومؤكدة على كونها تمثل إحدى اللهجات الجنوبية للغة الكردية، وإنها مجرد لهجة تجاور مثيلاتها الكردية الجنوبية الأخرى في السليمانية، سنندج، وكرمانشاه (Yusupova, 2017).

ولعل التشتت الجغرافي للناطقين بهذه اللهجة وقف عائقاً رئيسياً أمام تطورها، وسبباً في عدم إحتفاظها بمعيار لغوي موحد، إذ يتوزع ناطقوها على جيوب منعزلة وبعيدة تفصلها مسافات جغرافية شاسعة وحدود دولية. فهي تمثل الأغلبية

في باوة في الشرق (إيران)، حلبجة في الجنوب (العراق) على الحدود الإيرانية، ومنطقة الشبك في نينوى قريباً من الحدود السورية، بالإضافة الى منطقة ديرسيم (تونجلي) و چوليك (بينغول) في الشمال (تركيا).

تأريخياً، إحتلت الگورانية مكانة بارزة في إمارة أردلان في ميادين الأدب والقضاء، فضلاً عن النصوص الدينية اليارسانية. وقد كتب بها اوائل الشعراء الكرد روائعهم مثل ملا پريشان (1356–1431)، ملا مصطفى بيساراني (1641-1702)، خانا قوبادي (1700-1759)، ملا عمر رنجوري (1750-1810)، ملا محمد سليمان صيدي (1784-1848)، مولوي كردي (1806-1882)، والي ديوان (1826–1881)، واحمد بگ كوماسى (القرن التاسع عشر).

أما عن واقع اللهجة حالياً، فقد ذكرها اللغوي الهولندي ميشيل ليزنبرغ مؤكداً أهميتها التاريخية أكثر من الحاضر (Leezenberg, 1993, p. 8):

"وكما أشرنا، كان لتنامي نفوذ أمارة بابان (عاصمتها السليمانية)، نحو نهاية القرن الثامن عشر، دوراً في خفوت أردلان، ولهجتها الگورانية المرموقة التي كان الشعراء حتى ذلك الحين يفضلونها في الغالب، ولكن ومنذ أوائل القرن التاسع عشر بدأوا في الكتابة بالسورانية، حتى تعززت مكانتها بشكل كبير. أما في الوقت الحاضر فقد أصبحت الگورانية مجرد ظل لماضيها وتكاد تنحصر بشكل كبير في الأرياف المنعزلة، أي عمليًا أشبه بلغة أدبية منقرضة؛ وعلى حد علمي لم تظهر بها نتاجات أدبية في السنوات الأخيرة سوى ما أبدعه سيد طاهر هاشمي، ونُشر ديوانه في مهاباد بعد وفاته بوقت قصير."

ونتيجة لعدم مواكبة اللهجة لمتطلبات القرن الاخير، فإن إستعادة إنتشارها وتأهيلها لتكون فصحى موحدة للكردية قد يتطلب من معجمها المحدود إستعارة مفردات من لهجات أخرى أكثر حيوية، بحيث تساهم المفردات الوافدة أولاً بتطويرها معجمياً، وثانياً بتذليل الفروقات الصوتية بما يعزز مستوى الفهم المتبادل بينها وبين اللهجات الكردية الأخرى.

ولا يتم إستخدام الگورانية في الكتابة اليوم إلاّ كمحاولات على نطاق ضيق في الشمال (الزازائية) وذلك بتوظيف الابجدية اللاتينية مع التحريك لتمثيل خصوصياتها الصوتية المحلية مثل إعتماد é بدلاً عن ê كما في "hév" (القمر) تمميزاً عن "hêv" الكرمانجية.

8.2.1.4 اللهجة الجنوبية (اللورية، الفيلية)

تُعرف اللهجة الجنوبية، باسم "الكرمانجية الجنوبية" أو "اللورية" في إيران، و"الفيلية" في العراق. و "الجنوبية" هي التسمية التي إعتمدتها في هذا الكتاب كون العديد من الباحثين، ومنهم الدكتور إسماعيل قماندار، يعارض إستخدام التسمية الذاتية "لوري" أو التسمية العربية "فيلية"، ويفضلون الإشارة إليها بمصطلح "اللهجة الجنوبية". وتشتمل على طيف واسع من التنوعات الفرعية التي تعد جسرًا تاريخيًا يربط الكردية المعاصرة بلغتها الأم (البهلوية)، وجغرافيًا بالفارسية الحديثة بصفتها لغة شقيقة. إذ تشترك هذه اللهجة، من الناحية المورفولوجية، بنسبة كبيرة من المورفيمات (المورفيم هو اصغر مقطع يشترك في تكوين الكلمة الواحدة) مع اللهجات الكردية من جهة، ومع الفارسية من جهة أُخرى، على الرغم من التفاوت في بعض الصوتيات بنسبة تحوير ملحوظة.

ومع دخول اللغة الكردية مرحلة التدوين، لم يُلاحَظ ثمة ميل جاد لتأهيل اللهجة منهجياً وإستخدامها في مجال السياسة والعلوم، ولم تظهر محاولات حثيثة لصياغة نظام كتابة مستقل، وتعليل ذلك يرجح بأن السبب هو التقارب الجغرافي مع السورانية (في العراق) والتداخل اللغوي مع الفارسية (في أيران)، وكل من النوعين اللغويين (السوراني والفارسي) يغطيان حاجة التواصل الإكاديمي بمستوى مقبول من الفهم. نتيجة لذلك، ظلت اللهجة الجنوبية محلية إلى حد كبير، مشبعة بالكلمات المُعارة من الفارسية القياسية في إيران والعربية في العراق، بالإضافة الى مجموعة من المتحدثين التي تميل إلى الإستعارة من السورانية في منطقة خانقين.

ومن الجهود النادرة التي برزت لصياغة نظام كتابة خاص بها هو ما قدمه الدكتور إسماعيل قمندار، في كتابه "*دراسة اللهجة الكردية الجنوبية*"، حيث

أثمرت في تطوير نظامٍ يعتمد على الأبجدية اللاتينية، بهدف التقارب مع اللهجة الكرمانجية، بالإضافة الى إستلهام أوجه الشبه النحوية مع السورانية وإعتبارها كذلك المصدر الأساسي للكلمات المُعارة (قمندار، 2014، ص. 65). وبهذا التوضيف متعدد اللهجات يقدم عملياً اشمل مشروع توحيدي الى الآن، فيذكر:

"٥. إتخذت قواعد اللهجة السورانية كأساس لمقترحي هذا، لقرابة اللهجتين ولأوجه التشابه الكثيرة بينهما والتي لا تعد لاتحصى. أما الاملاء في القسم الثاني أتخذت املاء اللهجة الكورمانجية كأساس."

يتضمن نظام الكتابة الذي إقترحه قمندار أصواتًا مميزة في الأبجدية الكرمانجية، حيث يتناول ميزات فونتيكية معينة مثل الجمع بين الصوتين /ɪ/ و/ʊ/ لإنتاج صوت ثنائي طويل /ɪʊ/، وهو يماثل النطق التركي للحرف 'Ü' كما يرد في كلمة "Bütün" (الجميع). ويشيع حضور هذا الصوت في بعض اللكنات الجنوبية في كلمات على غرار "Düêt" (البنت)، و "Bü" (يصبح).

وتتميز اللهجة الجنوبية بقواعد نحوية فريدة مختلفة عن السورانية، كمثال على ذلك الفرق في صياغة الفعل الماضي المتعدي حيث يلتصق ضمير الفاعل بنهاية الفعل فيها بينما يلتحق، على عكس ذلك، بالمفعول به في السورانية.

بشكل عام، تختلف اللغات (واللهجات أحياناً) بترتيب العناصر الرئيسية الثلاث في الجملة (الفعل، الفاعل، والمفعول به)، فالانجليزية تبدأ بالفاعل يليه الفعل وأخيرا المفعول به، أي إن ترتيب الجملة الإنجليزية هو (فاعل-فعل-مفعول به)؛ بينما ترتيب العناصر في الجملة السورانية فيضع المفعول به أولاً، ثم الفاعل، يأتي الفعل في اخر الجملة (مفعول به-فاعل-فعل). أما ترتيب اللهجة الجنوبية فيغاير السورانية ويضع الفاعل اولاً، ثم المفعول به، وأخيرا الفعل، ليكون (فاعل-مفعول به-فعل).

ولا تنحصر الفوارق في اللغات واللهجات وانما بالإمكان ان نجدها في اللهجات الفرعية المحلية، ففي اللكية المتفرعة من اللهجة الجنوبية يرتبط ضمير المتكلم (م) بالفعل وليس بالفاعل، وكمثال يورده قمندار (2014، ص. 79) تنفرد

اللكية بتركيبة الترتيب كما في (كارمِ كرد) على عكس (كار كردم) الشائعة في فروع اللهجة الجنوبية الاخرى.

ولو تتبعنا الترميز الشائع لهذه العناصر في اللسانيات، حيث يُرمَز للفعل بالحرف (V) إختصاراً لكلمة "Verb"، وللفاعل بـ (O) كرمز لـ "Object" وللمفعول به بالحرف (S) إختصاراً لـ "Subject"، فإن الجدول التالي يوضح الفروق في ترتيب عناصر الجملة، ومكان لاحقة الفاعل بين الإنجليزية، السورانية، الكرمانجية، الجنوبية، بالإضافة الى اللغة الأم البهلوية:

الترتيب	الضمير	الجملة	
SVO	منفصل	I saw Alan	الانجليزية
SOV	منفصل	Min Alan dît	الكرمانجية
OSV	بالمفعول به	ئالانم بيني	السورانية
SVO	منفصل	Mı di Alan	الگورانية
SOV	بالفعل	مِن ئالان ديم	الجنوبية
SOV	بالفعل	Az (Man) Alan dîd-im	البهلوية

يوضح الجدول أعلاه إن ترتيب العناصر في الجملة السورانية (فاعل-مفعول به-فعل) غير شائع بين اللهجات الكردية، بما في ذلك اللغة البهلوية الام. وهذا الإختلاف في الترتيب لا يفضي الى لبس في فهم معنى الجملة فقط وإنما يعكسه تماماً بحيث يستبدل الفاعل بالمفعول به وبالعكس، أي إنه يؤدي فعليًا إلى قلب معنى الجملة بالكامل. على سبيل المثال، فإن الجملة السورانية "ألانم بيني" (أنا رأيت ألان) يمكن أن يفهمها الناطق باللهجة الجنوبية بمعنى معاكس هو إن آلان هو الذي رآني.

217

وعند مقارنة الصيغتين مع النحو في البهلوية الإم، نجد إن اللهجة الجنوبية هي الأكثر ثباتاً وإن الانحراف النحوي حدث في السورانية وليس في اللهجات الأخرى.

يؤكد المؤرخون واللغويون على أن الشكل المعاصر من اللهجة الجنوبية يحتفظ بشبه كبير مع الجذور الكردية القديمة. فيشير عليرضا أسدي (2017، ص 64-65، 106) الى الشبة بين النسخ البارثية والساسانية من البهلوية مع اللهجة الكردية الجنوبية الحالية يتجاوز حدود الاشكال الصوتية وانما يشمل كذلك الهيكل اللغوي:

> "تحتفظ اللغة في إيلام برابط قوي مع اللغات الإيرانية القديمة (البهلوية البارثية والساسانية). فمن خلال مقارنة المفردات الكردية الحديثة في منطقة ملكشاهي مع اللغة الإيرانية القديمة، يمكن الوصول إلى استنتاج مفاده أن الغالبية العظمى من الكلمات إما من أصل بهلوي أو محورة عنها. هذا بالإضافة إلى الشبه في مجال الصوتيات، الهيكل اللغوي، الأسماء، المفاهيم الاجتماعية، والتعبيرات العامية". (*)

ولا تمثل لهجة ملكشاهى أي إستثناء في مجال التنوع اللغوي ولا تعتبر معياراً في اللهجة الجنوبية وإنما تم إختيارها بشكل عشوائي كنموذج على التشابه بين البهلوية الأم والتنوعات المعاصرة فيها.

ورغم إن الإنزياح الفونتيكي شمل اللهجة الجنوبية أيضاً بشكل لا يختلف كثيراً عنه في اللهجات الأُخرى وظهرت فروقات ملحوظة في صوتياتها عن البهلوية، مثل /b/، /z/، و /d/؛ إلاّ إن أخرى قد إحتفظت بشكلها الأصيل. ولعل التغيير الذي رافق الفونيم /m/ يقدم أحد الأمثلة على إحتفاظ اللهجتين الجنوبية والگورانية ببعض الصوتيات القديمة، اكثر من غيرها، فرغم تعرضه لانزياح فونتيكي طاغي في السورانية الى /w/، والكرمانجية الى /v/، عندما يقع بين حرفي علة أو في نهاية الكلمة، الاّ إن تحوره في اللهجة الجنوبية نحو الصوت /w/ يكاد

---

* ملكشاهى هي قضاء يتبع محافظة ايلام - شرق كردستان - ويتكلم قاطنوه بأحد تنوعات اللهجة الجنوبية.

ينحصر في حدود العشرين كلمة حسب تقديرات قمندار -دون احتساب الكلمات المركبة- (قمندار، 2014، ص. 205).

المثال التالي يستعرض نموذجاً لتحور /m/ في اللهجات الحديثة مقارنة بالأصل في اللغة البهلوية ويوضح قرب الصوتيات في اللهجتين الجنوبية والگورانية منها مقابل الإنزياح الفونتيكي الذي حدث في السورانية والكرمانجية.

الكرمانجية	Nav	Nivêj	Nîv	Xav	Zevî	Hey̲ Hey̲welatî
السورانية	Naw ناو	Nwej نويژ	New نيو	Xaw خاو	Zewi زەوى	Haw هاو هاولاتي
الگورانية	Nam̲	Nimêz	Nim̲	Xam̲	Zem̲în	Ham̲ Ham̲welati
الجنوبية	Nam نام	Namaz نماز	Nim نيم	Xam خام	Zamin زمين	Ham هم همولاتي
البهلوية	Nām	Namāz	Nēm	Xām	Zamig	Ham
العربية	الإسم	الصلاة	نصف	خام	أرض	سابقة تفيد التشارك شريك الوطن

ألّف العديد من الشعراء أعمالهم باللهجة الجنوبية، من أبرزهم **بابا طاهر همداني** الذي يُعتبر أقدم شاعر كردي معروف، عاش في القرن الحادي عشر وإشتهر بإبداعه رباعيات فلسفية لا تزال تُتلى في إيران الحديثة. يُعرف الأسلوب الشعري لبابا طاهر باسم "بهلويات"، نسبة إلى منطقة بهله، حيث كانت لهجتها تتميز عن لهجة البلاط الملكي المعروفة بـ"الدرية". ووفقًا لما ذكره روزْبِه بور دادويا، المعروف بابن المقفع (توفى عام 759م)، كانت منطقة بهله، التي تنتمي تاريخيًا إلى الإمبراطورية الميدية القديمة، تشمل خمس مقاطعات هي: نهاوند، أذربيجان، همدان، ري، وأصفهان.

أما الشاعر ملا پريشان (1356-1431) فقد نظم قصائده باللهجتين الگورانية واللكية (إحدى تفرعات اللهجة الجنوبية)، وله ديوان ديني شهير عنونه بـ "پريشان نامه". وُلِد لعائلة من قبيلة قيسواند في مدينة دينور التاريخية، الواقعة في ما يُعرف اليوم بمحافظة كرمانشاه. (*) وإقتباساً من القصائد التي وردت في الديوان باللهجة اللكية الجنوبية نورد الرباعية التالية:

ساقي باوري جامي پي مستي	[الا يا أيها الساقي، الا ناولت كأس الراح]
سودم مستين زيانم ژه هستي	[فضى الروح يزول اذا الصدغ إستراح]
فدات بم ساقي ترزوانم كه	[فديتك أيها الساقي الاّ تُطري لساني]
من دردداrم داوى گيانم كه	[وتشفي سقم روحي وآلامي وأحزاني]

للتوضح: مفردة "باوري" التي وردت في البيت الأول تعني فعل الأمر 'أحضِر' (إليَّ) بما يرادف "بهێنن" في السورانية و "bînin" (بينـِن) في الكرمانجية، وليس المفردة المجانسة في فعل الأمر "وَره" (أَقبِل) في السورانية والكرمانجية، وإنما هي الأقرب في اللفظ والمعنى الى الفارسية "بياور". أما في

* كاظمى، ايرج. كيهان فرهنگى. ارديبهشت 1373. شماره 109؟ ص 40-41
<https://web.archive.org/web/20250720214027/https://www.noormags.ir/view/fa/articlepage/16944/لر-ادب-مشاهير-قلمرو-در-عرفان?q=ملا پريشان&score=337.41843&rownumber=2>

البيت الثالث، فنلاحظ وجود مفردة مركبة وهي "ترزوان" (رطب اللسان) التي تتقدم فيها الصفة على الموصوف، وتتكون من جزأين، الأول هو الصفة "تـَـر" /tər/ (بمعنى رَطِب) والثاني هو الموصوف "زوان" /zɪˈwan/ (بمعنى اللسان)؛ وبذلك فهي تعني اللسان الرطب. ورغم إن إستخدام المفردات المركبة وتقدم الصفة على الموصوف لم يعد شائعاً في اللهجات الكردية المعاصرة، إلاّ إنها صيغة موروثة من البهلوية الام وبقيت بعض مفرداتها القديمة تستخدم الى اليوم في كلمات مثل "نوروز" و "بهدينان" ، أو مفردات حديثة مستوحاة منها مثل "پيشمرگ". كما لا تزال هذه الصيغة مستخدمة في بعض اللغات القريبة ذات الأصل الإيراني الشرقي مثل البلوشية ولغة البشتو.

أما "كه" في قافية البيتين الثالث والرابع، فهي تماثل فعل الأمر "بكه" (افعل) بعد حذف حرف الباء.

8.2.1.5 معوقات إختيار إحدى اللهجات

قد يبدو بأن إختيار إحدى اللهجات المنطوقة اليوم لإعتمادها كمعيار رسمي للغة الكردية الموحدة هو الحل الأكثر عملية، كونه يساهم في إختصار الوقت وتقليل الجهد الذي يُبذَل في صياغة معيار لغوي جديد. بالإضافة الى ذلك فإنه قد أثبت نجاحه من قبل في توحيد لغات شائعة الإنتشار مثل الألمانية، الإيطالية والأسبانية. بالمقابل فإن تلك الأمثلة المستقاة من التاريخ قد حدثت ضمن ظروف مختلفة، في زمن كان إنتشار لهجة على حساب أُخرى لا يتعارض مع القيم الحضارية السائدة حينها، بل تزامنت في الغالب مع حروب أهلية وإنتهت بهيمنة بعض الأقاليم على غيرها وفرض لهجتها بشكل تلقائي. ولهذا فإن إختيار إحدى اللهجات دون سواها لم يعد تلك القفزة اللغوية السلسة، وقد يجابه معوقات مثل التنافس بين اللهجات والحساسية التي تولدها سياسة تفضيل إحداها على الأُخريات مما قد يقود مشروع التوحيد برمته الى الفشل. لهذه الأسباب، وعلى ضوء التغيرات التاريخية والتطور الهائل في علوم اللسانيات فإن الإمكانيات والآليات المستخدمة قد توصلت الى حلول أنضج، ووفرت خيارات أكثر ملائمة وإنسجاماً مع الظروف المعاصرة.

8.2.2 صياغة معيار لغوي جديد

المقترحات اللغوية بحد ذاتها لا تتطلب إصدار مرسوم مسبق أو تكليف ذو صفة إدارية، لتقديمها؛ إذ يمكن لأي متخصص في علوم اللسانيات اجراء دراسة شاملة لتنقية المعجم وتطويره وتعديل قواعد النحو والصرف بالإضافة الى صياغة نظام كتابي متكامل. مبادرات كهذه يمكن أن تظهر في أي وقت على شكل محاولة تطوعية على غرار إعادة إحياء اللغة العبرية وتحديث الروسية في أواخر القرن التاسع عشر. أي إن الجزء الأساسي في تطوير وبناء المعايير اللغوية يتم إنجازه اولاً، بدون الحاجة الى تنظيم إداري رسمي، ولا يأتي دور السلطة إلاّ في مرحلة لاحقة وذلك لتنفيذ إجراءات الانتقال من الشكل القديم الى المعيار اللغوي الموحد الجديد.

ومهمة المعجمي الكردي لا تتلخص في جرد المفردات وإدراجها في قائمة القاموس بقدر ما تحتاج الى دراسة تشريحية (اتمولوجية) تعتمد على تتبع جذور المفردات ونشأتها وأشكال الانزياح الصوتي التي طرأت عليها في كل لهجة من لهجات اللغة. هذه الدراسة المعمقة تاريخياً من شأنها أن توضح مراحل تغير المفردة من شكلها الأصيل الذي تفرعت منه وصولاً الى أشكالها في اللهجات الحديثة. وهنا يمكن إعتبار الجذر الأقدم على إنه القاسم المشترك، أو الشكل الأم والأسهل للإستخدام لدى الغالبية من الناطقين باللغة بغض النظر عن لهجاتهم المعاصرة. ثم تأتي الخطوة التالية وهي إستلهام ذلك الشكل الصوتي في صياغة إملاء المفردات وفق الرؤيا الفونولوجية والأبجدية المتبعة في النظام الكتابي.

ولعل الإختلاف في المفردة الواحدة بين اللهجات وإعتماد كل منها بشكل رسمي منفصل في النظامين المُتبعَين حالياً، مثل المفردات التي يتبادل بها الصوتان /w/ و /v/ يشير الى إن صياغة المعايير الرسمية الكردية الحديثة لم تراعي المتغيرات الفونتيكية والدلالية التي طرأت عليها في القرون المنصرمة، حيث تم إعطاء الأولوية للصوتيات بالشكل الذي وصلت اليه في العاميات المحلية في القرن العشرين على حساب الجذر الموحِّد للمفردة.

وبالحديث عن بدايات القرن العشرين، فربما ترك ضيق الوقت وضعف وسائل الاتصال بين المناطق الجغرافية المتباعدة أثره في مشاريع كل من إسحاق

ماروغولوف (أرمينيا السوفيتية، 1928)، والعقيد توفيق وهبي (العراق، 1930)، ومير جلادت بدرخان (سوريا، 1931) منعت ظهور معيار لغوي كردي شامل وموحد. وربما كان الإفتقار للدراسات التاريخية العميقة حول لهجات الكردية، والتركيز على اشكال النطق المحلية، بالإضافة الى الصعوبات اللوجستية الأُخرى قد حالت دون فهم ماروغولوف الكامل للسورانية أو حتى إجراء أبحاث ميدانية في منطقة الزازا الجغرافية القريبة. وبالمثل، أهمل وهبي وبدرخان التنوعات الأخرى ولم يشهد نشاطهم ذلك التواصل المطلوب. أما اليوم، وبالنظر إلى التقنيات المتقدمة المتاحة، والتطور الكبير في علوم اللسانيات، بالإضافة الى إمكانية العمل وفق جدول زمني مرن فإن إمكانية صياغة معايير لغوية حديثة وقوية وموحدة أصبحت في متناول المهتمين بالمشروع التوحيدي وأيسر من أي وقت مضى. بالأضافة الى ذلك، يوفر التقدم المتسارع للتكنولوجيا إمكانية التعمق في دراسة اللهجات الأقل إنتشاراً كالگورانية والجنوبية وإشراكها في صياغة المعايير اللغوية الجديدة، وليس الإقتصار فقط على اللهجتين الرئيسيتين، مما يمنح الفصحى المقترحة مساحة جغرافية وبشرية أوسع.

ولأن الإنزياح الزمني لا يقتصر على الصوتيات، وإنما يشمل القواعد في النحو والصرف أيضاً، فإن توحيد الضوابط القواعدية يعزز الدقة في التعبير ويؤهل اللغة للاستخدامات العلمية بشكل أفضل. ومن الأمثلة التي يمكن أن تساعد القواعد الكردية الحديثة على رفع مستوى الدقة في التعبير هو إستخدام بادئتي المضارع "ده" و"ئه" بتمييز دلالي؛ ففي الوقت الذي لا يوجد زمن مستقبل في القواعد السورانية، يمكن تمييز الزمنين عن طريق تخصيص كل بادئة منهما لزمن محدد بنفس الشكل الذي تستخدم الكرمانجية اليوم البادئة المتصلة "di" للمضارع و"ê" المنفصلة لزمن المستقبل.

إن الاهتمام بتوحيد المعجم والقواعد ومراعاة كامل الجغرافيا الكردية، مع إستلهام الجذور التاريخية وفق ما توصلت له علوم اللسانيات الحديثة لا يساعد على صياغة معيار لغوي موحد فقط، وإنما متطور بدرجة قد يفوق ما عليه في اللغات الأُخرى، وبشكل يضمن إنتظام أكثر في القواعد الصرفية والنحوية وتقليل من الإستثناءات مع المحافظة على توازن مدروس بين **الدقة** المطلوبة في

الإستخدامات الإكاديمية من ناحية، **والسهولة** اللازمة لإنتشارها جماهيريا من الناحية الاخرى.

ورغم أن تأسيس معيار لغوي جديد يمكن تحقيقه من خلال جهود تطوعية لأي متخصص في مجالي المعجميات والنحو، كما حدث مع لغات أخرى في العالم، إلا أن مشروعًا لتطوير الكردية، بهذا القدر من الأهمية والشمول، يتطلب مشاركة واسعة لا تقتصر على اللغويين فحسب، بل تشمل مجموعة من التخصصات مثل العلوم، الاجتماع، السياسة، الاقتصاد، والأدب. فكلما اتسعت دائرة المشاركة، زادت القدرة على توظيف اللغة لتغطية مجالات حيوية أوسع، وتحويلها من مجرد وسيلة للتواصل الفطري إلى وعاء فكري للمجتمع، وأداة للتطوير العلمي والسياسي والاقتصادي، مما يمكنها من استيعاب متطلبات المستقبل ويمهد الطريق لظهور نظام لغوي أكثر نضجًا من جهة، وأيسر في التعليم، من جهة اخرى.

8.2.2.1   البوتقة اللغوية – Koiné Language –

في المجتمعات الحديثة التي تمتاز بإختلاط المكونات الثقافية، وتجمع أعدادًا كبيرة من السكان من خلفيات متباينة، في حالات كظهور مناطق تجارية جديدة، الاستعمار الاستيطاني، او حتى العمل في المزارع، يؤدي تداخل العادات اللغوية ببعضها البعض إلى انتشار مفردات من هذه، وظهور قواعد نحوية مدمجة تُسهّل التواصل بين أفراد من ثقافات مختلفة. وينتج عن هذا التداخل اللغوي أشكال مؤقتة من اللغات الهجينة، تُعرف باسم لغات البيجين (Pidgin Language)، والتي غالبًا ما يكون وجودها مرتبطًا بفترات تاريخية محددة، ثم تضمحل وتنتهي بانتهاء الظروف التي ساهمت بنشأتها.

وفي بعض المناطق، استمر وجود لغات البيجين وترسخ استخدامها على مر الزمن إلى أن أصبحت اللغة الأم لأجيال جديدة. وبهذا، تحوّلت هذه اللغات من كونها مؤقتة (بيجين) إلى لغات دائمية. وفي علم اللسانيات، تُسمى اللغة التي تكتسب صفة اللغة الأم وتتحول إلى لغة مستدامة باللغة الكريولية (Creole Language).

إضافةً إلى هذين النوعين من اللغات، البيجين والكريولية، تلعب العوامل الاقتصادية دورًا مهمًا في ظهور لغات ولهجات جديدة في المدن التي تشهد نموًا سريعًا. تلك المدن تصبح مراكز جذب للقوى العاملة القادمة من مناطق ناطقة بلهجات متنوعة. وينتج عن هذا التداخل في العديد من تلك التجمعات ظهور لهجات مختلطة دائمة تُعرف باسم اللغة الكوينية (Koine Language). نشأ هذا المصطلح في اليونان القديمة بعددما تأثرت أثينا باللهجات الأخرى، وتشكلت منها اليونانية السائدة في العصرين الهلنستي والروماني.

وتشهد اللغة الكردية حاليًا عملية اندماج لهجوي مشابه في المدن الكبرى مثل أربيل، دياربكر، وكرمنشاه؛ حيث تنبثق لهجة موحدة من خلال تفاعل السكان في الأسواق والمدارس والمحافل الاجتماعية. وتغلب هذه اللهجة الجامعة ليس فقط على الطابع اللغوي للمدينة، بل تمتد أيضًا إلى مناطق أوسع داخل الإقليم، نظرًا للانتشار السريع لوسائل الإعلام الجماهيرية وتوفر أدوات الاتصال الحديثة. ولذلك فإن هذه التجمعات السكانية الكبرى في كردستان تسهم بشكل طبيعي في "كويننة" اللهجات السائدة وتوحيد اللهجات الكردية بشكل تطوعي. وعلى الرغم من عمليات التعريب والتتريك التي شهدتها المنطقة، فإن مناطق اختلاط الكردية باللغات المجاورة لم تُنتج لغات بيجينية أو كرولية.

8.2.2.2 قاعدة عدم وجود قاعدة

مما يجب الإلتفات له دائما، إن اللهجات الكردية لم تخضع لقوانين أو قوالب محددة خلال مراحل نشوئها، سواء في نمو معجمها أو في بناء قواعدها او صوتياتها. ذلك لأن نشوء الأنواع اللغوية بشكل عام هو عملية تطورية عشوائية لا تستند إلى قواعد فطرية، بل تعتمد على توافق الناطقين على المتغيرات الجديدة التي يستحدثونها مع الزمن. ثم تتبلور اللغة وتأخذ شكلها تدريجيا. أما الضوابط الفصحى، مثل قواعد اللغة، تحديد دلالات المفردات، والنظام الكتابي، فهي معايير يضعها اللغويون لاحقًا وفق اجتهاداتهم، بهدف صياغة شكل فصيح قادر على التعبير عن الأفكار والمفاهيم بشكل أدق.

وبوضوح أكثر، بما أن اللهجات المحكية تعتمد على توافق شفوي بين الناطقين، فإن معاييرها تميل في أغلب الأحيان إلى الأسهل في التعبير، حتى لو كان ذلك على حساب دقة نقل الأفكار. وعلى النقيض من ذلك، تُعتبر اللهجة الفصحى بمثابة "هندسة" لغوية تهدف إلى تحقيق دقة أكبر في التعبير، حتى لو كان ذلك على حساب سهولة الاستخدام.

إختصاراً، فإن القاعدة الأساسية في تطور اللغات تشير إلى أنها لا تتبع معيارًا محددًا أو قواعد ثابتة، وإنما تنشأ من توافقات شعبية تتبلور عشوائياً دون خضوع لنظام ثابت او قاعدة تتحكم بالمعايير اللغوية. لذلك، وفق هذه الحرية المتاحة للسانيين، فإن المهمة الأساسية في عملية استنباط اللغة الفصحى من اللهجات المحكية تستطيع تحقيق توازن بين **السهولة** (المبنية على العرف الاجتماعي) من جهة، **والدقة** (المرتبطة بالقواعد النحوية) من جهة أخرى. ويتوقف تحقيق هذا التوازن على رؤية اللغويين ومدى ميلهم لتفضيل أحد الجانبين على حساب الآخر. وتجدر الإشارة إلى أن هذه السياسة قد تتجاوز الجوانب اللغوية البحتة لتتداخل مع توجهات سياسية ودينية واقتصادية وغيرها.

على سبيل المثال، عندما بدأ المعجمي الروسي إليعازر بن يهودا، في محاولة فردية، في صياغة المعجم العبري الحديث، إعتمد مبدأياً على ما يقارب 8000 كلمة جذرية مستخلصة من العبرية التوراتية، وكان هدف مشروعه هو توحيد لغة اليهود الذين كانوا يتكلمون آنذاك لغات الشتات مثل اليديشية واللادينو بالإضافة الى لغات المجتمعات التي كانوا يعيشون بينها. وبسبب عدم وجود قاعدة معينة في صياغة اللغات فقد وجد الكهنوت الديني القدرة على رفضه القاطع للمشروع وتم اعتباره بمثابة تطاول على المقدسات التي تشكل اللغة احدى عناصرها. فنبذ المجتمع اليهودي الأرثوذكسي عائلته، معتبرين أن استخدام العبرية يجب أن يقتصر على النصوص الدينية وألا تكون لغة للتخاطب اليومي. وكاد هذا المشروع التاريخي أن يُواجه الفشل بسبب افتقاره إلى الدعم المؤسساتي. لكن وعي بن يهودا بأهمية التوافق دفعه إلى الاستمرار وإنقاذ المشروع عن طريق الإقناع. بدأ بتعليم أفراد عائلته وأصدقائه أولاً، ويسجل التاريخ أن أول متحدث أصلي بالعبرية الحديثة كلغة أم كان ابنه بن صهيون بن يهودا (1882-1943)، الذي غيّر اسمه لاحقًا إلى إيتامار بن آفي. ومع تقبلها وانتشارها اللاحق،

حصلت على اعتراف رسمي في فلسطين خلال فترة الانتداب البريطاني عام 1922.

ولكن، بالمقارنة مع اللغة العبرية، لم تنجح جهود تطوير اللغة الكردية في إنتاج شكل موحد يمكن اعتماده كمعيار فصيح يشمل نظام كتابة وقواعد وقاموس متكامل. فقد أخفق اللغوي السوفيتي إسحاق ماروغولوف في إنشاء نموذج متطور يشبه العبرية الحديثة، على الرغم من تبني السلطات السوفيتية للمشروع آنذاك.

ركز ماروغولوف على استخدام الصوتيات بدلاً من الجذور المورفيمية، وكأنه يصنع لغة جديدة بلا جذور، كما اعتمد على الخصائص النطقية المحلية في منطقة صغيرة بالقفقاز. ربما لهذا السبب لم يجد إنجازه الريادي توافقاً وشمولية، حيث تجاهله توفيق وهبي لاحقًا في تطويره للنظام السوراني في العراق. وللمفارقة، كرر وهبي نفس أخطاء التجربة السابقة وذلك بالتركيز على الصوتيات (وليس جذور المفردات)، وبالاقتصار على منطقة جغرافية محددة أيضًا (السليمانية). بالإضافة لهذا، لم ينجح مشروع بدرخان في معالجة النواقص التي ظهرت في أعمال ماروغولوف ووهبي، مما جعله غير قادر، أيضاً، على تجاوز التحديات التي واجهتها تلك المحاولات، ولم يثمر مشروعة في التاسيس لوحدة لغوية شاملة.

واذا كان النظام السوراني قد حقق القفزة الأبرز في القرن العشرين، واستنادًا على مبدأ "اللاقاعدة"، وجد توفيق وهبي مساحة من الحرية مكّنته من صياغة نظام كتابي يتميّز بدرجة عالية من الشفافية، بحيث يصبح الإملاء مطابقًا بشكل دقيق لأصوات المفردات، مبالغًا في تحقيق التطابق بين الفونيمات والحروف؛ فإن هذا التركيز المفرط على الشفافية والاعتماد على لهجة محلية ادى إلى فقدان الإملاء قدرته على استيعاب التنوع الصوتي الناتج عن اختلاف اللهجات الأخرى. وأسفرت هذه الشفافية عن تحجيم اللغة جغرافيًا، بحيث اعاقت انتشارها خارج حدود إقليم جنوب كردستان. وكان من الانجح الاستمرار بنظام الكتابة العربي-الفارسي، نظرًا لما يوفره من خيارات أكثر مرونة للناطقين باللهجات المختلفة، من النظام السوراني، حيث يتميز بقدرته على احتواء أصوات العلة القصيرة دون تمثيلها بحروف، بل باستخدام حركات غير إلزامية.

8.2.3 إستخدام الجذور البهلوية

كون البهلوية تُعد هي اللغة الأم للكردية، وهي الأساس الذي انبثقت منه التفرعات اللهجوية الحديثة، فهي تمثل خزينًا معجميًا يمكن الرجوع إليه لاستلهام جذور المفردات الكردية المعاصرة، على غرار استلهام اللغة العبرية الحديثة من تاريخها التوراتي، والعربية من القران. وهذا يعني العودة إلى المرحلة التي سبقت نشوء الاختلافات اللفظية بين اللهجات، إلى ما قبل تحور المرادفات ذات الجذر المشترك الواحد. إلى جانب ذلك، فإن الجذور المشتركة هذه تساعد بشكل كبير في صياغة قاموس كردي موحد، وتوفر موردًا غنيًا لإضافة سوابق ولواحق (تلك التي تُلصق في جذر المفردة) لإستخدامها في ابتكار مفردات حديثة، مما يعزز من ثراء المعاجم العلمية والتقنية.

8.2.3.1 مصدر اللواحق

الإضافة هي مقطع قصير يتم دمجه مع الجذر لتكوين الكلمة، سواء قبله (بداية الكلمة) (تسمى **سابقة**) أو بعده (وتسمى **لاحقة**). على سبيل المثال تتشكل كلمة "بێكار" (عاطل عن العمل) من السابقة النافية "بێ" والجذر "كار" (عمل). وكلمة "برايان" (الاخوة) وتتشكل من الجذر "برا" (الأخ) واللاحقة "ان" التي تفيد الجمع. وتسمى اللغات التي تعتمد على السوابق واللواحق باللغات اللصقية تمييزا لها عن اللغات الإشتقاقية التي تشتق المفردات على اوزان معينة. وبما ان الكردية، مثل الغالبية من اللغت الهندواوربية، هي لغة **لصقية** (أي إن الكلمة تتشكل بتركيبية من الجذور والإضافات)، وليست **إشتقاقية** مثل اللغات السامية، فإن هذه الإضافات تستطيع تجميع مفردات جديدة وتثري المعاجم الكردية بشكل كبير. أي إن إغناء اللغة لا يتم فقط بإستعادة المزيد من الجذور وإنما من خلال توظيف السوابق واللواحق أيضاً. ولهذا، فدراسة البهلوية تمكننا من إستعادة ما يمكن قد فُقِدَته الكردية منها عبر القرون الماضية (Blochet, p. 60). والبهلوية غنية بما يكفي لمنح الكردية الحديثة مزيدًا من المرونة في صياغة مصطلحات عصرية في مجالات مثل العلوم، الاقتصاد، المستجدات الاجتماعية، ومنتجات السلع. وكمثال على قدرة الاضافات على صياغة مفردات كردية تمتاز بالمرونة

ودقة التعبير، لنأخذ على سبيل المثال الكلمة "ئوميدوارم" /ʊmɪədəwˈaːrɪm/ بمعنى "أنا آمل" (تُكتَب بخط <الكتاب> البهلوي بشكل "[illegible]"؛ بالحروف: ئـ '[illegible]'، مـ '[illegible]'، يـ '[illegible]'، د '[illegible]'، و '[illegible]'، ـا '[illegible]'، ر '[illegible]'؛ م '[illegible]') مع الإنتباه الى إن الخط البهلوي يُكتب من اليمين الى اليسار كما في اللغات السامية. تتشكل "ئوميدوارم" من المقاطع الثلاثة التالية:

1. **ئوميد** (الأمل): هو الجذر الصوتي للكلمة، وقد تعرض لتحور فونتيكي في السورانية والكرمانجية عبر حذف الفونيمات /m/ و/d/ لتصبح في "هيوا" و "Hêvî".

2. **وار**: لاحقة تُستخدم للتأكيد على دلالة الجذر لتعطي معنى مماثل لـ "ممتلئ بـ" أو "المعزز" و "جالب الشيء".

3. **م**: لاحقة ضميرية تُشير إلى الشخص الأول المفرد.

وبالتالي، مثل "ئوميدوارم"، فإن الغالبية من الكلمات في اللغات اللصقية، تعتمد بشكل أساسي على الإضافات لتطوير القدرة المطلوبة في التعبير وتوفير التنوع الدلالي. هذه السوابق واللواحق تتيح لجذور المفردات إمكانية التكيف مع السياقات المختلفة والتعبير عن مفاهيم متعددة، مما يعزز من كفاءة اللغة في إيصال المعاني الدقيقة.

أمثلة من اللواحق:

ومن اللواحق الموروثة من البهلوية وماتزال شائعة في الكردية الحديثة:

- "**-دار**": تحول "الجذر" الى صفة وتعطي معنى التأكيد على إحتواء الشيء كما في:

- رێزدار (مُحترَم)
- دڵدار (العاشق أو السعيد)
- هيوادار (المتفائل، أو المفعم بالأمل)

- "**-ستان**": تستخدم كظرف مكان أو زمان معين مثل:

  • كوردستان (أرض الكرد)
  • زستان (فصل الشتاء)
  • دبستان (المدرسة الابتدائية)

- "**-ان**": تستخدم كعلامة للجمع مثل:

  • ژنان (نساء)
  • داران (أشجار)
  • خوێندکاران (طلاب)

بالإضافة الى اللواحق هناك سوابق (بادئات) توضع قبل جذر الكلمة، ومنها:

- "**بێ-**": تعني "دون" مثل:
  • بێکار (عاطل عن العمل)
- "**نە-**": علامة النفي مثل:
  • نەخۆش (مريض)
- "**سەر-**": تعني "رأس" أو "رئيس" مثل:
  • سەرنووسەر (رئيس التحرير)

واللغة الكردية الحديثة، مثل بقية اللغات اللصقية، قادرة على دمج الإضافات مع الجذور لخلق المصطلحات في مختلف المجالات. ولعل الاستفادة من وفرة من اللواحق الأصلية في اللغة البهلوية والعودة لها توفر موارد أساسية لبناء معجم كردي متطور، تقلل من الاعتماد على الكلمات الأجنبية المُعارة، وبالتالي ترفع مكانة اللغة. وتعزيز المعاجم بهذه الصيغة يمنح الناطقين بالكردية ثقة أكبر بلغتهم وسط هذا التنافس الشديد بين آيديولوجيات اللغات المجاورة، التي تتنافس على النفوذ في هذه المنطقة من العالم.

8.2.3.2 نظام الكتابة

لم يحظى أي من الإنظمة الكتابية بالإهتمام الكافي الذي يؤهله لتقديم اللغة الكردية ككيان لغوي متكامل. فالأنظمة العربية-الفارسية، واللاتينية، والسيريلية، وحتى السورانية الحديثة، عجزت عن التعبير عن البنية الصوتية للغة الكردية بتنوعاتها وبإطارها الجغرافي-اللهجوي الواسع، وإنما صاغت أنظمة شفافة للهجات محلية اكثر منها لغوية شاملة، وفي ظروف يصعب معها تعميم لهجة معينة على كافة الناطقين بالكردية. أدى تجاهل أهمية الاورثوغرافيا إلى ظهور أكثر من نمط لغوي منفصل، وسمح للانزياح الصوتي مثل "V" و"W" أو غياب "خ" /ɣ/ في الگورانية بتشويه المفردات الأصيلة ورفع مكانة اللهجات المحلية لتحل محل الفصحى الكردية الواحدة.

بالعودة الى الجذور، نجد إن الأبجدية البهلوية القديمة ماتزال تقدم أفضل توافق بين لفظ المفردة الكردية ورمزها الكتابي. فالنظام المعروف بـ "نظام الكتاب" الذي كان سائداً في زمن الدولة الساسانية، يقدم على سبيل المثال حلاً عملياً لمشكلة الصوتين /v/ و /w/، وذلك بترميزهما بحرف واحد هو " ا ". يسمح هذا الحرف بتمثيل كلا الصوتين بحيث يترك للمتكلم حرية إختيار ما يناسبه في النطق. وكمثال على ذلك فالمرادفات التي تختلف لفظاً وتشترك بنفس الجذر في الكرمانجية والسورانية مثل كلمة "ئاڤ" /a:v/ و "ئاو" /a:ʊ/ (الماء) يمكن كتابتها بشكل واحد وهو " **ىـا** " ويُترَك للقارئ حرية التلفظ بالأخذ بعين الإعتبار لهجته التي إعتادها. يمنح هذا النظام مرونة لكلا اللهجتين لاختيار نطقهما المفضل دون التأثير على وحدة المعجم الكردي، بنفس حرية تلفظ حرف الجيم باللغة العربية وتفاوته بين اللهجات الخليجية /dʒ/ والشامية /ʒ/ والمصرية /g/ من خلال رمز واحد هو "ج".

تاريخياً، ارتبطت البهلوية بأنظمة كتابة متعددة، تطورت من الخط المسماري إلى البارثية، وأخيراً إلى "نظام الكتاب" الساساني. يعرض عالم الإيرانيات البريطاني مكنزي، (MacKenzie, 1971, p. xi) صورة لنموذج من حروف النظام الساساني في الشكل التالي:

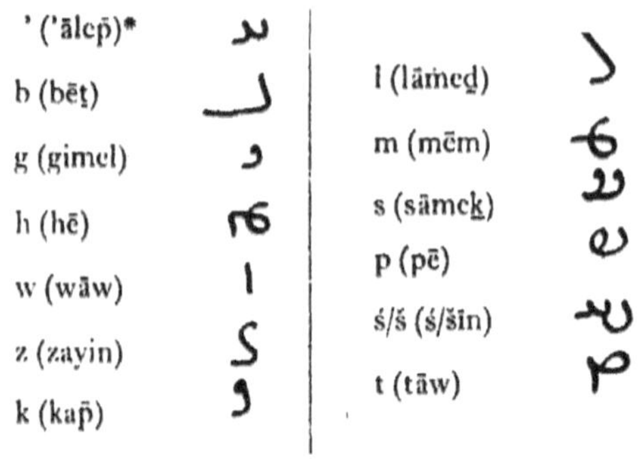

' ('ālep̄)*
b (bēṯ)
g (gimel)
h (hē)
w (wāw)
z (zayin)
k (kap̄)
l (lāmeḏ)
m (mēm)
s (sāmeḵ)
p (pē)
ś/š (ś/šīn)
t (tāw)

وهنا مقارنة بين نظام الكتاب، اللاتيني، والسوراني (نفس المصدر):

Pahlavi	Latin	Sorani
ا	V	ڤ
ا	W	و
سـ	A	ا
ىـ	Ş	ش
ى	N	ن

يتبين من الجدول أعلاه إن بإمكان الخط البهلوي توحيد إملاء الكلمات الكردية بغض النظر عن الإختلاف اللفظي بين اللهجات، ومن أمثلة المفردات القابلة للتوحيد هي "Av"، و"Şev"، و"Nav"، و"Van" مع مرادفاتها "Aw"، و"Şew"، و"Naw"، و"Wan" ضمن نظام إملائي موحد. لاحظ ان إتجاه خط الكتاب هو نفسه اتجاه الخط العربي من اليمين الى اليسار:

'سـا' (الماء): "ئاو" و "Av"، تتكون هذه الكلمة من حرفين هما الألف 'سـ' والحرف 'ا' وهو الذي يستخدم لكتابة أي من الصوتين /v/ و /w/. وبذلك يمكن قراءة هذه الكلمة كـ (ئاڤ) أو (ئاو) من خلال شكل إملائي واحد وهو (سـا) ويُلفَظ حسب لكنة المتكلم دون المساس بالوحدة الإملائية.

𐭱𐭥 (الليل): "شەو" و "Şev"، مكونة من حرف الشين 𐭱 والحرف '𐭥' ، وبذلك يكون تهجيها مستوعباً للفظين "شەو" /ʃəʊ/ و "Şev" /ʃəv/.

𐭭𐭠𐭥 (الإسم): تتكون من ثلاثة حروف، النون '𐭭'، الألف '𐭠'، والحرف '𐭥'، وبذلك يمكن قراءتها بشكل "ناو" /na:ʊ/ و "Nav" /na:v/ في الوقت نفسه.

𐭥𐭠𐭭 (إسم مدينة كردستانية): مكونة من الحرف '𐭥' (/v/ و /w/)، الألف '𐭠'، والنون '𐭭'، وتُقرأ كـ"Van" و"Wan".

ويتميز نظام الكتاب الساساني بأنه مثل الكتابة العربية يستثني أصوات العلة القصيرة من الابجدية ويُرمز لها بالحركات بدل الحروف. مما يوفر إمكانية توحيد الإملاء رغم الفروقات الصوتية بين مختلف اللهجات. هذه الميزة (إختارها أيضاً اليعازر بن يهودا لنظام الكتابة العبري الحديث) تجعل الخط البهلوي ملائمًا بشكل خاص للغة الكردية بسبب تنوع اللهجات وتباين لفظ حروف العلة القصيرة بين لهجة واخرى. وبما إنه النظام الأكثر أصالة، فإذا ما أُضيفت عليه تعديلات مناسبة، يمكن أن يتفوق على الأبجديات المستندة إلى العربية أو اللاتينية ويصبح هو الخيار الأفضل لكتابة الكردية الموحدة.

ولو إنتبهنا الى ابجديات الكتابة في المنطقة لتبين إن أكثر اللغات تحتفظ بأنظمتها الخاصة المميزة والموروثة من تاريخ اللغة نفسها مما ساعد على حفظ وحدتها اللغوية. على سبيل المثال، فقد فضلت العبرية، الأرمنية، الجورجية، الهندية، الروسية، اليونانية، السريانية الآرامية، والأمازيغية، بالإضافة الى العربية ابجدياتها القديمة. ولو كان للتركية نظام كتابة خاص بها لما إختارت العربية أو اللاتينية. مقابل هذا فإن اللغات المنحدرة من البهلوية، كالفارسية والكردية والبشتونية والبلوشية، المتأثرة بشكل أساسي بالمعتقدات الدينية ذات المنشأ العربي هي فقط التي تخلت عن نظام الكتابة الخاص بها.

أما أبرز معوقات إستخدام نظام **الكتاب** البهلوي في العصر الحديث فهو عدم ثقة المثقف الكردي بنظام كتابة قديم، كونه قد إبتعد بالضرورة عن مواكبة المتغيرات وعدم قدرته على إستيعاب الأنماط اللغوية المعاصرة. مقابل ذلك، إن التقادم لا يشكل معضلة أمام إمكانية تطويره وتأهيله كإضافة حروف جديدة أو

تحوير أشكال بعضها لتناسب العادات النطقية المعاصرة. ولعل عدم ميل الخط البهلوي للخطوط المستقيمة، كما هو الحال مع الحرف اللاتيني، يمنحه مرونة وإمكانية لرسمه بصياغات فنية، وتطويعه لإنتاج غرافيمات (أنواع الخطوط) منوعة مثل خط الطباعة، المائل، الكتابة اليدوية، الخ.

علاوة على ذلك، فإن بإمكان الخط البهلوي أن يمنح اللغة الكردية شخصيتها المميزة ويصبح رمزاً إجتماعيا-لغوياً موحداً للأمة الكردية مستلهماً من تاريخها، ومعززاً لمنزلتها على غرار المعنى الرمزي للحروف العربية، العبرية، والتيفناغ الامازيغي.

8.2.3.3 خطوط قديمة

شهدت الكردية المعاصرة، ومن قبلها اللغة الأم (أو ما يتناولها المؤرخون بتسمية "الفارسية القديمة")، العديد من أنظمة الكتابة على مر القرون. ولعل من أقدم الآثار التي ماتزال موجودة الى اليوم هي النصوص المكتوبة بالخط المسماري، وأشهر شواهدها القائمة الى اليوم هي الجدارية المحفورة في حافة جبل بيستون (30 كيلومتراً شرق مدينة كرمانشاه). ويبلغ ارتفاع هذا النقش الذي سُمّي على إسم الجبل، حوالي 8 أمتار وبعرض 22 متراً، ويحتوي على 414 سطرًا من النصوص الإيرانية القديمة موزعة على خمسة أعمدة.

ومع ظهور الابجديات وإنتهاء إستخدام الكتابة المسمارية، بدأ الخط البهلوي بالانتشار في كتابة اللغة الكردية الأُم. ألاّ إن إستخدامه بدأ بالإنحسار بعد الغزو الإسلامي للمنطقة وبداية حقبة الخط العربي الذي أصبح هو المعتمد لكتابة النص الكردي بحكم منزلته الطقسية. بالإضافة الى الخط البهلوي، كُتبت الكردية بالخط الطقسي الإيزيدي، الذي ورد في مخطوطتين مقدستين هما "مصحف رش" و"كتاب الجلوة". أورد ذلك المؤرخ اللبناني القس أنستاس ماري الكرملي في العام 1911. ورغم ندرة المعلومات والجدل حول أصالة المخطوطتين، الاّ إن التنظيمات الدينية الإيزدية تؤكد إستخدام هذا الخط في كلا الكتابين.

ومن الخطوط النادرة التي وردت في إشارة تاريخية هو ما ذكره العالم النبطي ابن وحشية، المتوفي عام 930 م:

"صفة قلم اخر من الاقلام القديمة وفيه حروف زايدة عن القواعد الحرفية تدعي الاكراد وتزعم انه القلم الذي كتب به بينوشاد وماسي التوراتي جميع علومهما وفنونهما وكتبهما بهذا القلم." (*)

النموذج التالي هو رسم توضيحي للخط كما قدمه ابن وحشية ويتضمن كل حرف مع معادله العربي:

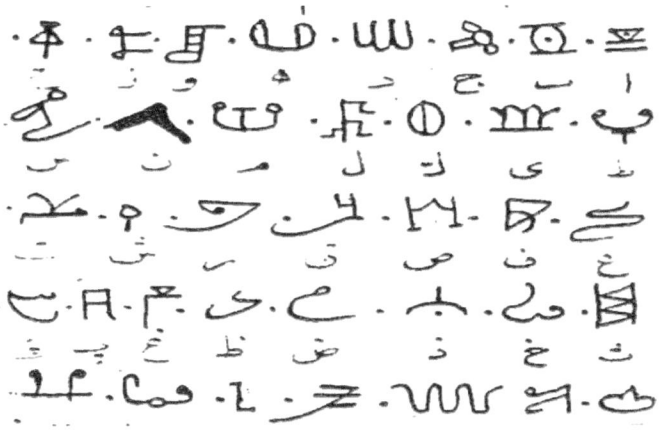

ويؤكد إبن وحشية في كتابه "شوق المستهام في معرفة رموز الأقلام" على إستخدام هذا الخط في التدوين:

"وقد رأيت في بغداد في ناووس من هذا الخط نحو ثلاثين كتاباً وكان عندي منها في الشام كتابين كتاب في افلاح الكرم والنخل وكتاب في علل المياه وكيفية استخراجها واستنباطها من الاراضي المجهولة الاصل فترجمتها من لسان الاكراد الى اللسان العربي لينتفع به ابناء البشر." (†)

---

* ابن وحشية، شوق المستهام في معرفة رموز الأقلام، طباعة 2004 ج. 8، ص. 204
† المصدر السابق

8.3 التعدد في اللهجات الرسمية

بالإمكان ملاحظة التعايش المشترك بين اللغات واللهجات في الكثير من المجتمعات حول العالم، ولا يُشترَط أبداً اجادة كل الافراد لكل هذه اللغات واللهجات بشكل كامل. إذ تتفاوت درجة اجادة كل فرد لاي من هذه اللغات حسب خلفيته الاثنية والاجتماعية. بعض المجتمعات المتعددة الثقافات تعتمد، أكثر من لغة (او لهجة فصحى) في المخاطبات الادارية في وقت متزامن. الا ان التخاطب الرسمي بأكثر من نوع لغوي في منطقة واحدة وبشكل متزامن يتطلب وصول جميع الافراد إلى درجة متساوية من الإتقان في جميع تلك اللغات، او اللهجات، من اجل المحافظة على سلاسة السياقات الادارية.

وكتنوع لغوي، لا تنفرد الكردية بين اللغات في تبنيها لأكثر من فصحى واحدة، الا إنها تمتاز عن بقية اللغات بأن كل لهجة فيها تعتمد معجم وقواعد ونظام كتابي مختلف. وبسبب نجاح التجارب الحديثة في إعتماد أكثر من شكل لغوي واحد بصورة رسمية، فبالامكان الإقرار بإستخدام أكثر من لهجة كردية رسمياً وبوقت واحد أيضا. على سبيل المثال، بالإمكان إعتماد الكرمانجية إلى جانب السورانية كلهجة رسمية في إقليم كردستان، في المراسلات الادارية والتعليم والمدونات القانونية.

الا إن هذا التزامن في الصفة الرسمية يتطلب بالضرورة تأهيل الافراد للوصول الى مستوى متساوي من الاجادة في التعامل بكل من المعايير الفصحى السورانية والكرمانجية كضرورة لضمان الاتساق والدقة في العمل الإداري. ولعل هذا التزامن اللغوي يقدم للناطقين بالكردية أحد الحلول لمشكلة الانقسام اللهجي، ورفع كفاءة التخاطب المشترك. هذا التوجه يقتضي الاهتمام باللغة في المناهج الدراسية، وعدم اقتصارها على لهجة واحدة. أي يتطلب إضافة دروس الكرمانجية في الجغرافيا الناطقة بالسورانية مثل إقليم كردستان، وبالمثل تدريس السورانية في المناطق الناطقة بالكرمانجية مثل شمال شرق سوريا؛ وكذلك اقرارهما بشكل رسمي في حال اعتماد الكردية للإدارة او التدريس في شرق وشمال كردستان.

ولأن ظاهرة التعددية اللهجية لا تقتصر على الكردية فحسب، يمكن دراسة التجارب المشابهة حول العالم ومن أهمها التعامل المزدوج في الصين، النرويج، وصربيا. إذ تتمثل الازدواجية اللهجية في النرويج بوجود معيارين يُستخدَمان بشكل رسمي متزامن، وتعتمد الصين نظامين لكل من لهجتي الماندرين والكانتونية. بالإضافة الى ذلك يمكن دراسة التجربة الصربية في تزامن استخدام النظامين السيريلي واللاتيني وكيفية اعتمادهما في التعليم والتخاطب الاداري.

8.3.1 التعددية اللهجية في النرويجية

إستخدمت النرويج على مدى الـ 200 سنة الماضية، لهجتين رسميتين للتواصل الرسمي وهما "بوكمول" و"نينورسك". إلاّ إن هذه الثنائية لم تقسم الجغرافيا الناطقة بها الى مناطق لغوية محددة أو منفصلة، ولم ترتبط أي منهما بمجموعة اثنية او إدارية منفصلة، كما هو الحال في اللغة الكردية؛ بل تُعتبر كلتاهما شكلين وطنيين شاملين للتواصل الرسمي في عموم النرويج على العكس من الكرمانجية والسورانية حيث ترتبط كل منهما بمنطقة جغرافية محددة، وتقوم بتطوير آلياتها اللغوية بمعزل عن الأخرى وتساهم بخلق حالة من الإستقلالية الاجتماعية والروحية لدى المناطق الناطقة بها.

ولأن أغلب الناطقين باللغة النرويجية يجيدون اللهجتين بنفس المستوى تقريباً دون أن تمثل أي منهما إنتماء إثني منفصل، فإن الاستخدام المتزامن لهما في للكتابة لم يُهدد الوحدة اللغوية والقومية النرويجية للإعتبارات التالية:

1. لا يُثير تنافساً أو حساسية بين اللهجات المحكية الرئيسية.

2. لا يشجع المجموعات الفرعية الأصغر على تعزيز لهجاتها كبديل للغة الوطنية، وبالتالي لا يسعى الى خلق قواعد ومعايير رسمية قد تؤدي إلى مزيد من الانقسام اللغوي وظهور معايير جديدة أخرى تعمق انقسام اللغة.

3. لا يحفز المشاعر العرقية الفرعية وذلك بسبب عدم إرتباط اللهجات بالمكونات الاجتماعية، لذلك فهولا يعمق الفروقات المناطقية أو يزعزع التماسك القومي.

8.3.2 الثنائية اللغوية في أفغانستان

على الرغم من أن الفارسية، التي توسم في إفغانستان بـ "الدرية"، هي اللغة الأولى لما يعادل 77% من السكان، (*) إلا أن الدستور الأفغاني يحدد لغتين للاستخدام الرسمي:

"البشتو والدرية هما اللغتان الرسميتان للدولة. وأما في المناطق التي يتحدث فيها غالبية السكان بأي من اللغات الأوزبكية، التركمانية، الباشائية، النورستانية، البلوشية أو الباميرية، تُعتبر أي من هذه اللغات، بالإضافة إلى البشتو والدرية، اللغة الرسمية الثالثة، ويُنظم استخدامها وفقًا للقانون." (†)

إن الاعتراف الرسمي بالتعددية وكذلك الحرية في إعتماد اللغات المحلية واللهجات في التواصل غير الرسمي ترك آثاراً إيجابية على البنية الاجتماعية وعلى الإحساس بالإنتماء للوطن. إلاّ إن الثنائية اللغوية لم تُثبت نجاحاً ولم تبرهن على انها حل عملي، وبالتالي بقيت الدرية هي اللغة المشتركة في السياقات الإدارية.

وبالرغم من توفر الأمكانات اللازمة لتأسيس مجتمع ثنائي اللغة، إلاّ إن التطبيق العملي شهد تعثرات منها عدم قدرة وزارة التعليم على تنفيذ نظام تعليم ثنائي اللغة بشكل سليم لكي يساهم في تعزيز الإختلاط بين الثقافات. ففي مدارس

* https://web.archive.org/web/20250715113717/https://www.cia.gov/the-world-factbook/countries/afghanistan/

† دستور الجمهورية الإسلامية في افغانستان 2004 الفقرة 16

كابول على سبيل المثال، يتم فصل الطلاب الناطقين بالبشتو عن أقرانهم الناطقين بالدرية، مما أدى إلى بقاء التعليم أحادي اللغة، فإما الدري أو البشتو؛ بدلاً من السعي لتحقيق مستوى متجانس من الإجادة باللغتين. (*)

ولأن إستراتيجية الفصل بين الطلاب لا تتوافق مع تعريف التعليم الثنائي اللغة فقد أثارت مخاوف بشأن العواقب السلبية المحتملة ليس فقط على نظام التعليم فقط، والتقدم الاجتماعي والثقافي، ولكن أيضًا على الوحدة الوطنية في أفغانستان.

8.3.3 التغير الزمني للغة التركية

إلى ما قبل تأسيس الجمهورية عام 1923، كانت التركية تُنطق في غرب الأناضول بلهجة عامية تُعرف باسم "كابا"، بينما اللهجة الرسمية حينها هي العثمانية. وفي حين ارتبطت اللهجة العامية بشكل أكبر بلهجات القبائل التركية، تألف المعجم العثماني بشكل أساسي من كلمات مُعارة من الفارسية والعربية، واستخدم الخط العربي المطعّم بالحروف الفارسية للكتابة.

هذا التباين اللغوي أدى إلى خلق فجوة اجتماعية وثقافية بين النخبة، التي اعتمدت العثمانية في التواصل الرسمي، وبين عامة الشعب، خاصة الطبقات الأدنى تعليمًا. فكانت الغالبية تواجه صعوبة في فهم واستيعاب اللغة الرسمية، مما زاد من تعقيد التواصل، وتعميق الشرخ، بين مختلف طبقات المجتمع.

أما اللغة التركية الحديثة، المتداولة اليوم، والتي تستخدم اللاتينية في الكتابة، فقد ظهرت خلال العهد الجمهوري، في فترة حكم أول رئيس لتركيا مصطفى كمال أتاتورك. حيث إستهل جهود التحديث بإيقاف العمل بالأبجدية العربية والإستعاضة عنها باللاتينية في العام 1928، بالإضافة الى خصوصيات أُخرى

---

* Abdul Hamid Hatsaandh, The Need For Bilingual Education In Afghanistan – OpEd, April 23, 2019

<https://web.archive.org/web/20200930213156/https://www.eurasiareview.com/23042019-the-need-for-bilingual-education-in-afghanistan-analysis/>

أدخلها اللغوي الأرمني هاكوب مارتايان (تم تتريك إسمه لاحقاً إلى أغوب ديلاشار) (Russell A., 2019). تلت هذه الخطوة تأسيس "**جمعية اللغة التركية**" (Türk Dil Kurumu) في عام 1932 لكي تقود حملة التطهير اللغوي وإشتقاق مفردات من جذور أكثر أصالة بدلاً من تلك المُعارة من اللغات الأخرى، العربية والفارسية على وجه الخصوص.

وقد أدى الإنتقال من العثمانية الى التركية الحديثة، بهذا القدر من التغيرات المدروسة الى توسيع الهوة بين الشكلين اللغويين لدرجة أن بعض خطب كمال أتاتورك نفسه أصبحت أقل فهمًا للأجيال اللاحقة ومتابعتها اليوم تتطلب إضافة ترجمة توضيحية في بعض الأحيان.

ومع تلك الصعوبات فإن هذا الازدواج اللغوي لم يُربك سير النظام الإداري، ولم يُعرض وحدة اللغة التركية للخطر، أو يتسبب بظهور انقسامات عرقية، لعدم تزامن المعايير المختلفة، أي كان هناك على الدوام لهجة رسمية واحدة في المقطع الزماني الواحد.

الفصل التاسع

الثنائية اللهجوية ونظم الكتابة

"الوحدة الحقيقية يجب أن تتحمل أقسى الضغوط دون أن تنكسر."

- المهاتما غاندي

الثنائية اللغوية، أو ما معروف إصطلاحاً بالدايغلوسيا (Diglossia) هو مفهوم يشير إلى التعايش بين عدة أنماط لغوية داخل مجتمع واحد في وقت واحد بحيث يخدم كل منها غرضاً لغوياً مختلفاً. عادةً ما يكون هناك نمط عامي للتواصل اليومي بين الأفراد، في البيت والأماكن العامة، وآخر يستخدم صرفاً في التواصل الرسمي مثل المخاطبات الإدارية والتوثيق والتعليم (انظر القسم 7.1.1). بعض اللغات مثل العربية، الإيطالية، والصينية تعاني من ازدواجية لغوية حادة (دايغلوسية)، يختلف فيها الشكل الرسمي كثيراً عن الاشكال العامية المنطوقة في الشارع، بينما، على العكس من ذلك، هناك لغات لا تظهر فيها الفروقات بين اللهجات المعيارية الرسمية والمحكية بشكل كبير ولا يتم تصنيفها غالبا على انها لغات دايغلوسية.

حسب هذا التعريف لا يمكن تصنيف اللغة الكردية كلغة دايغلوسية إذا تناولنا كل فصحى بمعزل عن الأخرى، لأن الفروقات بين الشكل المعياري الفصيح

والعامي لا تختلف بدرجة ملحوظة، سواء في السورانية أو الكرمانجية. وبالرغم من ذلك لا يمكن اعتبارها لغة أحادية (غير دايغلوسية) أيضًا، وذلك بسبب تعدد لهجاتها وإستخدام عدة أنماط واطئة التفاهم للتواصل عبر المناطق المختلفة. أي إن إفتقارها لمعايير فصحى موحدة يجعلها تبدو اقرب الى عائلة لهجية منها الى لغة واحدة، بالمقابل فإن النظر للكردية على انها لغة واحدة يجعل من الاجدر تصنيفها كلغة دايغلوسية، مع الأخذ بنظر الإعتبار إن تحديد ما إذا كانت الكردية لغة واحدة ذات إزدواجية أو إنها مجموعة من التنوعات اللغوية الأحادية، يعتمد في النهاية على وجهة النظر الخاصة بالناقد اللغوي نفسه.

وهنا يجب التفريق بين مصطلحين وهما "لغة واحدة" و"اللغة الأحادية"، **فاللغة الواحدة** هي التي تمتلك مظلة معيارية موحدة مثل العربية، او ترتبط لهجاتها بمشتركات رغم اختلاف المعايير الفصيحة مثل الكردية والنرويجية. بينما يشير مصطلح **"لغة أحادية"**، على العكس من "الدايغلوسية"، الى اللغة التي تتضائل فيها الفوارق بين الفصحى والمحكية الى أضعف الدرجات كما هو الحال في لغة السبرانتو.

وهكذا، فإن وحدة اللغة لا تتأثر بعدد اللهجات المحكية ولا بدرجة تقاربها مع بعض، فمهما تعددت لهجات أي لغة ومهما تدنى مستوى الفهم المتبادل بينها، تبقى اللغة واحدة إذا إقتصر الاستخدام الرسمي فيها على لهجة فصحى واحدة. وبغير ذلك، في حال تعدد اشكال الفصحى لا يمكن إعتبار ها لغة واحدة من الناحية العملية. ومن الطبيعي في اللغات متعددة اللهجات أن تختلف المعايير الرسمية (الفصحى) عن اللهجات العامية، على غرار اللغة العربية، فهذه الإزدواجية (الدايغلوسيا) هي نتاج طبيعي لا يؤثر على وحدتها، ولا يحد من قدرة الناطقين بعامياتها المختلفة على التفاهم بشكل واضح. على العكس من ذلك، فإن تعدد اللهجات الفصحى واختلافها هو الذي يهدد وحدة اللغة، وهنا تبرز أهمية توحيد المعايير اللغوية الكردية الفصحى.

9.1 التعددية اللهجية

لم يتلقى المعجم الكردي طوال تاريخه ما يستحقه من متابعة وتدقيق، ولم تبذل الجهود بما يكفي لحماية المفردات من الإنزياح الصوتي والدلالي، ولم تجري محاولات لتطوير معيارٍ لغوي موحد. لذلك فقد أدى الإهمال المزمن إلى تباعد اللهجات أكثر للحد الذي بات يزيد من الصعوبة في صياغة نمط لغوي فصيح مشترك عبرها. بالإضافة إلى ذلك، فإن تطوير نظم الكتابة بشكل مستقل للسورانية والكرمانجية (بمعزلة عن بعضهما) في النصف الأول من القرن العشرين قد عمّق الفروقات أكثر وقونن الإنخفاض في مستوى الفهم المتبادل بينهما. ومما كرس الإنقسام اللهجي أكثر هو شفافية النظامين الكتابيين وعدم إعتماد درجة كافية من العمق الاملائي الذي من شأنه استيعاب الاختلاف، بل الإصرار عوضاً عن ذلك على صياغة نظام كتابي فاقد للعمق ويعتمد على مطابقة العادات اللغوية المحلية في منطقة وزمان محددين. ولأن فاصلة الدايغلوسيا تنشأ، وتزداد إتساعاً مع الزمن، غالباً كنتيجة للتحور الطبيعي في الصوتيات والمعاني، فمن الأجدى صياغة نظام كتابة عميق يستطيع استيعاب الفروقات الناشئة.

إن من الضروري التذكير بأن صياغة معيار فصيح وشفاف لا تعني بالضرورة بأنه سيظل محافظاً على شفافيته، بل سيخضع الى درجة من الازدواجية اللغوية تنمو مع الزمن؛ وتبعاً لذلك، تتسع الفروقات بين الفصحى واللجات المحكية. وهذا يعني إن التجانس في اللغة غير ثابت، وإن التنوع هو صفة لازمة في كل اللغات، والكردية ليست بعيدة عن تأثيراته. لهذا السبب فان اختيار نظام كتاب شفاف للسورانية قبل قرن، تتطابق به الحروف مع الأصوات بشكل دقيق، لا يعني بأنه سيبقى بدون تغيير، ولا بد من ظهور اختلافات بين الصوتيات والاملاء في مراحل (قرون) قادمة بحكم الانزياح الطبيعي في الصوتيات. أي بتعبير آخر، طالما كانت شفافية النظام الاملائي حالة مؤقتة، فالاكثر عملية هو استيعاب الفروقات اللهجية من خلال نظام املائي عابر للهجات. وبتعبير أدق، فإن أمام الكردية طريق واحد وهو التخلي عن الشفافية الكتابية سواء في السورانية أو الكرمانجية والقبول بالنظام العميق (عدم التطابق التام بين الحروف والصوتيات)، كما هو متبع في اللغة العربية والفرنسية.

صحيح إن النظام العميق يزيد من الفجوة بين معايير التواصل الرسمي من جهة، واللهجات العامية من جهة أخرى، الا إن التنوع الكبير في اللهجات الكردية المتباعدة، يفرض استيعاب الازدواجية اللغوية والقبول بالفصل بين معايير التواصل الأكاديمي واللهجات المحكية، كحل ملازم للوحدة اللغوية.

9.1.1 ثنائية الفصحى الكردية

تشترك الكردية مع اللغة العربية في تعدد لهجاتها المحكية وتباعدها وانخفاض مستوى التفاهم المشترك بين بعضها البعض. إلاّ إن وحدة الفصحى العربية تساهم في تقريب المحكيات من بعض. وبمقارنة ذلك مع الكردية، نجد إن ثنائية الفصحى الكردية، على العكس، تقوم بتعميق الفروقات وتقنون إستخدام معجمين مختلفين وإتباع منظومتين من القواعد، مع نظامين كتابيين مختلفين، هذا إذا تجاهلنا اللهجات الأخرى التي لم تبدأ بعد بصياغة قواعد وأنظمة كتابة خاصة بكل منها.

ونتيجة للإفتقار الى مظلة لغوية شاملة، وإنخفاض مستوى الفهم المتبادل بين اللهجات، يميل الناطقون بالكردية في بعض الأحيان، للتغلب على المصاعب اللهجية، إلى التخاطب بلغة أخرى مشتركة (كالتركية أو الفارسية أو العربية)، وهذه الظاهرة بحد ذاتها تزيد من تراجع الكردية وهبوط قيمتها اللغوية. على سبيل المثال، قد يفضل كردي ينحدر من بقعة بعيدة في خراسان (شمال شرق إيران) إستخدام الفارسية كوسيلة أسهل للتواصل في المناطق الكردية الأخرى مثل مهاباد أو ايلام. وبالمثل، قد يلجأ كردي من خانقين إلى العربية للتواصل بطلاقة مع كردي من عفرين. وظاهرة استخدام اللغات البديلة بين الناطقين باللهجات الكردية تترك تأثيرات سلبية على المدى البعيد، ومنها:

1. إعاقة توسّع المعاجم الكردية، بسبب اقتراض المفردات من مصادر بديلة (لغات أخرى)، مما يقلل من إثراء المصطلحات الكردية الحديثة، بما في ذلك المفردات العلمية، التعبيرات الاجتماعية، وأسماء المنتجات الصناعية. هذا الاتجاه يقلل أيضاً من قدرة اللغة على التكيف مع التطورات الحديثة ويضعف من مرونتها كأداة تعبير عصرية.

2. اختلاف مصادر المفردات الأجنبية، مثل اقتراض الكلمات من الفارسية في منطقة، ومن التركية في أخرى، ومن العربية في ثالثة، يؤدي إلى تقليل الانسجام اللغوي وتوسيع الفجوة في الفهم المتبادل مع تعاقب الأجيال.

3. إضعاف مكانة اللغة الكردية وهبوط (stratum) الى ما دون مكانة اللغات المجاورة، وتقليل قدرتها التنافسية، مما يؤدي بالنتيجة إلى تراجع استخدامها إلى مرتبة أدنى.

4. تأثير اللغات المختلفة في المناطق المنفصلة جغرافيًا ودوليًا يعمّق الفجوة اللغوية بين تلك المناطق بما يتجاوز المعجم الى العادات اللغوية. على سبيل المثال، يؤدي نفوذ اللغة التركية في منطقة ما إلى تغييرات نحوية تختلف عن تلك التي تتأثر باللغة الفارسية في إيران. وبالنتيجة يبعد اللهجات عن بعضها، ويزيد من صعوبة توحيد المعايير.

5. تأثير الثقافات الأجنبية على المجتمع؛ عبر الادب، الفن، والإعلام، يؤدي تدريجيًا إلى تغييرات في القيم والعادات الاجتماعية.

6. العزلة اللغوية بين الناطقين بالمحكيات الكردية تُسهم في تآكل الشعور القومي لصالح الانتماءات المحلية، مما يُضعف من الترابط الثقافي واللغوي بين مختلف المجموعات الناطقة بالكردية.

ولو دققنا في خضم هذا التنافس اللغوي الذي يشهده الشرق الاوسط، والذي تحظى فيه العربية والتركية، والى حد ما الفارسية بدعم غير مسبوق نتيجة لهذا التطور الهائل في مجالات التواصل الإعلامي والإجتماعي، نستشف إفتقار الكردية الى تلك المؤسسات التي تؤهلها للمنافسة أمام اللغات الأُخرى. فالعربية تستند على ارث مقدس يحافظ عليها لأنها لغة الكتب والمخطوطات الدينية، للحد الذي يتجاوز تأثيرها حدودها الجغرافية. وتتمتع اللغة التركية بالمثل بمكانة روحية بين الشعوب التي تصنف نفسها من الأصول الطورانية والتي تسكن مساحة شاسعة تمتد من الاناضول الى تركستان الصينية. وبالإضافة الى هاتين اللغتين، تمتاز الفارسية بخزين أدبي متراكم عبر القرون يؤهلها لتكون لغة التواصل الأنسب بين الناطقين باللغات ذات الأصل الهندوإيراني. وعلى مدى

العقود الماضية ساهمت وحدة الفصحى بتأهيل تلك اللغات وساعدتها على إستيعاب متطلبات الثورة الاجتماعية الحديثة، فانتجت معاجمها الخاصة وإرتبطت ذهنياً في العلاقات الاجتماعية، المناسبات الدينية، النشاطات الرياضية، وفي مجالات العلوم، والإعلام، والفن بشكل أكبر بكثير مما حققته الكردية؛ مما يحفز مجموعات كبيرة من الناطقين بالكردية اليوم لاستخدام تلك اللغات الأكثر حضوراً في النمط الاجتماعي المعاصر، وتفضيلها على لغتهم الام. وكمثال على ذلك، يلجأ الجمهور المهتم بتتبع الأحداث الرياضية والأخبار العاجلة والمسلسلات التلفزيونية إلى مصادر من لغات أخرى للحصول على تغطية أفضل، في الوقت الذي كان من المفترض فيه أن تشهد الكردية نفس مستوى التطور لو كانت أكثر تماسكاً، ولو تبنت فصحى موحدة وحققت مستويات أعلى من الاهتمام الرسمي.

9.1.2 التسامح مع الازدواجية اللغوية

من الطبيعي أن تتطلب الأفكار المعقدة صياغة لغوية أكثر دقة وإنضباط للتعبير عنها، يتمثل بالالتزام بمعايير واضحة وبترتيب دقيق لعناصر الجملة. وعلى النقيض من ذلك، تميل اللهجات المحكية إلى اختيار الأساليب الأسهل في التعبير، متحررة من صرامة الضوابط النحوية، مما يجعلها غير قادرة على تقديم معادل دلالي دقيق للأفكار. لهذا، أي بسبب عدم كفاءة المحكيات في التعبير الدقيق، ظهرت الحاجة إلى وضع صيغ وضوابط لغوية قد لا تكون مستخدمة في الحياة اليومية، وإنما تُوظف فقط في المجالات التي تستدعي دقة المعاني، مثل التواصل الأكاديمي، القانوني، والإداري. ومن هنا تنشأ حالة الازدواجية اللغوية، حيث تظهر أكثر من لهجة أو شكل لغوي في الوقت ذاته، مجموعة من المحكيات، وواحدة أخرى لها دور يُؤدي غرضًا مختلفًا.

وإذا كانت اللغات قليلة الانتشار وفقيرة التنوع اللهجوي قادرة على صياغة معايير سهلة، يعني فصحى قريبة من المحكية، واعتماد نظام كتابة شفاف يتماثل فيه الإملاء مع أصوات المفردات بأقرب شكل ممكن -أي تقليل حدة الازدواجية اللغوية (الدايغلوسيا)- فإن الأمر يختلف بالنسبة للغات كثيرة اللهجات كالكردية والعربية والصينية، التي تمتد على مساحات جغرافية شاسعة وتُنطَق باشكال

متباينة، وتحتوي على محكيات متعددة ومنخفضة التفاهم. في هذه الحالة، فإن صياغة نمط فصيح موحد للاستخدامات الأكاديمية (المعروف بـ H1) سيكون بالضرورة مختلفًا بشكل واضح عن كل اللهجات المحكية. ومع هذه الفروقات الكبيرة، يصبح ظهور ازدواجية لغوية واضحة للسماع أمرًا لا مفر منه.

بشكل عام، لو إنتبهنا الى مسار نشوء اللهجات المحكية، نجده يختلف تمامًا عن تطور المعايير الفصيحة. فالمحكيات تنشأ وتتطور بشكل عشوائي وغير مدروس من خلال التفاعل اليومي والتوافق بين الناطقين بها. ومن هذا التفاعل تُولَد مفردات جديدة تواكب التغيرات الاقتصادية والاجتماعية، بينما تختفي أخرى دون أن تترك أثرًا في الذاكرة اللغوية. أما النمط المعياري الفصيح، فهو على العكس من ذلك، يتميز بتعقيد أدواته، مثل قواعد النحو والصرف، ودقة دلالاته المعجمية التي تُصاغ بعناية لتلبية احتياجات التعبير الدقيق في المجالات الأكاديمية والرسمية، أي إن الفصحى هي هندسة لغوية أكثر منها توافق عشوائي بين أجيال الناطقين بها.

وتوخّيًا لدقة التعبير، فإن المعايير الفصيحة تتطلب إعادة تقييم ومتابعة مستمرة من قبل الأكاديميين المختصين، تشمل اعتماد مفردات جديدة، وإجراء تغييرات إملائية، وتحديث القواعد النحوية. وبما أن النمط الفصيح ليس لهجة منطوقة وإنما يُستخدم لأغراض محددة، فإن التحديثات غير ملزمة للمتكلمين في تواصلهم اليومي، وإنما يقتصر إستخدامها على التخاطب القانوني والإكاديمي. وهذا يعني أن هناك لونين من التواصل اللغوي، وإن الازدواجية (الدايغلوسيا)، طبقاً لذلك، تُعد ضرورة للغات التي تتميز بتنوع لهجي واسع. فهي من جهة توفر نمطًا موحدًا للتواصل بين اللهجات المختلفة، ومن جهة ثانية يمكن تحديثها دون أن يعني ذلك التأثير في الأنماط المحكية المستخدمة في الحياة اليومية، أو إجراء أي تغيير فيها.

وكلما ارتفع مستوى الدقة في التعبير، من خلال التوسع في صياغة التفاصيل الدلالية والنحوية، ازدادت الفجوة بين المعيار الرسمي واللهجات المحلية، مما يؤدي إلى زيادة وضوح ظاهرة الدايغلوسيا، والمزيد من الصعوبات في إتقان (H1)، خاصة لدى الفئات الأقل تعليمًا. صحيح إن تبسيط المعايير الفصحى، توخياً لتسهيل إستخدامها للجميع، يساهم في الحد من تأثير الازدواجية اللهجوية وفي تيسير تعليمها وإنتشارها، إلاّ إنه يضعف من قدرة اللغة على بناء صيغ

دقيقة، في مجالات التوثيق والتدوين العلمي والقانوني؛ ولهذا السبب يؤيد الكثير من اللغويين بينهم جوشوا فيشمان -المتخصص بعلم الاجتماع اللغوي- تبني نظام دايغلوسي موسع، بإعتباره إجراء لغوي ناجح عندما يقتصر إستخدام المعايير الرسمية على المجالات الإدارية والإكاديمية (Fishman, 1967).

سلبيات الدايغلوسيا

مع إن تبني قدر معين من الازدواجية اللغوية يُعَد ضرورة، كما تبين، إلا أنها لا تخلو من مخلفات سلبية. فهي تثقل النظام التعليمي بشكل يواجه معه الأطفال في سنوات الدراسة الأولى صعوبات في التكيف مع "اللغة المدرسية" التي تكون عادة مختلفة عن لغة البيت والشارع. على سبيل المثال، الطفل الناطق باللهجة السورانية سيجد أن التعليم بالفصحى السورانية أكثر فعالية وأسهل للتكيف من الكردية الموحدة العابرة للهجات. وبنفس القدر يشعر الطفل الناطق بالكرمانجية براحة أكبر عند التعلم بفصحى لهجته. ومن هنا فإن تعميق الدايغلوسيا يؤدي الى صعوبة إكتساب اللغة عند الأطفال، وعند الجيل الثاني من إبناء الجاليات المهاجرة، والأجيال التي تليه، الذين يجيدون اللهجات المحكية بحكم التواصل العائلي ولكنهم يواجهون صعوبة في تعلم الفصحى ومتابعة الإعلام والتعرف على النتاجات الفنية والأدبية الكردية. لذلك، فإن تبسيط الفصحى لتكون قريبة من اللهجات المحكية **قدر الإمكان** يتيح للتلاميذ فرصة أفضل في العملية التعليمية مقارنة باستخدام فصحى معقدة. كما يمنح الأجيال الجديدة في بلدان المهجر قدرة أكبر على تعلمها وأجواء مناسبة للإرتباط بثقافتهم وهويتهم الأصلية.

من كل ما سبق، يتبين أن اختيار معايير لغوية جديدة يتطلب تحقيق توازن منطقي فيها بين الدقة من جهة، وسهولة الاستخدام من جهة أُخرى. وبتعبير اخر، ينبغي أن يعتمد مشروع توحيد اللغة الكردية مستوى مناسبًا من الازدواجية اللغوية (الدايغلوسيا)، بحيث يوازن بين التعقيد المطلوب للإستخدام الإكاديمي، والسهولة اللازمة لضمان الانتشار.

ومن الضروري الأخذ بعين الاعتبار أن اللغات ذات التعداد السكاني الكبير والتنوع اللهجوي، مثل الكردية والعربية، تنتج بطبيعتها فجوة واسعة بين المعيار الفصيح واللهجات المحكية، لابد منها. ولكي تصل اللغة الكردية إلى إنتشار مشابه

للعربية أو الصينية، من الضروري تبني مستوى من الدايغلوسيا يتوخى أكبر قدر **ممكن** من الدقة، وبصياغة سهلة تتيح استخدامها بشكل واسع بين مختلف فئات المجتمع.

9.1.2.1 اللغة المتعددة المراكز – Pluricentric –

يشير مفهوم تعدد المراكز في اللغة (Pluricentricity) إلى تبني نموذج رسمي للغة كإطار شامل مع وجود تنوعات فصحى محلية تحتفظ بالخصوصيات اللغوية لكل منطقة بشكل مستقل (Clyne, 1992). ومن أمثلة اللغات المتعددة المراكز هي:

الإنجليزية: بسبب الفروقات بين الرسميتين الأمريكية والبريطانية.

الصينية: على ضوء الإختلاف بين المعايير الرسمية في الصين وتايوان.

الألمانية: بوجود التنوع الرسمي بين المانيا، سويسرا ولوكسمبورغ.

الفرنسية: بمراعاة الفروقات بين الفرنسية في فرنسا وإقليم كيبيك الكندي. (*)

على الرغم من أن كلا النظامين في اللغة الكردية قد نجحا في تحقيق إنجازات ملموسة في مجالي النشر والتعليم، كلّ ضمن نطاق انتشاره، إلا أن السعي نحو وحدة لغوية شاملة يستوجب التضحية بأحد النظامين لصالح تعميم الآخر. غير أن اتخاذ قرار مصيري كهذا يواجه عقبات كثيرة، أبرزها غياب الآليات الضرورية لتحقيقه، مثل الافتقار لسلطة تنفيذية موحدة تشمل كامل الجغرافيا الكردية قادرة على فرضه بحكم القانون.

---

* Barbara Schuppler, Martine Adda-Decker, Catia Cucchiarini, Rudolf Muhr. An introduction to pluricentric languages in speech science and technology. Speech Communication. Volume 156, Jan 2024, 103007. ISSN 0167-6393.

<https://doi.org/10.1016/j.specom.2023.103007>

<https://web.archive.org/web/20240413210759/https://www.sciencedirect.com/science/article/pii/S0167639323001413>

ومن هنا، يبدو أن المقترح الأكثر قابلية للتطبيق في هذه المرحلة هو اعتماد الكردية كلغة متعددة المراكز، بحيث تمنح كل نظام استقلالية تناسب خصوصيته، وفي نفس الوقت الوصول الى آلية تساعد على تعلم كل لهجة من قبل الناطقين بالأخرى، مع فرصة لتسوية اللهجات (Dialectal Leveling) وتبادل المفردات والعادات اللغوية.

يمكن اعتبار التعددية مرحلة انتقالية نحو تحقيق الوحدة اللغوية الكاملة، التي قد تُفرض عندما تتهيأ الظروف الملائمة لها. وتبدو فكرة تحويل الكردية إلى لغة متعددة المراكز ممكنة مع تقارب المعايير الرسمية، من خلال خطوات مثل توحيد النظام الكتابي للهجتين، سواء بنقل السورانية إلى الأبجدية اللاتينية أو العكس، وتعميم القواعد والمفردات بينهما واعتماد هذا النهج في جميع الأقاليم الناطقة بالكردية.

ومن المهم الأخذ بعين الاعتبار أن صياغة نظام كتابة لاتيني لتدوين السورانية، أو صياغة نظام لتدوين الكرمانجية باستخدام الأبجدية السورانية، بالاعتماد على الضوابط الفونولوجية الخاصة بكل لهجة، لا يتطلب قرارًا سياسيًا بالضرورة. بل يحتاج إلى مبادرات وبحوث متعمقة ومستمرة في مجالات مثل علم المعجم (لوكسيغرافيا) والفونولوجيا، فحسب. وتعدد المراكز هو أرضية لتأهيل الكردية لمرحلة ما بعد التعدد اللهجي.

- Polyglossia – التعددية اللغوية

يشير مصطلح التعددية اللغوية (بوليغلوسيا) الى التعايش متعدد اللغات في منطقة ما، بحيث يتم اعتمادها بشكل متكافئ ومتزامن. وهي تختلف عن الثنائية (الدايغلوسيا) التي تخصص كل لغة (او لهجة) الى مجال استخدام مختلف عن الاخر، مثل واحدة للفصحى الرسمية وأخرى للتواصل المحكي اليومي؛ فانها، "التعددية اللغوية"، تشير الى حالة استخدام اللغات المتعايشة في استخدام مشابه، بحيث يتم استخدام كل منها في مجال التواصل الرسمي بالإضافة الى المحكي.

ان أحد مظاهر البوليغلوسيا هو إمكانية اعتماد نوعين رسميين هما: الرسمية الأولى، الأكثر انتشارًا في المنطقة الخاصة بها (H1)، والرسمية الثانية (H2)،

بالإضافة الى اللهجة المحكية المحلية الخاصة بالمنطقة (L). وهذه الميزة توفر للكردية آلية أخرى في مشروع توحيديها.

وللتوضيح أكثر، فلنأخذ منطقة مثل گرميان على سبيل المثال: فضلاً عن إعتماد الفصحى السورانية كخيار أول في التخاطب الرسمي (H1) يمكن إضافة الكرمانجية كخيار رسمي ثاني (H2) وتمكين استخدامها إدارياً، دون التأثير على اللهجة المحلية المحكية (L) فيها. بالمقابل، في منطقة مثل دهوك، تمثل الكرمانجية الرسمية (H1) كمعيار الإستخدام الإول، مع توظيف السورانية كخيار في التخاطب الرسمي (H2)، دون التأثير في اللهجة المحكية البهدينانية (L). ومع إن مرحل تخطيط مشروع بهذه السعة لا يقتضي تعديلات نحوية ومعجمية، الا إنه يحتاج لجهود إدارية وإعتماد خطة إستيعاب (إكتساب) واسعة لتسهيل تعلم اللهجات الثانية مثل توسيع تعليم الكورمانجية في المناطق الناطقة بالسورانية، وبالعكس، مع إعتماد كلاهما في المناطق الاخرى.

9.2 النظام الإملائي

النظام الإملائي (الاورثوغرافيا) هو مجموعة من القواعد والضوابط التي تعالج وتحفظ صور الكلمات بما هو متفق عليه، ويهدف إلى تحقيق التناسق والدقة في الكتابة، مما يسهم في تسهيل الفهم والتواصل بين المتخاطبين. ويشمل النظام الإملائي قواعد لتحديد كيفية تصوير المعاني من خلال الحروف وعلامات التشكيل، الفصل بين الكلمات، كتابة الهمزات، واستخدام علامات الترقيم. ويُعتبر ضروريًا لحفظ وحدة اللغة وحمايتها من التفكك ونمو اللغات الفرعية، خاصة في المجتمعات المتعددة اللهجات، حيث يساعد في الحد من التباينات الصوتية وضمان انتقال المعاني بشكل واضح ودقيق بين الأجيال.

اقترحت جاين ب. ستارك (Stark J. P., 2010, pp. 3-7)، بناءً على أبحاث وليامسون (Williamson,1984) وبارنويل (Barnwell, 1998)، أن يتم

تطوير النظام الإملائي بإتباع خمس مبادئ أساسية، ثم قام جوناثان كلاركسون وإلينا يوركوفا (*) بجهد مشترك بتفصيل هذه المبادئ على النحو التالي:

1. ☐ **مراعاة البنية الصوتية**: يجب أن يلتزم النظام الإملائي بخصوصيات البنية الصوتية للغة.

2. ☐ **الشفافية**: ينبغي أن يعمل النظام الإملائي بطريقة بحيث يسهل معه توقع إملاء الكلمة من سماع نطقها. مثل التمثيل الشفاف للأصوات بالحروف. وكذلك إستخدام الأنماط الصرفية المنتظمة. أي إتباع قواعد متوقعة للأشكال الصرفية.

3. ☐ **السهولة**: يجب أن يكون بمقدور الكُتّاب والناشرين صياغة الوثائق والنتاجات الأدبية بسهولة ودون تعقيدات زائدة.

4. ☐ **تجانس المحيط اللغوي**: حيثما تتناول الأنظمة الكتابية المعتمدة في اللغات المجاورة بعض الظواهر اللغوية المشابهة، يكون من الأفضل التجانس معها والإستفادة من تلك النظم الإملائية.

5. ☐ **المقبولية**: تعتمد درجة مقبولية النظام على إمكانية التوافق الشعبي حوله ومدى التفاعل معه.

وفقاً لمبادئ ستارك الخمسة، فإن كل من النظامين الكرديين يستوفي شروط "النظام الاملائي الناجح"، الإ ان المبالغة في دقة تمثيل الصوتيات بدرجة عالية من الشفافية لا يناسب لغة متعددة اللهجات، أولاً؛ وبغياب لهجة عليا لتمثيل المعيار اللغوي العام، فإن إستخدام نظام إملائي أقل شفافية، يستطيع استيعاب اشكال التلفظ المتباينة حسب اللهجات، ثانياً. أي إن تقنين الدقة في تمثيل صوت المفردة الى الحد الادنى، وإن كان ذلك يتم على حساب السهولة، وتوقع الشكل الاملائي للمفردة؛ الا انه يغطي أنماط اكثر من التلفظ.

---

* Clarkson, Jonathan & Iukova, Elena. Important Factors in the Development of an Orthography Shin-Shorsu Rutul – a Case Study. SIL Forum for Language Fieldwork. December 2015 – 002, p 12

دقة النظام الإملائي

منذ افول اللاتينية، اخذ الإتجاه السائد في الغرب يميل إلى إعتماد أنظمة شفافة من اجل إيصال النتاجات العلمية والأدبية الى الجماهير التي لم تكن تجيدها بشكل كامل. ما ساهم ببروز اللغات الاوربية الحديثة. ووفق هذه الرؤيا، يُقدم العالم في فيلولوجيا اللغات هنري سويت (1845-1912) اللغة باعتبارها أداة صوتية في الأساس. ولهذا فمن الطبيعي ان يولي الأولوية الى الصوتيات في النظام الأملائي. ويتضح ميل سويت هذا من خلال تعريفه للغة:

"اللغة هي تعبير عن الأفكار ويتم من خلال دمج الأصوات مع بعض لتشكيل كلمات. ثم يتم دمج هذه الكلمات في جمل، وهذا التجميع يناظر صياغة الخواطر في أفكار مكتملة."

وللتأكيد على أهميتها، يضيف (Sweet, 1899):

"الصوتيات بالنسبة لعلم اللغة بشكل عام كالرياضيات بالنسبة لعلم الفلك والعلوم الفيزيائية. وبدونها لا يمكننا مراقبة أو تسجيل أبسط ظواهر اللغة."

ولكن تماشيًا مع الزيادة الملحوظة في التواصل الكتابي، وصعود المعايير الرسمية على حساب المحكيات، أظهر اللغويون في القرن العشرين ميلًا إلى ترجيح الدلالة والقواعد النحوية على حساب الصوتيات. ظهر هذا التطور بشكل واضح مع ما قدمه لودفيغ فيتغنشتاين (1889-1951) من تعريف يعتبر ثورة في مجال دراسة دور اللغة في التدوين الإكاديمي، قلّل فيه من أهمية الأصوات وركز أكثر على الدلالات. وفي نفس السياق يؤكد ناعوم تشومسكي، كذلك، على أولوية التركيب النحوي في بناء المعنى، ويقدمه على الصوتيات (Chomsky, 1965, p. 161965):

"يجب أن يحدد المكون النحوي في القواعد لكل جملة بنية عميقة تحدد تفسيرها الدلالي، وبنية سطحية تحدد تفسيرها الصوتي. يتم تفسير الأولى بواسطة المكون الدلالي، بينما الثانية بواسطة المكون الصوتي."

ولابد ان يتأثر النظام الاملائي بهذه النظرة الأكثر حداثة فيمنح الشكل الصوري للمفردة أهمية موازية لأهمية اللفظ. وهذا يفسر سبب أحتفاظ بعض اللغات الاوربية مثل الفرنسية والانجليزية بالاشكال الاملائية القديمة على الرغم من عدم تطابقها مع اللفظ الحديث.

9.2.1 إزدواجية الأبجدية – Digraphia –

يشير مصطلح الدايغرافيا إلى استخدام أكثر من أبجدية واحدة لكتابة نفس اللغة، سواء بتزامن أو بتعاقب تاريخي. وغالباً ما تكون أسباب التنوع دينية أو ثقافية أو سياسية. فعلى سبيل المثال، استخدمت التركية الأبجديتين العربية واللاتينية بتعاقب زمني (العربية في الدولة العثمانية واللاتينية في جمهورية تركيا) لاسباب ثقافية وسياسية. وهناك لغات تكتب بابجديتين في وقت واحد مثل الأذرية (بالفارسية واللاتينية)، والصربية (السيريلية واللاتينية). وتتبنى اليابانية ثلاثة أنظمة مختلفة هي (هيراغانا، كانجي، وكاتاكانا). ومن الطبيعي أن تحتفظ كل أبجدية بنظامها الإملائي تبعاً للرؤيا الفونولجية في ترميز الصوتيات.

وعلى عكس الدايغلوسيا، وهي ظاهرة مرافقة لنشوء أغلب اللغات، فإن إستخدام أكثر من أبجدية يعد أقل شيوعا، لذلك تثير الدايغرافيا الإيهام بأن كل نظام يمثل لغة مختلفة كما يظهر في حالتي "الأردية" و"الهندية" (الأولى بالحروف الفارسية والثانية بالديواناغارية). كما تستخدم الفارسية -يطلق عليها "الدرّية" في أفغانستان- الأبجدية الفارسية، بينما تعتمد "الطاجيكية" الأبجدية السيريلية، رغم إنها لغة واحدة ذات معجم وقواعد صرف ونحو واحد.

ولعل الدايغرافيا لوحدها، مثل الدايغلوسيا، لا تؤدي بالضرورة الى تجزئة اللغة أو إنقسامها، إنما تحدث التجزئة عندما يتم تخصيص كل أبجدية الى لهجة منفصلة بحيث تُعبّر الأبجدية عن نوع لغوي خاص بها مثل اختلاف النظام الكتابي بين السورانية والكرمانجية. وفي غياب معايير رسمية موحدة تتحول التعددية في هذه الحالة الى عائق أمام التواصل العابر للهجات، بل تعمل على ترسيخ العزلة بين الناطقين، وهذا هو بالتحديد ما تعاني منه الكردية اليوم. ويعد اقتران الدايغلوسيا بالدايغرافيا بهذا الشكل إحد أهم أسباب الانقسام اللغوي.

ولعل الإختلاف المعجمي والكتابي بين اللهجتين، يساهم بنشوء إستقلالية لغوية لكل منهما يؤهلها للنمو على شكل لغة مستقلة مستقبلاً. أي إن تأثير الدايغرافيا الكردية لا يقتصر على التسبب بتباعد تدريجي بين اللهجات، وإنما يشيع الإنطباع بإنفصال اللهجتين وإمكانية تعريفهما على شكل لغتين مختلفتين.

9.2.2 تعدد الأنظمة الإملائية – Diorthographia –

على عكس ازدواجية الأبجدية، يشير مصطلح "تعدد الأنظمة الإملائية" إلى استخدام أكثر من نظام إملائي ضمن نظام كتابي واحد. أي تتعد أشكال التهجئة للكلمة الواحدة بإستخدام نفس الأبجدية. وكمثال على "Diorthographia" هو ما يمكن ملاحظته في اللغة الإنجليزية، حيث تختلف العديد من الكلمات في تهجيها بين ما يُصطلح عليه بالإنجليزية البريطانية والانجليزية الأمريكية.

ويمكن لإزدواجية النظام الإملائي أن توفر حلاً تتقدم خلاله اللغة الكردية خطوة نحو توحيد الفصحى بتوحيد النظام الكتابي، أي صياغة المعجم الكردي الشامل وفق النظام اللاتيني، بحيث يضم المفردات السورانية والكرمانجية (ومفردات اللهجات الأخرى) لتندرج مع بعض في معجم موحد مع صياغة إملاء كل منها بما يناسب صوتها المنطوق محلياً. ومن ميزات المعجم الذي يتمتع بدرجة من "الديأورثوغرافيا" هو تمكين الكاتب من إختيار الشكل الإملائي الذي يناسبه دون أن يعني ذلك وجود إنقسام لغوي. ومن الطبيعي، وفق هذا التعريف، إعتماد الأبجدية العربية-السورانية لكتابة النص الكرمانجي، إذ يمكن، على سبيل المثال، إضافة المفردة الكرمانجية بصوتها "ئاڤ" الى جانب "ئاو" في المعجم الموحد. في الوقت نفسه تتم صياغة إملاء للمفردات السورنية في النظام الكتابي الكرمانجي، مثلا: يمكن إعتماد المرادفة السورانية على شكل "Aw" لتضاف الى جانب مردافتها في القاموس الكرمانجي "Av".

إن الإنفتاح المعجمي لكل من النظامين الكتابيين الرسميين على مفردات اللهجات الأُخرى، وبناء قاموس كردي موحد بغض النظر عن الأنظمة الإملائية المعتمدة فيه، من خلال دياورثاغرافيا كردية تشبه ما هو موجود في الإنجليزية

(الفروقات الإملائية بين الأمريكية والبريطانية)، والفرنسية (بين فرنسا وإقليم كيبك الكندي)، لا يساهم فقط في تعزيز التداخل بين اللهجات، وإنما العمل على تسويتها (Dialectal Leveling) كخطوة أولى، يمكن بعدها أن يتم ترشيق المعجم الموحد، بشكل رسمي، في ظروف مستقبلية أُخرى أكثر ملائمة.

9.2.3 الكتابة الناقصة – Defective Orthography –

يشير مصطلح الكتابة الناقصة إلى النظام الكتابي الذي لا يحتوي على عدد كاف من الحروف لتمثيل (كتابة) جميع الصوتيات (الفونيمات) التي ينطقها المتحدثون باللغة. بمعنى آخر، قد تكون هناك أصوات في اللغة لا تتم كتابتها بشكل دقيق أو واضح، مما يؤدي إلى نقص في التوافق بين النطق والكتابة. على سبيل المثال: يتم تمثيل الصوتين /θ/ "ث" و /ð/ "ذ" في اللغة الإنجليزية بنفس الغرافيم "th"، مما يجعل النظام الإملائي غير قادر على التمييز بينهما. ومن الأمثلة الأخرى على (Defective Orthography) هو وجود سبعة أصوات علة في اللغة الإيطالية، لكن الأبجدية لا تحتوي سوى على خمسة رموز لتمثيلها فقط، مما يؤدي إلى تجاهل الاخرى.

ينشأ النقص في هذا النوع من الأنظمة الإملائية كنتيجة للتطور الاجتماعي-اللغوي والثقافي، أو بسبب اعتماد أبجدية معينة لا تتناسب تمامًا مع البنية الصوتية للغة.

ولا يُعد النظام الكتابي الكردي بكلتا اللهجتين ناقصاً، ذلك إن استخدام اللغة الكردية إقتصر، ومنذ نشأتها، على التواصل الشفهي دون أن تكتسب نظام كتابة خاصًا يعكس تنوعها اللغوي. ومع مطلع القرن العشرين، برزت الأنظمة الكتابية المعتمدة حاليًا، والتي استندت إلى الأبجدية العربية واللاتينية، مع محاولة محدودة لتوظيف السيريلية. غير أن اختيار هذه الأبجديات لم يراعي أي اعتبارات لغوية مرتبطة بخصوصيات اللغة الكردية، بل كان بسبب توفر هذه الأبجديات وانتشارها الواسع في ذلك الوقت رغم أنها لا تتناغم بشكل كاف مع البنية الصوتية للغة أو اختلافاتها اللهجية.

ولذلك، وجد الرواد الأوائل أنفسهم أمام تحدٍ يتمثل في تطويع هذه الأبجديات لتحقيق تطابق أكبر بين التهجئة والصوتيات. فعلى سبيل المثال، تم الاستعاضة عن الحركات العربية، وهي الضمة والكسرة والفتحة، بالحروف "و"، "ي"، و"ـه"، أي بترميز أصوات العلة القصيرة (في الكتابة السورانية) بحروف بدل الحركات، على غرار الصياغة المتبعة في اللغات الغربية الحديثة، لضمان دقة أكبر في تمثيل الأصوات.

ونجح تحوير الحروف العربية/الفارسية وفق التزام صارم بالقواعد الفونولوجية السورانية بالحصول على دقة أكبر في تمثيل الصوتيات مقارنةً بالعربية ذاتها. إلاّ إن تحقيق هذه الدرجة العالية من التطابق بين صوت المفردة وشكلها المرئي (الخطي) ترك آثاراً سلبية على اللغة الكردية، فبسبب إختلاف النطق بين اللهجات وتباين الخصائص الفونولوجية في المناطق الجغرافية المختلفة، عمل هذا التطابق الشفاف تقييد النظام الرسمي بلهجة معينة ومنطقة جغرافية صغيرة بدلاً من تعميمه ليكون نموذجًا مشتركًا شاملاً قادراً على إستيعاب جميع أشكال النطق في اللهجات والمناطق الجغرافية الأخرى. ولهذا إرتبطت الكتابة السورانية بمدينة السليمانية أكثر من غيرها، ليس لأن لهجتها هي المعيار في النظام الاملائي، وانما بسبب دقة الاملاء في تمثيل الصوتيات بشكل متطابق مما لا يسمح باستيعاب اللهجات المختلفة الأخرى. الأمر الذي حرم الناطقين بتلك اللهجات من التعامل معه بشكل مناسب. ومع توسع وسائل الإعلام وزيادة التفاعل مع أشكال النطق المختلفة، أصبح هذا التحديد الجغرافي أكثر وضوحاً وتمييزاً.

ولا تمثل الكتابة الناقصة ضعفاً في النظام الاملائي، فهي شائعة ومتبعة في أغلب اللغات حول العالم بما فيها العربية والإنجليزية. وسبب شيوعها هو صعوبة تخصيص عدد كاف من الحروف يعادل جميع الفونيمات والأليفونات (أطياف الأصوات) التي تستجد في أي لغة، مما جعلها تمثل حلاً مقبولاً لكتابة الصوتيات النادرة. تقدم الكتابة الناقصة هذا الحل عبر طريقتين رئيسيتين هما:

الأولى: استخدام حرف واحد لتمثيل أكثر من صوت، كما هو الحال في اللغة العربية، فبسبب عدم وجود الفونيم /g/ لم يتم تخصيص حرف يشير له، فتتم استعارة "غ" أو "ج" كبديل. وكذلك يتم التعبير عن الصوت /v/ في الفارسية باستخدام الحرف "و".

الثانية: الجمع بين أكثر من حرف لتكوين رمز (غرافيم ثنائي) للتعبير عن صوت معين، مثل الاتفاق على استخدام "gh" للدلالة على صوت الغين في الإنجليزية، أو "дж" لصوت الجيم في الروسية.

وباستلهام تجارب اللغات الأكثر انتشاراً، يمكن تطويع **الكتابة الناقصة** في صياغة املاء المفردات التي تتباين صوتياتها بين اللهجات الكردية. إذ يمكن توظيف أي من الطريقتين لتوحيد الإملاء في المفردات ذات التحور المنتظم مثل "ئاو/ئاڤ"، "سێو/سێڤ"، "نیو/نیڤ" عن طريق الجمع بين الصوتين /w/ و /v/ بحرف واحد. أي إن إضافة عمق أورثوغرافي بهذا الشكل من شأنه أن يوسع إملاء المفردة لتقبُّل النطق بأكثر من نطاق صوتي واحد ويقلل من إعتماد الفصحى الموحدة على الخصوصيات الفونولوجية لبقعة محلية محددة. أي إمكانية إستيعاب التنوع الصوتي في اللهجات، أن تجعل الإملاء قابلاً لتمثيل الكلمة بشكل موحد على إختلاف أشكال تلفظها. وقد نجحت اللغة العربية بتوظيف الكتابة الناقصة في لم شمل لهجاتها وذلك بتجاهل كتابة أصوات العلة القصيرة والإستعاضة عنها بالحركات (أصبحت مهملة في الكتابة العربية الحديثة). فلو أخذنا كلمة "بيت" على سبيل المثال، نجد إن الإملاء يتعمد إهمال الصوت /e/ وعدم اعتباره حرفاً مستقلاً وانما الاستعاضة عنه بالفتحة على حرف الباء. وساهم ذلك في المحافظة على وحدة التهجئة وإستيعاب النطق المختلف في اللهجات المختلفة مثل اللبنانية والعراقية والمصرية، دون التسبب في ظهور أكثر من شكل إملائي محلي (راجع 6.2.2 ديمومة المعجم). في المقابل، لا تستطيع أنظمة التهجئة الكردية الحديثة إستيعاب هذا التنوع بسبب شفافية الإملاء وتقيده الصارم بالصوتيات، وهذه الشفافية هي إحد عوامل تقويض الوحدة اللغوية.

إن التركيز على الشفافية – تطابق الصوت والإملاء - يناسب اللغات الفقيرة بالتنوع اللهجوي أكثر من اللغة الغنية بها. لذلك، فإن النموذج العربي والعبري، المشابه لإسلوب الكتابة البهلوية، بإستخدامه **للكتابة الناقصة** يوفر شكل مناسب للغة الكردية، بإعتبراها غنية باللهجات، هو خيار أفضل من شفافية النموذج التركي التي تتبعه كل من السورانية والكرمانجية اليوم.

9.2.4 الكتابة العميقة

يشير مصطلح الكتابة العميقة (Deep Orthography) الى التحرر من قيود التطابق بين صوت المفردة وإملائها، والتركيز على شكلها الصوري أكثر من صوتها. أي عدم تطابق الاملاء مع صوت المفردة. هناك لغات تتميز أنظمتها الكتابية بعمق أكبر من غيرها، ففي الفرنسية مثلاً غالباً ما نرى الإملاء مختلفاً عن النطق على شاكلة المفردة "corps" (الجسد) التي تُلفَظ /kɔʁ/؛ وكذلك في الإنجليزية على غرار إملاء كلمة "Ball" /bɔːl/ بدون إستخدام الحرف "O" لتمثيل الصوت /ɔ/.

تتيح الكتابة العميقة لبعض الحروف أن تمثل مجموعة أوسع من الأصوات (الألوفونات)، وحتى استيعاب الفونيمات التي تختلف عبر اللهجات. على سبيل المثال، يمكن لحرف واحد أن يحل محل صوتي /v/ و/w/ لتسهيل توحيد تهجئة الكلمات (بالكورمانجية والسورانية) مثل "Av/Aw"، "Nav/Naw"، و"Slav/Slaw"؛ مما يعني استخدام حرف واحد فريد ليحل محلهما ويحافظ بذلك على الوحدة المعجمية للمفردة. ومن اللغويين الذين تبنوا إسلوب الكتابة العميقة هو العالم الروسي إليعازر بن يهودا الذي وضع النظام الكتابي الحديث في اللغة العبرية في أواخر القرن التاسع عشر.

على العكس من ذلك، فإن الكتابة الضحلة، المستخدمة في اللغة الكردية اليوم، تميل الى تطابق صارم بين الأملاء وصوت المفردة؛ فإن لغات مثل الإنجليزية، الفرنسية، العربية الحديثة (بدون الحركات)، الصينية، الهولندية، وغيرها تعتمد أنظمة عميقة ومعقدة وغير منتظمة إلى حد كبير، حيث لا يمكن التنبؤ بالأصوات من مجرد التهجئة.

9.2.5 المعجم الموحد

يُعتبر المعجم اللغوي هو المرجعية الرسمية لمفردات اللغة، ومن خلاله يتم تقييم تهجئتها إذا كانت صحيحة او خاطئة. وبسبب الازدواجية اللهجية في

الكردية، تفتقد اللغة لهذا المرجع ومكانته المعيارية. لهذا، فإن تحقيق الوحدة يتطلب اعتماد معجم واحد، مشترك، يضم جميع المفردات المنطوقة بمختلف اللهجات، بغض النظر عن تباين الأبجدية المعتمدة، سواء كانت السورانية أو اللاتينية، أو حتى استلهام التراث الكردي القديم عبر تحديث "خط الكتاب" البهلوي الساساني. فعلى سبيل المثال، عند إدراج كلمة (ماء)، يمكن أن تظهر في القاموس اللاتيني بمدخلين هما "Aw" و"Av"، باعتبارهما مترادفين معيارياً، مما يتيح للكاتب حرية اختيار الشكل الإملائي الذي يفضّله دون أن يضفي على النص صبغة لهجوية. وبالمثل، يمكن أن تُدرج المفردتان "ئاف" و"ئاو" جنبًا إلى جنب في القاموس المعتمِد على الخط السوراني، مما يعزز مرونة الاستخدام دون المساس بوحدة اللغة. بهذه الطريقة، يصبح النظام الاملائي أكثر شمولية ومستوعبًا للتباينات الصوتية دون أن يُقيّد التعبير الرسمي بمنطقة معينة أو يفرض ظهور قواميس تختلف على أسس محلية.

تمنح هذه الشمولية المعجمية الكاتب حرية اختيار الإملاء الأنسب دون الإخلال بمعايير الفصحى الموحدة. وبذلك، يمكن لوثيقة مكتوبة بالخط اللاتيني أن تستخدم "Av" أو "Aw"، تمامًا كما يمكن لوثيقة أخرى مكتوبة بالخط السوراني أن تعتمد "ئاف" أو "ئاو" دون تمييز، على أن يُعتمد كلا القاموسين كمراجع رسمية في التواصل اللغوي. يكرس هذا النهج مبدأ المساواة بين اللهجات، فلا يمنح الأفضلية لـ "Av" على "Aw"، أو لـ "Çima" (لماذا) على "Boçi"، أو لـ "Balafirgeh" (مطار) على "Frokexane"، في القاموس المكتوب بالنظام الكرمانجي. بل تُعامل جميع المفردات بمعيار واحد من الاعتبار. وبالمثل، لا يكون هناك تفاضل بين "ئاو"، "بۆچی"، و"فرۆكەخانە" مقابل "ئاف"، "چما"، و"باڵافرگە" ضمن القاموس السوراني، مما يعزز حيادية الفصحى ويضمن تمثيلها العادل لكافة أشكال النطق.

9.2.5.1 اختيار النظام

لا يتطلب إرساء الوحدة المعجمية بالضرورة الاقتصار على نظام كتابي واحد، وإنما بالامكان اعتماد أكثر من نظام كما هو متبع في عدد من اللغات الشائعة. الإ ان الاعتماد على نظام واحد يمثل خطوة إيجابية على طريق الوحدة اللغوية

الكاملة. وإختيار النظام الأكثر توافقًا مع خصوصيات اللغة الكردية، سواء كان اللاتيني، العربي، أو استلهام الخط البهلوي التاريخي، يتطلب دراسة ليس فقط لهيكلية اللغة الكردية وانما للواقع السياسي والاجتماعي الراهن. وإزاء هذا تنقسم الآراء حول النظام الأفضل بين الأنظمة المطروحة، فيرى المؤيدون لتوظيف النظام اللاتيني بأنه يتمتع بمزايا، أبرزها:

1. انتشاره الواسع بين غالبية الناطقين بالكردية، فضلاً عن اعتماده رسميًا في سوريا، سواء في مناطق روجافا أو بين الكرد المقيمين خارجها.

2. كونه الأكثر استخدامًا في اللغات العالمية الكبرى، مما يسهّل اكتساب اللغات الغربية والولوج إلى مصادر العلوم الحديثة.

3. اعتماده في معظم اللغات ذات الجذر الهندو-أوروبي، مما يوفر نماذج لمعالجة فونتيكية أقرب إلى الصوتيات الكردية مقارنةً باللغات السامية المجاورة.

4. احتواؤه على مجموعة واسعة من العلامات والتشكيلات التي تُضاف فوق أو تحت الحروف، مما يحقق دقة أكبر في ترميز الفوارق الصوتية.

5. امتلاكه عددًا كافيًا من حروف العلة، إضافةً إلى الثنائية الصوتية (Diphthongs)، مما يسهم في تمثيل أصوات اللغة بوضوح أكبر.

6. وفرة المصادر المكتوبة، نظرًا لأن أوائل الباحثين في الكردية كانوا من اللغويين الأوروبيين الذين درسوا الأصوات الكردية ووثقوا مفرداتها باستخدام الأبجدية اللاتينية.

7. عدم نجاح الخط العربي، رغم استخدامه تقليديًا، في أن يتحول إلى نظام رسمي للكردية، رغم اعتماده في أول صحيفة كردية "كردستان" عام 1898.

8. إسهامه في تقليل التأثير السياسي العربي المفروض عبر التداخلات الدينية واللغوية، والتخفيف من تأثير عمليات التعريب والتفريس التي أضعفت الكردية، مما يعيد لها مكانتها في التنافس مع اللغات المجاورة.

بمقابل ذلك يقدم المؤيدون لإستخدام الخط العربي مجموعة من الآراء المغايرة ولعل أبرزها هي كونه:

1. خطًا طقسيًا، يحظى بمكانة القداسة بين المسلمين، فهو الذي تم إستخدامه في مراحل سبقت تبني الخط اللاتيني.

2. مُعتمَد رسمياً في العراق، إيران، وسوريا، حيث تقيم الأغلبية من الناطقين بالكردية، ويُسهِل عملية التواصل مع مراكز القرار فيها.

3. الأكثر إنتشاراً في الشرق الأوسط وهو الوسيط الأفضل للتواصل الثقافي مع شعوب المنطقة ويساعد على تسهيل حركة السياحة وتنشيط الاقتصاد الكردستاني.

4. الخط المعتمد رسميًا في الاتصالات الإدارية، وتُحرر فيه المراسلات بين الدوائر المحلية والحكومات المركزية في ثلاث من الدول الأربع التي تتقاسم جغرافيا كردستان، ولذلك فإن الإلمام به يبقى مطلوباً في كل الأحوال.

بالإضافة الى ذلك يُعتبَر النظام البهلوي هو الخيار الثالث المطروح لأنه يمتلك ميزة المرونة حيث يوفر حرية صياغة الحروف وتطويرها بالشكل المناسب لكونها لم ترتبط بعد بالأصوات في الذاكرة الجمعية. وأهمية هذا النظام هو ليس لأنه مايزال بكراً وقابلاً للتطويع فحسب، وإنما لأن الخط البهلوي قادر على التحول الى رمز قومي بمنزلة علم كردستان وعيد نوروز.

عملية الصياغة المعجمية

يقسم علم المعجميات العمل في هذا المجال الى فرعين منفصلين عن بعضهما، او فريقين يؤدي كل منهما دوراً مختلفاً عن الاخر، الأول يمثله ما يُطلق عليهم فريق المعجميون العمليون (Practical Lexicographers) ويعمل على صياغة شكل موحد من المورفيمات مرتبة حسب جذر المفردة وتوضع تحتها التصريفات والإشتقات التي تقع ضمنها. أما الفريق الثاني فيميل الى التركيز على

معاني المفردة ويطلق عليهم تسمية المعجميون النظريون (Theoretical Lexicographers)، وهم الذين يصنفون المحتوى الدلالي والإملائي ويقترحون جملًا نموذجية للتراكيب الجديدة، على شكل أمثلة لتبسيط فهم المعاني. وهذا التناغم بين عمل الفريقين، العمليين والنظريين، يثمر عن ظهور معجم رصين، بأفضل وجه، يستحضر بدائل للمفردات الأجنبية المُعارة، ويتخلص من المرادفات الزائدة، ويوفر إمكانية صياغة مصطلحات جديدة.

9.2.5.2 مرادفات الجذر المشترك

مع نشوء اللهجات الكردية الحديثة وتشعبها والانزياح الصوتي الذي رافق صيرورتها، نجد من المفردات ما حافظت على أصالة لفظها، وتوزعت في جميع اللهجات بنفس النطق مثل "با" (الريح)، "كور" (الإبن)، و "برا" (الأخ). إلاّ إن هناك نسبة كبيرة منها تغيرت بشكل متباين بين لهجة وأخرى، وذلك بسبب:

- **إنزياح صوت العلة**: تتشعب المفردة الواحدة وتتحول تدريجياً الى كلمتين متشابهتين بفعل الإنزياح الذي يرافق أصوات العلة مثل:
  - الكرمانجية "ئاسومان" /ɑːsʊman/ والسورانية "ئاسمان" /ɑːsˈmaːn/ (السماء)
  - الكرمانجية "ژيان" /ʒɪˈjaːn/ والسورانية /ʒɪaːn/ (الحياة).
  - الكرمانجية "خوين" /xwɪːn/ والسورانية "خوێن /xwen/ (الدم).
- **إنزياح الحروف الساكنة**: ويظهر في إشتراك أكثر من كلمة بجذر واحد ولكن بصوت مختلف، مثل:
  - الكرمانجية "ستيرك" /stɪrərek/ والسورانية "ئەستێره" /ərestɪrəre/ (النجمة).
  - الكرمانجية "گرێ" /gɪre/ والسورانية "گرد" /gɪrd/ (التل).
  - الكرمانجية "نِمێژ" /nɪmɪəʒ/ والسورانية "نوێژ" /nɪwɪəʒ/ (الصلاة).

بالإضافة الى المرادفات المشتقة من جذر مشترك، هناك مفردات أُخرى لا ترتبط بجذر واحد ولكنها تشترك دلالياً مثل:

- الكرمانجية "Pirsegirêk" /pɪrsgeˈrɪek/ والسورانية "كێشە" /kɪəˈʃə/ (المشكلة).
- الكرمانجية "lebê" والسورانية "بەڵام" /bəˈlɑːm/ (لكن)
- الكرمانجية "çem" /tʃəm/ والسورانية "ڕووبار" /rʊːˈbɑr/ (النهر).

عملياً، يمكن توحيد مرادفات الجذر المشترك بمفردة واحدة سواء عن طريق استعادة شكلها الأصيل من القاموس البهلوي، أو بصياغة حديثة. أما المرادفات المختلفة الجذور فيمكن تفريقها عن طريق أجراء تحويرات دلالية في الفصحى الموحدة (على سبيل المثال يمكن تخصيص "كێشە" لمعنى "المعضلة" و "پرسگەڕێک" لـ "مشكلة"). وهذا التجريد في توظيف المرادفات، توخياً لبلوغ دقة دلالية أعمق، يجعل الكردية أكثر قابلية على نقل الفكرة العلمية والقانونية والإدارية. كما إن فصل المرادفات يزيد من رشاقة اللغة، لأن كثرة المرادفات المتطابقة المعنى لا يُعتبَر بأي حال غنى لغوي وإنما بمثابة ترهل وحشو معجي غير مجدي ويثقل اللغة ويصعب من عملية إكتسابها لا أكثر.

ومن الضروري إن يخضع تشذيب المرادفات، المشتركة وغير المشتركة الجذور، الى نقاش علمي حيادي وفقاً لمعايير مدروسة وبعيداً عن التعصب اللهجوي والمناطقي.

9.2.5.3 سعة المعجم الموحد

تبدأ المرحلة الأولى في بناء المعجم بتحديد مدى إنفتاحه على اللهجات المختلفة وشموليته للمرادفات المحلية، أي تحديد مسبق لمعيار إختيار المفردات. سواء تقرر له أن يضم جميع الكلمات من كل اللهجات على أختلافاتها الفونيتيكية كمرادفات معتمدة بشكل رسمي؛ أو تنقيتها حسب معايير معينة مثل سهولة اللفظ أو مدى الإنتشار. وتتراوح معايير إختيار سعة المعجم بين ثلاثة خيارات:

1. **المعجم الشامل**: يتضمن كافة المرادفات من جميع اللهجات (أو أكبر قدر منها)، على غرار إدراج المفردة الكرمانجية "Sêv" الى جانب السورانية "سێو"

(تفاحة)، كذلك "Dem" الى جانب "كات" (الوقت) مُعاملًا كل منهما كمدخل منفصل دون تفضيل مرادف على آخر في التواصل الرسمي. أي أن يمتاز القاموس الشامل بأولوية الصوتيات على التهجئة الإملائية معتبرا الاختلافات الصوتية في الجذر الواحد تمثل مفردات مختلفة.

2. **الإختيار المقنن**: يتم إختيار المفردات وفق ضوابط محددة على ضوء دراسة تضع معايير إختيار شكل صوتي واحد من المفردات المشتقة من جذر مشترك، مثل إختيار واحدة فقط من الكلمتين "Sêv" أو "سێو" وليس إعتمادهما مع بعض كما في المعجم الشامل. ويتم إنتخاب المفرد بناءاً على معايير تفضيل محددة مثل سهولة النطق، عمر المفردة، أصلها، او مساحة إنتشارها.

3. **المعجم العملي**: إعتماد توازن عملي، يراعي شمولية المعجم لغالبية المفردات من جميع اللهجات، من جهة؛ والتركيز على المرادف الأكثر شيوعاً، من جهة أُخرى. أي ضمان إحتواء اللهجات، قدر الإمكان، بدون التسبب بالترهل المعجمي. هذا يعني تحديد مدى إنفتاح المعجم في إدراج المفردات النادرة وذات النطاق الجغرافي المحدود، مع الحفاظ على رشاقته وعدم إتخامه بمدخلات غير مجدية دلالياً. ويوفر هذا الخيار الإنفتاح على أكبر مساحة لهجية مع الحصول على أفضل سلاسة في الإستخدام في الوقت نفسه.

9.3 كتابة الصوت

تمتلك القناة الصوتية لدى الإنسان قدرة استثنائية على إنتاج ما يقارب 800 صوت مميز، إلا أن هذا لا يعني أن كل لغة بشرية تستوعب كل هذا التنوع بالكامل، سواء من حيث النطق أو وجود نظام كتابي يمتلك من الحروف ما يمكن ان يغطي كل هذه المساحة من الصوتيات. فكل لغة تحتفظ بعدد محدود من الفونيمات وتختلف في كيفية تمثيلها كتابيًا مقارنةً باللغات الأخرى. كما أن التحولات الصوتية لا تقتصر على الفوارق بين اللغات، بل تشهد اللغة الواحدة تغيرات فونتيكية عبر الزمن، مدفوعة بعوامل بيئية وتاريخية تؤدي إلى اندثار بعض الفونيمات، تحوّر أخرى، وظهور أصوات جديدة في أنظمتها الصوتية.

فعلى سبيل المثال، عند تأمل تطور الصوتيات في اللغة الكردية، نجد أن طبيعة البيئة الجغرافية ــــوخاصة الحياة الجبلية الزاغروسية التي كانت تتطلب مجهودًا بدنيًا مكثفًا في الحياة اليومية ـــأثّرت في طريقة النطق، خصوصًا في التواصل عبر مسافات بعيدة نسبيًا. فالأصوات الانفجارية، مثل /b/ و /m/ و /n/، التي تتطلب إغلاق المجرى التنفسي، تؤدي إلى ضغط متزايد على الرئة، ما يدفع المتحدث إلى فتح مجرى التنفس للتخفيف من حدة إحتقان الزفير. ومع هذا التكيّف، تحوّل الفونيم الشفاهي /b/ والأنفي /m/ إلى /v/ أو /w/. ومع مرور الأجيال وتكرار هذه العادة الصوتية، ترسّخت الظاهرة بشكل أدى إلى تغييرات واضحة في نطق الكثير من الكلمات. ولم يقتصر التحور على الفونيمات المذكورة وإنما شمل تحول /z/ إلى /ʒ/ (الجيم الفرنسية)، واختفاء الصوت /d/ عندما يقع بين ساكنين أو في نهاية الكلمة، وأوضح مثال على ذلك هو تحول نطق "بغداد" إلى "بَغّا" في بعض المناطق. ويمكن تتبع هذه التغيرات الصوتية من خلال دراسة التطور الزمني (Diachronic Bias). في هذا السياق، توفر البهلوية مصدراً لتتبع أُصول المفردات، وذلك عبر مقارنة النطق فيها مع اللهجات الكردية المعاصرة، كما في تحول "شَبان" /ʃebˈɑːn/ (الراعي) إلى /ʃwˈɑːn/ و /ʃɪvˈɑːn/، ما يرفد المعجم الموحد بمرادفات أكثر أصالة، ويوسع الخيارات المطروحة امام المعجميين.

ولعل غربلة التنوعات الكردية المختلفة وصياغة نظام إملائي موحد تتطلب إنتهاج ستراتيجية لوكسغرافية تعتمد واحدة من الخيارات التالية:

1. **علامات التشكيل**: توظيف علامة محددة فوق أو تحت الحرف لإستيعاب التباين الصوتي، على سبيل المثال، باستخدام التيلدة (˜) فوق الحرف المعني، يمكن إعتماد المفردة في كل أشكالها الصوتية "Çaṽ" و"Çaw̃" و"Çem̃" في مدخل قاموسي واحد او منفصل. يساعد هذا أيضًا في تمييز الأسماء المتجانسة، مثل "Çem̃" و "Çem" (جناس خطي يعطي معنى "النهر" و"العين"). وهناك علامات كثيرة متوفرة ومستخدمة في الكثير من اللغات وبالامكان توظيف أي منها مثل الكارون (ˇ)، السكون (°)، النقطة تحت الحرف (.)، الفارزة (,)، أو الخط التحتي (_).

2. **إستخدام مُعدِّل مساعد**: يتم إختيار مُعدِّل صوتي وهو عبارة عن علامة أو حرف (مثل "ٱ") ليكون سابقًا أو لاحقاً للحرف المطلوب تعديله، بحيث يمكن كتابة كلمة "عين" على سبيل المثال بأي من الصيغ الثلاث "Çaĭv" و"Çaĭw" و"Çeĭm" للإشارة الى ذات المعنى مما يسمح للكاتب باختيار التهجئة والتلفظ بناءً على لهجته المفضلة مع الإحتفاظ بالمعنى الموحد للمفردة. مثال على ذلك هو المعدلات الروسية "Ъ" و"Ь" و"Ы"، التي تغير نطق الحرف الساكن السابق أو حرف العلة اللاحق.

3. **حرف جديد**: إدخال حرف جديد لتمثيل كل من الأصوات /v/، /w/، و /m/ في الكلمات المتشابهة. على سبيل المثال، إنتخاب "ʌ" لتوحيد "Çav" و"Çaw" و"Çam" في شكل مكتوب واحد "Çaʌ". ومثال ذلك إستخدام الحرف "و" في الفارسية لتمثيل /w/ و /v/ في نفس الوقت؛ كما في كلمة "جوان" (الشاب) التي تُنطَق /dʒeˈvɑːn/ في أفغانستان و /dʒeˈwɑːn/ في إيران.

ويوفر النظام الإملائي حرية إنتخاب الصياغة المناسبة بغض النظر عن الأبجدية إذا كانت لاتينية أو سورانية أو بهلوية.

9.3.1 توازن اللفظ والإملاء

يُعرَف كل من النظامين الكتابيين في الكردية بدرجته العالية من الشفافية بحيث يكاد يتطابق الإملاء مع نطق الكلمة، إلاّ إن مشكلة هذه الدقة في تمثيل الأصوات هي إنها لا تناسب اللغات ذات اللهجات المتعددة والعادات النطقية المتباينة أو التي تفتقر الى معيارية فصحى موحدة كاللغة الكردية؛ وإنما تناسب اللغات المتجانسة، قليلة اللهجات، والتي تتميز بدرجة عالية من الفهم المتبادل بين ناطقيها. ونظرًا لكون الكردية لغة غنية بالتنوعات اللهجية وتنتشر على جغرافياً واسعة وصعبة التضاريس، ومقسمة دولياً وإثنياً، وتفتقر الى حكومة موحدة تستطيع فرض لهجة محلية على باقي الناطقين باللغة، فإن الإملاء فيها يتطلب إعتماد درجة كافية من الغموض (العمق الاورثوغرافي) تسمح للناطقين باللهجات المختلفة أن تعكس طريقة نطقهم أيضاً.

يمتاز نظام الكتابة الشفاف، الذي يتطابق فيه الإملاء مع اللفظ الشائع للمفردة بأنه يرتبط بلهجة معينه أكثر من غيرها ويجعل الناطقين باللهجات الأُخرى أقل تفاعلاً مع التهجئة المعتمدة معجمياً. على النقيض من ذلك، يسمح الإملاء الذي يتجنب الشفافية (النظام العميق) بتغطية نطاق صوتي أوسع، فيمكن لغرافيم واحد (حرف أو أكثر) تمثيل تدرجات متعددة من الطيف في الصوت الواحد أو حتى فونيمات مختلفة مما يسمح بدمج اللهجات بنظام كتابة موحد وشامل، يستوعب تباين اللفظ في المحكيات المحلية. وتأكيداً على إن اللغة متعددة اللهجات ذات القدرة المنخفضة في التفاهم بين لهجاتها تحتاج عمقاً في النظام الإملائي وليس إعتماد الشفافية، نتناول العربية الفصحى على سبيل المثال، فهي ليست مرتبطة بأي لهجة منطوقة بعينها بل تحافظ على تميزها الفوقي مما يعني إن نظامها الكتابي على درجة من العمق بحيث لا يطابق اللفظ مع أي من اللهجات المحكية. لذلك فإن العمق الأملائي الذي نراه من خلال تجاهل حروف العلة القصيرة في الكتابة (الإستعاضة عنها بالحركات) يتيح لقراء النص العربي إختيار أقرب صوت مناسب. لنأخذ على سبيل المثال الكلمة العربية "دَوْر" /deör/، فإهمال كتابة الفتحة على حرف الدال، والإكتفاء بترميز ثلاثة حروف هي /d/، /w/، و /r/ يعطي إملاء هذه الكلمة القدرة على تغطية طيف من الأصوات مما يُمكِّن الناطقين من مناطق مختلفة من تلفظها بشكل مختلف مع الإحتفاظ بصورتها الأملائية الواحدة؛ ففي بلدان الخليج تُلفَظ على شكل /dɔr/، وفي مصر /du:r/، وفي لبنان /daör/. وهنا تساهم وحدة إملائها بحفظ الشكل البصري رغم تعدد طرق تلفظها. أي إن ترك مساحة من الصوت خارج التغطية الإملائية، وإهمال كتابة أصوات العلة القصيرة، يمنح القدرة على إحتواء تباين العادات اللغوية، ويعزز وحدة اللغة.

على النقيض من العربية، تمت صياغة الإملاء السوراني بشكل صارم وبتركيز على نطق مخارج الحروف بحيث يتعمد التمييز بين الصوت 'ۆ' /ɔ/ والواو القصيرة 'و' /u/ والطويلة 'وو' /u:/ على خلاف كل اللغات الأُخرى التي تستخدم الخط العربي ومشتقاته. ولا يتوقف التمييز على حروف العلة وإنما يشمل الحروف الساكنة، فيتم التفريق في الإملاء بين اللام المخففة "ل" /l/ واللام المضخمة 'ڵ' /ɫ/؛ بين الراء الخفيفة 'ر' /ɹ/ والمضخمة "ڕ" /r/. والجانب السلبي

في هذه المبالغة بالشفافية وتعميم النطق الشائع في السليمانية يزيد من صعوبة الاملاء عند الناطقين باللكنات واللهجات الأُخرى.

بالإضافة الى محدوديته الجغرافية، فإن النظام الشفاف لا يستطيع إستيعاب التغيرات الصوتية التي تستجد بمرور الزمن، مما يزيد من الفجوة بين الأصوات والحروف لاحقًا، وبالتالي يفقد شفافيته عند الأجيال المتأخرة، ولعل ما نلاحظه من إختلاف بين اللفظ والتهجي في بعض اللغات الأوربية كالانجليزية والفرنسية يوضح تأثير التغيرات الزمنية عبر القرون وذلك التضاؤل التدريجي في درجة الشفافية. أي إن كل من النظامين السوراني والكرمانجي سيفقد التطابق بين اللفظ والتهجي (الشفافية) ويكتسب عمقاً أكبر مع الزمن. وبما إن شفافية النظامين الآن تعزز الإنقسام اللغوي في الكردية، وإنها في نهاية المطاف ستختفي بشكل تدريجي، فلماذا لا يتم تبني العمق الكتابي من الآن ودمج النظامين بشكل يحاكي أستخدام العربية والعبرية الحديثة وتخفيف التطابق المبالغ فيه بين الصوت والأملاء؟

ولعل من أفضل الأمثلة العالمية على نجاح العمق الاورثوغرافي هو دراسة الخط العبري وما قدمه المعجمي الروسي (أبو اللغة العبرية الحديثة) إليعازر بن يهودا، إذ عمد الى عدم إستخدام حروف العلة القصيرة، تماماً كما في العربية، وفضَّل توظيف علامات التشكيل (Niqqud) بدلاً عنها. وعلى الرغم من إهمال "النقود" في الكتابة الحديثة (مشابه لتجاهل الحركات في طباعة العربية الحديثة)، إلا أنها تؤدي غرضاً مهماً كونها جاهزة للإستخدام عند الحاجة لها، كما في تعليم النطق الصحيح للأطفال في السنوات الدراسية الأولى، أو في تعليم اللغة للأجانب والمهاجرين الجدد. وهكذا، تحتفظ العبرية بنظام إملائي يجمع بين خاصيتين متعارضتين في الوقت نفسه، وهما:

الغموض: من ميزات النظام الكتابي العميق، ويستخدم للتواصل اليومي في الصحافة والمكاتبات الرسمية.

الوضوح: عند الحاجة الى مطابقة الكتابة مع النطق تستخدم الحركات "النقود" في العبرية، والحركات في العربية، لتوضيح اللفظ بدقة.

9.4 النحو

إن الإكتفاء بدمج المفردات وتوحيدها في معجم شامل وإهمال توحيد الضوابط النحوية لا يعني إنجاز المهمة، فالوحدة المعجمية هي إحدى العوامل الأساسية ولكنها لا تحقق لوحدها فصحى كردية شاملة موحدة. فهناك لغات منفصلة عن بعضها تماماً رغم إنها تشترك بغالبية المفردات. تشير قاعدة بيانات إيثنولوج (ethnologue.com) الى إن اللغة الأسبانية تشترك مع الإيطالية بنسبة 82% من المفردات، ومع الكتالونية 85%، وترتفع مع البرتغالية الى 89%؛ ولكن رغم تشابه المفردات إلاّ إن القابلية للفهم المتبادل مع البرتغالية تُقدر فقط بين 50% و60%. (*) وهذا يشير الى حقيقة إن التشارك المعجمي لا يحقق وحدة لغوية، وإنما هنالك ثمة عوامل أُخرى تتفوق عليه في تأثيرها، وتساعد على رفع قابلية التفاهم بين التنوعات اللغوية، مثل العناصر النحوية والثقافية والاجتماعية-اللغوية. (†) فالمعنى الكامن في الجملة يتطلب أكثر من مجرد قائمة كلمات، بل بحاجة أيضاً الى ضبط قواعد نحوية مثل التركيب والتصريف. إن المفردة بحد ذاتها، وبدون سياق متكامل داخل الجملة هي مفهوم تجريدي صرف، وتعجز عن الإيفاء بالمعنى الكامل. لو أخذنا كلمة مثل "سيارة"، فهي فكرة عامة لا تعطي بذاتها معلومة معينة؛ لا تحدد عن أي سيارة تتحدث الجملة، وفضلاً عن ذلك فهي لا تقدم أيضاً أية معلومة حولها من مثل "ما حجمها؟"، أو "ما لونها؟"، "متى وجدت؟"، "أين؟"، الخ. الكلمة بحد ذاتها لا تخبر المتلقي بأي سياق ولا أي حدث. المعنى يكمن في القواعد النحوية التي تربط المفردات (الافكار) مع بعض وليس بكل كلمة على إنفراد. النحو، حسب فرديناند دوسوسير، هو الدليل الذي يستنبط المعنى من الكلمات رغم إختلاف ضوابطه بين لغة وأُخرى. (De Saussure, 1959, p. 118) ونظرًا لأن هذه القواعد تتشكل بدون قانونين محددة، فهناك

---

* Jensen, John B. “On the Mutual Intelligibility of Spanish and Portuguese.” Hispania 72, no. 4 (Dec. 1989): 848–52. <https://doi.org/10.2307/343562>

† Jung, M-Y. “The Intelligibility and Comprehensibility of World Englishes to Non-Native Speakers”, Journal of Pan-Pacific Association of Applied Linguistics, 2010, 14(2), 141-163.

دائمًا فرصة للغويين للمشاركة في تعديلها وتنظيمها وإضافة صياغات جديدة وحذف أُخرى تبعاً لمتطلبات التواصل اللغوي. وبالنتيجة فإن صياغة ضوابط نحوية جديدة للغة الكردية وتعديل بعض الأنماط المستخدمة اليوم، وتوحيدها في قالب واحد هو هدف ليس من الصعب إنجازه.

9.4.1 التركيب النحوي

التركيب (ترتيب أولوية الكلمات) هو دليل اللغة الخاص الذي يقدم المعنى من خلال تسلسل الكلمات في بنية الجملة، وبالتحديد موضع كل من العناصر الرئيسية الثلاثة: الفاعل، الفعل، والمفعول به، بالإضافة إلى الظروف والصفات وحروف الجر. وتختلف اللغات (وأحياناً اللهجات) في ترتيب هذه العناصر، فلكل نوع لغوي له ترتيبه الخاص المُتَعارَف عليه والذي يتميز به عن اللغات واللهجات الأخرى. وطبقاً لما هو متبع في علوم اللسانيات، يُرمَز للفاعل بالحرف (S) إختصاراً لـ (Subject)، وللفعل بـ (V) من (Verb)، والمفعول به بالحرف (O) من (Object). ولنأخذ ترتيب العناصر في اللغات التالية كمثال على تباين التركيب بين لغة وأُخرى:

- **الإنجليزية** (SVO): يقع الفاعل في بداية الجملة، ثم الفعل، ويليهما المفعول به، أي إن الترتيب يكون (SVO) كما في "He calls you". يقع الفاعل 'He' قبل الفعل 'calls'، والذي يأتي بدوره قبل المفعول به 'you'.

- **الإسبانية** (SOV): كما في "El te llama"، يأتي الفاعل 'El' (هو) أولاً، يليه المفعول به 'te' (أنت)، ثم يأتي الفعل 'llama' آخرًا. يُلاحظ هذا الترتيب أيضًا في اليابانية والفارسية.

- **العربية** (VSO) و(SVO): كلا الترتيبين التركيبين مسموح بهما، كما يتضح في "هو يناديك" و"ينادي هو عليك".

بالإضافة إلى أنواع الترتيب أعلاه، تتبع بعض اللغات ضوابط مختلفة أُخرى مثل VOS وOVS وOSV. أما اللغة الكردية، بنحوها المتبع حالياً فيختلف ترتيب الجملة حسب اللهجات. لنأخذ نفس الجملة "هو ينادي عليك" على سبيل المثال:

- **الكرمانجية**: "SVO" Ew gazî te dike (هو -> ينادي -> أنت).

- **السورانية**: "VOS" "بانگت دەکات" (ينادي -> أنت -> هو).

- **الزازائية**: "SOV" O to rê beno (هو -> أنت -> ينادي).

وقد يخلق هذ التفاوت الإعرابي بين اللهجات الكردية غموضاً يكتنف، وأحياناً يغير المعنى، حتى إنه يتسبب في بعض الصياغات بإختلافات دلالية تعكس معنى النص كلياً، فيتحول الفاعل الى مفعول به، وبالعكس.

وإذا كان التواصل الشفوي يوفر حرية للفرد في إختيار السياق، لأنه يوظف مؤثرات صوتية وبصرية، مثل التنغيم والإيماءات وكذلك مرونة العادات اللغوية المحلية التي تساعد على إيصال المعنى بجهد أقل؛ فإن التواصل الخطي يفتقر الى هذه المؤثرات ولا يمكن ضبط المعنى فيه الا عبر قواعد نحوية وضوابط إعراب موحدة. لهذا، ونظرًا للتباين الملحوظ في ترتيب الكلمات داخل الجملة الكردية، ذلك الذي يعكس تنوعها العامي بالأساس، فإن توحيد اللغة الكردية الفصحى يتعدى كثيراً مجرد الوحدة المعجمية؛ بل هناك حاجلة الى تنقية المعايير النحوية أيضاً وتوحيدها. خصوصاً في التركيز على ترتيب عناصر الجملة.

9.4.2 الأزمنة

تُصنف الأزمنة النحوية الاحداث نسبة الى اللحظة الراهنة (الحاضر) فما قبلها هو ماضٍ وما بعدها مستقبل. وتعالج القواعد هذا التميز الزمني من خلال الصرف كإستخدام اللاحقة الإنجليزي "ed" للإشارة الى الفعل الماضي، وبتقديم "will" من إجل إعتباره فعل مستقبلي. إلاّ إن تحديد الزمن يصبح أكثر تعقيدا عندما تكون النقطة الزمنية المعيارية هي ليست اللحظة الراهنة وانما مقطع زماني آخر قد

يكون في الماضي، أو في المستقبل. وهنا تختلف اللغات عن بعضها في دقة تحديد زمن وقوع الحدث، فتتطلب صياغة الجملة دقة أكبر وتعقيداً أكثر. على سبيل المثال، لو أخذنا حدثاً وقع في الماضي، فإن ما كان واقعاً قبله يعتبر ماضٍ لذلك الحدث الماضي، وما يحدث بعده مباشرة يُعتبَر مستقبلاً بالنسبة له، إلاّ إنه يبقى أيضاً ضمن الماضي. لنأخذ المثل التالي: عند الحديث عن سفرتي السابقة الى باريس، فإن لحظة ركوبي في السيارة (ماضٍ) كنت قبلها قد ودعت الأهل (ماضٍ لذلك الماضي) وبعد ذلك وصلت الى مقصدي (مستقبل بالنسبة لتلك اللحظة) الا إنه يبقى جزءاً من الماضي. وبالمثل، وعند تناول حدث من المتوقع ان يقع مستقبلاً، فهناك زمن مستقبلي لكنه يعتبر ماض بالنسبة لحدث مستقبلي أخر يليه.

ونظرًا لأن الزمن هو مفهوم موضوعي مستقل عن اللغة، قد يتوقع المرء عددًا موحدًا من الأزمنة أو نمطًا شائعًا عبر جميع اللغات، إلاّ إن اللغات في الحقيقة تختلف في دقة صياغتها، وعدد الأزمنة التي تتبعها. فمنها ما لا تشير أساساً إلى الزمن من خلال معايير نحوية مثل الماليزية، البورمية، وبعض التنوعات الصينية؛ وهناك ما تعتمد زمنين فقط هما الماضي وغير الماضي (المضارع) مثل العربية، بينما تستخدم الكردية (السورانية) خمسة أزمنة، والألمانية ستة، والفرنسية ثمانية، والفارسية تسعة، والإنجليزية اثني عشر، والإسبانية ستة عشر زمناً.

إن هذا التنوع بين اللغات يعني عدم خضوع النحو لقوانين عالمية خارجة عن اللغة، بل هو تصور من داخل اللغة، وإن هناك إمكانية لتطويره في التعبير عن الزمن بشكل أدق وأكثر تفصيلاً. ولكون الدقة تتسبب بتعقيد القواعد النحوية وتشعبها وبالنتيجة صعوبة أكبر بالتعليم والإجادة، فإن على المتخصص باللسانيات، الذي يعمل في توحيد القواعد وتطويرها الإنتباه الى التوازن بين الدقة المطلوبة من ناحية وسهولة القواعد المقترحة من ناحية ثانية؛ خصوصاً وإن تعميم القواعد الكردية الموحدة بدون الإستناد على سلطة تنفيذية يعتبر عملية شاقة وتتطلب جهود مضاعفة لنشرها بين الناطقين.

9.5 الدلالة

عند سماعنا لكلمة "شجرة"، فإن المعنى الأكثر شيوعًا الذي يتبادر الى اذهاننا هو مفهوم الشجرة، الكائن الخشبي المنتشر حولنا في الحدائق. إلاّ إن هذا هو مجرد معنى مباشر (مفهومي) للمفردة، يعبر عن جوهر الشجرة كمفهوم متخيل يتبادر للذهن للوهلة الأولى، ويسميه جورج يول (Conceptual Meaning) أي المعنى المفهومي. (Yule, G., 1985, p. 120)

إلاّ إن المفردة، كل مفردة، لا تكتفي بمعنى واحد بل تتعداه الى دلالات أخرى متعددة تظهر على شكل معانٍ إرتباطية، فالشجرة مثلاً بما تظهره من متانة جذعها تعني لنا الصلابة وبأرتفاعها تصور الشموخ لتجسيد مثابرة الإنسان كما رمز لها الشاعر الأسباني اليخاندرو كاسونا في مسرحيته "الأشجار تموت واقفة" عام 1949؛ وأما تفرع أغصانها فيشبه تشعب العوائل وتوسعها عبر الزمن وبذلك أنتجت عبارات مثل "داری بنەماله" و "شجرة العائلة" و(Family Tree)؛ بالإضافة الى ذلك فهي بثمارها وخضرتها إرتبطت معنوياً بالخصوبة والإستدامة وأُتُّخِذَت رمزاً للأعياد في العديد من الثقافات. ويطلق جورج يول على هذه المعاني غير المباشرة والمرتبطة بالمفردة على شكل إنعكاس دلالي مصطلح المعنى الإرتباطي (Associative Meanings).

ويتعامل المعجم مع كل من هذين المعنيين، المفهومي والإرتباطي بشكل مختلف، فالأول يتطلب تعريفًا واضحًا وموحدًا قياسيًا في قاموس مُعتمَد بشكل رسمي. بينما تتأثر المعاني الإرتباطية بعوامل خارجية كأن تكون بيئية، أو شخصية، أو سياقية.

إن صياغة تعريف علمي دقيق لكل مفردة (دلالة المفهوم) في المعجم تجعل اللغة أكثر قدرة على التعبير، بينما على العكس، فإن غياب التعريف (غموض الدلالة) يترك المفردات عرضة للتأثر بمعنى من المعاني الإرتباطية، ويسبب غموض في النص والإعتماد على التفاسير، مما يعرض المعنى للمزاجية في بعض الجمل، كما يُسهّل تمرير المغالطات المنطقية، وأحياناً يتم تفسير النصوص القانونية أو الدينية المقدسة بأشكال غير واقعية لصالح جهة ضد أخرى.

غير هذا، يمكن للمعاني الإرتباطية أن تشوه دلالات المفردة وتقوم بتغييرها عبر التداول على فترة طويلة من الزمن، لنأخذ كلمة "رقبة" كمثال، فهذه المفردة إرتبطت مثلها مثل كلمة "الكتف" بمشاعر المسؤولية الفردية، كأن يُقال "في عنقي" للإيحاء بمسؤوليتي، وفي نفس الوقت "أحمل المسؤولية على كتفي". لذلك، فالإفتقار الى تعريف واضح وصريح لها ساهم في زحف دلالي من "مل" /mɪlˈ/ في السورانية بمعني الرقبة، الى "Mil" في الكرمانجية بمعنى الكتف.

وساهم هذا التداخل بين المعنيين، المفهومي والإرتباطي في صياغة الكثير من المعاني في اللغة الكردية، فالمفردة البهلوية "كشور" كانت في فترة ما قبل ظهور الكردية والفارسية تعني الإقليم الواسع، البلاد الشاسعة، والقارّة "في المصطلح الجغرافي الحديث" (MacKenzie, 1971) وبينما إحتفظت في الكردية بمعناها كـ "قارة"، نراها تحورت في الفارسية لتعني "دولة". ويُعزى هذا التحول الدلالي إلى سيادة الخطاب السلطوي في بلاد فارس أكثر منه في كردستان، فقد كان يهدف هناك إلى الإشارة إلى اتساع الإمبراطورية الفارسية، مما أزاح دلالة المفردة تدريجياً لتشير الى الإنطباع عن سعة الدولة الفارسية المترامية الأطراف، بتشبيه الدولة الفارسية بالقارة. في حين حافظت في الكردية على دلالتها الأصيلة.

يشير الإنزياح الدلالي الى أهمية الفصل بين ما يقدمه فريق "المعجميون العمليون" (Practical Lexicographers) الذين يصوغون قاموس المعاني **المفهومية**، وبين "المعجميون النظريون" (Theoretical Lexicographers) وهم يقدمون قاموس المعاني **الإرتباطية**؛ لإن تحديد المعنى المفهومي للمفردات في المعجم الكردي الموحد، والفرز بينه وبين المعنى الإرتباطي بشكل دقيق يساهم بحماية المفردة نفسها من زحف المعاني الارتباطية عبر الزمن، وتحوير مفهومها حسب التنوع اللهجي؛ كما يحفظ للنصوص التاريخية قيمتها الأصيلة.

بالإضافة الى ذلك فإن إدراج المعاني الإرتباطية بقاموس موحد وتوضيح دلالاتها ودعمها بالأمثلة على شكل جمل كاملة يساهم في الحفاظ على وحدة المعجم وإستقراره لزمن أطول مثلما يعزز قابلية الفهم بين اللهجات الكردية المختلفة.

العدد الأول من صحيفة "تى كه يشتن راستى" [معرفة الحقيقة].

الفصل العاشر

ضرورات الوحدة اللغوية

"لا توجد لغتان متشابهتان بما فيه الكفاية بحيث يمكن أن تمثلا نفس الواقع الاجتماعي. فالعوالم التي تعيش فيها المجتمعات المختلفة هي عوالم متباعدة، ليست مجرد عالم واحد بتسميات مختلفة."

إدوارد سابير (1929)

اللغة ليست مجرد وسيلة لتناقل الافكار بين الأفراد وإنما هي خزين معرفي ووجداني وثقافي يحفظ للشعوب نتائج تجاربها وإستكشافاتها الحضارية الاجتماعية عبر التاريخ على شكل أشعار وأمثال شعبية وقصص وميثولوجيا خاصة بها. بالإضافة الى ذلك فهي إحدى الأدوات السياسية المؤثرة في حاضر الشعوب. وإذا حافظت اللغة على درجة عالية من الفهم المتبادل بين اللهجات، مع فصحى (واحدة) دقيقة التعابير، فهي تلعب دورًا حيويًا في الحفاظ على التماسك القومي ودمج الإثنيات في الإقاليم الناطقة بها وتعزيز روابطهم وخصوصياتهم الثقافية والإجتماعية. وعلى العكس من ذلك، فإن اللغة التي تعاني من إهمال تاريخي، وتفتقر إلى لهجة فصحى موحدة، وتنفصل فيها اللهجات عن بعضها البعض بمستوى منخفض من الفهم، فإنها تُضعِف الروابط القومية بين الناطقين بمحكياتها، وتخلق لغات فرعية، وتشوه سلم أولويات الهوية للأفراد حتى يرتقي الإنتماء للإثنيات الفرعية على حساب الوحدة القومية الشاملة.

لهذا، فإن التهميش الذي عانت منه الكردية طوال تاريخها، مثل عدم إعتماد معجم شامل وواضح، ولا قواعد موحدة، قد تسبَبَ بطغيان اللهجات المحلية شبه المستقلة وأعطاها زخماً لإحتلال مساحة من الهوية عند الفرد الكردي تجاوزت في بعض الأحيان قيمة اللغة الكردية نفسها. ولو عرفنا دور اللغة الحاسم في رسم هوية الأفراد، فإن توحيد الضوابط المعيارية بإطار عام وشامل لجميع الناطقين باللهجات، وإعتبارها هي النوع اللغوي الأعلى يساعد في توحيد وتعزيز المشاعر الوطنية ويقوي بشكل عملي الهيكل الأساسي للأمة ويخلق عقل جمعي متجانس في مجالات مختلفة مثل السياسة، الهوية، والمعتقدات (Alesina, Giuliano, Reich, 2018)، مما يقوي البنية الاجتماعية والاقتصادية كمُنتَج حضاري. يؤكد اللغوي الصيني يونغ يو على دور اللغة في بناء الأمة، والإيديولوجيا، والتفضيلات الاجتماعية (You, Y. 2018, p. 3)؛ فيكتب:

"توحيد اللغة يساهم بتوحيد أذهان الجماهير؛ إذ إن التحدث بلغة مشتركة يعزز مشاعرهم تجاه الوطن، ويقوي الهوية القومية، وبالمقابل يضعف الهويات المحلية."

ولكون اللغة هي العلامة الأبرز في تحديد ملامح الشعوب، فهي الأكثر تأثيراً من جميع عناصر هويتها الأُخرى كالعِرق، الدين، الجغرافيا، الإقليم، الخ. وبالتالي فإن تجاهل أهمية الوحدة اللغوية وإهمالها لا يساعد على بروز الهويات الفرعية فقط وإنما يوفر الظروف الخصبة لنموها وتطورها الى مزيد من الانقسام الاجتماعي والإثني. وبعبارة أخرى، عندما تكون اللغة مقسمة إلى أكثر من منظومة معايير رسمية (أكثر من فصحى واحدة) فإن هذه المعايير اللغوية من شأنها أن تتطور الى تبني هويات فرعية شبه قومية بمرور الزمن، مما يفاقم من صعوبة الحفاظ معها على الوحدة القومية. بالإضافة الى ذلك، يمثل الانقسام اللغوي عبء ثقيل على الأجيال القادمة بحيث تجد تلك الأجيال بأن عليها أن تكتسب اللغة من خلال مجموعتين منفصلتين من القواعد والمعجم مما يعادل فعليًا عملية تعلم لغتين مختلفتين، أو إختيار الإنقسام الى هويات قومية مختلفة. إن الخطأ الذي يقع فيه الكثير من المثقفين الكرد هو النظر الى مشروع توحيد اللغة على إنه مجرد ظاهرة لغوية بحتة، دون الإلتفات لتأثيراته الاجتماعية والاقتصادية والسياسية. وقد يكون هذا التشخيص غير الصائب هو العامل الذي يفسر عدم إتخاذ خطوات جدية في هذا المجال لحد الآن، لا من قبل السياسيين ولا المثقفين

ولا حتى المهتمين بالمجال اللغوي. ولعل المتتبع للاحداث يلاحظ إن القوى السياسية سواء في إقليم كردستان أو الإدارة الذاتية لشمال وشرق سوريا تهمل هذا الجانب الحاسم في توحيد القومية الكردية ولا توليه نفس الأهمية التي توليها للنزاعات السياسية، سواء الداخلية منها (التحزب والصراعات الايديولوجية) أو تلك التي تميز علاقاتها مع الحكومات المركزية (صراع الوجود)، في حين إن من المفروض إعتبار توحيد اللغة هو الخطوة الستراتيجية الأهم للحفاظ على مقومات الوجود القومي.

10.1 مجالات التوحيد

عندما يتطلب التواصل بين المتخاطبين درجة من الدقة والوضوح في المعنى، كما هو الحال في المراسلات الإدارية والقرارات الرسمية، تبرز الحاجة الى إستخدام مجموعة من الضوابط القواعدية المتفق عليها بين أطراف التخاطب. هذا الإلتزام بالضوابط يشكل عبء أثناء الحديث اليومي لذلك يتم إهماله في لغة البيت والشارع، وليس بالإمكان فرضه بشكل فوقي على العامية اليومية. وهكذا فإن تطوير اللغة وتوحيد القواعد لا يشمل العادات اللغوية الشائعة في العاميات وفي التحادث اليومي بين الأفراد؛ وإنما يعني حصراً تطوير ذلك المعيار الفصيح المستخدم في المكاتبات الرسمية بدون إجبار المتحدثين باللغة الكردية على التخلي عن لهجاتهم ولا إقناعهم بتعديل عاداتهم اللغوية. أي إن عملية التوحيد لا تشمل كل الأشكال اللغوية وإنما تغطي نوع محدد من الاستخدامات، أو ما يطلق عليها (**التسجيلات**) اللغوية.

10.1.1 تسجيلات اللغة

يشير مصطلح "التسجيلات" (Language Registers)، أو أنماط التحادث إلى أشكال لغوية متميزة في التخاطب بين الافراد، ضمن نفس اللغة. والتسجيل بشكل أوضح هو: نوع التخاطب الذي تختلف فيه الأجواء عن غيرها بما يتطلبه من إختيار النطق المناسب، نبرة الصوت، الإلتزام بنوع محدد من الكلمات، الخ.

ويتم التخاطب بكل تسجيل بما يناسب سياقات الحديث (Halliday, 1978) فهناك التسجيل الرسمي (المتبع في التدوين والمناهج العلمية)، التسجيل العاطفي (بين أفراد العائلة)، تسجيل حديث الشارع بين الأصدقاء، الخ. وهكذا فإن كل تسجيل (نمط الكلام) يناسب بيئة واجواء معينة دون غيرها.

تتأثر التسجيلات بعوامل مختلفة مثل العلاقة بين المتحادثين، موضوع المحادثة، والسياق الذي يتم من خلاله التواصل؛ فيتم إختيار التسجيل المناسب للخطاب وفقاً لهذه المتطلبات. ولتوضيح انواع التسجيلات اللغوية بشكل افضل، نستعرض الأكثر شيوعاً بينها:

- **الرسمي**: يُستخدم التسجيل الرسمي في الإعدادات المهنية والأكاديمية والمخاطبات الإدارية ويتضمن الإلتزام بالقواعد وبالمعاني المعجمية، وتتم من خلاله صياغة الوثائق القانونية أو الأوراق الأكاديمية.

- **غير الرسمي**: يُستخدم في المحادثات اليومية المألوفة. قد يشمل لغة عامية، وألفاظ غير موجودة في المعجم، بل يمكن ضغط المفردات على شكل إختصارات كما في الرسائل النصية أو المحادثات بين الأصدقاء وافراد العائلة.

- **التقني**: يختص هذا التسجيل بمجال من المجالات كمعجم علمي أو مهني، ويستخدم مصطلحات فنية ضمن الاختصاص، مثل التقارير الطبية والكتيبات الهندسية.

- **الإستشاري**: يُستخدم في المواقف شبه الرسمية مثل اللقاءات الإدارية الشفوية وحديث الأُستاذ مع الطلبة حيث يتطلب الوضوح في المعاني دون الحاجة الزاماً للتسجيل الرسمي. أي هو الأسلوب الوسط بين التسجيلين الرسمي وغير الرسمي.

- **الجامد**: يمثل لغة ثابتة وطقوسية، لا تتداخل بها المشاعر الآنية ولا ردود الأفعال، وهو الذي يناسب النصوص الدينية، واليمين القانونية، والنشيد الوطني.

- **الحميمي**: يُستخدم أثناء الاتصالات الخاصة بين الأفراد المقربين، وغالبًا ما يتضمن مفردات وتعبيرات شخصية، مثل الحديث بين الأزواج أو أفراد الأسرة.

ولتبديد الضبابية التي تكتنف مشروع توحيد اللغة الكردية، من الضروري إيضاح حدود هذا المشروع وأهدافه بشكل مبسط، خاصة لمؤيدي النقاء والهوية اللهجوية، وإقناعهم بأن عملية توحيد اللغة لا تشمل التسجيلات غير الرسمية، أو الاستشارية، أو الحميمة، أو الأنواع العامية، وبذلك لا يسعى التوحيد إلى تغليب لهجة بعينها على بقية اللهجات في التواصل اليومي، وإنما ينحصر المشروع في توحيد التسجيل الرسمي صرفاً، و قد يمتد إلى التقني والجامد بدون أن يؤثر ذلك على حرية إستخدام اللهجات المحكية بأي شكل من الأشكال.

10.2 أهمية الوحدة اللغوية

نظراً للدور الذي تؤديه الوحدة اللغوية لمجتمع ما بتحسين عملية التواصل بين الطبقات والاقاليم الناطقة، فإنها تساهم بتعزيز التماسك الاجتماعي وتنشيط الاقتصاد بالإضافة الى رفع مستوى الوعي السياسي عن طريق نشر الآراء والأفكار على أوسع مساحة وتعمل على تجانس الأهداف القومية العليا. فلغة الإعلام المحلية لا تستطيع إيصال معاناة الكرد من منطقة لهجية الى أخرى بشكل يضمن لها كسب التفاعل الجمعي معها، بينما اللغة القادرة على الوصول الى جميع التنوعات من شأنها أن ترفع القضايا المحلية المعزولة من نطاقها الضيق الى مستوى قومي شامل مما يمكن أن يجذب لها دعماً ومناصرة جماهيرية أوسع. لذلك فإن توحيد الكردية يُعد خطوة حاسمة نحو إحياء الهوية القومية الشاملة والحد من تغول الفروع؛ بالالتفات الى حقيقة إن الإعلام في العصر الحديث يتمتع بقدرة غير مسبوقة على تعبئة الجماهير في مجرى واحد ويحد من تشتت الولاءات الاثنية والدينية والفكرية في المجتمع. غير هذا، فإن وجود جسر لغوي عابر للهجات يساهم في لم شمل القوى الاقتصادية المتناثرة في أقاليم كردستان مما يزيد من فرص خلق إستثمارات داخلية، وفتح أسواق، وتنشيط السياحة والتنقل الداخلي وبالنتيجة تطوير الاقتصاد الوطني الكردستاني ورفع مستوى دخل الفرد وإمكاناته المادية.

10.2.1 دور الإعلام

لم يعد دور الإعلام المعاصر يقتصر على نقل الأخبار أو تقديم المعلومات فقط بل أصبح وسيلة مؤثرة في تشكيل أنماط الحياة الحديثة، أداة إقتصادية وسياسية وإجتماعية، ودعاية تجارية توجه المستهلكين وتؤثر في إختياراتهم من شراء أصباغ الشعر الى لون الأحذية. الإعلام اليوم هو الوسيلة التي يمكن من خلالها التأثير على المعايير الاجتماعية وآراء الناخبين والتوجه الديني، من تنظيم المظاهرات الى التحكم بالموضة.

لا يمكن تجاهل دور الإعلام في صياغة الآراء الجمعية كونه قوة تنافس السلطة حسب رأي دنيس ماكويل. فمنذ تأسيس أول صحيفة أسبوعية في عام 1770 "ذا بوسطن إيفنينغ بوست"، ثم الإنتشار الواسع للمطبوعات في أمريكا في ثلاثينيات القرن التاسع عشر، ودوره يتعزز أكثر (McQuail, par 2.2):

"هو قوة فعلية منظمة، أو منافس محتمل للسلطة القائمة، خاصة وإن الإعلام نفسه يرى نفسه بهذه الصورة".

وعلى ضوء القفزة التكنولوجية الحديثة التي أثرت دوره في الربع الأخير من القرن العشرين، استطاع الإعلام أن يلعب دورًا في حسم صراعات تاريخية مهمة وفي مراحل حرجة، مثل انهيار الكتلة الشرقية في عام 1991 والربيع العربي عام 2011، وفي تجنيد إنتحاريين في التنظيمات الدينية المتطرفة. بل بالإضافة الى تأثيره السياسي قد دخل مجال الاقتصاد وتحول الى إداة إعلانية واسعة الإنتشار، تصل الى المستهلك بسهولة عبر الهواتف الذكية، في العمل، ووسائل النقل العامة، وغرف النوم. أي الى جانب المساهمة في خلق وعي جماعي موحد والتأثير في السلوكيات الفردية فإنه تحول الى صناعة تدر أرباحًا غير مسبوقة؛ حتى إن إيرادات سوق التلفزيون العالمي بلغت في العام 2022 وحده، على سبيل المثال، ما يعادل 94 مليار دولار أمريكي. (*)

---

*.<https://web.archive.org/web/20240910121525/statista.com/topics/4999/television-industry-worldwide/#topicOverview>

إلاّ إن الخطورة في دور الإعلام تتجلى بكونه لا ينحصر في نشر الجوانب الإيجابية فقط وإنما بالإمكان إستغلاله سلبياً لتوجيه المجتمعات نحو الصراعات وتقويض السلم العالمي أيضا. يشير التقرير الخاص الصادر عن معهد الولايات المتحدة للسلام الى خطورة الاستخدام السلبي وتأثير ذلك على المجتمعات سواء كان بحسن نية -بسبب ضعف كفاءة الإعلاميين مثلاً- او بنوايا غير سليمة (Frohardt & Temin, 2003, p. 2)، فإنه:

"على عكس الاستخدام الفعلي للإعلام في تعزيز الصراعات، فهو يمكن أن يسهم أيضًا في تأجيجها بشكل لا إرادي، إذ يظهر هذا التحريض السلبي على العنف في كثير من الأحيان عندما يفتقر الصحفي للمهارات المهنية المطلوبة، أو عندما يكون بدائي الثقافة أو فاقداً للإستقلالية. في مثل هذه الظروف يتسبب الصحفيون في إثارة الاستياء ويعززوا الصور النمطية بشكل سلبي من خلال الطريقة التي يقدمون بها تقاريرهم حتى لو لم تكن نواياهم بالضرورة غير سليمة، ولم يتم التحكم بهم من قبل كيان خارجي. ورغم إن هذه الحالة أقل شيوعاً من التدخل المباشر والمدروس، إلاّ إنه ليس أقل خطورة منه."

ولو إنتبهنا الى حقيقة إن الأداة الرئيسية التي يستخدمها الإعلام ويؤثر بهذا الشكل البليغ من خلالها هي اللغة، فإننا نعي الدور الذي تلعبه اللغة في رسم العقل الجمعي بإتجاه أو بعكسه، وقدرتها على صياغة المحتوى الإعلامي الإيجابي من جانب، والسلبي من جانب آخر.

10.2.1.1 الكردية الموحدة في الإعلام الجماهيري

لا يعتمد سوق الإعلام المرئي على جودة المادة التي يقدمها فحسب وإنما هناك عامل ثانٍ لا يقل أهمية وهو سعة السوق المستقبل لها، فكلما إتسعت تلك المساحة التي يغطيها (عدد أكبر من المتلقين) كلما إزداد تأثيرها وإرتفعت عائداتها المادية. أي إن عدد المتلقين يلعب دوراً حاسماً في مدى النجاح الاقتصادي وكذلك آفاق تأثيره في التعبئة الجماهيرية. لذلك فإن اللغة الأوسع إنتشاراً، والأسهل فهماً تساعد على تحسين الإداء الاقتصادي والتعبوي الجماهيري، بينما تلك اللغات التي تعاني من تجزئة لهجوية وتواضع مستوى الفهم المشترك بين اللهجات

ستعكس بالضرورة إعلاماً أضيق إنتشاراً وأقل كفاءة. وبما إن اللغة الواسعة الإنتشار والمفهومة بشكل واضح تساهم في هيكلة رأي عام موحد فإن توحيد الفصحى الكردية سيضاعف إعداد المتابعين لكل وسيلة من الوسائل الإعلامية العاملة اليوم وسيرفع قدرتها على الإنتشار بشكل مضاعف. والأمر لا ينحصر بالجدوى الاقتصادية فقط وإنما له تأثيرات أبعد، إذ إن الخطاب الموحد للإمة بأسرها من شأنه أن يوحد المواقف حول القضايا السياسية المصيرية ويخفف من الفوارق الإجتماعية والثقافية (Kustiawan, Erwan Efendi, Arfah, Zul .(Akbar Shah, 2022

كردياً، ومنذ أن دشن الإعلام عصر المحطات الفضائية في مايو 1995 بإنطلاق أول قناة ناطقة بالكردية (MedTV) في بروكسل، شهد التداخل اللهجي ثورة غير مسبوقة فسحت المجال للمفردات ان تنتشر من حيزها المحلي الى النوع العابر للهجات. فبالرغم من قلة تجربتها الفنية والتقنية آنذاك، إلاّ إن القناة الفتية نجحت بإيصال خطابها الى كافة المناطق اللهجية ثم التأثير والتعبئة الجماهيرية للحد الذي اقلق السلطات في تركيا واجبرها على رفع الحظر عن الكردية في الاعلام المحلي، فقط من اجل مواجهة تأثيرها. إحدى أهم عناصر نجاحها كان المعالجات اللغوية التي إتخاذتها، والبث متعدد اللهجات الذي وسع مساحة تلقيها الى كافة الجغرافيا الكردية. وبالرغم من الصعوبات اللغوية في الخطاب الكردي نجحت سياسة البث متعدد اللهجات في جذب وتوجيه الجمهور من خلفيات لهجية ومناطقية مختلفة، وأدى ذلك إلى رفع مستوى التفاعل الجماهيري إرتقت معه القضايا المحلية لتكتسب صفة قضايا قومية عامة.

ولعل أبرز مثال عالمي على أهمية اللغة في تنشيط المشاريع الإعلامية هو النجاح غير المتوقع الذي حققته شبكة الجزيرة القطرية حيث تمكنت بعد وقت قصير من إطلاقها في عام 1996 من رفع عدد مشاهداتها اليومية بحلول العام 2000 إلى 35 مليون مشاهد بالرغم من إن نفوس دولة قطر في حينها لم يبلغ النصف مليون نسمة. نجاح المحطة مرده وحدة الفصحى العربية وسهولة تلقيها في جميع الدول الناطقة بها، ولو كان البث مقتصرا على اللهجة الخليجية القطرية لما تجاوز عدد المشاهدات اليومية بضعة آلاف. ولا يقتصر دور اللغة الفصحى الموحدة وشائعة الإنتشار على تعزيز المواقف السياسية، النجاح المادي، وتنشيط

الإقتصاد، فحسب، وإنما يساعد على خلق مزاج شعبي عام وعلى نشر قيم إجتماعية. اما المثال البارز الاخر هو ما حققه الإعلام الناطق بالانجليزية من نجاحات في أسواق السياسة، الترفيه، التعليم والحكومة الألكترونية، وكل ذلك يعود الى سعة انتشار الإنجليزية ووحدتها.

10.2.1.2 تحديات الإعلام الكردي

يكشف التقرير الخاص لمعهد الولايات المتحدة للسلام (إكتوبر 2003) عن خطورة العمل الإعلامي وقدرته على التأثير في المعايير الاجتماعية والقيم والمعتقدات بما فيه العنف المنظم. فبإعتباره سلطة ناعمة، يساهم بدور فعال في صياغة توجهات مؤثرة في العقل الجمعي وممارسة الضغط على المجتمعات بطرق سلبية وإيجابية على حد سواء.

ونظراً لإفتقار اللغة الكردية الى المعايير الموحدة، وبسبب العوائق اللهجية، فهي غير كفوءة (بشكلها الحالي) لمنافسة متكافئة في السوق الإعلامي، وغير قادرة على التصدي للضخ الموجه باللغات الرائجة في المنطقة، مما يجعل المعايير الاجتماعية في المجتمع الكردستاني عرضة للتأثيرات المضادة من وسائل الإعلام الخارجية ومحاولات التدخل في تشكيل العقل الجمعي الكردستاني. على سبيل المثال، تتلاعب السياسة اللغوية التركية بالمصطلحات المتعلقة بخصوصية المجتمع الكردي على غرار انتقاء المفردات بشكل إحترافي للتأثير في معانيها؛ فيتجنب، مثلاً، ذكر كلمة "كردستان" وإستبدالها بتسميات مثل "شمال العراق" و "جنوب شرق تركيا"، ويحرص على تذييل أسماء القوى الكردية المعارضة لها وتجمعاتها الثقافية بـ "الإرهابية". وتكرار هذا النهج هو سلوك إحترافي يهدف الى نشر معلومات غير سليمة ومحاولة زرعها في العقل الجمعي، ويُصطلح عليه في الإعلام بسياسة "تعزيز الصورة النمطية" (Stereotype Reinforcement). ونتيجة لذلك، فإن التصدي للتأثير الاعلامي الموجَّه أحد أهم التحديات التي يجابهها الإعلام الكردي.

وتحقق صناعة الإعلام العربي تفوقاً أيضاً، ومرد ذلك هو ما تزخر به من إغراءات كتغطية الأحداث اليومية الساخنة بالإضافة الى الفن (الدراما)

والرياضة. وللمقارنة فإن عدد المحطات الفضائية الكردية في العام 2015، بشكل اجمالي، لم يتجاوز بضعة عشر مقابل 1,230 قناة عربية تبث من الداخل، عدا عن تلك التي تبث من بلدان أخرى. (*) وبالإضافة الى العربي والتركي، يستند الإعلام الفارسي على دعم حكومي غير محدود وخطاب آيديولوجي (ديني) وخبرة طويلة في مجال الدراما. كل هذا الضخ المنافس يزيد من تحديات الإعلام الكردستاني ويؤكد ضرورة تطوير آلياته وفي مقدمتها اللغة.

10.2.1.3 الإعلام والسياسة

قبل ظهور المحطات الفضائية وتطور شبكة الإنترنيت، وهذا الإنفتاح الإعلامي العابر للقارات، كانت السيطرة على وسائل الإعلام تُعتبر بمثابة الإستيلاء على السلطة؛ فمن الخطوات الأولى التي يتخذها قادة الانقلابات العسكرية، آنذاك، بعد الاستيلاء على القصر الرئاسي ووزارة الدفاع، أن يستهدف الإنقلابيون مجمع الإذاعة والتلفزيون. وتثبت هذه الاستراتيجية أهمية الإعلام في كل الإنقلابات الناجحة في تأريخنا الحديث. ومع ظهور وسائل التواصل الاجتماعي، لعبت منصات عالمية مثل تويتر (أكس) وفيسبوك ويوتيوب أدوارًا ليس في سوق الإعلانات، الترفيه وتنشيط الاقتصاد، فحسب، وإنما ساهمت بدور محوري في تحريك الأحداث السياسية الكبرى على مدار العقد الماضي مثل الربيع العربي وتجنيد الميليشيات، وماتزال وسيلة مهمة لحسم النتائج الإنتخابية.

وعلى ضوء حقيقة إن وحدة الفصحى تؤدي الى تعزيز دور وسائل الإعلام وتضاعف من تأثيرها، فإن الأحزاب والكيانات السياسية تمتلك فرص أكبر للإنتشار في ظل الوحدة اللغوية وتتمظهر على شكل مكاسب سياسية. فلو أخذنا دولة صغيرة مثل قطر كمثال، على الرغم من تواضع قدرتها البشرية، إلا أنها حققت مكانة جيوسياسية مهمة في الشرق الأوسط فاقت الكثير من الدول الإقليمية

---

* 1230 قناة مجموع القنوات الفضائية العربية لعام 2015
الاقتصادية (صحيفة يومية تصدر في الرياض) العدد 8307 (9 تموز 2016)
<web.archive.org/web/20160813035217/http://www.aleqt.com/2016/07/09/article_1068919.html>

الكبرى وذلك من خلال استخدامها الفعال لسلاح للإعلام. فقد تمكنت شبكة قنواتها من توسيع تغطيتها جغرافياً ومد تأثيرها حول العالم وكل ذلك لم يكن ليتحقق بدون الإعتماد على لغة واسعة التداول. بالمقابل، وللمقارنة، فإن محطة "گەلی كوردستان" التي توجه خطابها بإحدى اللهجات الكردية من السليمانية لم تكن قادرة على خلق أي تأثير أبعد من محيطها المحلي. وهذا يعني إن الإستخدام الأمثل للإعلام بلغة ذات جغرافيا أوسع، بإمكانه التأثير على كتل سكانية أكبر. وفي نفس الوقت فإن القيود اللهجوية تحد من إنتشار الخطاب الإعلامي وتحرم الكيانات السياسية من فرص الانتشار وتكرس ثقافة المكونات المحلية وتخلق هويات فرعية وإنتماءات مناطقية-سياسية.

وعلى الرغم من القفزة التكنولوجية الحديثة التي فتحت آفاق واسعة للإنتشار، لازال الإعلام الكردي، يواجه تحديات في الوصول الى كامل جغرافيا الكردية بسبب إفتقاره الى الفصحى الموحدة، إذ ماتزال أحداث مصيرية في منطقة كردية معينة تمر بدون أن يعرف عنها سكان المناطق الأُخرى. كيف كان لحدث مأساوي مثل تهجير ملايين الكرد "الفيليين" من وسط وجنوب العراق الى إيران إبان حقبة حكم البعث أن يمر بدون أن تسمع به الغالبية من الناطقين باللهجة الكرمانجية. ليس بسبب انعدام التضامن القومي معهم في شمال كردستان (تركيا)، وإنما السبب الحقيقي ورائه يكمن في إنعدام وسائل الإتصال القادرة على إيصال المعلومة، وإن أهم مسببات ضعف الإعلام هذا هو بالتحديد الإفتقار الى اللغة الفصحى الموحدة. ولنفس السبب لم تصل معاناة الكرد في كركوك وخانقين وسنجار الى الناطقين بالكردية في شرق كردستان مثل لرستان، كرمنشاه، وايلام، والعكس أيضاً. ولعل أبرز مثال على قدرة الإعلام في تعبئة الرأي العام الكردي، هو مجريات يناير 2014، حين تحولت مقاومة كوباني الى ترند صحافي عالمي خلق ضغطاً أجبر تركيا على السماح بدخول قوات البيشمركة من اراضيها لحسم المعركة. ولم يكن للمقاومة الحصول على هذا الدعم لولا الدور الذي لعبه الإعلام العالمي (بجميع اللغات) حينها في تعبئة كامل الجغرافيا الكردية. وعلى العكس من ذلك النجاح التاريخي، فشل الاعلام الكردي في تحشيد نفس الطاقات للدفاع عن عفرين أمام التوغل التركي عام 2019 (عملية غصن الزيتون) بسبب إعتماده الصرف على طاقاته الذاتية. أي إن الزخم الإعلامي إستطاع (في الأُولى) التأثير

بكامل الجغرافيا الكردية، بينما فشل في الثانية بسبب الإنقسام اللغوي وتبعاً لذلك محلية التأثير الإعلامي.

وعلى ضوء هذا التطور المتسارع في وسائل الاتصالات، وتوظيف الأساليب النفسية الحديثة لخدمتها، فإن التنافس المحموم بين اللغات ترك المتلقي الكردي (والمجتمع بالنتيجة) عرضة لعمليات غزو فكري وتوجيه آيديولوجي لا يتناسب مع المصالح العليا لشعب كردستان، تجعله عرضة لنشر قيم وثقافات إجتماعية تضعف إن لم تهدد السلم المجتمعي، بما في ذلك تحويل حالة التحزب في الشارع الكردستاني الى إستقطاب سياسي. وعلى سبيل المثال، نجح الإعلام الرسمي العراقي، في تصوير كل مطلب إقتصادي يتقدم به الإقليم الى السلطات المركزية في بغداد على إنه تمادي و "رفع سقف المطاليب"، ولم يقتصر هذا التأثير على صياغة ذهن المواطن البسيط فقط وإنما ترك أثراً سلبيا حتى عند السياسيين الكرد أنفسهم. بلغت الذورة عندما دعت النائبة آلا طالباني، والتي شغلت منصب رئيسة كتلة الإتحاد الوطني الكردستاني في البرلمان العراقي، في مقابلة لها مع قناة العراقية عام 2016 إلى ضرورة أن يستعيد الجيش العراقي سيطرته على مدينة كركوك، وآبارها النفطية، وطرد القوات الكردية منها، معتبرة إن إستخراج النفط من قبل حكومة الإقليم يمثل سرقة إقتصادية وتعدي على سيادة الدولة العراقية. وكان ذلك جزءاً من السيناريو الإعلامي المخطط له إستباقاً لمعركة 10 أكتوبر من العام التالي، والتي إجتاح الجيش العراقي فيها كامل المناطق الكردستانية "المتنازع عليها"، بما فيها كركوك مستأنفاً حملة تهجير وتعريب جديدة.

10.2.2 تأثير اللغة في الثقافة

لعل التعريف الأكثر شيوعاً للثقافة هي إنها مجموع المعارف التي يكتسبها شعب من الشعوب عبر الزمن، وتمثل نظرته تجاه تلك الظواهر الإنسانية التي عايشها عبر تأريخه للحد الذي تحولت معه الى نظام أخلاقي شامل. ووفق هذا التعريف، فالثقافة بمعنى آخر، هي الحلول التي يتوصل لها المجتمع لمعالجة قضاياه من خلال تجاربه التاريخية. وإذا كانت الثقافة تمثل شخصية الأُمة، وفق هذا التعريف، فإن اللغة هي الوعاء الذي يحفظ هذه الشخصية وينقل سماتها من

جيل الى آخر على شكل أشعار وحكايات وأمثال شعبية، أو بتصوير أدق، على شكل جينات فكرية أو ما يطلق عليه ريتشارد داوكنز "الميمات الثقافية". وبالتالي، فإن الحفاظ على اللغة وتطوير قدرتها على التعبير يُسَّهِل من تواصل المنتج الثقافي عبر الأجيال ويطيل عمر الأُمم ويزيد من رصانة شخصيتها. وبالمقابل، فإن الإهمال وترك اللغات عرضة للتشضي مع الزمن يؤدي الى تضعيف ذلك الدفق الثقافي ويعزل الأجيال الأكثر حداثة عن إرثها الفكري والحضاري، وتضيع عليها حصيلة التجارب الخاصة ببيئتها.

كما تلعب المعايير اللغوية المتطورة، وإنتشارها، دوراً رئيسياً في بناء الحضارات، وكمثال على ذلك فإن الاهتمام باللغة العربية وتطوير آلياتها التعبيرية في القرن الثامن الميلادي -لأسباب دينية- ساعد على تنشيط حركة الترجمة من اللغات العالمية بالإضافة الى تشجيع العلماء من خلفيات مختلفة كالفرس والسريان والأمازيغ على تدوين إبتكاراتهم العلمية ونتاجاتهم الأدبية والفلسفية باللغة العربية مما وضع أسس حضارية عرفت بالحضارة العربية الإسلامية لم تكن لتنشأ لولا انتشار اللغة ووحدة معاييرها. بالإضافة الى التواصل التاريخي، فإن الحفاظ على مستوى عالٍ من الفهم بين اللهجات من شأنه أن يذلل الحواجز الثقافية، جغرافياً، ويساهم في تعزيز الهوية القومية الموحدة. وهنا تبرز ضرورة الإهتمام باللغة وتطويرها مثل تحديث المعجم وتحديد معاني المفردات بشكل دقيق، وصياغة نظام القواعد النحوية والصرفية لما يعزز القدرة على التعبير؛ بالإضافة الى إن صياغة نظام كتابي موحد يساهم في نشر النتاجات الأدبية، وتبادل التأثير الثقافي على أوسع مساحة.

إن توحيد المعايير اللغوية الرسمية يعمل كجسرٍ لسد الفجوة بين الثقافات الفرعية المختلفة في تيار رئيسي متماسك، ويلعب دوراً مهماً في خلق نسق فكري وإجتماعي متجانس ويساهم بتوحيد المفاهيم والأفكار المتعلقة بالقضايا المصيرية المعاصرة، وينقل في الوقت نفسه حصيلة هذه التجارب الى الأجيال اللاحقة.

10.2.3 اللغة والاقتصاد

قد يستطيع المغترب أن يجد فرصة عمل في بلاد لا يعرف لغتها، أو الدخول في مشروع صغير، لكن ابتكار الفرص التشاركية، أو الدخول في مشاريع إستثمارية أكبر تتطلب معرفة وعلاقات إجتماعية واسعة، يشكل الفهم اللغوي المتبادل أهم متطلباتها.

تشير اللغوية بتي مكواندا-نياسولو الى إن التواصل اللغوي السلس، العابر للهجات والخصوصيات اللغوية المحلية لا يُعزز الهيكل الإجتماعي فحسب، بل يساهم بتماسك البنية الإقتصادية في البلد عن طريق تنشيط القطاع الخاص وخلق الإستثمارات وتحريك التجارة والتسويق الداخلي. (Mkwinda-Nyasulu, 2013). وبهذا فإن تشجيع اللغات الأجنبية يساهم في تنشيط قطاعات مهمة مثل التجارة والسياحة، أما الإنفتاح على اللغات الداخلية في البلدان المتعددة الثقافات فيعزز استغلال الطاقات الكامنة فيها بشكل أوسع.

ووفق هذا فإن الوصول الى درجة عالية من إتقان اللغة الكردية (الموحَدة) يُعد عاملاً حيويًا لخلق إستثمارات داخلية، في كردستان، وتوفير فرص العمل في مجالات مثل التصنيع، التسويق، والسياحة الداخلية. وكمثال إفتراضي: كم هو إحتمال خلق مشاريع إقتصادية ناجحة لمستثمر من مدينة دهوك، يتكلم الكرمانجية في مدينة تتكلم السورانية مثل السليمانية، او الكلهرية مثل خانقين مقارنة بفرصته في زاخو الكرمانجية؟ في أي محيط لغوي يستطيع هذا المستثمر تدبير فرص جديدة أو الانخراط في مشاريع تسويقية؟ بالتأكيد في المحيط الذي يتواصل فيه بأعلى نسبة تفاهم (Intelligibility). والأمر نفسه ينطبق على المستثمرين من كرمنشاه في أمد وعفرين. ولأن الإنفتاح اللغوي يؤثر إيجابياً في العملية الاقتصادية، فكلما إرتفعت قدرة التفاهم بين المناطق الكردستانية كلما حقق الأقتصاد درجة أعلى من النمو.

والعلاقة بين الإثنين (اللغة والإقتصاد) لا تسير بإتجاه واحد، فكما إن المشتركات اللغوية تعزز النمو، فإن النشاط الاقتصادي بدوره يساهم بتحسين مستوى الفهم المشترك بين اللهجات، وفضلاً عن ذلك برفع مكانة اللغة أيضاً داخل وخارج جغرافيتها. إذ كلما ارتفعت كفاءة اللغة كلما ساهمت بتنشيط

الاقتصاد، وكلما نشط الاقتصاد أكثر كلما ساهم بتوحيد ونشر اللغة وزيادة الإقبال عليها على نطاق أوسع. لنأخذ اللغة الصينية كمثال على هذه العلاقة، فبعد القفزات الاقتصادية في الصين، شهد الطلب العالمي على تعلمها إرتفاعًا هائلاً وأدخلتها أكثر من 70 دولة من جميع القارات في مناهج التعليم الوطنية حتى وصل عدد الجامعات والمراكز الإكاديمية التي تقدم دورات إختيارية لتعليم الصينية في العام 2021 الى أكثر من 4000 مركزاً تعليمياً حول العالم، وفقًا لنائب وزير التعليم تيان زيوجون، وإن هنالك ما يُقدّر بنحو 25 مليون طالب حول العالم يتلقون دروس تعليمية بها كلغة ثانية. (*)

اللغة الكردية، أيضاً، شهدت تزايداً في الإقبال مع حلول القرن الحادي والعشرين، مرده القفزة التنموية الملحوظة في إقليم كردستان وتدفق المستثمرين والعمالة والتسويقيين من العراق والخارج، فحظيت بالإهتمام مع النهضة الاقتصادية وأخذت العديد من البلدان حول العالم، أيضاً، في تقديم دورات تعليمية مثل اليابان (جامعة طوكيو)، المانيا (جامعة بريمن)، وبريطانيا (جامعة SOAS المهتمة بالدراسات الشرقية والأفريقية). إلاّ إن هذه المؤسسات غالباً ما تواجه الإرباك بسبب الإنقسام اللغوي مما يضطرها الى إختيار تدريس لهجة على حساب أُخرى، ففي الوقت الذي تقدم فيه جامعة SOAS دروسها باللهجة الكرمانجية، إختارت هارفارد الأمريكية تدريس اللهجة السورانية.

ووفقاً للفوارق الهيكلية في الفصحى، فإن اللغات الموحدة تحظى بفرصة أسهل للإنتشار، ولعب دور إقتصادي أكبر؛ مقابل ذلك، تضيق الآفاق أمام اللغات المقسمة ذات التعددية اللهجية والكتابية، وتواجه تحديات في محاولة نشرها على نطاق واسع. هذا يعني إن الإنقسام اللغوي اليوم يحرم اللغة الكردية من فرص تطويرها الى لغة ذات قيمة إقتصادية عالية. وبدون وجود لهجة رسمية مشتركة، واحدة، تحظى بالإجماع وبدرجة ملحوظة من الإحترام (Stratum) بين ناطقيها، فإنها تفقد قيمتها الاقتصادية تدريجياً وتضعف قدرة الاقتصاد وما يطمح له السوق.

---

* Confucius Institute, Qufu City, 16 Dec 2020.
<web.archive.org/web/20201216190726/https://news.cgtn.com/news/2020-12-16/Over-70-countries-incorporate-Chinese-into-national-education-systems-WgFixEeAMw/index.html>

10.3 أمثلة عالمية حول توحيد اللغات

مع التطور المستمر للهجات المحكية وتبنيها لخصوصيات أكثر ذاتيةً فإنها تنحى مع الزمن نحو الإنعزال والإستقلالية، ثم ينمو فيها ذلك الإنخفاض التدريجي في مستوى التفاهم مع المحكيات الأخرى، ويؤثر سلباً في البنى الاجتماعية والسياسية والإقتصادية، مما يشكل المرحلة الأولى من مراحل انقسام اللغة ذاتها. هذا التفرع الطبيعي في اللغات شكل صداعاً للدول والشعوب وتطلبت مواجهته إعتماد شكل لغوي موحد كمظلة للتواصل عبر اللهجات، أي توحيد اللغة، بشكل قسري في أكثر الاحوال. ومن الأمثلة البارزة على ذلك هي الولادات العسيرة للفرنسية، والإيطالية، والإسبانية في القرون الماضية. أما اللغة الكردية التي بقيت مجزأة الى الآن لأسباب ذكرناها سابقاً؛ فإن مشروعها الوحدوي يمكن أن يستثمر تجارب تلك اللغات التي سبقتها لكونها تشكل ثروة من الخبرات التاريخية، بالإضافة الى إستخدام المنهجيات الحديثة التي أتيحت نتيجة للتقدم الذي طرأ في علوم اللسانيات والدراسات الفلسفية حول اللغة وطرق تطويرها. ومن بين الأمثلة الجديرة بالدراسة هو النموذج الألماني في تطوير نظام الكتابة، الحل الصيني لمشكلة تعدد اللهجات، التجربة النرويجية في التعايش بين شكلين من الفصحى، إعادة إحياء اللغة العبرية في أواخر القرن التاسع عشر، وفرض لهجة دون غيرها في إيطاليا. كل هذه الأمثلة تقدم دروساً يمكن أن تُلهم أي هيئة مخولة بتنفيذ مشروع وحدة اللغة الكردية.

10.3.1 إستلهام الحل الصيني

هل هناك لغة باسم اللغة الصينية؟ هذا السؤال يثير الربكة والجدل بين اللغويين والسياسيين، في الصين وحول العالم، إذ لا يوجد توافق حول إجابة واحدة وقطعية. فمن جانب، ووفقًا للمعايير اللغوية الغربية، تُعتبر التنوعات الصينية المختلفة لغات منفصلة وليست لهجات للغة واحدة وذلك بسبب تدني مستوى التفاهم المتبادل بينها الى درجة لا يمكن معه إجراء حوار شفاهي. ومن جهة ثانية، فإن وجهة نظر الدولة الصينية تجزم إن هذه التنوعات هي لهجات

(مكونات) اللغة الصينية وتشترك بنظام كتابي "لوغوغرافي" موحد يتخاطب من خلاله الناطقون بهذه اللهجات مهما تنوعت أصوات المفردات. فعلى العكس من نظام الكتابة الأبجدية كاللاتينية والسريلية والعربية، لا يعتمد النظام اللوغوغرافي على ترميز الصوت بالحروف وإنما يستخدم مقاطع خطية ترمز الى المعاني بما يشبه نظام الكتابة المسمارية والهيروغليفية القديمة. فعلى سبيل المثال يمكن كتابة كلمة بيت على شكل خطوط تتقاطع لترمز الى معنى البيت وبهذا يتمكن القراء على إختلاف تنوعاتهم اللغوية من فهم النص المكتوب حتى في حال كان صوتها مختلفاً بين تنوع لغوي وآخر. وقد أسهمت طريقة التدوين هذه بالتغلب على الأختلافات اللغوية-اللهجية وسمح للمواطنين الصينيين بالتواصل كتابياً منذ زمن طويل، وحافظت من خلالها الصين على تماسك وحدتها الوطنية. أي، وفق هذه النظرة، ترى الدولة الصينية بأن هذه التنوعات هي مجرد لهجات ترتبط مع بعض بالنظام الكتابي رغم إنعدام التفاهم الشفوي.

ومن خلال دراسة الحل الصيني تتبين أهمية النظام الكتابي الموحد في الحفاظ على وحدة اللغة، هذه التي قادت بدورها الى وحدة وطنية وانتجت هذا التكامل الثقافي لأكثر من مليار ناطق بمختلف تنوعاتها. وبسبب النتائج المترتبة على التعددية اللغوية تعتبر الصين إن نظام التعليم متعدد اللهجات يشكل تهديدًا لوحدتها الوطنية؛ بل يحذر الصينيون، ومنهم الباحث يونغ يو من إن إرتخاء المسعى الوحدوي في اللغة الصينية ينذر بإنهيار البلاد. (Yang You, 2018):

"إن بناء الأمة في منطقة متعددة اللغات ومتنوعة الثقافات هي عملية صعبة وتواجه معوقات وتحديات كبيرة، ويظل الإنهيار المحتمل للبلاد قائماً على شكل تهديد دائم."

وهكذا، فما حققته هذه الستراتيجية اللغوية في الصين والنجاح في دمج عدة "لغات" مع بعض وإنتاج لغة موحدة مشتركة يشير الى إن مهمة اللغة الكردية أسهل في دمج لهجاتها لأنها بالأساس لغة واحدة بنسبة تفاهم بين اللهجات أعلى منها في الصينية.

مع هذا النجاح فإن إستلهام خصوصيات التجربة الصينية لا يستلزم تقليد حلولها بشكل حرفي، مثل تبني النظام اللوغوغرافي، لكنها كتجربة أثبت نجاحها

في خلق هوية موحدة ووضّحت ضرورة الوحدة اللغوية-الإجتماعية للشعوب، مما يسلط الضوء على أهمية الدور الذي تلعبه اللغة في توحيد طاقات الشعب الكردي وبناء أرضية لقومية متماسكة ومحمية بزخم سياسي وإقتصادي مناسب.

10.3.2   التعايش النرويجي

كما هو حال الكردية، تنقسم اللغة النرويجية الى معيارين مختلفين من الفصحى يتم إستخدامهما في وقت واحد، وهما "بوكمال" و "نينورسك"، بالإضافة الى عدد من اللهجات العامية المحكية. إلاّ إن الإختلاف المعياري في النرويجية لم ينبع بالأساس من خصوصيات جغرافية، كما في الكردية، وإنما كل فصحى منها تعتبر بمثابة هوية جامعة لعموم الناطقين بالنرويجية بدون إرتباط أي منهما بمنطقة جغرافية محددة أو بلهجة محكية بذاتها؛ وإنما ظهر الإنقسام نتيجة لمحاولة تغيير المعايير الفصحى في ظروف تاريخية مرت بها النرويج وتركت إنعكاساتها على السياسة اللغوية. فلم تكن في النرويجية سوى فصحى واحدة (بوكمول) حتى تحرير البلاد من الاحتلال الدنماركي في القرن التاسع عشر، وتنامي النزعة الإستقلالية في البلاد. ظهرت الحركة الداعية الى تنقية النرويجية الكلاسيكية من تأثير اللغة الدنماركية إثر تصاعد المشاعر الوطنية بعد الإستقلال عام 1814. حينها كانت الدنماركية تمثل لغة الطبقة المتعلمة الحضرية في المدن، في حين كان إمتداد اللهجات النرويجية الأنقى يتركز في المناطق الريفية. بدأت الجهود الرامية لتنقية النرويجية من مخلفات اللغة الدنماركية عبر إصلاحات تدريجية مما هيأ الأجواء للمؤرخ واللغوي إيفار آسن لصياغة شكل جديد أكثر إستقلالية من بوكمول التي كانت ماتزال سائدة الى ذلك الحين.

إعتمد آسن في نروجة اللغة وتطوير معجمها وقواعدها على أبحاث شملت دراسة العادات اللغوية المتبعة في عدة لهجات ريفية، حتى أثمرت جهوده في العام 1836 بظهور (النرويجية الحديثة)، أو ما أطلق هو عليه نينورسك. هذا يعني إن الإختلاف في المعايير الرسمية ظهر بدوافع سياسية أكثر منها لغوية. ولم يتوقف هذا الخلاف على الإستخدام الرسمي للغة بل إنبثق عن ذلك شكلان

مبسطان للتواصل غير الرسمي أيضاً وهما ريكسمول (من بوكمول) وهايغنورسك من لهجة نينورسك الجديدة.

ومع تصاعدد النقاش والجدل حول الحاجة لتوحيد اللهجتين، تم في العام 1929 تقديم إقتراح برلماني يوصي بدمجهما بفصحى موحدة جديدة أُقترحت لها تسمية "سامنورسك"، إلاّ إن المشروع لم يحظى بالتصويب وبقي الإنقسام اللغوي قائماً الى الآن وبقيت اللهجة الكلاسيكية بوكمال هي الأكثر إستخداماً بنسبة تصل الى 95% بين الناطقين بالنرويجية، دون أن ينجح المشروع السياسي الإستقلالي بالتأثير على اللغة. ولعل إختيار النرويجيين الحفاظ على البوكمول ليس فقط كونها حافظة تاريخية للثقافة النرويجية وكذلك للمنزلة الحضارية الذي كانت تمثلها وإنما من أجل حفظ الروابط الثقافية والتأريخية التي تجمعهم بالمجتمع الدنماركي المجاور أيضاً.

وربما يعزى نجاح النرويجية في الاحتفاظ بوحدتها الى حقيقة ان كلاً من النظامين متاح لكل الناطقين بها بنفس الدرجة من الإعتراف الرسمي وبدون خصوصيات مناطقية، ولا هوية إثنية-لغوية منفصلة. خلافاً لذلك، ينفصل النظامان في الكردية بحسب الجغرافيا، بحيث ينحصر إستخدام كل منهما في منطقة دون أن تكون متاحة للاستخدام في المناطق الأُخرى؛ هذا فضلاً عن إنخفاض نسبة الفهم المشترك فيما بينهما.

ولعل أفضل ما تقدمة التجربة النرويجية للمشروع التوحيدي الكردي هو ضرورة إلغاء إرتباط اللهجة بجغرافيتها، والإستخدام المزدوج للهجتين بجانب بعضهما البعض في كل إقليم من الأقاليم الناطقة بالكردية؛ مثلاً أن يكون إستخدام الكرمانجية متاحاً في إقليم كردستان الى جانب السورانية، وأن تحظى السورانية أيضاً بنفس فرص الإستخدام الرسمي في شمال وشرق سوريا الى جانب الكرمانجية؛ أي الاستخدام الموازٍ في كل المناطق للأغراض الرسمية والتعليمية، مثلما تحظى به اللهجتان النرويجيتان بدون المساس بالهوية الجامعة. هذا يعني، وبترجمة عملية، أن يتم تعليم الكرمانجية في مدارس أقليم كردستان والسورانية في روجافا والاعتراف بالإزدوجية اللهجوية بشكل رسمي.

10.3.3 توحيد الإيطالية

لم تكن اللغة الإيطالية حتى النصف الأول من القرن التاسع عشر سوى لهجات إقليمية متعددة تتنافس بينها على الإنتشار، ولم تظهر الإيطالية الحديثة كفصحى موحدة إلاّ بعد توحيد إيطاليا في العام 1861. ففي ظروف ما بعد الحرب وتنامي المشاعر المطالبة بتعزيز الوحدة القومية برزت الحاجة أيضاً إلى إتخاذ معيار لغوي واحد ينظم التواصل الإداري الرسمي. ووقع الإختيار على لهجة إقليم توسكاني لتكون هي الإيطالية الرسمية لإعتبارات منها إنها تُعتبَر الأقرب إلى اللاتينية العامية، وإنها الأكثر غزارة في النتاجات الأدبية منذ القرن الرابع عشر حيث أغنتها إبداعات شعراء بارزين مثل دانتي أليجييري (1265-1321)، فرانشيسكو بيتراك (1304-1374)، جيوفاني بوكاتشيو (1313-1375)، وغيرهم.

إستقبلت النخبة المثقفة وعموم الفئات المتعلمة في إيطاليا حينها القرار بالترحيب. وهذا يشير الى الوعي الجماهيري الذي كان يفهم آنذاك ضرورة الوحدة اللغوية لبناء المجتمع والتخلي عن العصبيات اللهجوية. ومع تزايد إستخدام التوسكانية في التواصل الرسمي، أصبحت هي "الإيطالية" الجديدة، وهي الوحيدة المتاحة في ميدان التعليم مما دفع المزيد من الناطقين بالتنوعات الإيطالية الأُخرى الى التخلي عن لهجاتهم لصالح اللغة الوطنية الجديدة. وربما القفزة الأبرز التي عززت هذه الوحدة قد تزامنت مع التوسع في إستخدام وسائل الإتصال الحديثة وظهور التلفزيون في النصف الثاني من القرن العشرين.

وبسبب سهولة تنفيذه، يُعتبر النموذج الإيطالي هو الاسهل والأكثر واقعية على أمكانية التوافق حول معيار أدبي ولغوي رسمي موحد لكردستان بما يماثل إختيار لهجة السليمانية في أوائل القرن العشرين، المشابهة للتوسكانية من حيث تأثيرها الأدبي وقواعدها اللغوية الواضحة، كأرضية للكردية الرسمية في جميع مناطق كردستان الكبرى.

ويتم تقييم التجربة الإيطالية على إنها النموذج الأكثر شيوعاً في أوربا، فلا يختلف توحيد الفرنسية في جوهره كثيراً عن التجربة الإيطالية حين تم إعتماد الباريسية كمعيار موحد. وبذات الطريقة أُختيرت القشتالية في أسبانيا في القرن

الخامس عشر بعد التوافق السياسي بين الملكة إيزابيلا الأُولى وملك آراغون فرناندو الثاني. كما تم توحيد اللغة الأرمنية في أوائل القرن العشرين بإختيار الأرمنية الشرقية بعد المجازر العثمانية وتراجع أعداد الناطقين بالأرمنية الغربية.

10.3.4 توحيد الإملاء الألماني

تشترك الألمانية مع اللغة الكردية في كونها **"متعددة المراكز"**، أو ما يعرف علمياً بـ (Pluricentric Language) نظرًا لتنوع النسخ اللغوية الرسمية بين ألمانيا والنمسا وسويسرا. ولكن كجزء من المساعي الوحدوية لتبسيط وتحديث اللغة، تم التوصل الى إصلاح إملائي في يوليو 1996 وذلك في الاجتماع الذي انعقد في فيينا بحضور ممثلين إكاديميين من المانيا، النمسا، وليختنشتاين؛ ثم تم إعتماده لاحقاً من قبل سويسرا ولوكسمبورغ. وشمل إجراء تعديل على الصوتيات وإعادة تنظيم العلاقة بين الحروف والفونيمات، إذ ظهرت تبعاً لذلك تغييرات في التهجئة وضوابط إستخدام الحروف الكبيرة، وكذلك فصل الأسماء المركبة.

وكرد فعل على الاحتجاجات التي أثارتها التعديلات، تم في العام 2004 إنشاء المجلس الألماني للإملاء (RdR ،Rat für deutsche Rechtschreibung) كهيئة رسمية مخولة بتنظيم الهيكل الإملائي الموحد. تتكون الهيئة من 41 عضوًا يمثلون المناطق السبع التي تُشكل الألمانية فيها لغة الأكثرية وهي ألمانيا، النمسا، سويسرا، ليختنشتاين، لوكسمبورغ، مقاطعة جنوب تيرول في إيطاليا، والجالية الناطقة بالألمانية في بلجيكا.

وفي في 1 أغسطس 2006 وافق المجلس على إعتماد نظام التهجئة الجديد وأصبح إلزاميًا لجميع الناطقين. ومن بين أبرز القرارات التي صدرت في القرن الواحد والعشرين هو أستحداث الحرف الكبير (ẞ) في عام 2017، وصدور النسخة الخامسة والعشرين من المعجم الألماني الموحد دودن (Duden) في عام 2022.

ورغم إعتبار الكردية لغة متعددة المراكز أيضًا، إلا أنها لم تحظى بما نالته الألمانية من وحدة معجمية، ولم يتم تشكيل مجلس لغوي شامل وفعال بعد. فإستلهاماً من النموذج الألماني فإن الكردية بحاجة الى تشكيل هيئة تضم أعضاء يمثلون المناطق الأربع الكبرى، بالإضافة إلى تمثيل التجمعات الناطقة بالكردية في أرمينيا وبلدان القوقاز ومحافظة شمال خراسان في إيران، وأن تجتمع الهيئة المكلفة بشكل دوري من أجل تعميم المشتركات اللهجية واقتراح سبل تطوير وتوحيد المعايير الرسمية.

10.3.5 ولادة العبرية الحديثة

يجمع اللغويون حول العالم على إن عملية إحياء العبرية تُعد واحدة من أبرز الإنجازات اللغوية في التاريخ، فقد تم تأهيلها من مجرد طقسية ميتة إلى محكية مستخدمة في التعامل اليومي في إسرائيل، وفي التواصل الرسمي بين يهود العالم. ورغم إن إنطلاقتها في النصف الثاني من القرن التاسع عشر بمحاولة فردية جريئة كانت تتعارض مع تعاليم المؤسسة الدينية، إلاّ عملية بعثها نجحت بسبب الجهود التي بذلها اللغوي المعجمي الروسي، مؤلف أول قاموس عبري حديث، وهو إسحاق بيرلمان (1858-1922) -غير إسمه لاحقا الى اليعازر بن يهودا-. ويُعتقد بأن أول محادثة عبرية حديثة قد تمت بين بن يهودا وأصدقائه في باريس في 13 أكتوبر 1881 وأول ناطق بها كلغة أم هو إبنه بن صهيون بن يهودا.

ومع حلول العام 1921، كانت العبرية قد حازت على الإعتراف كلغة رسمية في فلسطين، ثم، ومع تصاعد وتيرة الهجرة اليهودية إلى المنطقة، أصبحت الأكثر إستخداماً في التواصل اليومي بين أفراد المجتمع اليهودي المتعدد اللغات، وتحولت من لغة ميتة لم تُستخدَم إلاّ في إداء الطقوس الدينية الى لغة حديثة حية (Parfitt, 1983) تغطي الإستخدامات في المجالين الأدبي والإكاديمي. تم إعتمادها كلغة رسمية مشاركة في فلسطين إلى جانب العربية والإنجليزية طوال فترة الانتداب البريطاني (بين الإعوام 1920 و1948)، ثم أصبحت تشارك العربية فقط بعد تأسيس دولة إسرائيل في عام 1948، الى أن تم إعتبارها اللغة الرسمية الوحيدة لدولة إسرائيل إبتداءاً من العام 2018، إلى اليوم.

وكما وظفت العبرية أرثها التاريخي في عملية التطوير الحديثة، فإن الكردية تمتلك أيضاً ذلك العمق اللغوي الذي يمكن العودة معه الى جذورها البهلوية وتتوفر كذلك على خزين لغوي مشابه ان لم يكن اكثر ثراءاً. وكما تمكن بن يهودا من صناعة معجم حديث من 100 ألف مفردة إستناداً على 8 ألاف فقط، جمعها من النسخ التوراتية القديمة؛ فبالإمكان إثراء الكردية الحديثة بجذور المفردات الأصلية وتوحيد تهجئتها وإستعادة اللواحق التي تلتصق بجذور المفردات لإشتقاق صياغات مفرداتية جديدة. إن توظيف البهلوية في تطوير المعجم الكردي الموحد يساعد على الوصول لأشكال المفردات الأُولى قبل ظهور الإنقسامات اللهجية المعاصرة وتناقص مستوى الفهم المتبادل بينها.

وتجب الإشارة هنا الى وجود مشتركات كثيرة بين البهلوية والعبرية القديمة، فبالإضافة الى تزامن إنتشارهما من القرن السادس قبل الميلاد وحتى القرون الميلادية الأولى، فإنهما تشتركان بالرمزية الدينية كذلك وكل منهما تعتبر لغة طقسية. ففي الوقت الذي مثلت العبرية فيه اللغة المقدسة في اليهودية فإن البهلوية كانت تتمتع بنفس مكانة القداسة في الديانة الزرادشتية. بالإضافة الى ذلك إستخدم كل منهما الخط القريب من الآرامية، والنظام الكتابي العميق الذي يعالج أصوات العلة القصيرة بالحركات وليس بحروف منفصلة. كما إن كل منهما تحول الى لغة ميتة في العصور الحديثة. لذلك فإن إستلهمام التجربة العبرية كدرس فيلولوجي يفتح للكردية المجال لإستعادة كنز الجذور الحقيقية سواء ما يخص المفردات أو نظام الكتابة.

10.3.6 تطور اللغة الفلبينية

في دولة أرخبيلية مقطّعة جغرافياً مثل الفلبين، تتوزع أراضيها المبعثرة على أكثر من 7 الاف جزيرة، ويتحدث قاطنوها الإصليون بما يترواح بين 120 الى 180 لغة مختلفة، فإن صياغة معيار لغوي موحد تُعد واحدة من المهمات اللغوية الصعبة وتتطلب إجراء حوارات والخوض في تجاذبات مطوَّلة. لهذا فإن محاولة إختيار لغة بعينها لتكون الشكل الرسمي الوحيد في البلاد جابهت المتاعب وهي تأخذ بعين الاعتبار عوامل لغوية وإجتماعية وجيوسياسية متنوعة، مثل سعة

إنتشار كل لغة، درجة تطور الفصحى فيها، وارتباطها بأنماط الحياة الحضرية الحديثة.

مبدئياً، فإن لغة "بيسايا" هي الاوسع انتشاراً، كونها لغة المجموعة العرقية الأكبر "فيسايان" وتبعاً لذلك فهي الخيار الأول عند البحث عن لغة . إلاّ إن الإختيار وقع على اللغة الثانية من حيث عدد الناطقين وهي التاغالوغ على الرغم من إنها لغة المجموعة العرقية الثانية (تغالوس)، أي إنها لم تكن لغة غالبية السكان في حينها. والسبب في اهمال اللغة الاوسع انتشاراً هو إنها لم تكن قد طورت لهجة رسمية موحدة بعد (تشبه ضروف اللغة الكردية اليوم)، فكان يتم إعتبارها مجموعة من اللهجات ذات الفهم المنخفض، وبعض اللغويين يرى إنها عبارة عن لغات منفصلة ذات جذور مشتركة. إي إن سبب إختيار الجمعية الوطنية الفلبينية للغة الثانية من حيث الإنتشار، وإعتمادها بشكل رسمي في الدستور هو وحدة الفصحى فيها، وما كانت توفره من درجة تفاهم عالية بين لهجاتها.

يعرض الجدول أدناه الإثنيات الكبرى حسب نفوسها في العام 2021: (*)

	القومية	النفوس (بالمليون)
1	فيسايان	31.1
2	تغالوس	22.5
3	إلوكانو	8.1
4	بيكولانو	6.2

---

* 2021 Philippines in Figures, Philippine Statistics Authority. pp. 23–24. ISSN 1655-2539

يشير النموذج اللغوي الذي إختطته الفلبين الى أهمية الوحدة اللغوية وتأثيرها في رفع منزلة اللغة (التاغالوغ في هذه الحالة). بالمقابل، فإن التنوع اللهجوي الفاقد للمظلة اللغوية الفصحى الموحدة لدى المجموعة السكانية الاكبر (فيسايان) قد حولها الى إثنيات مستقلة عن بعضها. وتشير نتيجة الإحصاء السكاني الذي اجري في العام 2020 الى إن التنوع غير المنضبط في لغة الفيسايان قد تسبب في تآكل النسيج القومي والإنقسام الى أربع إثنيات كبرى مستقلة عن بعضها، وموضحة في الجدول التالي: (*)

	المجموعة	النفوس (بالألاف)
1	بيسايا	15,523
2	سيبوناو	8,684
3	هيليغايونو / إيلونغو	8,608
4	واراي	4,107

ولو تدارسنا أسباب هذا التفوق الذي حققته اللغة الثانية، التاغالوغ، على الإولى الأكثر انتشاراً، نجده يعود الى الاهتمام المبكر والدراسات التي ساهمت بتطويرها. فقد وقع إختيار القوات الإسبانية التي كانت تحتل هذا البلد في القرن السابع عشر على مدينة مانيلا (ذات الغالبية التاغالوسية) كمركز لقواتها العسكرية، بسبب الموقع الستراتيجي الحصين وإمكانية صمودها أمام هجمات جيوش الدول المنافسة مثل هولندا والبرتغال. وبسبب الاهتمام الإسباني بهذه المقاطعة فقد نالت اللغة المحكية فيها حظاً أوفراً من البحث وتم إصدار أول

* Ethnicity in the Philippines (2020 Census of Population and Housing) (7th Apr. 2023). Philippine Statistic Authority. Ref: 2023-77.

<web.archive.org/web/20250531004711/psa.gov.ph/content/ethnicity-philippines-2020-census-population-and-housing>

قاموس تاغالوغ-أسباني "Vocabulario de la Lengua Tagala" عام 1613 بجهود القس التبشيري الفرنسيسكاني بيدرو دي سان بوينفنتورا. وقد شكل الكتاب بداية لإصدارات جديدة وتعديلات لاحقة إضيفت له على مر القرون التي تلت مما ساهم بشكل فعال في إثراء اللغة وتطوير معاييرها الفصحى. وقد أثمر هذا الاهتمام ليس بتوحيد المعجم والمعايير اللغوية فحسب وإنما بتطوير النحو وبالمجمل تعزيز قدرتها على إستيعاب متطلبات التطور الاجتماعي وإثبات أهليتها في مجالات حيوية مثل التخاطب الإكاديمي والتواصل الإداري وتأهيلها لاحقاً كأفضل خيار للتخاطب الرسمي. ورغم إن الأسبانية كانت هي أول لغة تم إعتمادها بصفة "الرسمية الوحيدة" في الفلبين، خلفتها الإنجليزية مع افول التواجد الاسباني وشروع السيطرة الأمريكية. ولم تخبو الرغبة بتوطين اللغة، اذ تم إعتماد لغة محلية بشكل رسمي بعد تأسيس معهد اللغة الوطنية في عام 1936، تلك المؤسسة التي كانت أولى مهامها هي إختيار واحدة من اللغات المحلية. وبعد إجراء مسح مطول دام لمدة عام، إضطر المعهد الى رفض اللغة الأوسع إنتشاراً وأوصى بإعتماد اللغة الثانية بدلاً عنها. وقد عزى المجلس قراره الذي تم تنفيذه بالتزامن مع عيد الإستقلال الأول في 4 يوليو 1946 لخمسة أسباب كان أهمها هو الوحدة اللغوية للتاغالوغ مقارنة بتباين الأنواع اللغوية في البيسايا. أثار القرار في حينه إعتراضات محلية ومطالبات بتوسيع المعايير اللغوية الرسمية عن طريق تبني مفردات من اللغات الوطنية الأُخرى التي تم تجاهلها. وأثمرت المطاليب لاحقاً بالإنفتاح على مفردات محلية وتعديل بعض البنود الدستورية مثل تغيير إسم اللغة من تاغالوغ الى "البلبينية" (Pilipino) في العام 1959، ثم الى "الفلبينية" (Filipino) في التعديل الدستوري لعام 1973. وذكر نص التعديل الدستوري إسم اللغة بهذه الصياغة:

"(2) يجب على الجمعية الوطنية اتخاذ خطوات نحو تطوير واعتماد رسمي للغة وطنية مشتركة تُعرف بالفلبينية." (*)

* المصدر السابق

تكمن أهمية دراسة التجربة الفلبينية بالنسبة للمشروع اللغوي الكردي في إنها توضح دور الوحدة اللغوية في رفع منزلة لغة ما وخفض أخرى، وكذلك تأثيرها في تماسك النسيج الثقافي، سلباً وإيجاباً، في ظل التنافس بين الثقافات واللغات المتجاورة. كما تقدم مثالاً جلياً على مخلفات الإهمال الذي تعاني منه اللغات وإحتمال ظهور حالة الإنقسام وتنامي نزعة الإنتماء اللهجوي، ثم الى تفتت القوميات الكبيرة الى قوميات ناشئة اصغر. فلو إستطلعنا نتائج الإحصاء السكاني العام لسنة 2020 نجد إن التاغالوغ قد ساهمت في توحيد إثنية التاغالوس وكسبت الأغلبية السكانية بنسبة 26%؛ على العكس من ذلك أدى الإنقسام اللغوي لدى الفيسيان الى تفرعات إثنية خسرت بها المجموعات المتفرقة ميزة الأغلبية وظهرت على شكل إثنيات صغيرة لم تحصل المجموعة الأكبر بينها سوى على نسبة 14.3% من مجموع السكان. يوضح الجدول التالي كيف تراجعت نسبة الأغلبية القومية "فيسايان" عند انقسامها الى إثنيات يُشار لها بالعلامة (**)، وبالمقابل، صعود القومية الثانية بسبب وحدتها اللغوية:

	الإثنية	%النسبة المئوية
1	تاغالوس	26.0
2	بينيسايا / بيسايا **	14.3
3	إيلكانو	8.0
4	سيبوناو **	8.0
5	إيلونغو **	7.9
6	بيكول	6.5
7	واراي **	3.8
8	كابامبانغان	3.0

ولعل أفضل إستنتاج يمكن للمهتم بتطوير اللغة الكردية أن يستخلصه من التنافس بين اللغتين الأوسع إنتشاراً في الفلبين هو إن الإهمال الطويل للغة يؤدي الى تفريق لهجاتها وتطورها الى لغات شبه مستقلة بالشكل الذي نجم عنه تراجع منزلة لغة البيسايا. بالمقابل، فإن الاهتمام المبكر بتوحيد المعجم وتوسيع مجال البحوث اللغوية الذي نالته التاغالوغ لم يحافظ فقط على ديناميكية اللغة وتطورها فقط بل عزز الوحدة القومية والثقافية وهذا هو بالتحديد ما تحتاجه القومية الكردية اليوم في مواجهة تحديات الإنقسام.

إي إن الاهتمام بالكردية هو ضرورة لمنع التراجع والتفرع الى لغات جديدة في القرون القادمة، وإن مشروع توحيد اللغة الكردية، إذا تم بشكل علمي ومدروس فهو كفيل برفع قيمة اللغة الكردية من المنزلة التي قسمت البيسايا الى مستوى الإنتشار الذي حققته التاغالوغ.

المصادر

ابن وحشية (اعادة طبع 2004) شوق المستهام في معرفة رموز الأقلام.

اسدي، عليرضا (2012 [1392 هجري شمسي]). فرهنگ تطبيقى گويش كردى ايلامى با زبان ايرانى ميانه: پهلوى اشكانى، پهلوى ساسانى: به انضمام تاريخ وزبان استان ايلام قبل از اسلام. دار جوهر حيات للنشر. ايلام. إيران.

بدرخان، جلادت (1934) حول المسألة الكردية قانون إبعاد وتشتيت الأكراد (ترجمة دلاور زنكي) الطبعة الثانية. مطبعة الاميرال (2011) بيروت.

تەها، هەكار (٢٠٢٢)، وشەی "پێشمەرگە" لە پێش كۆمارەوە تا دوای ڕاپەڕین، [كلمة "بيشمركة" منذ ما قبل الجمهورية الى ما بعد الانتفاضة] دەزگای ئايديا، سلێمانی

عازوري، نجيب (1905). يقظة الأُمة العربية. تقديم د. زاهية قدورة.

عفلق، ميشيل (1987). في سبيل البعث. دار الحرية. بغداد.

قمندار، إسماعيل (2014) دراسة لهجات اللغة الكردية الجنوبية. منشورات عدنان. بغداد.

وهبي، توفيق (1956) قواعد اللغة الكردية.

Akmeşe, Handan Nezir (2005), The Birth of Modern Turkey: The Ottoman Military and the March to World War I, London: IB Tauris.

Alesina, A., **Giuliano**, P., & **Reich**, B. (2013). Nation-building and education (NBER Working Paper No. 18839). National Bureau of Economic Research..

Anderson, Benedict R. O'G. (1991). Imagined communities: reflections on the origin and spread of nationalism (Revised and extended ed.). London: Verso. ISBN 978-0-86091-546-1.

Barzun, Jacques, Salmon, John Hearsey McMillan, Weinstein, Donald, Treasure, Geoffrey Russell Richards, Stearns, Peter N., Mayne, Richard J., Sørensen, Marie-Louise Stig, Aubin, Hermann, Peters, Edward, Herlihy, David, Frassetto, Michael, Champion, Timothy C., Parker, N. Geoffrey and Herrin, Judith Eleanor. "History of Europe". Encyclopedia Britannica, 5 Mar. 2024. <britannica.com/topic/history-of-Europe>

Bedirxan, Celadet (1994). Bingehen Gramera Kurdmancî [Basic Kurdish Grammar]. Weşanen Nûdem, ed. 1.

Benjamin H. Hary (1992). Multiglossia in Judeo-Arabic. Leiden, New York, Koln: E. J. Brill.

Blochet, Edgard (1923). Studies in The Pahlavi Grammar. Pranabesh Sinha Roy (Trans.). The Static Society, Kolkata, 2005.

Bouckaert, R., **Lemey**, P., **Dunn**, M., **Greenhill**, S. J., **Alekseyenko**, A. V., **Drummond**, A. J., **Gray**, R. D., **Suchard**, M. A., & **Atkinson**, Q. D. (2012). Mapping the origins and expansion of the Indo-European language family. Science, 337(6097), 957–960. https://doi.org/10.1126/science.1219669.

Brown, H. D. (2007). Principles of language learning and teaching. (5th ed.). White Plains, NY: Pearson.

Childe, V. Gordon (1926). The Aryans: A study of Indo-European origins. Kegan Paul, Trench, Trubner & Co. Ltd

Chomsky, Noam (1965). Aspects of the Theory of Syntax. Massachusetts: The Massachusetts Institute Of Technology.

Clyne, M. G. (1992). Pluricentric Languages: Differing Norms in Different Nations. Mouton de Gruyter. ISBN 9783110128550.

Coulmas, Florian (2020). Language and economy: Language industries in a Multilingual Europe. Budapest: Hungarian Academy of Sciences.

Creet, Patrick Anthony Roger (1954). Epistemology and Linguistics in the Philosophy of Thomas Hobbes. University of British Columbia - Department of Philosophy and Psychology.

Cooper, Robert L.(1989). Language planning and social change. Cambridge: Cambridge University Press. ISBN 9780521333597.

De Saussure, Ferdinand (1959). Course in General Linguistics. New York: The Philosophical Library.

Everett, Daniel (2012). Language: The Cultural Tool. London: Profile Books Ltd.

Ferguson, Charles A. (1959). Sociolinguistic Perspectives: Papers on Language in Society (Oxford Studies in Sociolinguistics).

Fishman, Joshua A. (1967). Bilingualism with and without Diglossia; Diglossia with and without Bilingualism. Journal of Social Issues, 23, 29-38.

Fishman, Joshua A. (1991). Reversing Language Shift: Theoretical and Empirical Foundations of Assistance to Threatened Languages. Multilingual Matters.

Fossum, L. O. (1919). A Practical Kurdish Grammar. Minnesota: Augsburg Publishing House.

Frege, Gottlob (1919). Notes for Ludwig Darmstaedter. In M. Beaney (Ed.). (1979). The Frege reader. Oxford: Basil Blackwell. (Reprinted 2009).

Frohardt, Mark & Temin, Jonathan (Oct 2003). Use and Abuse of Media in Vulnerable Societies. New York: United States Institute of Peace (Special Report). <usip.org>

Garzoni, Maurizio (1787). Grammatica e vocabolario della lingua Kurda. Rome.

Gimbutas, Marija (1982). The Goddesses and Gods of Old Europe 6500-3500 BC. Berkeley, Los Angeles: University of California Press. Reprinted 1996.

Hadank, Oskar Karl Mann (1932). Mundarten der Zâzâ, hauptsächlich aus Siwerek und Kor [Dialects of the Zâzâ, mainly from Siwerek and Kor]. Berlin: Publishing house of the Prussian Academy of Sciences.

Halliday, M.A.K. (1978). Language as Social Semiotic: The Social Interpretation of Language and Meaning. University Park Press.

Howell, P. (2008). Effect of speaking environment on speech production and perception. Journal of Human Environment System, 11(1), 51-57. https://doi.org/10.1618/jhes.11.51. <https://www.ncbi.nlm.nih.gov/pmc/articles/PMC3024543/#S18title>

Irvine, Judith. T. (1989). When Talk Isn't Cheap: Language and Political Economy. American Ethnologist, 16(2), 248–267. http://www.jstor.org/stable/645001.

Kaplan, Robert B. & Baldauf, Richard B. (1997). Language planning from practice to theory. Clevedon: Multilingual Matters.

Keskin, Mesut (2017). On the standardization efforts for a cross-dialectal literary language in Zazaki. In Zeynep Arslan (Ed.). Zazaki - yesterday, today and tomorrow: Survival and standardization of a threatened language. Graz : Treffpunkt Sprachen, Forschungsbereich Plurilingualismus.

Kreyenbroek, Philip G. & Sperl, Stefan (2005). The Kurds: A Contemporary Overview. London: Routledge. ISBN 1134907656.

Kustiawan W., Erwan Efendi H., Arfah K., Zul Akbar Shah, M. (Dec 2022). Influence of mass media on social culture of communities. Deliserdang, Indonesia: Infokum Journal. 10(5). 255–262. <infor.seaninstitute.org/index.php/infokum>

Laponce, Jean (2005). La Gouvernance linguistique: Le Canada en perspective. Ottawa: University of Ottawa. ISBN 9782760316225.

Leezenberg, Michiel (1993). Gornai influence on central Kurdish: Substratum or prestige borrowing? University of Amsterdam.

Lefebvre, Claire (1998). Creole genesis and the acquisition of grammar. Cambridge: Cambridge University Press.

Li, Chris Wen-Chao (2004) 'Conflicting notions of language purity: the interplay of archaising, ethnographic, reformist, elitist and xenophobic purism in the perception of Standard Chinese', Language & Communication. Volume 24. Issue 2. Pages 97-133. ISSN 0271-5309.
<https://doi.org/10.1016/j.langcom.2003.09.002>

Liu, Kang (Franco) (2018). Chinese Speakers in America: Diglossia as Style, Pomona College.

Lubotsky, Alexander (2020). "What language was spoken by the people of the Bactria-Margiana Archaeological Complex?", in Paul W. Kroll and Jonathan A. Silk (eds.), 'At the Shores of the Sky': Asian Studies for Albert Hoffstädt, Brill, Leiden/Boston.

Lyons, John (1981). Language and Linguistics. Cambridge University Press. ISBN 978-0-521-29775-2.

MacKenzie D. N. (1971). A Concise Pahlavi Dictionary. Oxford University Press. (reprint 1986), ISBN 0 19 713559 5.

Marschak, J. (1965): Economics of language. In: Behavioral Science 10 (2), 135-140.

McArthur, Thomas Burns (1998). The English languages. Cambridge: Cambridge University Press.

McCarus, Ernest N. (1958). A Kurdish Grammar Descriptive and Analysis of the Kurdish of Sulaimaniya, Iraq. New York: American Council of Learned Societies.

McQuail, Denis (2010). McQuail's Mass Communication Theory (6th ed.). SAGE Publications Ltd.

Mkwinda-Nyasulu, Betty (2013). Role of language in socio-economic development: The semiotics are right. Journal of Humanities (23). ISSN: 1016-0728. pp 213-230.

Naji, Ramzi. On the Origin and Causes of Sound Change: A Review of Related Literature (October 00, 2020). Sam Mohanlal, A. R. Fatihi, G. Baskaran, S. Chelliah, T. Deivasigamani, Pammi Pavan Kumar, Soibam Rebika Devi (eds.) Language in India. Vol. 19. India., Available at SSRN: <ssrn.com/abstract=3717891> or <dx.doi.org/10.2139/ssrn.3717891>

Nichols, Johanna (1998). The origin and dispersal of languages: Linguistic evidence. The Origin and Diversification of Language, pp. 127–70. (Memoirs of the California Academy of Sciences, 24.) San Francisco: California Academy of Sciences.

Owens, Jonathan (Ed.). (2013). The Oxford Handbook of Arabic Linguistics. Oxford University Press. ISBN 978-0-19-976413-6.

Parfitt, Tudor (1983) Ahad Ha-Am's Role in the Revival and Development of Hebrew. In: Kornberg, J. (ed.), At the crossroads: essays on Ahad Ha-am. New York: State University of New York Press, pp. 12–27.

Recasens, D. (1999). Lingual coarticulation. In W. J. Hardcastle & N. Hewlett (Eds). Cambridge: Cambridge University Press.

Renan, Ernest (1882). What is a Nation? (Qu'est-ce qu'une nation?). Ethan Rundell (Trans.) 1992. Paris: Presses-Pocket.

Renfrew, Colin. Archaeology and Language: The Puzzle of Indo-European Origins. Jonathan Cape, 1987.

Russell, Aidan (2019). Truth, Silence, and Violence in Emerging States: Histories of the Unspoken. Milton, Oxfordshire: Routledge. ISBN 9781351141109.

Russell, Bertrand (Oct 1905) On Denoting. Mind. Vol 14. No 56. p 490.

Sapir, E. (1929). The Status of Linguistics as a Science. Language, 5(4), 207–214. https://doi.org/10.2307/409588.

Schiffman, Harold F. (2003). The Balance of Power in Multiglossic Languages: Implications for Language Shift. EBSCO Publishing.

Schrader, Otto. (1890). Prehistoric antiquities of the Aryan peoples: A manual of comparative philology and the earliest culture (F. B. Jevons, Trans.). Charles Griffin and Company. (Original work published 1883).

Silverstein, M. (1979). Language Structure and Linguistic Ideology. In P. Clyne, W. Hanks, and C. Hofbauer (Eds.), The Elements (pp. 193–248). Chicago: Chicago Linguistic Society.

Spengler, Oswald (1918). The Decline of the West. Charles F. Atkinson (Trans.). Oxford UP, 1991. ISBN 0-19-506751-7.

Spolsky, Bernard (2004). Language Policy. Cambridge University Press.

Stark, Jaine P. (2010). Kambari Orthography Design. SIL International. Ebook 16. ISBN 978-1-55671-245-6.

Steels, Luc & Szathmáry, Eörs. (2018) The evolutionary dynamics of language (Vol. 164). Biosystems. ISSN 0303-2647. <*https://doi.org/10.1016/j.biosystems.2017.11.003*>

Sözeri, Fırat & konak, İsmet (2022). Dosya Kafkas Kürtleri [File of Kurds in Caucasia]. Kürt Araştırmaleri Dergisi. No. 8. P51.

Sweet, Henry (1899). The Practical Study of Languages. London: J. M. Dent & Co.

Tam, Gina Anne. (2020) Dialect and Nationalism in China, 1860–1960. Cambridge University Press. ISBN 110847828X.

Thomas, George (1991). Linguistic Purism. Studies in Language and Linguistics. Longman. ISBN 9780582037427.

Todd, Terry Lynn; (2008). A Grammar of Dimili, Also Known as Zaza. Electronic publication.

Weinreich, Uriel. 1968. Languages in Contact: Findings and Problems. The Hague: Mouton. [Originally published as Publications of the Linguistic Circle of New York, no. 1, 1953].

Whorf, B. L. (1956). Language, Thought, and Reality: Selected Writings of Benjamin Lee Whorf. (John B. Carroll Ed.). New York, London: Massachusetts Institute of Technology & John Wiley & Sons, Inc., Reprinted 1959.

Wittgenstein, Ludwig. (1922). Tractatus Logico-philosophicus.

Włodarczak, Marcin & Heldner, Mattias (2017). Respiratory Constraints in Verbal and Non-verbal Communication. Frontiers in Psychology. Vol 8. <frontiersin.org/journals/psychology/articles/10.3389/fpsyg.2017.00708>

You, Yang. (2018). Language Unification, Labor and Ideology. Harvard University.

Yule, George (1985). The Study of Language, 4th Ed. 2010; Cambridge: Cambridge University Press.

Yusupova, Zare A. (1998). Курдский диалект горани по литературным памятникам XVIII-XIX веков [The Kurdish dialect Gorani as represented in the literary monuments from 18th-19th cc..]. St. Petersburg, Nauka.

Yusupova, Zare A. (2017). The Kurdish Dialect Gorani: A Grammatical Description". Saarbrücken: Lambert Academic Publishing.

Zsiga, Elizabeth C. (2013). The sounds of language: an introduction to phonetics and phonology. Chichester, UK: Wiley-Blackwell. ISBN 978-1-4051-9103-6.